国际新比较学派文库　　金惠敏　丁子江　主编

思想的再对话
东西方撞击与融合的新转向

丁子江　著

New Dialogues
Collision & Integration in East-West Thought

中国社会科学出版社

图书在版编目（CIP）数据

思想的再对话：东西方撞击与融合的新转向 / 丁子江著. —北京：中国社会科学出版社，2019.8

（国际新比较学派文库）

ISBN 978-7-5203-4689-4

Ⅰ.①思… Ⅱ.①丁… Ⅲ.①思想史—研究—世界 Ⅳ.①B1

中国版本图书馆 CIP 数据核字（2019）第 136316 号

出 版 人	赵剑英
责任编辑	刘志兵
责任校对	周　昊
责任印制	李寡寡

出　　版	中国社会科学出版社
社　　址	北京鼓楼西大街甲 158 号
邮　　编	100720
网　　址	http://www.csspw.cn
发 行 部	010-84083685
门 市 部	010-84029450
经　　销	新华书店及其他书店
印　　刷	北京明恒达印务有限公司
装　　订	廊坊市广阳区广增装订厂
版　　次	2019 年 8 月第 1 版
印　　次	2019 年 8 月第 1 次印刷
开　　本	710×1000　1/16
印　　张	25.25
插　　页	2
字　　数	378 千字
定　　价	118.00 元

凡购买中国社会科学出版社图书，如有质量问题请与本社营销中心联系调换
电话：010-84083683
版权所有　侵权必究

总　　序

当人们猛然惊觉高科技数字化浪潮铺天盖地压来之时，很多事情都已改变。娱乐化、网络化、商业化似乎漫不经心地联手涂抹了我们头顶的星空。因为一些大哲巨匠们的话语指向而使人类有所敬畏的"头顶的星空"，退到繁复的重彩后面。在这个观念似乎新潮而又失向和错位的年代，许多像我们一样的人，基于某种固执的信念，继续在天空质朴的原色中跋涉。来自苍穹的光波，本初而强劲！在色彩学中，质朴的蓝色与红、黄两色同为三原色，天然而成，无法分解成其他颜色；而在人文社会科学中，这种原色可以理解为生命、体验与终极关怀。这是人类文明和文化纯净而透彻的结晶。正是这一结晶，赋予社会发展以灵魂、动力、脊梁和血脉，而它们的肉身显现或人格载体就是一代代的东西方大思想家。以此观察历史、现状和未来，便有了一种理智、公正、犀利的洞穿。这种洞穿，是我们在无止境的跋涉间隙，真诚奉献给读者的礼物，微薄却又厚重。它将反观那些连贯古今思想的一步步的累积过程及其不断爆发的聚变，并由此推动了人类社会巨大的发展与进步。

为了实现这种洞穿，在人们普遍重视物质利益追求，而在精神生活方面有时沉湎于空虚、浮躁和无聊的社会文化状态下，"国际新比较学派文库"应运而生。在某种意义上，人类文明的核心价值和基本观念正是通过一系列思想的对话与再对话传递下来的。德国哲学家叔本华曾告诫我们，应该去阅读大哲学家们的原著，通过与其对话来提升自己，并使自己始终站在思想的制高点上而不坠落下来。其实，

思想的再对话
EW COMPARATIVISM

人之为人的高度并不是通过其身高和位高，而是通过其思想高度表现出来的。通过不懈的学习，提升自己思想的高度，这也切合原始儒家所强调的"为己之学"的宗旨，而这套文库的一个目的便是为了解人类思想的对话提供一个窗口。

文库汇集了一定卷帙的专论与文集，对编者而言，成熟一批，推出一批，最终各卷之间构成相互支撑的整体。文库从新比较主义或新对话主义的角度对东西方研究的理论、方法和趋势进行了独特的探索。作者们点燃了一朵朵思想对话的火花；这些火花，可能给予读者一丝情感的暖意，同时又构成一份发人深省的启迪。在对话中发现思想火花的意义远远超出学术范畴。人类存在的所有特点，都可以从思想对话中领悟；人类全部的思想精华，都对读者无限敞开；东西方思想对话指向的精神高度，能使我们从日常生活经验中跃起、上升，点燃信念之灯，照亮深邃的生命。

基于上述考虑，文库拟为理论与实践、观点与材料的结合；强调"上达天意，下接地气"，雅俗共赏，深入浅出；寓学术性于可读性，做到"深者见深，浅者见浅"和"内行看门道，外行看热闹"的双轨效能。文库尽可能面向多元和广大的读者群，除服务对人文、社科感兴趣的一般读者外，也将成为人文社科专业以及其他相关专业的重要参考书。

文库的一个重要宗旨是揭示新比较（对话）学派的学术特征与研究成果。所谓新比较学派，是依据比较学研究通常的四大类型而加以划分的。

（1）传统比较主义（Traditional comparativism）：关注普遍性和纯粹的相似性，但忽略特殊性与差异性；

（2）后现代比较主义（Postmodern comparativism）：关注大众化的认同与相似性，而否认个性与差异性，这等于放弃比较；

（3）受控比较主义（Controlled comparativism）：关注某一特定区域，而并非全球普遍规模的相似性与差异性；

（4）新比较主义（New comparativism）：不断从新对话、新语境、新历史或新文本的角度，同时关注全球和区域的相似性与差异性，尽量通过并置（juxtapositions）与比较不同文化之间的差异性来理性和客观地构建意义，并探究、审思与阐释各种社会文化现象。

前两种比较主义仅仅关注相似性是片面的、肤浅的，第三种仅仅关注区域特殊性也很有局限性，因此应当发展第四种类型，即不断从更新的角度，在普遍性视域下比较相似性与差异性。

21世纪以来，东西方思想对话正面临一个新的历史拐点。在跨文化、跨领域、跨学科、跨方法的解构与整合中，西方人的"东方学"与东方人的"西方学"也随之在撞击与融合下，经历了危机与挑战。西方中心主义与东方中心主义都不可能完全成为独自垄断世界的"一元文明"，这是全球剧烈的社会转型与变革所致。因此，东西方研究者必须拓宽新的视域，开创多维度、多层面、多坐标的研究方法与模式。应当荟萃和共享多元性、建设性、开拓性、批判性、前瞻性的各种思想理念，为了经济、政治、科技、文学、生态、宗教、军事、文化等领域的学术研究，作跨学科、跨文化、跨方法和全球化的理论考察与思想探讨，并致力于东方思想和西方思想以及其他非西方思想的融会贯通，共同创建一个整合性、包容性和互动性的国际化思想视野。

特别需要指出的是，文库作者大部分为20世纪80年代留学欧美、后在欧美大学任教，但与国内学界保持密切交往的学人，同时也包括在国内从事中西比较研究，但在国外频频发声、颇具影响力的大陆学者。"新比较学派"或"新对话学派"从广义上说是一个松散的学术群体，即凡认同第四种比较类型，同时主张在新语境、新历史或新文本中进行跨文化（cross-cultural）、间文化（inter-cultural）、超文化（transcultural）或多元文化（multi-cultural）思想对话的学者；而从狭义上说是以"国际东西方研究学会"这一学术机构为核心的成员群体。这一学术群体目前已建立较为坚实的平台，例如，创办了英文国际学术刊物 *Journal of East-West Thoughts*（简称 JET，纸质版与电子版）、中文国际学术刊物《东西方研究学刊》，出版了中文文库"东西方思想家评传系列"，主办过多届"国际东西方研究论坛"，等等。

惟愿我们的工作有益于学术、思想和精神境界的提升,有益于人类命运共同体的当代建构!最后,衷心感谢中国社会科学出版社对于我们学术研究工作的大力支持!

丁子江　金惠敏
2019年7月17日星期三
洛杉矶　成都

目　　录

自　序 …………………………………………………………（1）

引言　东西方思想对话的历史拐点 ……………………………（1）
 一　从"崇华派"与"恐华派"两个西方术语谈起 …………（3）
 二　东西方思想对话的双向大格局："西学东渐"
  　与"东学西渐" ………………………………………（7）
 三　东西方思想对话引领多元社会的发展 …………………（21）
 四　东西方思想对话的困境、危机与挑战 …………………（30）
 五　东西方思想对话的机遇、复兴与趋势 …………………（40）
 六　东西方思想对话中的全球观比较 ………………………（49）

第一编　东西方思想的对话：方法新论

第一章　东西方研究中的方法论与元方法论 ………………（59）
 一　概念化与操作化 …………………………………………（63）
 二　主位取向与客位取向 ……………………………………（67）
 三　研究设计与研究测量 ……………………………………（69）
 四　分析单位与分析层次 ……………………………………（73）
 五　数据收集与数据分析 ……………………………………（76）
 六　文化抽样与对象抽样 ……………………………………（80）
 七　多元跨越与纵横坐标 ……………………………………（85）

八　案例分析与模式创新 …………………………………………（86）

第二章　比较方法的再审思 ………………………………………（89）
　　一　比较方法的历史渊源 …………………………………………（89）
　　二　比较方法的概念界定 …………………………………………（95）
　　三　比较方法的学科运用 …………………………………………（97）
　　四　比较方法的分类形式 …………………………………………（102）
　　五　从比较主义到新多元比较主义 ………………………………（104）

第三章　语境理论的再审思 ………………………………………（108）
　　一　语境理论的创立过程 …………………………………………（108）
　　二　语境理论的现实运用 …………………………………………（110）

第四章　跨文化语境中的东西方比较研究 ………………………（114）
　　一　文化自我反思的语境化 ………………………………………（115）
　　二　东西方研究中的语境化 ………………………………………（116）

第五章　东西方思想对话的三大语境差异 ………………………（123）
　　一　语境的本体性差异 ……………………………………………（123）
　　二　语境的方法性差异 ……………………………………………（125）
　　三　语境的伦理性差异 ……………………………………………（131）

第六章　后现代语境中的东西方比较研究 ………………………（133）
　　一　后现代主义的概念界定 ………………………………………（134）
　　二　后现代主义的思想取向 ………………………………………（140）

第二编　东西方思想的对话：三大创意文明观

第七章　福山乐观主义的"文明趋同论" …………………………（149）
　　一　《历史的终结与最后的人》 ……………………………………（150）

二 《我们的后人类未来：生物技术革命的后果》……………（154）
三 《国家构建：21世纪的政府治理与世界秩序》…………（156）
四 《政治秩序的起源：从史前时代到法国大革命》…………（156）

第八章 亨廷顿悲观主义的"文明冲突论"……………………（161）
一 亨廷顿的文明观 ……………………………………………（161）
二 亨廷顿文明观所受到的批判与挑战 ………………………（165）

第九章 尼斯贝特中间主义的"文明差异协调论"…………（171）
一 东西方思维方式的差别 ……………………………………（172）
二 对福山和亨廷顿的批判 ……………………………………（174）

第三编 东西方思想的对话：近现代欧美大哲在华传播与影响

第十章 走近近代哲学之父：笛卡尔思想在华传播与影响……（181）
一 笛卡尔及其主要思想 ………………………………………（181）
二 笛卡尔思想在中国的传播与影响 …………………………（190）

第十一章 思辨精神的东方化：康德和黑格尔思想在华传播与影响 ……………………………………………………（198）
一 康德和黑格尔思想在中国传播的历史回顾 ………………（198）
二 康德和黑格尔思想的独特性及其对中国的现实影响 …（203）

第十二章 公共知识分子的伟大楷模：穆勒思想在华传播与影响 ……………………………………………………（215）
一 穆勒思想在中国传播的历史回顾 …………………………（217）
二 穆勒及其思想的独特性 ……………………………………（224）

第十三章　东西方思想的直接对话:罗素和杜威思想在华
　　　　　传播与影响 …………………………………………(236)
　　一　20世纪20年代中国的杜威化与罗素化……………(237)
　　二　在东西方思想对话的历史语境中重温罗素 ………(261)

第十四章　新思潮的引领者:哈贝马斯思想在华
　　　　　传播与影响 …………………………………………(280)
　　一　哈贝马斯及其主要思想 ……………………………(281)
　　二　哈贝马斯思想对中国的影响 ………………………(288)

第四编　东西方思想的对话:
天下主义与世界主义

第十五章　西学东渐与中华传统天下主义 …………………(295)
　　一　西方世界主义的历史回顾:从苏格拉底到哈贝马斯 ……(295)
　　二　中华传统世界主义的历史演变轨迹 ………………(302)

主要参考文献 …………………………………………………(351)

后　记 …………………………………………………………(382)

自　　序

1985年，在问及希望出生在哪个国家时，大历史学家汤因比面带笑容地说，他希望出生在"公元1世纪佛教已经传入的中国新疆"。① 第二年，季羡林先生不约而至地为此作了一个注脚："世界历史悠久、地域广阔、自成体系、影响深远的文化体系只有四个：中国、印度、希腊、伊斯兰，再没有第五个，而这四个文化体系汇流的地方只有一个，就是中国的敦煌和新疆地区，再没有第二个。"②

"会当凌绝顶，一览众山小"，汤因比以宽广的视角，高瞻远瞩地注视着人类东西方文明开始撞击与融合的最初发源地，并在过去、现在、未来的历史大时空中，纵横驰骋着他无与伦比的想象、理念与预言。不愧为一代大师！汤因比这样一类的巨匠就是东西方思想对话的最佳载体和沟通者。

当下，我们的这个星球越来越小，人们用了一个新名词，叫地球村。从星球的这一头到另一头，可以说，打个长一点的"盹儿"就到了。高科技电子通信与电子媒介日新月异的迅猛发展，似乎已真正可使"秀才不出门，全知天下事"。地球村的"村民"们虽肤色不同，但挤在一起，热闹非凡。有喜事，也有丧事；有舞会，也有械斗；

---

① 《展望二十一世纪——汤因比与池田大作对话录》序，日本圣教新闻社1984年版，旬春生、朱继征、陈国梁译，国际文化出版公司1985年版。
② 季羡林：《敦煌学、吐鲁番学在中国文化史上的地位和作用》，《红旗》1986年第3期。

有爱心，也有恨意。无论你在上海、孟买、东京，还是在纽约、巴黎、伦敦，都是这个"地球村"内的一条"小街"。在任何都市，你都可以碰到来自几乎世界各个角落的男男女女、老老少少。本书著者任教的美国加州的那所州立大学，又是"小街"上的一个"小院落"。在这里，两万多成员中有50％以上是非白人的各种"有色人种"。

无论何时何处——下至个人、家庭、团体、行业，上自国家、民族、社会、世界，各种人们都在进行着从微观到宏观的不同"对话"：政治的、经济的、文化的、宗教的、教育的、文艺的、日常生活的。其中最高层次一定是思想与思想的对话。"不知别国语言者，对自己的语言便也一无所知"，这是大文豪歌德的一句名言。同样，不知别国文化者，对自己的文化便也一无所知。这种比法，似乎有些武断，但沉思之后，它的蕴义确可发人深省。大剧作家萧伯纳笑谈说："你有一个苹果，我有一个苹果，互相交换，各自得到一个苹果；你有一种思想，我有一种思想，互相交换，各自得到两种思想。"这一比喻语调俏皮而意味深长，让人在苹果的清香中嗅到了思想的浓郁。思想互换的收获与其他任何互换根本不在一个数量级。

"思想永远是宇宙的统治者！"柏拉图这样告诫世人。每一种文化最高升华的境界就是思想，因此，文化与文化的交往和沟通的最高形式就是思想与思想的对话。只有对话，才可"化干戈为玉帛"，才可"相逢一笑泯恩仇"，才可"四海一家皆兄弟"！

在主编一套"东西方思想家评传系列"丛书时，本书著者曾这样说过：在色彩学中，质朴的蓝色与红、黄两色同为三原色，天然而成，无法分解成其他颜色；而在思想与思想的对话中，这种原色可以分解为良知、理性与人文精神。这正是人类文明和文化纯净而透彻的结晶。正是这一结晶，赋予社会发展以灵魂、动力、脊梁和血脉，而它们的肉身显现或人格载体就是一代代的东西方大思想家。以此观察历史、现状和未来，便有了一种理智、公正、犀利的洞穿。这种洞穿，是致力于东西方思想对话的作者们在无止境的跋涉间隙，真诚奉献给读者的礼物：微薄而又厚重。它将反观那些连贯古今思想上的一步步累积过程及其不断爆发的聚变，正是这些累积与聚变引起了人类社会巨大的发展与进步。在对思想对话的评述中，捕捉了一个个精彩的历史瞬间、一朵朵天才的思想火花，这些瞬间和火花，赋予人类一种灿烂的品质，同时又构成一种永恒的启示。追寻东西方思想大师的意义远远超出哲学范畴，人类存在的所有特点，都可以从他们的对话中领悟；人类全部的思想精华，都对广大的读者无限敞开；思想大师们指向的精神高度，能使我们从日常生活经验中跃起、上升，点燃信念之灯，照亮深邃的生命。

在另一拙作《思贯中西》中，著者感叹过：即便是哲人，西方古哲人与西方今哲人也很不同。古哲人大都素朴恬淡，其经典形象经常是：身着粗布袍，左手捧一碗清水，右手捏一块面团，面对无尽的苍穹和喧闹的人世发呆——所谓一心追求知识和真理。难怪柏拉图叹曰：知识就是德行。今之哲人却似乎什么都不弃，金钱、权力、名气、美色、刺激……不管是精神的还是物质的，都兼收并蓄，且美其名曰：人类文明的进步、人性的健全发展。欧洲今哲人与美国今哲人又有不同。今欧哲们仍缠在形而上学的思辨网结中，一天到晚不是烦就是忧，活得不甚洒脱。而美哲们则嘻嘻哈哈，相当快活，玩玩人造语言游戏，弄弄鬼画符式的数理逻辑，哪管什么思想体系、终极真理。中国古哲人与西方古哲人同中有异。"同"是均重智慧人伦；"异"是在于，西哲是简餐，中哲却是美食，甚是嘴馋。自孔子"食不厌精，脍不厌细"和老子"治大国若烹小鲜"始，中国哲人个个是尝遍天下美酒佳肴的美食家。"会吃"几乎成了不但是文人，甚至是哲人圣人的文化特征。中国今哲人与西方今哲人更是相异。后者在物质精神的追求中，不忘自律的理性诉求，反对盲从；而前者却仍在他律的缰绳下求生。中国的今哲人与其先祖古哲人也颇为相左。后者敢于嘴馋，善于嘴馋，并不为嘴丧志，不时还强调个"文死谏"；而今日哲人却是既嘴馋，脊椎又不够硬挺。[1]

---

[1] 参见丁子江《思贯中西》，中国工人出版社2003年版，第3页。

思想的再对话
NEW COMPARATIVISM

自古以来，最功利的和最不功利的恐怕都是中国的读书人。从孔子创办私学以来，文人便有了机会，仕途大展，所谓"十年寒窗无人问，一举成名天下知"，"洞房花烛夜，金榜题名时"。显然，人人都知道那书中藏着黄金、乌纱和美女。从这一点来说，西方读书人原本倒不怎么功利，因为其时代落后，实行世袭制，埋没了升迁机会。后来，西方传教士来华，从科举制中大受启迪，将之引回，也以考为准，才出现了文官制。这怎么也得算儒家政治对西方民主的一大"贡献"。但在其他方面，西方读书人却相当功利，每本书、每座桥、每座建筑，都留下著者和设计家的大名。而中国读书人在这一点上则似乎很不功利，大多不朽之著，都不知作者何人；还有不少作品更是伪托之作，有的甚至从未传世，只在人们掘墓后才见天日。就连巨著《红楼梦》的作者究竟为何人，恐怕仍旧存疑。这倒也好，从事作者考据学的人能混碗饭吃，不致失业。真难以想象，一辈子呕心沥血著书立说，却隐名或伪托他名，功名心何等淡泊。当然，这其中不排除有恐文字之狱者（主要在清代）。

知识分子应是任何思想对话的主体。过去有一个很狭义的界定，即知识分子就是文人、读书人、受过教育的人。其实不然，在这些人中，有相当一部分，甚至大部分配不上这个称号。英文"intellectuals"（知识分子）一词的主要意思是指具有丰富知识，同时又具有很强的思想性的个人。多年来，对什么是知识分子这个问题有着广泛而深入的讨论，比较一致的意见认为，知识分子有三个基本特征：一是比较广博的知识，尤其是跨学科和跨文化的综合知识，而非是仅仅知道自己某一单纯领域的专业机器；二是独立思考的能力，拥有较强的理性思维，尤其是追求真理、具备批判和不盲从的精神；三是社会责任感，尤其是具有正义感和自律精神，是非分明，同情人类的苦难，反对一切不合理的制度和现象。要做到这三点，说难也难，说不难也不难。在这个世界上，这样的人应该有不少。不然，我们的未来真是没有任何希望了。说实在的，著者最为负疚的即是本人自身对"知识分子"称号的名不副实，也许充其量只是一个"文人"或"读书人"。

　　社会生活如此丰富和精彩，而我们的时代却是一个浮躁的时代，也是缺乏思想大师的时代！是精神低下、急功近利、夜郎自大、素质欠缺、眼界狭窄、阅历短浅、天分不够、环境恶劣、经济窘困，还是物质贫乏？是其中之一、数项并列，还是全部因素的综合？对别人不敢妄加评论，但本书著者自叹不是全部，而是几乎集中了其中大部分。因此，著者希望借这本题为《思想的再对话：东西方撞击与融合的新转向》的书，释放自己、开导自己。读有关人类思想之书的意义远远超出学术和理论的范畴。人类存在的所有特点，都可以从这种阅读中领悟；人类全部的思想精华，都对读者无限敞开；思想大师们指向的精神高度，能使我们从日常生活经验中跃起、上升，点燃信念之灯，照亮深邃的生命。正如被称为近代哲学之父的笛卡尔所训示的："阅读所有的优秀名著就像与过去时代那些最高尚的人物进行交谈。而且是一种经过精心准备的谈话。这些伟人在谈话中向我们展示的不是别的，那都是他们思想中的精华。"然而，在我们整个民族的文化习惯中，阅读思想之书并不普遍。据联合国教科文组织的一项调查显示：全世界每年阅读书籍排名第一的是犹太人，一年平均每人是64本。上海在中国排名第一，只有8本。而中国13亿人口，扣除教科书，平均每人一年读书一本都不到。也就是说，犹太人平均读书量是中国人的64倍。这种持久的忽视，更使著者本人在埋头于本书写作时感到来自内心深处的催促。但愿这种催促能够企及更多的人，能够在阅读的荒原上点亮星星之火。如果可能，每个试图了解有关东西方思想对话，尤其是思想大师对话的人只读一遍，星星之火，也就有了燎原之势。

　　英国大哲培根曾疾呼："除了知识和学问之外，世上没有其他任何力量能在人们的精神和心灵中，在人的思想、想象、见解和信仰中建立起统治和权威。"著者在中美两地都受到一定的哲学训练，从事哲学教研也已有相当年头，故对东西方思想和文化多少有一些心得和体会。本书是著者多年对东西方思想探索的一个积淀。以"思想的再对话"为书名，尽管有点儿不自量力，但其实这只是对某种理想

状态的追求,而非对学术成就的价值判断。回想已过的大半生,归来归去,恐怕唯一干的正经事,就是不断地琢磨"什么是思想的对话?""为何要思想的对话?""何人可以参与思想的对话?""如何进行思想的对话?"等。很惭愧,人微言轻,始终未能够为思想的对话真正做过什么。不管如何,顺挂在东西方思想巨匠们所舒展的巨翅上,能于历史大时空中纵横穿越一遭,宛若升腾到了一个从未达到的境界,这就很知足了。

著者多年来一直致力于东西方思想的研究,除教学研究外,还兼任英文学术杂志《东西方思想杂志》(*Journal of East-West Thought*)的主编、中文学术杂志《东西方研究学刊》的主编、"东西方思想家评传系列"丛书主编、东西方研究学会会长以及国际东西方研究论坛主持人等,这些历练也为本书的完成提供了较为坚实的积淀。

由于成文有先后,本书不少章节曾以相对独立的文章发表过。然而,由于时代和认知的局限,本书很多篇幅相当不成熟,甚至幼稚可笑,但为了尊重自己的治学历史,著者宁可冒"过时"和"水平低"之嫌,仍然将它们推出。除引言外,本书分四编15章。引言主要回顾了东西方思想对话的历史脉络与进程,介绍了西方近代史上的"崇华派"与"恐华派"的演变,"西学东渐"与"东学西渐"两大趋向,分析了东西方思想对话在引领多元社会发展中的作用,尤其揭示了当前这个对话的困境、危机与挑战,并试图指出它可能的机遇、复兴与发展趋势。第一编有6章,主要讨论东西方研究中的方法、方法论以及元方法论问题,如概念化与操作化、主位与客位、研究设计与研究工具、分析单位与分析层次、数据收集与数据分析、文化取样与主题取样、多元跨越与纵横坐标、案例分析与模式创新法等,并继续深入考察了比较方法和语境化理论,以及如何在跨文化语境中进行东西方比较研究以及在后现代语境中进行东西方比较研究等。第二编有3章,主要讨论当前最有影响的三大文明观,即福山乐观主义的"文明趋同论",亨廷顿悲观主义的"文明冲突论",以及尼斯贝特中间主义的"文明差异协调论"。第三编有5章,主要讨论西方大思想家，如笛卡尔、穆勒、罗素、杜威、哈贝马斯等，在中国的传播与影响，并构成了某种程度的"思想对话"。第四缉有1章，主要讨论西方世界主义与中国传统的天下主义。

丁子江

2014年11月完稿，2017年1月修订稿

引 言

东西方思想对话的历史拐点

"这是最好的时代,也是最坏的时代。"——此乃大文豪狄更斯的一句名言。当今,人类进入一个充满悲情、困境、危机、挑战,但同时也充满惊人成就与希望的时代。哲学大师克罗齐说过:"所有真历史都是当代史。"(every true history is contemporary history)[①] 对这个命题虽有争议,但从历史的延续性角度说,有一定的道理。

东西文化交流最早可以追溯到史前。最新考古材料表明,至少在数万年前的旧石器时代晚期,西方人群进入新疆和中国西北其他地区,欧亚东西方人群有第一次接触,东西方世界开始了第一次对话。旧石器时代的西方文化东进,不仅参与了中国北方文化的发展进程,东西方人群长期共居通婚,扩大了基因交流,对中国北方次一级人种分支的形成也起到不可估量的作用。[②] 可以说,自东西方第一次对话之后,在世界历史的滚滚长河中,物质与精神的双重文明,经过东西方不断的撞击与融合而得到发展。在世代相传的时空贯穿中,人类精神文明的正能量就是思想与思想良性互动的对话。

人类进入 21 世纪之后,整个东西方关系处于一个历史的拐点;与此相应,整个东西方思想的对话当然也处于一个历史的拐点。在这

[①] Benedetto Croce, *History, Its Theory and Practice*, translated by Douglas Ainslie, New York: Russell & Russell, 1960, p. 12.
[②] 参见刘学堂《东西方世界的第一次对话》,《光明日报》2012 年 7 月 30 日。

个历史拐点上，天灾人祸纷沓而至，经济状况危机四伏：苏联东欧阵营的崩溃，冷战的终结，"9·11"恐怖袭击，阿富汗与伊拉克战争，阿拉伯之春等，把世界引向了另一种失掉相对均衡的格局。当代社会的种种"怪物"及其变种：私有化、工业化、都市化、高科技化、全商品化、高消费化、强竞争化、泛福利化、职业白领化，以及族裔冲突化等，给人们带来了形形色色的社会、政治与精神危机。当前，社会的冲突、政治的冲突、经济的冲突、军事的冲突、宗教的冲突、道德的冲突，以及资源和能源的争夺、环境的全方位破坏、人类生存条件的急剧恶化，以及数不尽的祸端灾变等，让人类进行了价值、理念以及各种诉求的重构，这一切都是不断影响东西方思想对话的宏观条件。

德国大哲康德曾如此感叹：我们所有的知识都开始于感性，然后进入知性，最后以理性告终。没有比理性更高的东西了。自然与人文社会各种领域的任何研究上升到最高度就是思想的研究，如自然科学观中的相对论、量子力学、黑洞理论、大爆炸理论、反物质理论等，最终都成了某种哲学思想的探讨。所有文明和文化历史社会传承中的世界观、真理观、审美观、价值观、经济观、政治观、法律观、教育观、宗教观、军事观、家庭观等，都是在思想的高度才得以形成与发展。文明与文明、文化与文化、国家与国家、人民与人民之间，不断进行着撞击与融合，最终都以各种形式和维度的"对话"得以互动、共存和发展。所谓对话有狭义和广义之分。几乎所有人类之间任何行为的交往和沟通都是一种广义的"对话"，而只有最终上升到思想高度的"对话"，才能真正方向明确地引领人类社会。正如亚里士多德所领悟的：上帝所做的、胜过一切想象中的幸福行为，莫过于纯粹的思考，而人的行为中最接近这种幸福的东西，也许是与思考最密切的活动。

2008年发表的《跨文化对话白皮书》曾提出了一个跨文化对话的定义，即："跨文化对话是在相互理解的基础上，具有不同民族、文化、宗教和语言背景和传承的个人与团体之间一种开放式并相互尊重的交流。这种对话在社会的所有层面，包括欧洲各国与全世界各国之间进行。"① 这个定义强调了平等的合作，并揭示了文化的特点，即每一种类型的人类活动，可通过个人、家庭、社区、社团、民族、种族、宗教等之间的对话来实行，其中包括各种生活方式、思维方式、风俗习惯、价值规范、信仰体系、审美标准、政治理念以及社会制度，等等。跨文化对话必须开放而多维（multidimensional），不断地面临各种新的可能性。

一 从"崇华派"与"恐华派"两个西方术语谈起

早在 18 世纪中叶，拿破仑就曾预言："最好让中国长睡不醒，一旦它醒来时，就会摇撼世界。"1897 年，美国海军战略专家兼历史学家马汉（Thayer Mahan）也曾预言："东亚的兴起势必向西方强权挑战"，"中华民族是一股强大的势力，是未来西方文明最大的威胁"。1900 年，在《亚洲问题》（*The Problem of Asia: Its Effect upon International Politics*）一书中，马汉进一步预言"中国和印度的崛起"，"作为强大势力的中国复兴，将阻碍美国控制西方以及南太平洋的能力"。为此，他主张在太平洋地区结成联盟用以抗衡中国的崛起。与此相关，1918 年，德国哲学家史宾格勒（Oswald Spengler）出版的《西方的没落》（*The Decline of the West*）一书则从另一个角度加强了忧患意识，为对付所谓亚洲尤其是中国的崛起出谋划策。

我们重温一下大历史学家汤因比（Arnold Joseph Toynbee，1889—1975，或译汤恩比）的预言：

> 东亚有很多历史遗产，这些都可以使其成为全世界统一的地理和文化上的主轴。依我看，这些遗产有以下几个方面：第一，中华民族的经验。在过去二十一个世纪中，中国始终保持了迈向

---

① *White Paper on Intercultural Dialogue*, 1.4 – 22, May 2, 2008.

思想的再对话
NEW COMPARATIVISM

全世界的帝国,成为名副其实的地区性国家的榜样。第二,在漫长的中国历史长河中,中华民族逐步培育起来的世界精神。第三,儒教世界观中存在的人道主义。第四,儒教和佛教所具有的合理主义。第五,东亚人对宇宙的神秘性怀有一种敏感,认为人要想支配宇宙就要遭到挫败。我认为这是道教带来的最宝贵的直感。第六,这种直感是佛教、道教与中国哲学的所有流派(除去今天已灭绝的法家)共同具有的。人的目的不是狂妄地支配自己以外的自然,而是有一种必须与自然保持协调而生存的信念。第七,以往在军事和非军事两方面,将科学应用于技术的近代竞争之中,西方人虽占优势,但东亚各国可以战胜他们。日本人已经证明了这一点。第八,由日本人和越南人表现出来的敢于向西方挑战的勇气。这种勇气今后还要保持下去,不过我希望在人类历史的下一阶段,能够把它贡献给解决人类问题这一建设性事业上来。……在现代世界上,我亲身体验到中国人对任何职业都能胜任,并能维持高水平的家庭生活。中国人无论在国家衰落的时候,还是实际上处于混乱的时候,都能坚持继续发扬这种美德。将来统一世界的大概不是西欧国家,也不是西欧化的国家,而是中国。并且正因为中国有担任这样的未来政治任务的征兆,所以今天中国在世界上才有令人惊叹的威望。中国的统一政府在以前的两千二百年间,除了极短的空白时期外,一直是在政治上把几亿民众统一为一个整体。而且统一的中国,在政治上的宗主全被保护国所承认。文化的影响甚至渗透到遥远的地区,真是所谓"中华王国"。实际上,中国从公元前二二一年以来,几乎在所有时代,都成为影响半个世界的中心。最近五百年,全世界在政治以外各个领域都按西方的意图统一起来了。恐怕可以说正是中国肩负着不止给半个世界而且给整个世界带来政治统一与和平的命运。[1]

---

[1] 汤恩比:《展望二十一世纪:汤恩比与池田大作对话录》,国际文化出版公司1997年版。

引言 东西方思想对话的历史拐点

中国的崛起，尤其成为世界第二大经济体，一扫鸦片战争以来贫弱落后的形象，同时自然也将自己推向了东西方物质与精神文明撞击的风口浪尖。自17—18世纪以来，针对中国的两个术语"崇华派"（Sinophilia）与"恐华派"（Sinophobia），在当今的世界格局中，又以新的解读将不同的国家和人们分为两种中国观，或两种对华阵营。[①]

大文豪茨威格说过："思想虽然没有实体的，也要有个支点，一失去支点它就开始乱滚，一团糟地围着自己转；思想也忍受不了这种空虚。"在对待东方文明，尤其是中国文明方面，既出现过有坚固支点的真知灼见，但也产生过毫无支点而乱滚的谬言胡说，另外还有一些是理性评判与情绪挖苦相杂，客观分析与主观臆测并立，条理清晰与自相矛盾共存，爱莫能助与幸灾乐祸交织。虽有"咒华、辱华、恐华、仇华"之嫌，但也不失为从反面敲起的警钟。有时候，西方人的负面评价常常涉及的是全球的华人，而非仅仅是某一地区的华人，因为其最终是从文化本源说起的，而非仅仅指政治制度与意识形态。英文原文中的"Chinese"并无明显歧义，但一旦根据需要译成中文的"中国人"或"华人"，这就似乎有了区别。

撞击中也有融合。近年来，在国际关系领域，人们似乎开展了一场造词运动，如"Teamearth"（地球共生体）、"Teamearthina"（地球中国共同体）、"Chindia"（中印共生体）、"Pax Sinica"（中国霸权体）、"Pax Sinichina"（中国经济霸权体）等，这些新词或多或少都与中国有关。其中"中美共生体"（Chimerica）这一新词影响最大。中美共生体这一概念由美国哈佛大学历史学家尼尔·弗格森（Niall Ferguson）和经济学家莫里茨·舒拉瑞克（Moritz Schularick）首创，它巧妙地将英文China的前一部分与英文America的后一部分相结合组合

[①] 有学者将这两个英文术语译成"中国之友"和"中国之敌"。以本书著者看，将Sinophobia译成中国之敌恐怕过重，若译为"恐华派"或"恐华症"更为恰当，因为不喜欢中国文化的人，并不一定是敌人；相应而言，Sinophilia则可译为"崇华派"。

成一个新的怪词 Chimerica。这个概念力图表明，中美建立了一个跨太平洋相互影响的全球新重心，即一个共生体，其中一方是唯一的西方超级大国，另一方是有二万亿美元外汇储备的"潜在的超级大国"，发展势头锐不可当的东方新兴大经济体。这两大势力的磨合，将有机会创造某种新机遇：如平衡个人利益和公共利益、即时利益和长期利益的新统治哲学；如一种既不抹杀个人爱好和能力，又有助于缓和公众贪欲的统治制度。弗格森认为，中国人的储蓄与美国人过度消费导致了令人难以置信创造财富的时期，并引起了2008—2009年的全球金融危机。多年来，中国积累了庞大的外汇储备，并购买了大量美国政府债券，这使名义及实际长期利率在美国被人为地降低。弗格森将"中美共生体"描绘为一种经济体，其占地球陆地表面13%，有1/4的人口，约占其国内生产总值的1/3，并超过全球过去6年经济增长的1/2。他指出，这个共生体的终结，就在于，如果中国脱离美国，带来全球权力的转换，并允许中国"开拓全球影响力的其他领域，即从上海合作组织（俄罗斯也是其中一个成员），到其商品丰富的非洲所拥有的非正式的新兴帝国……"弗格森教授还预测：当"中美共生体"终结后，中国会在20年内超越美国；这之后在中国的统治下，世界将维持和平，并产生"中国经济霸权体"时代。①

2010年1月17日，美国《基督教科学箴言报》发表加德尔斯（Nathan Gardels）从斯德哥尔摩发出的评论说，21世纪是过渡的消费性民主与有效性政府控制之间的竞争。希腊政府被沉重债务和巨额赤字压垮，正寻求从北京举债250亿欧元。现在什么更能代表面对西方的东方新兴力量？现代民主的标志——美国，已经深陷在对中国的债务中。在西方，尤其是很多美国人眼中，我们不再生活在工业化民主制度下。现在我们生活在消费者民主制度（consumer democracy）之中。在这种制度下，从政客、传媒、市场反馈的所有信息，都引导社会获得即时的自我满足。这种制度缺乏长期思考、策划，缺乏持续统治的政治能力，远远无法回应中国的崛起。新的现实环境要求增强政

---

① Niall Ferguson, "Team 'Chimerica'", *The Washington Post*, 2008-11-17.

府的统治能力，设计更好的管理体制——既有更多的制约，又更能平衡各方利益。这种体制不仅能够抗衡新媒体时代"一人一票"元首的短期暴政，而且能抗衡定期选战接近时的种种压力。这些压力都是政党策划和电视即时新闻排斥民主协商所造成的恶果。没有被统治者的同意，统治制度不能够维持下去。但从孔夫子、柏拉图到美国"宪法之父"麦迪逊，每一个政治智者都明白，当公众的贪念否定了统治，结果则是两败俱伤。大家都可以看到美国加州直接民主的极端例子——公众的支配力量，已经证明是毁灭性的。加州的危机显示，减肥可乐式的文化——既要甜又不要卡路里；既要消费又不储蓄；既要现代化基础设施和好的学校，又不想纳税，是行不通的。加州的管治失灵，只不过是美国整体政治问题暴露出的一角。在中国，当人民的企业家能量被自由市场解放出来时，人民却保持着极大的政治统治能力。他们借助政府强有力的手，以社会和谐和长远发展的名义，调节着发展所释出的利益。有学者评论说：中美共生体曾被视作全球经济发展的最大动力，然而，这两大势力在气候变化问题上的态度让人们开始重新看待这对组合的前景，也就是说，倘若其全球发展战略中未能解决必要减排的问题，那么这种联合模式则前景无望，甚至无果而终的哥本哈根会议将是中美共生体在世界舞台上最后一次发挥主导作用。

二　东西方思想对话的双向大格局：
"西学东渐"与"东学西渐"

在近现代，"西学东渐"与"东学西渐"形成了东西方思想对话的双向大格局。我们从早期汉学在西方的传播，也可从侧面了解到东西方思想对话的大致脉络。意大利当代汉学家兰茨奥提（Lionllo Lanciotti）意味深长地感叹："意大利汉学研究在欧洲是最古老，同时也是最年轻的。"[①] 对此，很多西方汉学家很是赞同。说到汉学的

[①] 转引自杜筑生《儒学与中华人文精神——欧洲儒学研究之现况》，《国际儒学研究》2011年第17辑。

鼻祖，当然必属最早到中国传教的意大利耶稣会会士利玛窦（Matteo Ricci, 1552—1610）和罗明坚（Michele Ruggieri, 1543—1607）。作为天主教在中国传教开拓者之一的利玛窦，也是第一位接触中国文学并对中国典籍加以考察的西方学者。[①] 他一边宣扬天主教教义，另一边广交中国官员和社会名流，传播西方天文、数学、地理等科学技术知识。利玛窦在南昌生活期间（1595—1598），与以章潢为首的白鹿洞书院师生的交往与面谈，可以说是中西方知识分子思想的第一次直接对话。他的著述既极大地促进了中西交流，又对日本和朝鲜半岛上的国家推介西方文化发生过重大作用。罗明坚可称为欧洲的第一位汉学家，曾将《四书》译成拉丁文。[②] 意大利教士卫匡国（Martino Martini, 1614—1661）于1655撰写的《中国新图志》和1658年的《中国上古史》等书，均为早期西方中国研究的经典之作。尤为可称颂的是，卫匡国的《中国上古史》也讨论了儒家哲学，甚至还展示了伏羲的八卦和64卦图。很遗憾，这些著述长期遭到中西方学术界的忽视。

法国传教士金尼阁（Nicolas Trigault, 1577—1629）于1626年将《五经》译成了拉丁文。意大利耶稣会士殷铎泽（Prosper Intorcetta, 1626—1696）与葡萄牙耶稣会士郭纳爵（Ignatius Da Costa, 1650—1650）于1662—1669年合译了《大学》，改称《中国的智慧》（*Sapientia Sinica*），并于欧洲出版。他又独译了《中庸》，这两本书于1672年在巴黎再版，书后附有《孔子传》和孔子画像。此外，殷铎泽还与郭纳爵合译了《论语》。1687年，比利时神父柏应理（Philippe Couplet, 1623—1693）等出版了《中国哲学家孔子》一书，将

---

① 早在16世纪，西班牙籍历史学家门多萨（Juan Gonsales de Mendoza, 1545—1618）根据到过中国南方福建等地的三位来自西班牙、葡萄牙的传教士、商人和水手的报告，撰写了《大中华帝国史》（*The History of the Great and Mighty Kingdom of China and the Situation Thereof*），于1585年用西班牙文首版，1588年又出了英文版，至16世纪末，共用7种欧洲文字重印了46次，为欧洲学者了解、研究中国所广泛利用，成为此后欧洲汉学兴起的奠基性著作。参见 Wikipedia, The Free Encyclopedia。

② 以上参见 Wikipedia, The Free Encyclopedia。

中国宋代的新儒家哲学引介给欧洲。在此之前，还有曾德昭（又名谢务禄 Alvaro Semedo，1585—1658）于1641年推出的《大中国志》；葡萄牙教士安文思（Gabriel de Magalhães，1609—1677）于1668年问世的《中国新志》；1692年，法国耶稣会士李明（Louis le Comte，1655—1728）在巴黎出版了《中国近事报道》，但此作既给作者本人带来了声名，也带来了厄运。后来，法国神父马若瑟（Joseph de Premare 1666—1736）著有《书经以前之时代及中国神话》《中国经学研究导言略论》和《经传议论》等，其中《经传议论》曾经康熙皇帝御览。上述著述极大地促进了中国文化与思想在欧洲的传播，并由此兴起了"中国热"；随后，"汉学（中国学）"（sinology）也以显学的势头，成为一门正式的学术领域。

到了18世纪，法国神父汤尚贤（Pierre Vincent de Tartre，1669—1724）的《易经注》，对欧洲学术界产生重大影响；法国神父钱德明（Jean-Joseph Marie Amiot，1718—1793）的《孔子传》《孔子弟子传略》等，对"中国热"更是加油添柴。这一切种种努力有效地搭建了对中国研究的平台。在《利玛窦札记》之后，龙华民（Nicholas Longobardi，1559—1654）、艾儒略（Jules Aleni，1582—1649）、柏应理（Philippe Couplet，1623—1693）、闵明我（Domingo Navarrete，1618—1689）、马若瑟（Joseph de Premare，1666—1736）、巴多明（Dominique Parrenin，1663—1741）等旅华传教士与欧洲之间大量通信来往起到推波助澜的效用。据统计，仅法国所编纂的此类通讯集就有34卷之多，其中有约10卷来自中国。[1] 这些都给欧洲学者了解中国提供了依据，成为欧洲18世纪法国著名中国学专家杜赫德（Jean-Baptiste Du Halde，1674—1743）编写《中华帝国志》的重要素材。基于这种文化传播的背景，当时的欧洲顶尖级的学者，无论其对中国的看法如何，都无法回避中国这个话题，多多少少都要对中国和中国文化发表一些看法，从培根到莱布尼茨，从康德

---

[1] 参见朱静《洋教士看中国朝廷》，上海人民出版社1995年版，贾植芳《序》，第2页。

到歌德，无一例外——因为这是当时欧洲学术界的一种时尚。18世纪，欧洲学者研究中国文化和哲学的著作不断涌现，影响所至逐渐超过中国经典原著本身，直至今天，人们还能在梵蒂冈图书馆看到14种西人研究《易经》的著作。在17—18世纪的欧洲学者评介和研究中国哲学的著述中，影响最巨者当推柏应理的《中国哲学家孔子》一书，该书的中文标题是"西文四书解"，说是《四书》，独缺《孟子》。值得注意的是该书的导言部分，它对中国哲学的儒、释、道三家分别进行了评介，并附有《周易》64卦图，介绍了宋代朱熹的理学和易学，朱熹注的《五经大全》《四书大全》和《性理大全》等书目以及"太极""理"等新儒学概念。1691年蓝登尔·泰勒（Randal Taylor）以柏应理的《中国哲学家孔子》和法国人彼埃尔·萨夫亥（Pierre Savouret）的《孔子的道德，中国的哲学》为蓝本，改编为英文版的《中国哲学家孔子的道德》（*The Morals of Confucius, a Chinese Philosopher*），该英译本后来被多次印刷，成为当时英语世界普通读者了解孔子和中国哲学的主要信息来源之一。

1711年至1713年，意大利拿波里耶稣会神父马国贤（Matto Ripa, 1682—1746）曾在康熙宫廷中担任画师。因礼仪之争，清廷驱逐外国传教士，1724年，马国贤带了四名中文教师回国，并奉教皇克勉十二世（Pop Clement XII）之命，在拿波里创办中国学院培养通晓中国语言及文化的意大利年轻传教士，赴华传教。此为欧洲大陆第一所研习汉学的学校，即今日的拿波里东方大学。意大利汉学在17世纪后就一蹶不振，主要因为意大利直到1870年才完成统一，故影响了对中国的兴趣。① 19世纪末，在佛罗伦斯开设了第一个中文讲座。意大利的汉学研究在第二次世界大战后才真正开始复苏。1814年，法国法兰西学院（Collège de France）设立汉文及满文讲座，雷慕沙（Jean-Pierre Abe l-Rémusat）成为欧洲第一位汉学教授。沙皇俄国的第一所汉语学校则由俄国汉学家比丘林（Nikita Bichurin）于1837年

---

① 图莉安（Antonella Tulli）：《意大利汉学研究的现况》（*The Current Situation of Sinological Research in Italy*），天主教辅仁大学华裔志汉学研究中心2004年版，第4—7页。

在莫斯科创立。同时英国伦敦大学也聘请纪德（Samuel Kidd, 1797—1843）担任第一位中文教授。①德国的第一位汉学教授则是威廉·硕特（Wilhelm Schott，1807—1889），其所著的《中国文学述稿》（1854）是德国最早的一部研究中国文学史的著作。②在英国，理雅各（Jams Lgg, 1815 - 1897）于1841年开始着手翻译中国经典，出版《中国经书》（*The Chinese Classics*）五卷，共八本，包括《论语》《大学》《中庸》《孟子》《书经》《诗经》及《春秋左传》。1879—1891年又出版了《中国经典》（*The Sacred Books of China*）六卷，包括《书经》《诗经》③《孝经》《易经》《礼记》《道德经》《庄子》等；他于1876年担任牛津大学第一任汉学教授，长达21年。④在德国，加贝伦次（Georg von der Gabelentz，1840—1893）于1878年担任莱比锡大学的远东语言教授，也是德国第一位汉语教授，所撰《中国文言语法》（*Chinesisch Grammatik*，1881）至今仍受重视。曾于1925年担任法兰克福歌德大学中国研究所所长的卫礼贤（Richard Wilhelm，1873—1930）是位基督教传教士，曾在青岛传教20余年，将中国经典《论语》《道德经》《列子》《庄子》《孟子》《易经》等书译成德文。⑤

有西方学者指出："在16—18世纪，欧洲人对中国的印象"最典型的传送方式就是通过在东方的教士之书信，托寄回在欧洲的教士。这些书信结集出版后，成为18世纪欧洲士人间大量流通的读物。书志编纂学者对这些书信集散布的状况加以研究（研究的项目包括：购书者系何人？收藏这些书信集的是哪家图书馆？哪些书商？），结果显示散布之广相当可观——从波兰到西班牙都有所发现。……有关中国的知识已成为文化界的常识……18世纪任何一名受教育的士人

---

① 姜祥林：《儒学在国外的传播与影响》，齐鲁书社2004年版。
② 参见《国学海外汉学》，北京国学时代公司。
③ 与宗教有关的部分。
④ 参见 Wikipedia, The Free Encyclopedia 以及刁名芳《国际汉学的推手》，天下远见出版公司2008年版，第188—189页。
⑤ 以上参见 Wikipedia, The Free Encyclopedia。

思想的再对话

对中国文化的认识,会远胜于今日一名受过一般教育的知识分子。……透过两大学说之间的争论而尤为突出。一派学说是基督教主张的启示说;一派主张18世纪所谓的'自然道德律'或'理性'说,此说可溯其源古典希腊罗马。这个争论是西方本土固有,但这个本土争论却为吸收中国思想预先铺设好路途。……儒家思想家象征纯粹哲学,不掺杂一丝神启痕迹,正是人类反观自省的探索而得的成果,西方很自然地以儒者为哲学家的模范。……直到18世纪中叶,一般都认为中国远胜于欧洲,不论在科技或在经济上皆然。或许实情亦复如此。"①

17—18世纪在西方逐渐兴盛的汉学无疑对不少西方大哲与大思想家有着相当的影响。德国大哲莱布尼兹(1646—1716)对中国相当推崇,在其《致德雷蒙先生的信——论中国哲学》中提到:"中国是一个大国,它在版图上不次于文明的欧洲,并且在人数上和国家的治理上远胜于文明的欧洲。在中国,在某种意义上,有一个极其令人赞佩的道德,再加上有一个哲学学说,或者有一个自然神论,因其古老而受到尊敬。这种哲学学说或自然神论是自从约3000年以来建立的,并且富有权威,远在希腊人的哲学很久很久之前;而希腊人的哲学却是第一个,地球上的其余地方还没有什么著作,当然我们的《圣经》除外。因此,我们哲学后来者,刚刚脱离野蛮状态就想谴责一种古老的学说,理由只是因为这种学说似乎首先和我们普通的经院哲学概念不相符合,这真是狂妄至极!再说,除非用一场巨大的革命,人们似乎也摧毁不了这种学说。因此,如果能够给它以一种正确的意义,那将是非常合理的。"②他还说道:"我认为这是命运的一个奇妙安排,今天人类的生养和完善应该集中在我们亚欧大陆的两个极端,即欧洲与中国……也许是上天的安排,使最文明和最遥远的两种

---

① 埃德蒙·莱特斯:《哲学家统治者》,《中国哲学史研究》1989年第1期,第91、92、96页。

② Gottfried Wilhelm Leibniz, *Writings on China*, ed. Daniel J. Cook and Henry Rosemont, Chicago and La Salle, Illinois: Open Court, 1994, p. 78.

人民各向对方伸出了自己的手。这两者之间的人们可能逐渐引向一个更美好的生活方式。"显然,莱布尼兹将中国与欧洲视为具有同等的文明程度:"……16世纪至18世纪中叶,莱布尼茨成了崇华派(Sinophilia)的最重要代表。在这段时期内,对于宗教、伦理、艺术以及科技等方面,中国在欧洲知识界扮演了中心的角色。"① 法国汉学大师若阿基姆·布韦(Joachim Bouvt,汉名白晋,1662—1732)向莱布尼茨介绍了《周易》和八卦的系统,他们两人一直是好朋友。在莱布尼茨眼中,阴与阳基本上就是他的二进位的中国翻版。② 另一位德国大哲沃尔夫(1679—1754)也指出,早在17世纪前的几百年间,西方世界就赞颂着"中国哲学",此外他还探讨了如何研究中国哲学的问题。

对"法兰西思想之父"伏尔泰而言,中国是改造欧洲的一个积极的参照系。伏尔泰很推崇中国儒家思想,并将中国的政治体制看作最完美的政治体制,因为中国的文官制度能让下层阶级人民得以晋升为统治阶层。③ 他曾评价道:"那个圣人是孔夫子,他自视清高,是人类的立法者,绝不会欺骗人类。没有任何立法者比孔夫子曾对世界宣布了更有用的真理。"④ 在伏尔泰看来,"中国人是最有理性的",而中国人的"理"可称为"自然之光"。为了推广"中国精神",伏尔泰根据元曲《赵氏孤儿》,写出了剧本《中国孤儿》。法国大哲狄德罗(1713—1784)指出:"中国民族,其历史的悠久、文化、艺术、智慧、政治、哲学的趣味,无不在所有民族之上。"⑤ 他还特为《百科全书》撰写了"中国哲学"(Philosophiedes Chinois)一节,不

---

① Chunjie Zhang, "From Sinophilia to Sinophobia: China, History, and Recognition", *Colloquia Germanica*, 2, 2008, pp. 97 - 98.
② 参见杜筑生《儒学与中华人文精神——欧洲儒学研究之现况》,《国际儒学研究》2011年第17辑。
③ 参见何兆武、柳卸林主编《中国印象——世界名人论中国文化》,广西师范大学出版社2001年版。
④ 杜筑生:《儒学与中华人文精神——欧洲儒学研究之现况》,《国际儒学研究》2011年第17辑。
⑤ 朱谦之:《中国哲学对于欧洲的影响》,《走向世界》1989年第5期,第301页。

仅强调"中国哲学"的概念,还简述了中国哲学史。另外一位法国大哲霍尔巴赫(1723—1789)认为:"中国可算世界上所知唯一将政治的根本法与道德相结合的国家。而此历史悠久的帝国,无疑乎告诉支配者的人们,使知国家的繁荣须依靠道德……欧洲政府非学中国不可。"① 事实上,当时所有翻译工作都是由耶稣会会士用法文所做的,英国皇家学院也都是透过法国而认识中国。② 不过,在对待中国的态度上,康德与黑格尔算是"恐华派"。这在本书第十一章会详细谈及。

不过在东西方思想对话中,由于各种背景原因,也不断遭遇不少逆流。本来,经过利玛窦等在华西方传教士的不懈努力,1692年,即康熙三十一年,康熙下达一道容教令:"查得西洋人,仰慕圣化,由万里航海而来。现今治理历法,用兵之际,力造军器、火炮,差往俄罗斯,诚心效力,克成其事,劳绩甚多。各省居住西洋人,并无为恶乱行之处,又并非左道惑众,异端生事。喇嘛、僧等寺庙,尚容人烧香行走。西洋人并无违法之事,反行禁止,似属不宜。相应将各处天主堂俱照旧存留,凡进香供奉之人,仍许照常行走,不必禁止。俟命下之日,通行直隶各省可也。"③ 但由于基督教本身的种种矛盾以及西班牙与葡萄牙的利益冲突,发生了"中国礼仪之争",也就是康熙与传教士就儒家崇拜引发的一场大争论。天主教教皇克勉十一世认为儒家的祭孔及祖先崇拜违反天主教教义,支持当时有西班牙背景的道明会,打压由葡萄牙背景的耶稣会,结果引发清朝朝廷反制,严厉限制传教士活动。1721年,即康熙六十年,康熙阅取教廷特使嘉乐的《自登基之日》禁约后,下旨:"览此条约,只可说得西洋等小人如何言得中国之大理。况西洋等人无一通汉书者,说言议论,令人可笑者多。今见来臣条约,竟与和尚道士异端小教相同。彼此乱言者,

---

① 朱谦之:《中国哲学对于欧洲的影响》,《走向世界》1989年第5期,第274、275页。
② 参见魏思齐《不列颠(英国)汉学研究的概况》,第3—7页。
③ 黄伯禄编:《正教奉褒》,第116—117页。

莫过如此。以后不必西洋人在中国行教，禁止可也，免得多事。钦此。"① 尽管耶稣会教士企图补救，设法附加了八条变通的办法，但康熙皇帝不为所动，传旨曰："中国道理无穷，文义深奥，非尔等西洋人所可妄论。"② 康熙之后，雍正继续下令禁教；乾隆朝代，传教士仍受很高礼遇，但传教仍属非法；萧规曹随的嘉庆、道光两朝也始终奉行禁教政策。当然，西方列强通过鸦片战争还是打破了这种禁教状况。直到1939年，罗马教廷才撤销禁止中国教徒祭祖的禁令，尽管其并不承认当时的这个禁令是错误的。教宗庇护十二世颁布"众所皆知"（*Plane compertum est*）通谕："允许教徒参加祭孔仪式；可以在教会学校中放置孔子之肖像或牌位，并容许鞠躬致敬；如果教徒必须出席带有迷信色彩的公共仪式时，必须抱持消极的态度；在死者或其遗像、牌位之前鞠躬，是被允许且是适当的。"这场礼仪之争的一个后果是，就连当时不少不明究底的西方大哲和思想家也对中国产生了负面的印象，如康德、黑格尔、尼采等。

由耶稣会士引入的中国思想文化对启蒙运动有巨大影响，启蒙学者依照对中国的态度分成"崇华派"和"恐华派"两大阵营。前者包括伏尔泰、魁奈、莱布尼兹和沃尔夫等，后者包括赫尔德、孟德斯鸠、卢梭、孔多塞和赫尔德等。18世纪下半叶，由占主导地位的崇华派转向了恐华派。恐华派人士将中国看成停滞与专制社会的原型。德国哲学家赫尔德（Johann Gottfried Herder）在批判中国文明方面起了带头作用，竟将中国当作"缺乏生命力和变化能力的'防腐木乃伊'"。③ 康德属于哪一阵营呢？人们的印象中似乎康德是"崇华派"，因为他说过，"孔子是中国的苏格拉底"。④ 然而，根据康德整体思想来看，他恐怕还是属于第二个阵营。所谓崇华派和恐华派，不

---

① 北平故宫博物院编：《康熙与罗马使节关系文书影印本》，1932年，第41—42页。
② 杨森富：《中国基督教史》，台湾"商务印书馆"1978年版，第140页。
③ Chunjie Zhang, "From Sinophilia to Sinophobia: China, History, and Recognition", *Colloquia Germanica*, 2, 2008, pp. 97 – 110.
④ 何兆武、柳卸林主编：《中国印象——世界名人论中国文化》，广西师范大学出版社2001年版，第164页。

 思想的再对话

仅在 18 世纪，而且是近年来在中国开始崛起时国际上常用的一种二分法术语（dichotomy）。①

以属于具崇华心态或属中国之友的现代大哲罗素为例，在他访华之前就受到一些汉学家的影响，多少对其今后浓烈的中国情结起到了推动效用。就在罗素因第一次世界大战迷茫之际，译过《论语》《道德经》和唐诗的汉学家阿瑟·韦利（Arthur Waley, 1889—1966）寄给罗素一首白居易的七言绝句"红鹦鹉"："安南远进红鹦鹉，色似桃花语似人。文章辨慧皆如此，笼槛何年出得身？"也许这也是罗素后来与中国不解之缘的一个"暗结"。韦利曾是罗素在剑桥大学时的同学。他的第一本书于 1916 年出版，并分发给了自己的 50 位朋友，其中包括罗素。② 1917 年，韦利出版《中国诗歌 170 首》（*A Hundred and Seventy Chinese Poems*）；1919 年，他又出版了《更多中文译文》（*More Translations from the Chinese*）一书。当然罗素也曾先睹为快。有学者曾详细地讨论了中国与罗素等之间的联系，而认为这些都是确立韦利地位的关键。③ 后来罗素曾对韦利所译白居易的另一首诗借题发挥说道："尽管中国发生很多战争，但中国人本初的观点是和平的。我不知道会有任何其他国家会在一首诗中，就像阿瑟·韦利先生所译的白居易的'新丰折臂翁'那样，将一位为逃避军事服役而自残的人当成英雄。"④

---

① 正如前面注解所提及的，有人将这两个术语译成"中国之友"和"中国之敌"。依本书著者看，将 Sinophobia 译成"中国之敌"恐怕过重，若译为"恐华派"或"恐华症"更为恰当，因为不喜欢中国文化的人，并不一定是敌人，相应而言，Sinophilia 则可译为"崇华派"。

② Sin-Wai Chan, David E. Pollard, *An Encyclopaedia of Translation*: *Chinese-English, English-Chinese*, Hong Kong: Chinese University Press, 2001, p. 421.

③ Patricia Laurence, *Lily Briscoe's Chinese Eyes*: *Bloomsbury, Modernism, and China*, Columbia, South Carolina: University of South Carolina Press, 2003.

④ Bertrand Russell, *The Basic Writings of Bertrand Russell*: *1903–1959*, p. 553.

1919 年，罗素专为著名汉学家维尔纳①的《中国人的中国》（*China of the Chinese*）一书撰写了书评《一个英国人的中国》。他写道："一个对中国艺术和文学热爱，但从未到过中国的人，不可能对这个国家的人民形成正确的看法。在世界上，中国是一个自古就保持自己传统的国家。"根据维尔纳先生的观点，中国可靠的历史大约开始于公元前 2353 年。就像文艺复兴前亚里士多德在欧洲一样，"孔子在中国，对保守主义、传统主义和权威主义有着至高无上的影响"。罗素在谈到儒家及其经典后，又提到了道家的老庄。他指出：维尔纳先生的书对中国的民众和社会生活进行了脍炙人口的描述，不仅对其人格，而且也对其制度、习俗以及兴衰做了考察。"可以感受到，这本书告知读者，真相与印象是错综复杂而又充满矛盾的，就如真理往往并非简单地来自某一中心的理念。"他接着认为：数千年来，在中国文学的知识与诗词的写作可以成为获取权力的晋身之阶。然而这种成功并不意味能理智而有效地执掌权力，而外来的压力却可造就政府的有效性。罗素在列举了中国传统社会的一些长处与弊端后，颇带诗意地议论了一下中国传统所追求的"美"（beauty）。他最后总结道："当前中国发生的情况，仅是自从工业革命以来文明世界所一直发生的一个案例。在一个相互争斗的世界中，'美'是柔弱不堪的，它必将每况愈下。对此有可能发现补救的方式，但人们必须首先有意愿去做。"对此，罗素用一句问话结束了他的评论："在那些文明的国家里，寻求美的强烈愿望何在？"② 从这篇书评可以看出，罗素对儒家道家为代表的中华文化以及对当时中国的时局及发展道路，已初步形成了一定的真知灼

---

① 维尔纳（E. T. C. Werner，1864—1954）曾是英国驻清朝政府的外交官兼汉学家。他于 19 世纪 80 年代作为一名学生译员到达北京，并在那里一直居住到 1914 年。他的主要著作有：*China of the Chinese*（1919）；*Myths & Legends of China*（1922）；*Dictionary of Chinese Mythology*（1932）；*Weapons of China*（1932）。

② Bertrand Russell, "An Englishman's China", review of E. T. C. Werner, *China of the Chinese*, *The Athenaeum*, No. 4, Aug. 8, 1919, pp. 715 – 716; *Uncertain Paths to Freedom: Russia and China, 1919 – 22*, Routledge, 2000, pp. 70 – 73.

见,尽管还不算成熟。后来,在访华期间与访华之后,罗素撰写了大量有关中国的著述,如《中国问题》等,为东西方建立了一场思想的直接对话。

在17—18世纪,欧洲人从整体上对中国持正面看法,因为他们看到了中国的长处。其中最重要的是中国对"自然法"或"自然秩序"的坚持。同样,西方人认为中国的问题和缺陷与其成就相比是无足轻重的。然而,到了18—19世纪,欧洲的态度经历了一个几乎完全的逆转。中国被普遍描绘为一个落后、停滞的国家。到18世纪结束,中国在一个以欧洲为中心世界观的框架下被加以阐述。正当欧洲人试图了解扩展了的世界及其自身的位置,中国——中央之国作为一个相对陌生的先进文明,在启蒙思想中占有一个独特的地位。在近代早期,欧洲的中国观已被广泛研究。当占主导地位的范式分析经历了一个从崇华心态转为恐华心态时,对这种转变的范围、性质和时机的看法分歧表明,刚性并置(the rigid juxtaposition)可能并不总是有用的。为了突出18世纪欧洲思想中有关中国构建这一特定论题的重要性,有西方学者专门考察了中国的政府制度。对中国先进文明中中国政府的讨论兴趣可与启蒙纲领中对文明和进步意义的界定、解释和反思联系起来,人们发现了一个令人惊讶的共识,即崇华心态与恐华心态的传统并置。此外,18世纪的欧洲观察者也无法设想中国优势;相反,他们的观念里具有一定程度的文明相对主义,并将中国视为有益的借鉴。这种做法同样让我们考虑启蒙思想家没有寻求答案的那些问题,并为这种遗漏找出原因。中国作为一个有用的模型被抛弃了,因为在许多方面它被认为是无法成为欧洲启蒙运动普遍模式的一个特例。[1]

顺便提及,在东西方思想的对话中,曾对古代中国有无哲学发生了激烈的争论,这涉及对哲学这一概念的主观界定,甚至或许只是一

---

[1] Ashley E. Millar, "Revisiting the Sinophilia/Sinophobia Dichotomy in the European Enlightenment through Adam Smith's 'Duties of Government'", *Asian Journal of Social Science*, 38 (5), 2010, pp. 716 – 737.

个伪论题。本书著者不打算在这里深入讨论。但无论如何，目前至少没有太大争论的是，中国古代有"思想"。①

英国大科学史家李约瑟（Joseph Terence Montgomery Needham，1900—1995），曾感叹："当余发现十八世纪西洋思潮多系源于中国之事实，余极感欣慰，彼十八世纪西洋思潮潜流滋长，因为推动西方进步思想之根据……吾人皆知彼启蒙时期之哲学家，为法国大革命及其后诸种运动导其先河者，固皆深有感于孔子之学说，而曾三复致意焉。"瑞典学者汉内斯·阿尔夫（Hannes Alfvén，1908—1995）宣称："如果人类要在21世纪生存下去，必须回头二千五百年，去吸取孔子的智慧。"② 托马斯·福斯（Thomas Fuchs）如此评述：

> 在海外宣教神学"颂华"姿态的激励下，1650年之前欧洲已经出版了大量有关中国文化及社会的作品。这些作品参与了启蒙运动关于宗教、政治以及国内社会事务的讨论。告解时期（confessional period，即"三十年战争"）的残酷暴行所留下的创伤使欧洲人将中国设想成一个比自己无限好的世界。……对中国文化的赞赏在最初就产生了一种特定的评价标准，中国文化被解释得博大精深。在18世纪反对教权的讨论中，这种解释的意义就很有轰动性了。……这种观点——同欧洲相比，中国虽然在

---

① 中国学者苗润田有以下阐述：说到"中国无哲学论"，我们马上会想到黑格尔、文德尔班、德里达之属。其实，早在他们之前某些西方学者就持有这种思想偏见。就可见的文献资料看，从利玛窦开始，一些西方学者就认为"中国哲学"是一种"道德哲学"而不是"思辨哲学"。康德（1724—1804）也说，孔子虽然是"中国的苏格拉底"，但他并非哲学家，在整个东方根本没有哲学。黑格尔重述了他们的观点，认为哲学的起点是思想的自由，只有当人类超脱了自然阶段而达到思想自由时才产生了哲学。但是，能称之为"哲学"的只有希腊哲学和日耳曼哲学。后来的文德尔班继续其思路，将"东方精神"视为束缚个人创造性的同义语。直到今天，法国哲学家德里达到中国访问，仍说"中国没有哲学，只有思想"，并修正说这丝毫没有文化霸权主义的意味，哲学与思想之间也没有高低之分，因为西方的哲学是一个特定时间和环境的产物，它的源头是希腊（苗润田：《中国有哲学吗——西方学者的"中国哲学"观》，《中国思想史研究通讯》第1辑，2007年）。

② 转引自朱谦之《中国哲学对于欧洲的影响》，《走向世界》1989年第5期。

科学技术的发展上滞后,但他们却有更发达的伦理——是对中国进行评价的决定性因素之一。……在启蒙运动早期,自然法问题对于如何评价中国是至关重要的。中国这一实例则似乎就是自然法观念之普遍性的一种情形。这样,某种"颂华"的法律理论就与某种"颂华"的政治理论结合起来,它以中国的伦理和政治为标准来衡量欧洲的国家制度。显然,中国当时拥有18世纪的欧洲知识分子朝思暮想的东西:一个强大且按理性标准行事的中央政府。①

欧洲汉学研究到了20世纪,世俗的研究者就逐渐取代了神职人员的地位。今日欧洲汉学的研究,更偏向政治、军事战略、财经、社会等问题,自然因为政治、经济现实等的因素,儒学的研究就较为逊色了。历史进入21世纪后,汉学研究随着东西方思想对话的需要,也到了一个历史拐点,据研究分析,有以下几个趋势。第一,汉学研究者的范围扩大:过去从事汉学研究者多半是传教士,少数是外交官,现在除传教士及外交官继续从事有关汉学的研究外,一般学者所占分量越来越大。第二,汉学研究的题材越来越广:由于中国的国力大幅提升,欧洲各国普遍研究起中国,政治、军事、经济、社会、文化、艺术,甚至医疗、健康、养身、养气等,均为研究题材,可谓上自天文,下至地理,无所不包。第三,汉学研究的对象增加:中国内地固然是欧洲汉学研究的主要对象,但台湾、香港、澳门以及海外华人社会等,甚至受儒学影响的国家,亦均成为汉学研究之对象。第四,欧洲学习华语者的人数越来越多:由于中国大陆以及台湾的吸引力,孔子学院的设立,欧洲各国学习华语(文)者日增,又因交通便捷,生活水准提高,每年许多欧洲青年学子漂洋过海,到中国大陆、台湾,学习进修华文、华语,更多的学者也对影响中国人思想、行为至深的儒学发生兴趣。第五,学习中文及研究汉(儒)学,尤

---

① 托马斯·福斯:《欧洲人眼中的中国:从莱布尼兹到康德》,载成中英、冯俊主编《康德与中国哲学智慧》,中国人民大学出版社2009年版,第42—43页。

其是从事中国问题研究的欧洲国家越来越多：欧洲各国大学现在开设中文与汉（儒）学及中国问题研究等有关课程者日增，有的国家将中文列为中学的第二外国语文。第六，欧洲研究儒学之学者在整个汉学及中国研究的比例上仍居少数：研究儒学似较研究其他学问需要更好的文字基础，从功利眼光看，亦较缺少吸引力。然而除非吾人更重视自己的传统文化及其现代化，儒学才能更受世界重视。第七，汉学已成为世界文化重要之一环：中国文化是世界古文化之一，中国大陆、台湾以及受中国文化影响的日本、韩国、新加坡，甚至越南，在21世纪都有卓越的表现，更使中华文化引起注意，汉学之地位因而大幅提升，成为世界文化重要之一环。①

三 东西方思想对话引领多元社会的发展

在当前的世界，一方面，全球化文化效应之间的相互依存日益加深，世界所有地区通过发展信息和电子通信媒体而连成互相关联的整体；另一方面，人们的文化环境正在飞速变革和日益多样化，文化多样性是人类社会的一个必要条件，各种不同民族要求文化身份的认同。文化多样性表现在经济、社会和政治各个层面，它需要发展和充分的管理。文化多样性带来了新的社会和政治的挑战，如经常引发恐惧和排斥，或在人们中不断产生刻板印象、种族主义、仇外心理、歧视和暴力，从而造成对和平的威胁。文化间的对话可看作最古老和最基本的民主模式以及排斥和暴力的解毒剂，其目的是使人们以和平与建设性的态度，共同生存在一个多元文化的世界。跨文化对话的一个重大意义在于发现在多元文化世界中不同社区生活的归属感。跨文化对话的工具也可以预防和解决冲突，从而提高人权、民主和法治；更具体而言，是为了解不同文化背景的他人。

---

① 参见杜筑生《儒学与中华人文精神——欧洲儒学研究之现况》，《国际儒学研究》2011年第17辑。

根据哈贝马斯有关世界主义和交往（沟通）理论的观点，他推崇的是一种全球对话主义。对哈贝马斯来说，与独白式理性（monological rationality）不同，交往或沟通的理性可视为某种对话式理性（dialogical rationality）或理性的对话模式（dialogic model of rationality），也就是说在交往行为和活动中，所有话语或文本的表达都必须在制度化中以某种反省的方式，发展为某种相互的亟盼，因此互成主体，而非孤立隔绝的；各种理性讨论其实是对话的设计。在他看来：（1）一个国际化的秩序应该是道德的、公民的、司法的、正当的、政治的、多元的、民主的、协商的、制度的、国际的、跨国的以及后国家的；（2）国际公法的出现是一个公正的全球政治秩序的核心；（3）一个全球政治秩序是建立在人权基础上民主形式的延续[1]；（4）如果一个政治社区是建立在民主宪法普遍原则的基础上，"它仍然形成一个集体的认同，在某种意义上说，由于自身历史的启示和特定生存形式的语境，它自身解释和实现这些原则"[2]；（5）若无一个共同的道德基础，那些超越国家的机构必须寻求"在一种国际协商制度组织形式中要求不高的合法性基础"，这在国际公民社会中对各种公众和组织将是可理解的审议过程[3]；（6）在全球层面上，只有在采取没有政府的治理功能时，监管的政治机构才可能是有效的，即便具有法律效应的人权也必须在国际体系中得到宪法化。[4] 在《交往行动理论》（*The Theory of Communicative Action*）一书中，哈贝马斯揭示了一个良好的交往行为需要以下重要条件：对话各方都有对等的地位和权利；对话应排除一切强制性；凡与论题有关的论据均应

---

[1] Jürgen Habermas, "Kant's Idea of Perpetual Peace, with the Benefit of Two Hundred Years' Hindsight", in *Perpetual Peace: Essays on Kant's Cosmopolitan Ideal*, ed. by James Bohman and Matthias Lutz-Bachmann, Cambridge: MIT Press, 1997, p. 7.

[2] Jürgen Habermas, *The Postnational Constellation*, trans. , ed. by M. Pensky, Cambridge, MA: MIT Press, 2001, p. 117.

[3] Ibid. , p. 109.

[4] Jürgen Habermas, *The Divided West*, trans. by C. Cronin, Cambridge: Polity, 2006, pp. 130 – 131.

得到同样重视等。也就是说，对话者之间不分种族、国籍、宗教、性别、年龄、职业以及一切社会文化背景，而具有同样发言权；对话中，以理服人，而不得以势以权以力以财压人。有学者指出："对政治沟通的比较研究值得更多的关注，因为它能够通过考察他人而使批判性地检验我们自身，并且以此使我们以有效的主张来达到正确的结论。"[1]

德国学者考格勒（H. H. Kögler）在《对话的力量》一书中，将哈贝马斯的批判理论引入了一个新的"批判解释学"。他主张在伽达默尔的"对话解释"概念与福柯的"话语结构和权力实践"概念之间采取一条中间道路。他探讨了社会权力是如何形成和影响话语与文本的意义，以及诠释的过程是如何达到反思与对权力的批判；并揭示了偏见与文化背景是如何影响科学的解释。因此，这就需要通过对话来理解他人，而并不需要同化他人的"差异性"。考格勒论证了"作为解释模式的生产性对话"（productive dialogue），进一步审视了"作为主观取向的对话精神"（dialogic ethos）以及"对话性真理解释"等。[2] 在《跨文化对话：困境、矛盾与冲突》一书中，挪威学者格瑞斯加特指出跨文化的移民使民主国家面临严峻的挑战：即如何在给予他们平等权利和个人尊严的同时也认识到文化的独特性。作者探讨了不同文化背景的人们在交往中因差异所产生的困境、矛盾、冲突。在通过对身份认同以及西方民族国家多元化根源的研究后，作者采取了平等的普世主义与相对差异相结合的观点。但问题在于，若无身份的认同，有可能参与对话和组成的社区吗？有无办法走出这个僵局？作者主张应建立无身份差别的社区，并通过开放性与批判性的对话来保持和发展它。[3]

---

[1] Frank Esser and Barbara Pfetsch (eds.), *Comparing Political Communication: Theories, Cases, and Challenges*, Cambridge University Press, 2004, p. 3.

[2] Hans Herbert Kögler, *The Power of Dialogue: Critical Hermeneutics after Gadamer and Foucault*, The MIT Press, 1999, pp. 113 – 126.

[3] Randi Gressgård, *Multicultural Dialogue: Dilemmas, Paradoxes, Conflicts*, Berghahn Books, 2012.

思想的再对话
NEW COMPARATIVISM

有西方学者乐观地声称："在最近的四分之一世纪，跨文化思想与行为的比较研究已成为最有兴趣和最有成果的研究之一。"[1] 理想点说，思想的对话是人类每一成员都应当做的，当然更是社会各领域知识分子义不容辞的职责。过去有一个很狭义的界定，即知识分子就是文人、读书人、受过教育的人。其实不然，在这些人中，有相当一部分，甚至大部分配不上这个称号。英文"intellectuals"（知识分子）一词的主要意思是指具有丰富知识，同时又具有很强的思想性的个人。多年来，对什么是知识分子这个问题有着广泛而深入的讨论，比较一致的意见认为，知识分子有三个基本特征：一是比较广博的知识，尤其是跨学科和跨文化的综合知识，而不是仅仅知道自己某一单纯领域的专业机器；二是独立思考的能力，拥有较强的理性思维，尤其是追求真理、具备批判和不盲从的精神；三是社会责任感，尤其是具有正义感和自律精神，是非分明，同情人类的苦难，反对一切不合理的制度和现象。要做到这三点，说难也难，说不难也不难。在这个世界上，这样的人应该有不少。不然，我们的未来真是没有任何希望了。由此看来，知识分子应对思想的对话有着更多更大的担当。

东西方思想的对话不断遇到历史的拐点。每一个严峻的社会变革与转型，每一场残酷的外敌的入侵与征服，每一次严重的自然灾难与破坏，都会成为历史的拐点。从中华历史上看：张骞出使西域、佛教东传华夏、百夷会聚长安、郑和七下西洋、利玛窦世界图、西方列强侵华、辛亥革命爆发、五四运动、日本侵华战争等，都引发了意义重大的东西方思想的对话，尽管程度与规模有所不同。

如前所述，人类进入21世纪之后，整个东西方关系处于一个历史的拐点；与此相应，整个东西方思想的对话当然也处于一个历史的拐点。

在一定意义上，东西方文化研究也可用另一个更广义的概念

---

[1] Fons J. R. van de Vijver, Kwok Leung, *Methods and Data Analysis for Cross-Cultural Research*, Sage Publications, 1997, p. ix.

"跨文化研究"（cross-cultural studies）所替代，尽管二者之间意义不完全相同。"跨文化"一词于 20 世纪 30 年代在社会科学中首度出现，主要源于耶鲁大学人类学家乔治·彼得·默多克（George Peter Murdock）所进行的跨文化调查。在最初根据文化数据的统计资料汇编进行对比研究后，这个用词逐渐获得文化互动感的第二手意义。比较意义就隐含在一些短语中，如"跨文化观""跨文化差异""跨文化研究"等，而互动的意义可能会出现在跨文化接触的态度的调整中。跨文化一词经常用来形容各种形式的文化互动。跨文化（cross-culture）几乎与另一词"贯文化"（transculture）同义。跨文化一词于 20 世纪 80—90 年代在文化研究中逐渐流行。人类学的研究对跨文化研究的发展产生了巨大的影响力，起到关键作用的尤其是法国人类学家克洛德·列维 - 斯特劳斯结构主义及其后结构主义的继任者。就像多元文化主义（multiculturalism）一样，跨文化主义有时被解释为意识形态，因为它主张的价值观与贯文化主义（transculturalism）、跨国主义（transnationalism）、世界主义（cosmopolitanism）、互文化主义（interculturalism）和全球主义（globalism）[①] 息息相通。然而，跨文化一词在与其他文化混合的过程中，从根本上是一个中性词。跨文化主义与多元文化主义有所不同。多元文化主义强调在某一特定国家或社会团体中的文化多元性；而跨文化主义则关注超越国家与社会团体界限的交流。虽然究竟什么构成"重大"的文化差异的分歧看法带来了分类的困难，跨文化研究仍然在识别作家、艺术家、作品等方面是极为有用的。尽管存在种种分歧，但跨文化在各种文化分析的诸领域中成为比较研究的一个强大趋势。例如，有经济学者通过跨文化研究的方法探讨了全球经济危机的问题，因为"这项研究提供了深入了解民众的文化和历史背景如何影响他们对全球问题的看法。为了考察跨文化看法的差异，全球经济危机是一个重要的论题，因为它是

[①] 为了区分英文概念 cross-culturalism, transculturalism, interculturalism 之间的不同，本书著者将前者译为跨文化主义，而后二者则暂译为贯文化主义与互文化主义。未免生硬，请读者见谅。

一个影响了世界大多数人,极为突出和复杂的问题"。①

东西方思想的对话也可延伸为跨文化的思想对话。20 世纪 70 年代,在回应全球化各种压力中产生了觉察跨文化社会活动的需求,跨文化沟通领域(也被称为互文化沟通)发展成了跨文化范式的一个突出而有效的应用。文化沟通(交往)或对话的差异可以通过 8 种不同的标准得以确定:(1)何时对谈;(2)说些什么;(3)跟随与停顿;(4)倾听的艺术;(5)语调;(6)什么是在语言中传统本应有或没有的东西;(7)间接度;(8)衔接和连贯。② 东西方文化的沟通或交往(communication)或跨文化的沟通最终以思想对话的形式得到实现。

究竟文化对我们这个地球的未来有什么深远的影响?有关环境和全球变暖的争论是否由于东西方的不同理解而受到影响?教育家、经济学家里卡多·迭斯-郝西列特内(Ricardo Diez-Hochlietner)与日本佛学家池田大作(Daisaku Ikeda)两个相当著名的人物之间进行了东西方思想对话。当今全球人类面临着形形色色的危机与困惑,人们应认识到这些问题的起因就在于:忽略文化和人类生活的多样性,对自然资源滥用,以及人们精神生活的恶化。他们借鉴缘起佛教概念,并呼吁人类革命。这种人类革命能够促进本地和全球层面人际交往的积极转变。只有这种"人类革命",即每个个人内在心灵和思想的转变,才可在人类与地球人类的关系中激发一场革命。这种内在革命是个人实现所有生命及与其环境相关联的人心的改变。这种全球的革命首先需要一种道德和政治领导力的转型,也就是需要面向未来的远见,而非急功近利的短视政策。这两位对话者认为,培养全球公民需要考量思考和行动两个层面,而加强教育可促进和平、人权和环境问题。从佛教的观点来看,东方哲学传统中所有积累的智慧对人类的弊

---

① Yoav Wachsman, "Comparing Perspectives about the Global Economic Crisis: a Cross-cultural Study", *Journal of Economics and Economic Education Research*, Vol. 12, No. 2, May 2011.

② Deborah Tannen, "Cross-Cultural Communication", *Applied Linguistics*, Vol. 5, No. 3, 1984, pp. 189 – 195.

病会有助益。池田大作呼吁各国的政客们，作为看重人类尊严的维护者，应激发社区意识和勇气。与此相对应，里卡多迭斯·郝西列特内强调，制定适当的教育规划，用以应对和解决贫困、不平等和气候变化带来的挑战。他鼓励人们通过实例来进行教育，并揭示了价值观和日常行为之间的一致性，提倡明智地利用课堂上所学的知识，从而培养一种新型领导者，使其在防止战争、促进积极和平与对话中起到重要作用。这两位对话者呼吁，今天的领导人相互合作，集中民众的智慧，切实落实社会福利和发展的长期政策。他们一致认为，保障世界和平和人类的尊严是政治家不可推卸的职责。这本书充分体现了东西方相互尊重的对话是全人类的根本需求。这种对话可以保障人性化的行为，未来可持续进步，以及地球和人类的持续共存。总之，这两位思想者提供了一个鼓舞人心和充满希望的未来愿景。正如他们所指出的，"我们主要关注将会引领地区行动的全球协调性，同时也关注影响全球行动的地区差异性。为了此目的，我们不仅对共同的伦理价值加以界定，而且也显示我们的言行一致"。①

在2013年10月举行的第六届北京论坛上，赛义德·侯赛因·纳斯尔（Seyyed Hossein Nasr）、杜维明（Tu Weiming）和彼得·卡特任斯坦（Peter J. Katzenstein）三位著名学者分别代表伊斯兰教、儒教和基督教进行了公开的对话，主题为"对21世纪人类困境的回应与反思"。他们研讨了文化多元主义和文明之间的对话，传统的文明与现代性，人类的两难和传统与现代性之间的冲突，以及人类文明的展望等议题。②

东西方研究或跨文化研究中一个最大障碍就是语言沟通问题。在跨文化研究中，研究者和参与者之间存在语言障碍时就产生了跨语言

---

① Ricardo Diez-Hochleitner, Daisaku Ikeda, *A Dialogue between East and West—Looking to a Human Revolution*, I. B. Tauris, 2008, p. X.

② Seyyed Hossein Nasr, Tu Weiming, Peter J. Katzenstein, "Responses and Reflections on the Plight of Humanity in the 21st Century—A Dialogue between Islam, Confucianism and Christianity", 2013-10-15, *Beijing Forum*, http://www.beijingforum.org/html/Home/report/1566-0.htm.

的研究问题。语言障碍经常在笔译或口译中出现，而使不同文化背景的对话者互相无法理解，甚至产生严重的误解。因此，有学者提出必须加强跨语言的研究，其目的有三：第一，审查有关跨语言方法的文献；第二，从这些文献中，综合出方法论的标准，用以评估笔译者与口译者；第三，在跨语言研究中测试这些标准。①

有中国学者呼吁：在当今时代，欧美思想中心论和欧美文化中心论都已经是过时的东西，不应该再坚持和推崇；同时，我们也不应该回到传统的中国中心论或者东方文化中心论。因为无论哪个中心论，都是狭隘的地域文化优越论，是不符合人类历史向世界主义发展的客观趋势的。在这里顺便提一句：在20世纪末，东方和西方都有人作出过"21世纪是东方人的世纪"或者"21世纪是中国人的世纪"的论断。对于这种论断，我们应该一笑置之，如果论断者是西方人，我们感谢他们对我们的厚望；如果论断者是东方人，我们应该鼓励他们的进步勇气，但是同时必须向他们指出，他们的文化愿望还并没有摆脱地域狭隘性的束缚。因而，人类需要讨论的不是以西方为中心还是以东方为中心的问题，而是必须超越这两种狭隘性而研究"全球规模的、人类共同的世界文化"的可能性。

我们所应用的方法，不是立足于片面的东方，也不是立足于片面的西方，而是在这两个惯常被无意识地、不自觉地应用的立足点之间寻找一个"中点"，这个"中点"不是那两点的折中，而是在两点间形成文化张力，进行文化对话。②

进行跨文化研究必然遇到方法论以及伦理道德的挑战。由于总是与各种人打交道，研究人员总是面临各种挫折与麻烦。进行跨文化研究的任务可以为目前的研究人员提供独特的机会，却又容易陷于某种困境。有西方学者试图把突出的问题进行适当的文化研究，提出一些

---

① Allison Squires, "Methodological Challenges in Cross-language Qualitative Research: A Research Review", *International Journal of Nursing Studies*, Volume 46, Issue 2, February 2009, pp. 277–287.

② 参见李鹏程《21世纪东西方跨文化对话的哲学问题》，《学习时报》2007年4月18日。

发人深省的问题使跨文化研究得到改善。例如这样一系列问题：我同什么人一起工作？我需要观察的是伦理道德方面的问题吗？应该如何让人们需要我的研究？我如何处理语言问题？我将如何进行面谈？我应该用什么样的研究方法来确保研究过程的成功？为此，有学者提出以下简便可行的方式：（1）强调做不同的跨文化背景的研究；（2）从社会科学各学科中举出例证；（3）在跨文化研究中，考察方法论的、伦理的、政治的实际问题；（4）采取易于阅读的写作风格；（5）不断提供进一步的阅读和批判练习。[①]

著名东西方研究学者张隆溪指出：在 21 世纪初，世界政治、经济和文化环境都在发生具有根本意义的变化，这是我们开展东西方研究极为有利的时刻，为研究东西方思想传统和典章制度提供了极好的条件。在这个时刻，"我们重新审视东西文化交往的历史，以窥见未来发展可能的途径，也许是深化东西方研究必须迈出的一步"。他如此总结道：当代西方理论对差异的强调，对我们也必然产生很大影响，而我们要在东西方研究上有自己独特的看法、独到的见解，就必须依据自己生活的实际经验和对事物的真实了解，保持自己独立的立场，达到自己独立思考得出的结论，而不能人云亦云，生搬硬套西方理论的概念、方法和结论。这绝不是简单地反对理论，恰恰相反，我们应该熟悉西方理论，但同时也必须注意其背景和必有的局限，更重要的是在把握事实和文献的基础上独立思考。没有独立思考，不是在平等对话的基础上处理东西方的关系，却机械搬用西方的理论和方法，那就不可能真正对研究和学术做出贡献，也不可能引起国际学界的重视。"也许现在正是开展东西方研究最有利的时刻，西方学界已有打破西方中心主义的诉求，我们完全有可能在平等的基础上，达到东西方跨文化的理解，在东西方研究中做出我们的贡献。"[②]

---

① Pranee Liamputtong (ed.), *Doing Cross-Cultural Research: Ethical and Methodological Perspectives*, Springer, 2008.

② 张隆溪：《东西方研究：历史、方法及未来》，《东西方研究学刊》第 1 辑，九州出版社 2012 年版，第 27、36 页。

四 东西方思想对话的困境、危机与挑战

从学术角度说,除了全球现实社会经济政治的具体影响和制约,东西方思想的对话建立在东西方研究的大平台上。在过去的几十年里,尽管人们已显示出对跨文化研究越来越大的兴趣,但还是明显落后于其他领域的研究。这是因为在跨文化研究中存在的许多固有缺陷造成进一步发展的障碍。跨文化研究中遇到的困难是多样的,其中包括概念界定中的认识论问题,特定研究中的方法论问题以及具体实施中的伦理道德问题,等等。[1]

东西方研究学者叶扬深刻揭示了东西方思想对话中的困惑与挑战。他首先对中国对于外来文化的引进、介绍与翻译(可简称之为"西风东渐")以及中国文化在欧美各国的传播与弘扬(姑简称之为"东风西渐")分别作历史回顾,并以若干具体事例,指出中国文化在与西方文化的"贸易"上,存在巨大的"逆差"及"赤字"。造成这种"逆差"和隔膜的原因十分复杂。因此"深入探讨这种文化交流、传播中种种问题的肇因与症结所在,并提出因应之道,是对'文化中国'成员的严峻挑战。尤其是在欧美从事中国文化研究的华裔学者,更应在树立南宋批评家严羽所谓'正法眼'这一点上,发挥外国学者无法取代的作用。这可能需要几代人持之以恒的努力"。[2]

东西方研究的各个领域都出现严重的危机与挑战。以比较哲学为例,有美国学者阐述道:比较哲学独特的方式也会造成独特的困境和挑战,但这并非是一个特定传统哲学的特征。这些应当避免的困难包括描述性的沙文主义(在自我想象中杜撰一个传统),规范性的怀疑(仅仅讲述或描绘不同的哲学家和传统观点,忽略有关其充分性的所

---

[1] Hamid Yeganeh, Zhan Su and Elie Virgile M. Chrysostome, "A Critical Review of Epistemological and Methodological Issues in Cross-Cultural Research", *Journal of Comparative International Management*, 2004, Vol. 7, No. 2, pp. 66–86.

[2] 叶扬:《东风西渐的困惑与挑战》,《东西方研究学刊》第1辑,九州出版社2012年版,第45页。

有判断),不可通约性(incommensurability 无法找到作为比较基础上传统之间的共同点),以及永恒主义(perennialism 未能认识到哲学传统的演变,即其在单一或静态下不是永久的)。此外,由于比较哲学涉及一种在哲学学术中不占主导地位的方式,因而它为行业的主流所忽视。① 有学者分析说,其一,有人强调不可通约性。如果比较哲学是不可比较或不可翻译,那它就不能成功。然而,大多数人认为概念、语言、传统之间的差异不能做比较是不可能的。理论的原因(例如,唐纳德·戴维森的论证)和实践的例证(看似成功的比较哲学)提供了证据,因此,这一挑战是可以克服的。其二,有人主张哲学是简单的一件事,因而没有"比较"的空间。当哲学的界定非常狭隘时,可能对比较哲学的各种发展没有足够的空间。但极少人认为,哲学是一个狭窄的视野。其三,有人担忧不同的哲学传统缺乏足够的共同关切点。许多人认为,我们事实上已经发现在我们交叉传统的工作中有共同关心的领域,并且怀疑任何先验的论证,即否认我们能够做到这些。应指出"共同关注"并不需要寻求概念或问题所认同的公式,而各种具体的实例加强了这一想法。其四,比较哲学教学和研究缺乏足够制度性的支持,学生难以获得所需的培训。② 还有学者尖锐指出:"有些哲学家试图用不可通约性来避免困境。然而这种做法将各种文化变成'孤岛',并将日常生活归结为市场行为:人们仅互相购买货物,而非理念。"③ 有中国学者尖锐地评估:较之比较文学、比较语言学、比较文化学等而言,"比较哲学"这个名目,无论在学理建构上还是在学科建制上,都还属于所谓"空白"。但这不

---

① Ronnie Littlejohn, "Comparative Philosophy", *Internet Encyclopedia of Philosophy*, http://www.iep.utm.edu/comparat.

② Manyul Im, "Minimal Definition and Methodology of Comparative Philosophy", Warp, Weft, and Way, *Chinese and Comparative Philosophy*, http://warpweftandway.com/2008/08/07/minimal-definition-and-methodology-of-comparative-philosophy/.

③ U. Libbrecht, "Comparative Philosophy: A Methodological Approach", in *Worldviews and Cultures: Philosophical Reflections*, ed. by Nicole Note, R. Fornet-Betancourt, J. Estermann and Diederik Aerts, 2009, Springer, p.31.

思想的再对话
NEW COMPARATIVISM

等于说这么些年来我们根本就没有比较哲学。实际上，自西学东渐以来，我们一直就在进行着比较哲学尤其是中西比较哲学的研究，只不过我们名之为"中西哲学比较研究"而已。但唯其不自觉，或唯其具有一种不恰当的自觉，"其间问题多多，不可不辩"。[①] 以本书著者的看法，东西方比较哲学研究的危机主要表现在：哲学本身是否灭亡？中国有无哲学？参与的双方有无可比性？有无哲学比较的统一标准？什么是哲学的合法性？

在黑格尔看来，"中国哲学"不能称作"真正的哲学"，甚至不能称作"思想"。[②] 对德里达而言，中国拥有"思想"而没有"哲学"，这是由于"哲学本质上不是一般的思想，哲学与一种有限的历史相联，与一种语言、一种古希腊的发明相联……它是一种欧洲形态的东西，在西欧文化之外存在着同样具有尊严的各种思想与知识，但将它们叫做哲学是不合理的"。[③] 在与他人合著的《大设计》（The Grand Design）一书中，当今世界上知名的物理学家斯蒂芬·霍金（Stephen Hawking）宣称哲学死了。对他来说，原本属哲学疆域的东西现转为科学的任务。哲学死了，因为它没有跟上现代科学，特别是物理学的发展。在对知识的追求中，科学家们已经成为火炬手。哲学真的死了吗？对于这个问题，哲学家们分为三派，即乐观者、悲观者和折中主义者。如果依照悲观者的看法，既然哲学本身都死了，当然也就不存在什么东西方哲学比较了。

20世纪以来，主宰美国学院哲学殿堂的分析和科学哲学，仅在象牙塔中被哲人们赏玩于掌，品味于口。学者们以技术性、数理性、逻辑性及语言概念游戏性的哲思特征，远离社会活动和人类行为。休谟就这样宣称过，那些既不能被观察所证实，又不能为数学所计算的东西都是"臆说"；而所谓本体和上帝的那些传统哲学就是这样的臆

---

① 黄玉顺：《"中西比较哲学"之我见》，《爱思想》2005年7月25日。
② 参见黑格尔《哲学史讲演录》第1卷，贺麟、王太庆译，商务印书馆1983年版，第98—125页。
③ 德里达：《书写与差异》，张宁译，三联书店2001年版，第9—10页。

说。人们都知秦始皇焚书，却不知英国 18 世纪大哲休谟（David Hume，1711—1776）也主张焚书。不过，他的出发点并非为思想统治，而是为其鼓吹经验主义学术门户之见。休谟劝世人：如果走进图书馆，看见有许多藏书，只有两类书可保留：一类是那些记录用观察（observation）、感觉和经验才可验证的知识的书，例如对于眼前这盘沙拉，我们可用视觉感知其中蔬菜水果和其他配料的颜色和形状，用嗅觉闻到它们不同的香味，用味觉尝到它们不同的口味，用听觉辨出咀嚼它们时发出的不同声响，用触觉摸出它们不同的质感和硬度。总之，从五官的感觉，人们加以归纳和抽象可得到有关沙拉的知识，即可验证的知识。另一类是用数学或逻辑计算（calculation）推演出的知识，例如，$3+2=5$，这种知识也是可靠的。除此以外，其他的书，如关于上帝和宗教、关于是物质还是精神等所谓最终本体的书，既不能用经验来验证，又不能用数理或逻辑来计算和推演的"知识"，通常是胡说八道的"形而上学"，故应统统烧掉。休谟把洛克和贝克莱的经验主义哲学发展到了它的逻辑终局。自从他著书以来，可以说，反驳他一向是形而上学家（指玄学），即传统欧洲大陆学派中间的一种时兴消遣，而鼓吹他也一向是反形而上学家，即分析哲学家中间的一种清谈风气。作为其主要哲学著作，休谟早年的《人性论》（Treatise of Human Nature）没有受到世人的关注。就连受到他深刻影响的康德，似乎也没听说过这部著作。如同休谟自己说的，这本书从印刷机生下来就是一个死胎，而他是一个乐天派，很快就从这个打击下振作起来，而改为散文的写作，并出版了第一部散文集。1744 年，休谟企图在爱丁堡大学得到一个教授职位未成；在这方面既然失败，他先做了某个狂人的家庭教师，后来当上一位将军的秘书。在生活有了某种保证后，再度向哲学进军。他精缩了《人性论》一书，将其间精华部分以及大部分结论的根据删除，以《人类理智研究》（Inquiry into Human Understanding）为新书名出版。结果，此书反而比《人性论》成功得多，从而成为把康德从独断的睡梦中唤醒过来的动力。休谟似乎给人类的知识指点了迷津，把人们从盲从中解救出来，但又把他们引进一条狭窄的穴道。传统经验论发展到休谟是一个顶点，而

思想的再对话
NEW COMPARATIVISM

传统唯理论发展到莱布尼茨也是一个顶点。由于它们把各自所执的一端片面化、凝固化和绝对化，因此，无法应付自然科学对于哲学认识论的挑战。自然科学的发展初期必然从经验开始，但到了20世纪初，由于相对论和量子力学的产生，科学已不满足于经验的描述，借助公式、定理比仅局限于经验更为有益，因此，它更多地运用了复杂的逻辑思想和想象力。在这种情况下，唯理论必然兴起，例如爱因斯坦的相对论单靠经验是根本概括不出来的。实证论从根本上说是由英国经验主义者贝克莱和休谟发端的。贝克莱公然鼓吹神学和上帝，是因为1688年所谓"光荣革命"后，英国资产阶级与贵族妥协，他们对地产投机买卖的兴趣超过了工业，因而对发展自然科学尚无强烈要求，从而使英国的自然科学在牛顿力学建立后的几十年里相对停滞，表面上没有对哲学造成威胁。18世纪中叶，工业资产阶级羽翼渐丰，工业革命已进入准备阶段，自然科学方开始向哲学敲起了警钟。比贝克莱晚生27年的休谟正赶上了这一时期。他尽量避免与自然科学发生正面冲突，肯定数学的必然真理，不公开鼓吹上帝，也不公开否认客观外界的存在，而采取了不可知论。追随休谟而走向极端经验论的人，一定认为"东方哲学"既不可观察又不可计算，显然是一种臆说，也无法与经验主义的西方哲学相比较。同样追随极端唯理论的人，也会觉得"东方哲学"浸透着神秘主义或辩证诡辩，当然也与唯理论的西方哲学无法比较。

分析哲学有两个重要特征：一是经验主义，二是形式主义。经验主义走向极端，主要表现为"证实原则"，而要做到这一点，本身是非常困难的，其结果势必会导致轻视理论抽象思维和逻辑推理以及科学的假说，以致跟不上自然科学的发展而衰落下来。于是，以乔姆斯基（A. N. Chomsky）为代表的语言结构主义作为经验主义的反动便开始时兴起来，因为它比较注重唯理论。形式主义走向极端，主要表现在拒绝研究除了语言和逻辑以外的任何问题。这样就远离了自然界、社会和人，势必也会衰落下去，而使存在主义得以盛行。本来，在20世纪20—30年代，由于物理学和数理逻辑的发展，原本反对科学思潮的存在主义很难涉足哲学。在逻辑实证主义一度统治之后，当极端的形式主义令人厌恶之时,存在主义大谈人的问题便立即受到欢迎。此外,结构主义强调从整体上研究哲学以及从自然科学来研究哲学,也打破了形式主义的某些狭隘性。这就迫使分析哲学改变方式,如分析哲学的某些最新代表开始反对把哲学仅限于语言等。对一些极端的分析哲学家来说,别说是"东方哲学",就是连传统的欧洲哲学都不算哲学。从这个狭隘的角度看,既然东方哲学并非哲学,也就根本谈不上所谓东西方比较哲学了。

一些哲学界人士认为,东西方哲学之间没有"可比性",它们根本是两种不同的思维方式、价值体系或精神文明的存在形式;东西方哲学各自的文本与话语系统之间存在着无法逾越的"不可通约性"和"不可翻译性"是进行比较的最大障碍。从另一角度看,哲学的一般性、普遍性与抽象性与现实各种社会文化的特殊性、个别性与具象性相脱节,易使东西方陷入徒劳;此外,哲学是智慧化、玄学化、主体化、群体认同化,还是知识化、科学化、客体化、个体认同化,都会陷入极大的困境。有印度学者指出:"自从1923年马森奥塞尔(P. Masson-Oursel)《比较哲学》一书问世后,学者们对比较哲学的任务与方法进行了很多的研究和探讨……我们发现比较哲学中的不少原则与方法在哲学上是站不住脚和没有成果的。"①

在《激进的儒家》(Radical Confucianism)一书中,美国学者罗斯蒙特再一次向比较哲学提出了挑战,在他看来,这种挑战可成为一种"后现代主义的相对推力"。这种推力引起的挑战构成了两种主张:文化的依赖性与各种文化之间的不可逾越性。"造成后者的那种障碍是由于非正统不可通约的概念方案,各种文化通过这个方案来观察世界。这种观念对很多哲学家来说是很有吸引力的。"②

在比较研究界,有着不少偏见,故在某种层面带来研究的难度。

---

① Joseph Kaipayil, *The Epistemology of Comparative Philosophy: A Critique with Reference to P. T Raju's Views*, Center for Indian and Inter-religious Studies, 1995, p. 130.

② Ewing Chinn, "The Relativist Challenge to Comparative Philosophy", *International Philosophical Quarterly*, Volume 47, Issue 4, December 2007, pp. 451–466.

如最近有西方学者仍声称:"的确,古希腊与古印度的思想传统是比较哲学的最基本点。这两大文明的先人们首先将哲学界定为人文的特征。"[1] 本书著者不同意这种观点,因为它仅强调最终而绝对的双边或两极关系对比,将中华文明的思想传统排除在外。

比较文学的状况更为严重。早在 1958 年,美国学者维勒克(René Wellek)就发表了"比较文学的危机"(The Crisis of Comparative Literature)一文。根据其说法,虽相对而言,比较文学能较迅速地采用在人文与交往领域所普遍认可的各种批判性理论,但危机的来临是由于理论贡献的独特性并非排他的。比较文学的实证方面,即翻译和翻译研究仍然十分强大,尽管对一般人文来说,比较文学的独特性拒绝维持不同部门认同的必然性,而除了语言/文化计划本身所剩余的部分却大大减少。由缺乏学科凝聚力而引发危机并非独自针对比较文学。很多年来,大学各种知识独立分支的衰落是由于学科制约以及力图巩固部门的经济因素。在这个意义上,比较文学面临着与其他人文学、社会科学以及艺术同样的危机,因而造成固有学科理念的迅速衰落。当今,比较文学如何生存?唯一能保存多数学科的做法是对专业化与学术把关的重视。如果学科使用翻译的力量来保持专业化,就可有效地过渡。然而,如果依然试图紧抱当年作为理论开拓者的风光日子,就会被淘汰出局。有学者曾提出以下评述:

> 比较文学自问世以来,在过去百多年的发展历程中,"困惑"、"焦虑"、"危机"之声不绝于耳。比较文学的"危机说"滥觞于美国学者韦勒克。1958 年韦勒克在其《比较文学的危机》一文中针对当时比较文学界的偏颇,指出比较文学"历时长久的危机症状",从此以后,一些学者便不时提及比较文学的"危机",譬如,1984 年韦斯坦因甚至提出了比较文学的"永久性危机",讨论比较文学究竟从哪里来,到哪里去存在的问题。1993

---

[1] Thomas McEvilley, *The Shape of Ancient Thought: Comparative Studies in Greek and Indian Philosophies*, Allworth Press, 2013, Forward.

年，伯恩海默领导的一个专家小组为美国比较文学学会撰写的第三个"十年报告"中，流露出十分明显的"焦虑"的调子。他将这份报告连同前两份报告以及有关的讨论文章汇编成集，并为该文集写了一个引言，其中就使用了"比较的焦虑"这样的标题，认为比较文学是一个不断产生焦虑的（anxiogenic）学科，指出这个专业目标不清，方向不明，学生就业前景黯淡，陷入了焦虑重重的困境，亟待寻找出路。近十余年来，"危机说"进一步升级为"死亡说"，1993年英国学者苏珊·巴斯奈特在她的《比较文学批评性导论》中声称比较文学在某种意义上"已经死亡"。2003年，美国学者盖娅特里·斯皮瓦克在其《一个学科的死亡》中明确地指称比较文学是一个"正在死亡的学科"。同年，苏源熙为美国比较文学学会撰写的第四个"十年报告"采用了"从鲜明梦魇中缝合的精美尸体"为题，不言自明，这里的隐喻显然指向比较文学的学科与传统，在他看来，从种种"梦魇"中拼凑"缝合"的"比较文学"这具"尸体"虽然是"精美的"，但却无论如何是一具不完整的尸体了。比较文学这种危机不断甚或死亡的说法在比较文学界造成了诸多干扰，对比较文学的健康发展产生了十分不利的影响，因此，必须对这种"危机说"作出深入的辨析，只有了解其产生的缘由和来龙去脉，才可能寻绎出应对的策略来。在我看来，比较文学的这些"危机说"、"死亡说"尽管有不同的切入角度，但在实质上都与比较文学的学科意识和本质特征紧密相关，其产生的原因既有内在的，也有外在的，既有历史的，也有时代的。它们对于比较文学的影响既有不可忽视的一面，也有毋庸多虑的一面。[①]

比较法学也遇到类似的遭遇，有学者指出：不同国家的法律制度在相互影响的同时，它们之间的差异性也越来越多，全球化意味着

---

① 刘象愚：《比较文学"危机说"辨》，《北京大学学报》（哲学社会科学版）2008年第3期。

"不同的共同生活的制度和法律，不同的相互关系和不同的追求"。坚守世界主义的比较法似乎成为乌托邦理想，与法律多元化、差异化、多样化发展的现实格格不入。如果说边界的模糊不清导致了比较法在理论范式上的欠缺，"构建世界法"的理论目标遭遇碰壁则成为比较法走向衰落的现实原因。理论和实践的双重困境极大地限制了比较法的发展。当今世界各地的比较法研究，其缺陷和特点各不相同，但究其原因，无不是归溯到边界和目标的困境。在英国，由于比较法缺乏在方法和方向上进行整体的思考和构想，比较法名家和大师展示的只是个人才华和魅力，其知名度并不是源于比较法研究本身。大师之后，后继无人，英国的比较法研究陷入"穷舍"。德国和法国的比较法研究把西方主要国家的法律作为世界法的模板，其他国家的法律只能是西方主要国家法律的陪衬，偏重于法律概念和规则的描述，缺乏理论和历史的深度分析。美国的比较法研究则患有严重的"欧洲依赖症"。一百多年的比较法研究在目标、方法和论题上"了无新意"。英国学者希姆斯的统计研究表明，比较法研究在西方各国正在衰落，甚至有"终结"之势。[1]

再以比较经济学为例，自20世纪90年代后，比较经济学作为一门理论经济学所面临的整体问题是，其理论比较的现实对象范型之一半已经消失于行政控制经济各国的经济改革的历史进程之中了，从而，"比较经济学家还比较什么就成了一个现实的问题"。[2] 时任美国比较经济学研究会会长的艾德-希威特（Ed-hewett）认为，社会主义制度的丧失，使"该领域（比较经济学领域）已经失去了落脚点——苏联型的集中计划体制"。[3] 面临整个学科迷茫困境，"世界上许多比较经济学家开始转而研究其他相关或相近的

---

[1] 参见朱全景《试论比较法的困境与创新——来自比较经济学的启示》，《比较法研究》2012年第2期。
[2] 韦森：《社会秩序的经济分析导论》，上海三联书店2001年版，第18—19页。
[3] 转引自张仁德《比较经济学的危机与创新》，《经济社会体制比较》2004年第3期。

研究领域"。① 在中国，情形也与比较经济学传入和兴起时的蓬勃景象形成鲜明反差，中国比较经济学研究会除了成立时召开了第一次年会，再也没有召开过年会，而且"许多热心于比较经济学研究的学者也相继各奔东西，做其他研究去了"。② 首届诺贝尔奖经济学家中国峰会于2013年3月18—19日在北京召开，会议认为，中国发展模式和欧美模式同时受到前所未有的挑战。中国与世界的政治和经济似乎都发展到了十字路口，都面临模式危机，或者成为东西方模式的双重危机。此次峰会"也将成为中国未来十年持续深度对话世界的一个起点"。③

有比较心理学者也指出了其学科中基本的理论和方法上的迷误，尽管跨文化心理学促进了心理学文化方面的理解，但由于理论和方法上的缺陷而遭到破坏，其中包括对文化论题和心理方式的误解，对生物、文化与心理学的关系相当模糊不清，对文化因素与心理现象不充分的定义和测量，以及对数据分析和有关心理学文化特征作出荒谬结论等。④ 还有学者认为，在迅猛发展的全球化中，国际跨文化的心理学研究也得到飞快发展。但这种研究面临不少独特的伦理两难。拿美国心理学会来说，尽管它对指导研究有着自身的道德规章，但这些指导性纲领并不能具体处理国际和跨文化研究的特定问题。为此有学者探讨了人类为主体跨文化研究的现行指导性规范的局限；在实行跨文化研究中的主要挑战与两难；为理解这些挑战找寻有用的现行理论架构；呼吁有关人士和机构重视，评估和解决那些对跨文化研究的伦理挑战。⑤

---

① 韦森：《社会秩序的经济分析导论》，上海三联书店2001年版，第18—19页。
② 张仁德等：《新比较经济学研究》，人民出版社2002年版，第8页。
③ 《与世界对话 在创新中探寻变革出路》，《北大商业评论》。
④ Lumei Hui, "Institute for Cultural Research & Education", *Journal for the Theory of Social Behavior*, 33, 2003, pp. 67–94.
⑤ Frederick T. L. Leong and Brent Lyons, "Ethical Challenges for Cross-Cultural Research Conducted by Psychologists from the United States", *Ethics & Behavior*, Volume 20, Issue 3–4, 2010.

许多比较研究者都承认在进行跨文化研究中的困难和挑战。大多数学者都认为跨文化研究方法的设计存在很大问题,例如要求大多数研究人员仅表达负面意见。然而,尽管跨文化研究是具有挑战性的、复杂的和耗时的,但研究人员绝不能放弃和忽视这个重要的知识领域。从长远的角度看,当今全球化的市场经济,需要跨文化的专业管理人才以及业务管理机构。因此,尽管有挑战,跨文化研究必须得到扩展是一个关键。此外,还必须承认文化语境的说法是一个日益重要,而需要解决的关键问题。最佳的跨文化研究应当考量四个关键领域,即:仪器装备的发展,数据采集的方法,例证分析以及数据分析的问题。①

五 东西方思想对话的机遇、复兴与趋势

有学者提及,当代文化研究成为人文学科学术研究的焦点。人文学科之一的比较文学从组织机构、研究对象到研究方法受到文化研究的深刻影响,从而引发学界对比较文学与文化研究关系的讨论。有新的"比较文学危机"论,也有"比较文学发展机遇"论。②

有学者乐观地声称:世界范围的集中计划经济体制向市场经济体制的转轨,不仅没有使比较经济学消亡,反而使比较经济学迎来发展的重大机遇。比较经济学把研究对象从"主义"扩展和转变为制度安排,把交易费用理论、动态分析和博弈论纳入分析方法中,不仅使比较经济学较为科学地回答了经济转轨中的一系列问题,而且还丰富、拓展了西方主流经济学的理论,很多理论结论和方法为主流经济学所接受并作为分析工具。"制度、组织、比较制度分析、博弈的比较分析这些基本的理论和分析方法甚至超越了经济学的范畴,为政治

---

① Uma D. Jogulu and Glenice J. Wood, "At the Heart of Cross-cultural Research: Challenges in Methodological Design", 2008, http://d08.cgpublisher.com/proposals/136/index_ html#author-0.

② 参见黎跃进《当代文化研究对比较文学的挑战与彼此的互补》,《山东社会科学》2012年第1期。

引言 东西方思想对话的历史拐点

学、法学、历史学等学科广泛采用。"①

这种乐观的精神也表现在比较诗学的研究上，即便这门被法国比较文学研究者艾田伯誉为"从比较文学研究不可遏制的理论化倾向中脱颖而出的精英学科"也面对着无尽的困惑和焦虑，然而学界的有识之士却对之都在积极地进行着自己的反思与回应。例如，北京大学陈跃红教授新近推出的《比较诗学导论》，对何谓比较诗学以及如何展开比较诗学实践研究作出了自己的解答。作者提出了全书的核心命题——比较诗学即"跨文化的文论对话"。在该著中，陈跃红对比较诗学的实践方法论体系给予宏观上的有效建构，提出了比较诗学研究即是中西古今的四方对话，同时也讨论了四方对话的入思途径，以及对话过程中翻译的策略性突围等极具实践意义的方法策略。但是在当下的跨文化对话比较诗学研究中，恰如有学者所言，"基于中西现代性历史进程的落差和理论发展的水准不平衡，它们之间的真正关系调整和平等对话的态势形成，恐怕是一个较为长期的历史过程"，因而我们有必要在对话式的比较诗学研究活动中，保持宽容和平等的文化心态，既要警惕文化霸权主义的殖民色彩，又要警惕文化相对主义的理论陷阱，而应该审慎把握对话研究中文化身份的认同问题，并深刻理解对话话语不断"生成"的本质性特征。②

美国学者阿什比对文化、神话、宗教以及社会其他领域进行了方法论的考察，并倡导一种为文化社会研究所用的文化类因子相关法（the cultural cxategory-factor correlation method）。他自称这是一种进行文化、宗教和神话比较研究并对之加以应用的新途径。这种方法包含一个扩展的操作以及几个方法应用实例的改进。"这种方法可使比较方法决定文化的意义，并能决定文化的关系与关联（correlation）。如果比较来自两个国家的两个文化因子，或比较其意义的各种层面，

---

① 朱全景：《试论比较法的困境与创新——来自比较经济学的启示》，《比较法研究》2012年第2期。
② 杨乃乔、钟厚涛：《比较诗学研究的困境及其策略性突围》，《中华读书报》2007年7月18日第19版。

就能够发现一个对象或仪式、哲学的信念的意义。这或许就是进行比较研究的最重要的理由。这种方法能够重构文化实践以及历史或智慧的教育,并能够决定文化的关系或文化诸因子之间的关系,而且还能够理解文化是如何互动和关联的。"①

根据哈贝马斯的看法,在交往行为时,对话者必须先预设有效性条件并加以认可,从而引向另一种交往形式,即理性讨论。在理性讨论中,凭借反复的论证获得共识,然后回到正常的交往脉络。交往行为是引起社会主体间相互理解的行动,并以获得共识为目的,它以理性为基础。理解的行为是语言行为,理解的过程是交谈、对话的言语过程。哈贝马斯从交往行动中发现某种实践性的假设(practical hypothsis),这种假设可视为社会批判理论的起点。从交往理论角度看,任何形式的比较研究都为构造一种对话性的概念。例如,对巴赫金(Mikhail Mikhailovich Bakhtin,1895—1975)和克莉斯蒂娃(J. Kristeva)而言,对话性的文学概念就是反对将文学定义成特殊的语言形式,或将文学文本当成闭关自守的单子或产品,而应将文本作为生产过程或互文过程;也就是说,对话性的文学概念试图打破一般文艺学隔开个别文本及其语境的理论方式和批评模式,要求把文本当作独立主体,而置于主体间性中,使文本相互间形成互文性(Intertextualitaet),以便从事互文研究。克莉斯蒂娃说道:"巴赫金把文本放到了历史语境和社会语境中,历史和社会本身也被看作是文本;作家解读这部文本,将通过改写以深入其中。"② 有学者认为,比较文学作为对话理论,除了在意识形态批判的基础上进行互文性研究之外,所承担的另一个重要任务就是实现不同文化架构和语言系统中的理论话语进行对话。具体到我们自身,就是要进行中外文化对语。核心又在于中西文化对话。对于中西文化的对语,我们目前几乎已经有了共识,普遍感觉到,不把中国传统的文化内涵和理论话

---

① Muata Ashby, "Comparative Mythology: Cultural and Social Studies and the Cultural Category-Factor Correlation Method", Sema Institute, 2013.

② 巴赫金:《陀思妥耶夫斯基诗学问题》,三联书店 1988 年版。

引言　东西方思想对话的历史拐点

语置于文化际予以考察,而仍旧拘泥于其自身内部逻辑的演绎,恐怕是不会有出路的。"对语乃是一切存在的前提,是任何具体存在的基本方式;对语是'正在'和'未在'之间的不断转换,具有某种生成性。在对话中,自我与他者的区分构成了最基本的对极。正确理解对语,关键就在于妥善地处理自我与他者之间的关系。由此,我们庶几可以认为,中西文化对话过程中所发生的一系列偏颇,乃至失误,正是由于忽视了上述诸种有效性要求,致使对话失效而造成的。概括地说,当前主要有以下几种不良倾向,值得我们严肃地对待和认真地分析,即文化客观主义、文化中心主义以及文化相对主义。"①

21世纪初以来,中国学者在东西方对话中相当活跃,如东西方比较哲学论文集《对话：东西方哲学》涉及了：人类早期思维的普遍特征;中西哲学的差异与原因;"中学西渐"与马克思主义;中国哲学研究三十年回顾;谈谈中国哲学的话语特征问题;中西之学与世界哲学;康德黑格尔论伪善;道德感动与儒家伦理;现代主体性的起源、危机及其归宿——去存在还是为他者等。② 2009年9月3日,东西方文化合作与发展论坛在北京举行。来自亚欧12个国家的文化官员、专家和文化企业代表参加了本次论坛。与会代表就当前东西方文化合作与发展的机遇和挑战,多边文化交流的实践与经验,以及区域文化产业的发展模式与方向等议题展开了讨论。2012年底在北京召开的第三届世界汉学大会上,一个非常重要的话题就是"新汉学"。"新汉学"到底是什么样的概念?有一些什么样的内容?可能每个人讲法都不一样。这样一个新概念正在形成中,所以人们有不同的说法。追根溯源,大概是2010年,这个概念在不同的场合被不约而同地提出。当时便有不同看法,今天更是如此。然而,无论哪一家的

---

① 曹卫东：《走向一种对话理论——由"交往理性"看比较文学》,《社会科学探索》2011年第6期。

② 参见吾敬东、刘云卿、郭美华等编《对话：东西方哲学》,上海三联书店2010年版。

"新汉学",不管内容是什么,都和东西方对话有关。东西方对话可能吗?有学者认为可能,也有学者认为不可能,近来有学者认为:即使它看来不一定可能,我们也应该试着通过实施对话来考察其可能性,坚持在不可能之中体验这个不可能,尝试这个不可能。"这些意见都非常精彩,展示了'新汉学'与东西方的对话,在今天呈现出非常复杂多元的状况。"①

有不少学者从全球化的角度考察东西方对话,如有人认为:人类历史上重大的发明和进步,都是东西方文明相互启发与合作的产物。在21世纪全球化的背景下,东西方文化的交流与对话很可能综合出人类更新、更高的文化成果,东西方文明的融合,将产生带动人类进步的重要精神力量。②还有人指出,随着西方文化帝国主义的形成和文化霸权话语的加强,也激起了非西方国家对自身文化阵地的坚守,表现为害怕和拒斥文化交流,固守本土文化,以仇视的心态面对外来文化。伴随着国家间文化关系的这些新发展和新变化,中西方国家间的文化关系也必将发生相应的变化,只有准确把握全球化时代下的中西方文化关系中出现的新变化、新特征、新问题,才能构建出全球化时代下的中西方新型文化关系。中西方文化关系是两大文明体系之间的关系,也是世界的重要文化关系。如果处理得当就会促进中西方国家间的相互了解,增加中西方国家间的相互信任,加强中西方国家间在各个领域的合作与共赢,如果处理不好就会引发危机,产生冲突。因此,要建构全球化时代下的中西方文化关系不仅是历史发展的必然,也是时代的需要。③

中国学者马琳在《海德格尔论东西方对话》一书中考察了海德格尔对待东西方对话问题的立场,发掘了海德格尔与东亚思想之关联的最新材料,试图从海德格尔关于语言、技术、集置(ge-stell)、

---

① 陈珏:《"新汉学"与东西方对话》,《中国文化报》2013年3月11日。
② 参见李明伟《文明的融合:全球化视角下的东西方文明对话》,《新视野》2004年第4期。
③ 参见张晓辉《全球化视角下的中西方文化关系研究》,http://cdmd.cnki.com.cn/Article/CDMD-10183-2008129076.htm。

"无"（Nichts）、道路（Weg）与道、道路的转向（Kehre）、第一启始（der erste Anfang）、另一启始（der andere Anfang）、哲学与思（Denken）、集置与东西方对话、可能的对话之境域、不可避免的对话、深度相遇、异域之旅（Wanderschaft in die Fremde）与"其他一些伟大的启始"、异域之旅与归家（Heimkunft）、异域之旅与文化间性、"对话"概念、"对话"的转向、《关于语言的对话》的第二重解读、同一（das Selbe）与思想和存在之共属（Zusammengehoren）、形而上学与（西方）哲学之关联等主题的话语与论说的多重视域中，揭示他关于东西方对话问题的根本观点。作者审视了海德格尔与跨文化哲学的关系，如他的思想与佛教思想以及道家思想的关联等；还分析了海德格尔与亚洲语言之双重关系，如与梵文之缘等。作者还回答了"海德格尔是在与老子对话吗"诸如此类的问题。[1] 作者还将海德格尔的名篇《关于语言的对话》放在其哲学基本关怀与前提的视域中进行审慎解读，并阐明海德格尔所谓的异文化对话的危险性只与欧洲语言相关，故对日本概念的阐述有明显的改造痕迹。特别重要的是，海德格尔在《海德格尔论东西方对话》中的描述完全不同文中所描绘的与"日本人"的对话基本上是海德格尔关于其哲学思想的独白，它可被称为一个宏大的独语。文章认为在海德格尔对东西方对话的暧昧态度之后的是一种关于传统的整体主义观念。[2] 这些论述都为东西方对话的深化研究提供了颇有建树的探讨。

近年来，国际上不少学者致力于在不同领域进行东西方对话。尤其佛教与西方科学界的对话举世瞩目，如佛教高僧洛桑嘉措与西方科学家在哈佛大学进行了研讨，进行了两个层面的对谈：第一，佛教、神经科学与医学；第二，佛教、心理学与认知科学，并以此推出了《心智科学：东西方对话》一书。佛教心理学与西方心理学的对谈，

---

[1] 参见马琳《海德格尔论东西方对话》，中国人民大学出版社2010年版。
[2] 参见马琳《海德格尔东西方对话观探微》，《求是学刊》33卷第5期，2006年9月。

思想的再对话
NEW COMPARATIVISM

代表两种截然不同的思想体系的会晤。诚如嘉瓦仁波切所言："我相信所有人类的终极目标,都是要获得幸福与成就感。"至今世界佛教与科学之间的对话研讨会已召开了三届。其中颇有代表性的是德国学者克里斯蒂安·托马斯·科尔题为"佛教与量子物理学：东西方对话的贡献"的论文,提出：龙树菩萨提出的实相的哲学概念与量子物理所隐含的关于实相的物理概念之间有着惊人的平行性,因为二者都不存在一个实相的基础核心,而实相只不过是相互作用的客观事物的组成。这些实相的概念与现代思维模式中隐含的概念,包括实体的、主观的、整体的或工具主义的概念并不一致。"……龙树菩萨哲学的实相理论和量子物理学的互补性、相互作用性、纠缠性概念所告诉我们的事物（与我们的认知）完全不同,是另外一番景象,以至人们可以形象地比喻为：一切都是建立在沙上,甚至连沙粒都没有实有的核心或内核。他们的稳定性是建立在其组成部分不稳定的相互作用之上。"[①]

在美国遭"9·11"恐怖袭击之前,翻译被认为是国际关系、商业、教育以及文化的主要工具。今天看来,它比以往任何时候都更成为一个战争与和平问题。美国女学者埃普特论证说,翻译研究通常仅局限于忠实于原作的一个语言框架,但它在一个新的比较文学基础上扩张的时机已经成熟。她考察了翻译研究在"创立"比较文学作为一门学科过程中的重要作用,并强调"语言战争"（包括误译在战争艺术中的作用）,翻译研究中语言的不可通约性（linguistic incommensurability）,文本翻译与文化翻译的矛盾,翻译在塑造全球文学经典时的作用,对独尊英语的抵制,以及翻译技巧对如何界定翻译的影响,等等。埃普特提议,一个新的比较文学必须考虑,在人文科学中翻译技术对外语或符号语言定义的政治影响,同时也必须认识到,在一个更多单一语言和多

---

① Christian Thomas Kohl, "Buddhism and Quantum Physics: A Contribution to the Dialogue between East and West", The 3rd World Conference on Buddhism and Science (WCBS), 2010.

种语言混合的世界里语言政治的复杂性。①

当前,中西方对话中,翻译问题日益突出。学者王秉钦深刻地阐述道:中国现代翻译思想研究亟须与西方翻译研究展开对话,首要的是大师间的对话。因为只有在对话中才能做到互释互补,达到跨文化的创造与建构。对话首先要解决翻译理论话语的问题。遗憾的是,中国现代翻译理论基本上是借用西方的一整套话语,特别是关键词和核心概念。可以说,在国际译学理论界,几乎没有中国提出的有影响的核心概念及核心思想。所以中国现代翻译思想长期处于文化表达、沟通和解读的"失语"状态。因此,重建中国翻译理论话语就具有相当的紧迫性和重要性。不然,我们就只能充当西方文化的模仿者、追随者,甚至附庸。"要想改变这种状况,我认为要从大师及其核心概念下手,下一番苦功夫,积极主动地开展东西方翻译理论的大师级对话。中国翻译大家钱钟书、朱光潜、叶君健、季羡林等人在中国翻译思想史上提出了一些颇有见地的现代翻译观念。可以说,这些观念都是现代翻译思想的核心概念,是我们重新建构自己理论话语的思想基础,对改变我国现代翻译思想长期处于文化表达、沟通和解读的'失语'状况,有一定的积极意义,颇值得深入研究。"为此,王秉钦举出了四位大师的学说:第一,钱钟书标举的"灵魂转生说"与解构主义的"死亡—重生"说;第二,叶君健的"译者个性说"与韦努蒂的"译者中心学派";第三,朱光潜的"从心所欲,不逾矩"新说与西方的解构思维;第四,季羡林自成体系的"东西方文化中心转移说"。他断言:就翻译而言,中国现代翻译思想研究也必将随着文化中心的转移,不再走单纯追求分析的西方文化道路(比如西方翻译界的语言学派把翻译视为一门精确的科学,以分析为基础,专门研究语言系统的差异、语言形式的转换,如语态转换、词性转换等词对词、句对句的机械化的研究方法就是一例),"而是走我们自己整体的、综合的

---

① Emily Apter, *The Translation Zone: A New Comparative Literature*, Princeton University Press, 2011, p. 243.

东方文化之路,彻底改变我国现代翻译思想研究在文化表达、沟通和解读上的'失语'状态,重建中国自己的翻译理论话语,勇敢地去迎接中国翻译界的科学的春天"。①

对待上述"失语"的问题,有学者进一步分析道:按照文化的运作规律,任何文化都会不时地与异质文化发生接触、碰撞和交流,没有异质文化的刺激和滋养,这种文化到一定时期必然会走向萎缩和衰亡。从世界文化交流的轨迹来看,翻译则是异质文化实现交汇的重要渠道,它在民族文化体系重建中又能起着重要作用。而翻译首先就关涉到异质语言间的转换,然后就是文化和精神层面的交流,这中间自然涉及话语的沟通问题。当代法国学者福科认为:话语行为总是伴随着权利关系,谁掌握了话语权,谁就控制了实际的权利。这种后结构主义语言观也体现于异质文化的交流中。如果话语传播失衡,容易导致一种文化依赖于强势媒体而剥夺另一种文明的话语权。这点在福科称作拥有"另一种思维系统"的中国又体现得尤为明显。诚如当代中国学者所言:在中西文化交往过程中,近年来中国学术界"话语权"旁落,而"话语权"丧失即表现为"失语症"。② 这主要是由于传统的中断,本土人文精神的疏离,中国学界在与西方对话中竟拿不出自己"看家"的东西。特别是到了现当代,西方更是成了一种强势文明,于是就出现了由西方"独言"的尴尬格局。③ 为了解决上述这种"失语"的困境,由香港浸会大学张佩瑶教授等率领一批中国学者翻译了一部《中国翻译话语英译选集》,由英国圣哲罗姆公司出版发行。它从表面上看只是一部有关中国传统翻译理论的选集,但其中涉及的范围远不止翻译理论方面,它的影响足以扩散到文化史、思想史、翻译文学和比较文学等方面的研究,同时也可看成解治当下中国文化所患"失语症"的一剂良药。

---

① 王秉钦:《国际文化东西方大师的对话——关于重建中国翻译理论话语之我见》,《中华读书报》2010年12月15日。
② 参见曹顺庆《再说"失语症"》,《浙江大学学报》2006年第1期。
③ 参见张旭《从失语到对话——兼评张佩瑶等编译〈中国翻译话语英译选集〉》,《外语研究》2008年第1期。

六 东西方思想对话中的全球观比较

（一）多维性的全球观

社会的转型向中华民族提出了一个与国际多维性和全方位接轨的问题。很久以来，中国一直实行内外有别的双重标准。如实行外汇券与人民币双轨制，为外国人设友谊商店或外汇券专柜、涉外宾馆、旅游点外宾休息室、机场外宾候机厅，甚至还分外宾通道、内宾通道、海外华人通道等。一度最让持中国护照的华人难堪的是，在进入国门时，竟必须进行"艾滋"检验，而持其他国家护照的人则不必。虽然，随着改革开放，政策有所调整，上述许多方面有了长足进步，如取消货币双轨制、实行单一票价等，但不能否认，在很长的一段时间内，某些现象依然存在。

1994年，英国首相布莱尔对英国国人大声疾呼："无论我们喜不喜欢，现在我们都是国际主义者。如果我们想要繁荣，我们便不能拒绝参与国际市场。如果我们想要创新，我们便不能拒绝参与国际……"这段话也许是对日益没落的大不列颠帝国忧心忡忡的自白，但对我们这个昔日曾经辉煌、时下正在腾飞的中华民族来说，或许也是一种启示。有学者认为，在早已事实存在的全球化中，原来常用的"国际关系"一词似乎已显过时，在全球化被公认的同时，文化、环保、教育、媒体、收入、权利、权力等各个领域的不平等并未得到认真而充分的考量；然而，除了全球市场巨大的影响力和日新月异的信息科技外，某种潜在的"由下而上的全球化"（globalization from below），无数由一般民众组成的民间组织，正蓄势待发地撞开国门向全球的大纵深大切面迈进。这种趋势形成了全球市民社会的基础结构，其中非政府组织，如NGO等便成了重要风向标之一。为了适应这个全球化的变局，从政府到每一个国民，都应该将眼界和胸怀从传统的文化和既定的体制中解放出来，造就外放型和全面包容型的国格和人格。

根据美国一些成功的经验，"知识经济"已成为各国政府与企业竞争相仿效的目标。经济合作与发展组织（OECD）1996 年度报告将"知识经济"定义为"建立在知识和信息的产生、分配与使用上的经济"。美国麻省理工学院教授梭罗（Lester C. Thurow）在其 2000 年出版的新著《创建财富》（*Building Wealth*）中指出：为了建立财富的金字塔，某一国家或企业必须具备六大条件，即社会组织、创业家精神、创造知识、专业技术、工具、天然与环境资源。而知识经济的社会就是建立"容忍失败"的基础体系，"创造"正是活络整个知识循环体系——吸收、消化与产出——的那股活泉，只有允许企业不断尝试创新，才能培养创新能力，进而有系统地投资研发工作，逐步发明新技术、创造新财富。知识经济下人才的特质除了能够更新知识结构、掌握新的学习与科学工作方法，更重要的是须具有全球化、国际化的语言、文化、知识及视野，而这种能突破地域限制、整合全球研发与生产行销的优秀人才，才是未来知识经济时代的主角。世界主要先进国家为适应知识经济的到来，纷纷制定相关政策与国家级计划，以期能在 21 世纪的经济架构下占据有利的战略位置，如英国的《1998 年竞争白皮书》、日本的《日本新千禧年大计划架构》（1999 年）等。只有不断地创新，才能保有经济与科技的竞争力，创新是经济发展、科技进步的重要基石，而人才的国际化是创新最根本的要素。

培养未来领袖"不要尝试错误（try and error），而是要尝试成功（try and success）"。国际著名管理顾问威廉·柏罕（William C. Byham）指出，新经济时代来临，市场竞争愈加激烈，且速度愈来愈快，企业经营犯错的空间缩小，企业必须以新且正确的观念来经营企业，避免无谓的错误，才能在激烈的竞争中立足。在未来新经济时代，企业的竞争不再局限于本地，而是延伸至全球化战场，拥有完善的领导阶层培训制度，是 21 世纪不可忽略的重要趋势。虽然部分企业对于"领导人风格""企业接班人培育"等议题早已相当重视，但是许多企业对于企业领导人的特质、培育、遴选或未来趋势并无具体而整合的观念。但随着新经济、国际化时代来临，某一地区企业的经验并不足以管理未来日趋全球化的企业，这点是必须迎头赶上之处。所有企业面临全球化的竞争压力,能够积极培养开阔的国际观、敏锐的观察力、冷静的判断力及良好的学习能力的领袖人才,将是企业经营制胜的关键。威廉·柏罕提出领导人建立"全球敏锐度"(global acumen)的重要性,他强调在愈来愈国际化的新经济时代,所有领导者都要努力了解环境变化、掌握国际形势;也由于领导特质的变迁,未来领导者须由过去权威式的管理,转变为引导式的管理,使组织处于产业价值链中的关键角色,并能激励组织成员及拟定企业发展策略。经济是如此,作为经济集中表现的政治也是如此。与知识经济相适应,作为知识政治主角的领袖人才和政府团队的特质必须能够更新知识结构、掌握新型和科学的领导方法,更重要的是还必须具有全球化、国际化的语言、文化、知识及前瞻性的眼界,以突破地域限制,整合全球各种力量的对话和发展。中国要像世界主要先进国家一样,为应付知识政治的到来,制定有效的相关政策与国家级计划,以期能在这21世纪经济政治文化的国际架构下占据有利的战略位置。

(二) 主体性的全球观

国际观与全球化关系就像一个铜钱的两面。世界迅猛奔向全球化是不以人们意志为转移的历史趋势,各国各地区之间的距离愈加缩短,互动影响愈加强化。为此,就必须有正确的国际观,即以主体性和前瞻性的眼界了解全球化的内涵和发展趋势及其影响,蕴积全面的实力,以知识经济和知识政治来强化国家的整体竞争力与合作力,从而在处理国内和全球各种事务时掌控最佳时机和主动权。具有国际观的国家都非常重视信息共享,在信息的全面贯通中,都能够快速、有效地了解有关国际各个层面的相关信息,同时也让国际社会了解自己,以取得国际公信力,因此可以在全球的整体格局中,甚至在各种相互对立的格局中占据最有利的位置。而绝大多数缺乏国际观的国家信息则相对封闭,既不真正了解世界,也不能被世界所了解,因而不是很难发展,就是发展到一定阶段后就遇到强大的局限,甚至困境。具有真正国际观的人应该具有主体性、前瞻性、整合性和多元性等特点。在全球化的趋势下，国际上的成功与国内成功是相辅相成的，而国内成功的一个标志就是得到国际的认可。若要做到这一点，就必须扩大格局，融入世界，进行全方位的国际接轨，了解人类物质观、价值观以及文明观转变的走向。本国观与国际观并不抵触，我们强调的是一种主体性的国际观，即从本国人民最根本和最长远的利益出发来看待、参与和促进全球化。一名成功的民营企业家，应当具有国际观，全球知识经济的管理素质以及为世界文化所认同的人格方式。正如有识之士所预见的，WTO将使中国企业巨轮从江河走向海洋。改革开放以来，经过三四十年的磨炼，中国企业逐步从计划体制走向市场体制，企业领导人也从"企业官"走向"企业家"。WTO以法制化要求市场环境高度公平与公开，政企彻底分离。法制化要求企业在运作上更注重规范与秩序，从财务状态到管理方式高度准确透明，从而避开"黑箱化""政治化""附庸化"，而真正成为市场的主体。

WTO使人才流动机制更加灵活，人才资源的竞争将更加激烈。随着国企抓大放小的深入和观念的逐步转变，包括户籍制度、干部制度在内的一系列人才机制日益灵活。懂外语、有外贸经验、适应西方文化的中高层管理人才将供不应求，在跨国公司的薪金、福利、机会、提升度等诸多因素下，人才大量拥至，成为人才聚集地。人才育导与人才的自我提高成为终生过程，为培训行业的高速发展增加了动力，管理经营中必须计算培训成本，同时培训的机会成为吸引新人的魅力。"海归派"也大量"回流"，让人才竞争的白热化更充满变数。人才是企业管理的核心，人才状态与企业发展状态往往是互为因果的，即人才越多，企业发展越快。投资环境越好，外资进入越多，同时也导致人才的舞台越多，越吸引人才和造就人才。WTO也带来意识形态的变革与价值体系的多元化，包括教育、传媒在内的敏感产业也将逐步松动。对于企业管理来说，昔日的一统观将代之以协调价值取向。管理者很难以一声号令管辖所属员工，只能在自我与他人的沟通管道中寻找平衡点。社会信用体系为管理提供新的支撑。传统的社会信用体系是在伦理范畴中，以柔性的道德力量从心理上进行教化。这种旧有方式在一定程度上有效，但非常有限。加入WTO以后，金融信用、职业信用、处世信用以及其他所有可能的信用，都将以刚性方式制约。

中国的产业格局、管理方式、经营思路都在不断地重新整合。加入WTO之后，经过上百年资本主义市场洗礼的西方跨国公司带着丰富的管理与经营经验、雄厚的资金与品牌实力，全面登陆中国，而其经营思路上的成熟与稳健更使中国企业深感竞争压力。加入WTO后增大了国内经济的调整速度，在这个敏感时期，更需要对企业进行第二次创业。企业生命力就取决于满足市场需求的自我调整能力。私营小企业的优势就在于灵活机动，在初创时期，灵活性主要体现在能够对短缺市场做出迅速反应，模仿抄袭生产社会紧缺产品，市场出来一个紧俏产品就跟着生产，没有形成自己的生产特色。在企业缺乏生产和市场经营经验的初期，这种发展方式可以作为企业成长较为可行的选择。但是，如果模仿抄袭成为大多数企业的发展方式时，市场竞争就会变得空前激烈，盲目模仿别人的成品和产业结构相同，势必产生过度的价格竞争，这种竞争导致产品价格的下降，使本身可以盈利转为微利或无利可图。加入WTO意味着企业即将融入世界一体化的大市场，现有的市场将会重新组合，不主动组合，就会被被动组合掉。必须做好市场定位，否则必然会被市场竞争所淘汰。改革开放以来，尤其是加入WTO之后，中国企业界在议论，全世界，特别是在东亚，出现了不少出类拔萃的大企业家，邻近的日、韩各有大财团，中国能否产生出如此大企业家和跨国财团？中国民企中能否出现跨国集团，走向国际市场？WTO有三项职能：制定贸易规则；互相开放市场，促进世界贸易的发展；解决成员国之间的贸易冲突和纠纷。中国的加入，意味着国际地位的提高，在WTO有了平等的发言权，而且更意味着进一步改革开放，意味着卷入世界经济的全球化进程。中国无疑地要遵守承诺，进一步开放市场，如汽车、电信、保险业等，要逐步降低关税。这样，外商，特别是跨国公司必然会大量地涌入，但也有利于我们在平等的条件下走向世界，走向未来，全方位地与国际接轨，加强同国际社会的合作，提高自身的实力和经济发展水平。总起来说，加入WTO必然会给中国带来巨大的利益，但并非立即见效。我们要从国际观、战略观、国家长远发展观来看这个问题。随着外国有竞争力的商品和服务业的进入，势必给国内一些行业和企业带来挑战和冲击。中国经济将面临大的产业结构调整。在基本失去高关税和进口数量限制的情况下，中国部分行业和企业将与发达国家的企业在市场上直接较量。尤其对中国民（私）营经济的发展，既是机遇，也是挑战。中国民企仍处初期阶段，面对那些有实力的外国大企业、大集团，的确难以竞争得胜。但中国民企也有自己的某些优势。外企打进，我们可以冲出，在竞争中增强实力。在国际接轨中，民营经济必须学习国外的先进技术，科学管理，如会计制度、财务制度、以人为中心的管理等；促进股权结构的改善，治理结构的完善等；了解国外市场的变化、信息、动向、需求等。①

随着经济全球化的不断深入，中国企业面临着更多的机遇和挑战，企业的品牌愈来愈显得重要。品牌国际化是中国企业进行国际化经营战略的核心，它能够提升企业参与国际竞争的能力，增强综合国力，提升在国际舞台上的经济地位。由于理论与实践经验的不足，在品牌国际化方面存在很多瓶颈。作为世界第二大经济体与第三大出口国，却处于品牌小国的尴尬地位。

英国《观察家报》（*The Observer*）的报道揭示了中国建立全球品牌的障碍。该报道认为，在国内销售中国制造品牌是一回事，但要想在国际上获得承认，中国必须重新获得创新能力和冒险精神。中国是世界上第二大经济体，但是还没有在树立全球品牌方面取得与其商业影响力匹配的突破。奇瑞、小米和百度在中国是家喻户晓的汽车、手机和网络搜索器的品牌，但在国际上这些品牌无法与福特、三星和谷

---

① 参见丁子江《思贯中西》，中国工人出版社2003年版，第148—152页。

歌比拟。尽管中国是世界工厂，制造苹果电脑和国际知名品牌的服装等，但若无世界知名品牌意味着中国制造缺少具有威望的标签。但该报道说这一形势正在改变，中国领导人努力使出口型经济转向消费型经济，大量资金投入研发领域，以便使中国品牌在迅速扩大的国内市场上能跟外国品牌竞争。《中国日报》报道说，中国2012年投入研发的资金高达1050亿美元。一些中国公司在海外推出高品质的产品，其中许多采用同国际公司合作的方式制造高质量产品，如联想电脑，以及奇瑞汽车购买沃尔沃。报道说，在鼓励创新方面，中国面临许多问题，诸如僵化的企业文化、自上而下的管理方式等。有分析家以日本和韩国为例，说明中国不久也会拥有自己的全球品牌。中国最有希望在全球取得突破的品牌是奇瑞汽车，他们的产品为许多中国中产阶层家庭所有，该公司同许多国外公司组成合资企业。但也有评论说，中国品牌诸如奇瑞很难超过国外竞争者，除非他们从根本上采用创新的原则，即开放式沟通、鼓励冒险，这些并不是投入资金可以达到的。《观察家报》引述英国著名经济学者威尔·哈顿（Will Hutton）的文章说，中国虽然是世界最大的出口国，世界第二大经济体，来自中国的国际注册专利只有9.5%。因此他断言中国的增长不是由创新驱动的。[①]

  2014年，有美国学者（J. Backaler）在《中国走向西方》（*China Goes West: Everything You Need to Know About Chinese Companies Going Global*）一书中指出："全球化"不仅是中国政府的一项指导性政策，更是中国商界人士的实际经营决策——随着中国经济增长放缓，他们面对着国内竞争加剧和成本不断增加的问题。他当时就分析了阿里巴巴、华为、联想、万向、小米、复星、百度、腾讯等中国企业打入世界市场的态势。至2016年，越来越多的中国企业扩大海外业务，"中国制造"这一名词正不断地注入新的内涵，或许不再会是一个单纯的产地定义，更是一种科研、设计与工艺制造能力的证明。

---

① 参见《中国制造品牌为何难以走向世界？》，BBC中文网，2013年9月1日（www.bbc.com）。

思想的再对话
NEW COMPARATIVISM

中国的火箭卫星、桥梁、高铁、汽车、手机、无人机、超级计算机等这些"中国制造"早已或正在走向世界。中国走向世界的名牌产品有海尔、华为、联想、格力、中兴、中国移动、青岛啤酒、中国银行以及中国航空集团公司等。

第一编

东西方思想的对话：方法新论

第 一 章

东西方研究中的方法论与元方法论

方法论（methodology）曾是传统西方哲学中一个重要的组成部分。古希腊时期，亚里士多德可以称为第一个系统阐述哲学和科学方法论的哲学家，他的《工具论》和《形而上学》等著述是关于方法论的经典之作，而他创立的整个逻辑体系更是开了西方思维方式的先河。古代印度与古代中国也为方法论做出了各自的贡献。真正意义上的方法论是在文艺复兴后，随着近代资本主义工业化和商业化以及科学技术的发展而兴盛起来的。培根的《新工具论》、笛卡尔的《论方法》等经典著述，以及洛克、休谟、斯宾诺莎、莱布尼兹、康德、黑格尔、穆勒等大哲孜孜不倦的探索，都为方法论长足和全方位的发展奠定了坚实的基础。方法论，也可称方法学，现在已分离出来而成为一个独立研究的分支，但它涉及了人类所有知识领域，包括自然科学、社会科学以及人文学科等。任何一种研究都必须在方法论指导下应用一定的方法，否则根本无法展开与进行。说到底，就连东西方比较研究本身也是一种方法。

方法论"是对在某一研究领域所用方法加以系统化的理论分析，或对与某一知识分支有关的方法和原则的整体加以理论的分析。在通常情况下，它所包括的概念有范式、理论模式、阶段以及定量或定性的技术等"。① 也可将方法论简化为"对方法的研究与描述"。② 方法论这一术语"经常以不同甚至是矛盾的方式得到应用"。③ 尽管存在分歧,"但仍有可能将方法视为知识创立的科学方式与非科学探索之间的分界标准"。④ 按照这种观点,有学者将方法论界定为"创造知识的指导原则"。⑤ 这些原则应与潜在的认识论假设相一致,而且应该适应问题的其他考察;"通过依赖在认识论的位置,该方法提供了理论和数据之间的联系,但他们仍然是不同的理论和独立的数据"。⑥ 总之,方法论就是对各种具体、个别、特定的方法进行考察、分析、比较、批判、判定以及整合。

正如前面提到的,当代大多数文化和社会的研究是基于实证主义(positivistic)的传统。通过这个途径,人们可寻找模型、理论以及具有相当程度外部有效性的法律式原则。因此,跨文化研究的典型方法是作为技术的探索,其特征表现为概念化、操作化、设计研究、构思假设、建造工具、收集数据以及建构理论。⑦ 东西方研究在形式与内容上的革新、动态和趋势,从下一篇对当代三大创意文明论的审思中,即可看出。所谓研究的形式主要表现在方法论上,我们也可以从

---

① S. I. Irny and A. A. Rose, "Designing a Strategic Information Systems Planning Methodology for Malaysian Institutes of Higher Learning (isp-ipta)", *Issues in Information System*, Volume VI, No. 1, 2005.

② R. Baskerville, "Computer and Information Security Handbook", *Computers & Security*, Morgan Kaufmann Publications, 2009, 35, p. 605.

③ B. A. Lehaney and G. Vinten, "Methodology: An Analysis of Its Meaning and Use", *Work Study*, 43, 3, 1994, pp. 5 – 8.

④ D. Nachmias and C. Nachmias, *Research Methods in the Social Sciences*, 3rd edition, New York: St. Martin's Press, 1987.

⑤ I. Arbnor and B. Bjerke, *Methodology for Creating Business Knowledge*, 2nd edition, Thousand Oaks, London and New Delhi: Sage Publications, 1997.

⑥ M. Mulkay, *Sociology of Science: A Sociological Pilgrimage*, Milton Keynes and Philadelphia: Open University Press, 1991.

⑦ Hamid Yeganeh, Zhan Su and Elie Virgile M. Chrysostome, "A Critical Review of Epistemological and Methodological Issues in Cross-Cultural Research", *Journal of Comparative International Management*,, Vol. 7, No. 2, 2004, pp. 66 – 86.

元方法论（Meta-methodology）的角度来加以衡定。"元方法论"可称为方法论的方法论，即以方法论作为审思对象，"简言之，理论是关于世界的，方法论是关于理论的，而元方法论是关于方法论的"。[①]在本书著者看来，所谓元方法论是一个理论系统，其宗旨在于考察和检验各种具有特定目的的方法论，并分清方法与方法论之间的不同。它有以下几点特征：第一，阐明某一方法论的目的、任务、含义、结构、功能以及标准等；第二，揭示这一方法论的独特性、有效性、可行性、可操作性以及可成功性，并同时指出其局限性、不完善性等；第三，预设、察验、修订、促进和完善这一方法论实施的过程和步骤。我们还可以发现方法、方法论、元方法论以及元元方法论之间不同层阶的关系：第一，某一方法作为第一层阶直接处理和解决具体问题；第二，某一方法论作为第二层阶选择和判定某一方法的适用性、正当性、有效性；第三，某一元方法论作为第三层阶选择和判定某一方法论；第四，某一元元方法论作为第四层阶选择和判定某一元方法论。

以比较哲学为例。2008年6月，国际中西比较研究学会（ISC-WP）会议主题为"比较哲学的方法论"。多数与会者对"最低方法论（a minimal methodology）的特征"形成了以下几点共识：第一，开放性是最基本的，可以练习批判哲学的判断力；第二，任何传统都并非铁板一块，其内部各有不同，应利用这一优势来应用各种具体方法；第三，维特根斯坦"家族相似性"（family resemblance）的想法是很有帮助；第四，虽然有很多例外，对某个焦点概念或问题的集中比较往往比对个别思想家的比较更具建设性；第五，认真关注语言和语法的问题是非常重要的；第六，充分的培训与完善制度的支持可成为进行研究的关键。[②] 对不少比较哲学的研究者来说，当然还可以列

[①] Husain Sarkar, "Imre Lakatos' Meta-Methodology: An Appraisal", *Philosophy of Social Science*, 10, 1980, pp. 397 – 416.

[②] Stephen Angle, "Minimal Definition and Methodology of Comparative Philosophy", *Comparative Philosophy*, Volume 1, No. 1, 2010, pp. 106 – 110.

出更详细具体的研究方法,但若遵循上述这个大纲,就可解决很多问题。有些研究者提议,"比较哲学"与平常哲学之间并没有严格的区别。在一定意义上,"或许所有的哲学都是比较哲学"。[①] 2010年,一些国际知名的研究学者,共同致力于如何构建社会世界的定性研究方法。他们认真研究了各种类型的定性数据,如观察、访谈、专题团队、文件资料、讨论交谈、视觉数据、互联网以及使用案例研究等。[②]

有趣的是,有学者用比较方法比较了"比较方法"。以比较哲学的方法论为例,斯密德(Robert Smid)在《比较哲学的方法论:实用与过程的传统》(*Methodologies of Comparative Philosophy: The Pragmatist and Process Traditions*)一书中,详细地讨论了比较哲学中四种特定的方法和概念:威廉·霍金(William Hocking)、菲尔默·诺斯(Filmer Northrop)、戴维·霍尔和罗杰·埃姆斯(David Hall and Roger Ames)以及罗伯特·内维尔(Robert Neville)。有趣的是,斯密德用比较方法"比较"了各种"比较方法"。斯密德先是描述每一种比较方法,然后进行分析批判,着重考察了实用主义或过程主义的传统。他对四种不同比较方法进行清晰的历史叙述,举出各比较法的主要特征,审慎评估其长处和短处,并指出如何将这些方法运用于今天的比较哲学研究。[③] 不过作者忽略了许多重要的比较哲学家对传统的可通约性问题的讨论,如戴维·王(David Wong)、阿拉斯代尔·麦金太尔(Alasdair MacIntyre)以及布莱恩·范诺登(Bryan Van Norden)。总之,研究方法的选取与实施应当因具体的研究对象而定,"对研究不同哲学传统的切入点与方法或许是不同的。我们必

---

① Manyul Im, "Minimal Definition and Methodology of Comparative Philosophy", Warp, Weft, and Way, *Chinese and Comparative Philosophy*, http://warpweftandway.com/2008/08/07/minimal-definition-and-methodology-of-comparative-philosophy/.

② David Silverman (ed.), *Qualitative Research: Issues of Theory, Method and Practice*, third edition, London, Thousand Oaks, New Delhi, Singapore: Sage Publications.

③ Robert W. Smid, *Methodologies of Comparative Philosophy: The Pragmatist and Process Traditions*, Suny Press, 2009.

须认定哪一种切入点与方法对解决一个特定的问题是最充分的"。①

孔子强调"一以贯之"和"举一反三"等方法，程朱学派注重"格物致知"等方法。在回答宗泽有关阵战的问题时，中国古代名将岳飞曾说过："运用之妙，存乎一心"，其含义就是，在作战时，应根据客观、现实和具体的情况而灵活机动地运用各种兵法。当前，专家学者们在不同的研究领域摸索、创立和发展了很多卓有成效的方法，我们应根据各种具体的情况把握和操作这些方法，正如培根所鼓吹的："知识本身并没有告诉人们怎样运用它，运用的方法乃在书本之外"。

一　概念化与操作化

在任何研究中，都会遇到许多概念与变项。这些变项有的容易观察，如性别、年龄、职业、收入、家庭、婚姻、种族等；有的较抽象，不易观察，如自我主义、性别主义、种族主义、恐怖主义等；还有的完全是抽象虚构，根本无法观察，如阴曹地府、妖法鬼神、龙凤麒麟等。"概念化+操作化"是把抽象的变项变为具体的、可观察和可测量变项的过程。在概念化中，某一概念可能具有很多歧义，这就需要对之加以界定。简言之，概念化就是将观察或研究对象中有相似或有共同点的因素联结、整合为同一体的过程方式，从而形成一个术语。概念化有三种形式：第一，对可直接观察的对象所进行的；第二，对可间接观察的对象所进行的；第三，对不可观察的对象所进行的。根据概念化的理论，各种认知都是通过收集对象发出的信息，并将其用语言加以概括而形成的概念。概念化的作用在于，它能引导人们对观察对象进行政治的、经济的、价值观的、审美观的各种分类与判定，如富人、穷人、善人、歹人等，同时也能自我定位、自我归类。概念化的过程必须借助语言和

---

① P. T. Raju, *Spirit Being and Self: Studies in Indian and Western Philosophy*, South Asia Books, 1986, pp. 45–46.

文字，并以个人或群体的经验为前提才可进行。经验观察的特殊性和局限性与理性概念的一般性和无限性之间往往会发生矛盾，这就会出现误导与偏见。卡兹（Daniel Katz）提出管理人员应必备三种管理技能：概念化技能（conceptual skills）、人际关系技能（human relation skills）与技术技能（technical skills）。这些才能会因管理的阶层与组织机构的不同而改变。在他看来，概念化技能可以反映一个管理者具备宏观视野，能从事形而上、抽象化与策略性思维的能力，包括抽象思考的能力，特别是指组织作为整体，其如何因应环境变化和全方位的运作能力（越高层次主管越须具备此一能力，该能力又称直观能力）。概念化技能是将组织看作一个整体的能力，包括分析、创造和主动性的技能。它能帮助管理者知道问题的原因，而不是表面症状；确定整个组织的目标以及每一具体情况的计划。概念化技能为大多数管理高层所需要，因为他们要费更多的时间来规划、组织以及解决问题。

亚里士多德方法论的最大特点就是：先用某种经验实证的方式考察和判明各种特定的对象，然后再用理性概念的方式把握和整合经验。概念化（conceptualization）或抽象化（abstraction）是任何理论研究都必须进行的准备阶段。它关注的是怎样创立、构成、分类、界定、明晰或解读一个概念或观念，并揭示出其发展过程。本体论的概念是人类生存的基本范畴。在信息科学中，概念化就是对世界某些选择部分加以抽象化的过程。在当代哲学中，至少有三个流行的方式来了解一个概念是什么：其一，概念作为心理表征，即概念是存在于大脑的实体；其二，概念作为能力，即概念是认知的特殊能力；其三，概念作为抽象对象，即概念是联系思想、语言以及参照物的命题成分。[1] 在评价有关社会世界任何特定论题 X 的信息，应当关注两个问题：一是在这个研究中 X 是什么意思；二是怎么检测 X。研究者必须在继续研究之前找到两个问题的答案。有学者讨论了在解决第一个问

---

[1] Eric Margolis and Stephen Lawrence, "Concept", *Stanford Encyclopedia of Philosophy*, Metaphysics Research Lab at Stanford University, retrieved 6 November 2012.

题时，首先建立一个概念界定的过程，同时为解决第二个问题而创立操作性的定义（operational definition）。①

对东西方研究来说，我们必须对各种认知对象首先加以概念化，然后再考察其操作化（operationalization）。文化是一个模糊和抽象的概念，必须加以界定。问题不在于缺乏定义，而在于难于运作。文化不同的定义可以分为描述的、历史的、规范的、心理的等类别。每种定义都非常有限，而忽略其他层面。不少研究者将文化看作较广泛社会和经济因素的一个变量。这个问题可以归因于缺乏一般的科学范式。根据库恩对科学范式的界定，其可以看作"在某个时代举世公认的科学成就，它为某个实行者的社区提供解决问题的模型"。② 研究是基于共享相同的规则和标准的范例。由于缺少一般范式，文化概念的含义非常多样和矛盾。两种不同的定义在跨文化研究中会产生不同的结论，因为它们的复杂性以及缺乏一般科学研究范式之间的协调。换言之，文化定义不仅是因为它是一个模糊和复杂的国际概念，同时也因为缺乏广泛认可的语言来描绘它。文化的定义有两个重要意义，首先它作为研究人员一种共同的语言来促进知识的创造；其次提供跨越文化的概念。如果文化没有得到概括和界定，它就不能进行跨越国界的研究。由于缺乏文化的定义，一些研究人员竟建议，最好是放弃文化的概念。在这方面，有学者估计，跨文化的研究仍处于起步阶段，若想更多的进步就需要了解实现文化的意义。相比之下，也有其他人更为悲观，他们主张跨文化研究虽已越过了起步阶段，但那些缺陷却无法判定。③ 如何克服有关文化定义和运作困难，曾有人建议，文化的定义是先验而非经验的。另一种建议是使用更有形和精致的建构。有学者提出，应该

---

① Royce A. Singleton, Jr. and Bruce C. Straits, *Approaches to Social Research*, 3rd edition, New York: Oxford University Press, 1999.

② T. S. Kuhn, *The Structure of Scientific Revolutions*, 2nd ed., Chicago: University of Chicago Press, 1970.

③ M. Tayeb, "Organization and National Culture: Methodology Considered", *Organization Studies*, Berlin, 15, 3, 1994, pp. 429–447.

发现具有更多意义的建构来取代文化。①

由于文化的某些方面或维度，跨文化的文献为我们提供了不同的框架。例如，有学者确定了社会可被分类的六个维度（dimensions），即与自然关系、人性的信念、人与人之间的关系、人类活动的性质、空间的概念以及时间的定位。② 还有学者介绍了国家文化的五个维度：权力距离、个人主义、男子气、避免不确定性以及长期与短期的定向。③ 也有学者以同样的方式列出了五个文化维度：物质文化、社会机构、男人和宇宙、美学以及语言。④ 另有学者提出了一个模式，其包括七个方面：普遍主义与特殊主义、个人主义与集体主义、中性与情感、特定与弥散、成就与归属、对时间的态度以及对环境的态度等。⑤ 此外还有学者提出了一个框架，而确定了三个基本的社会问题：个人和团体之间的关系，确保负责任的社会行为以及在自然和社会中人类的作用。⑥ 不过，很多跨文化的研究者使用上述第二种，即霍夫斯特德（Hofstede）的模型来描述和比较文化。然而，用维度化（dimensionalization）来表示文化一直受到广泛的批评。因此，有学者断言，维度化是一种便利的方法以研究跨越国界的文化，但它简化了一个复杂的概念，并削弱了考察的精密性。依靠几个维度，许多跨文

---

① R. S. Bhagat and S. J. McQuaid, "The Role of Subjective Culture in Organizations: A Review and Directions for Future Research", *Journal of Applied Psychology*, 67, 5, 1982, pp. 653 – 686.

② F. R. Kluckhohn and F. L. Strodtbeck, *Variations in Value Orientations*, Evanston, Ill.: Row, Peterson, 1961.

③ G. Hofstede, "Predicting Managers Career Success in an International Setting: Validity of Ratings by Training Staff versus Training Peers", *Management International Review*, 1, Special Issue, 1994, pp. 63 – 70.

④ M. Herskovits, "Economics and Anthropology: A Rejoinder", *Journal of Political Economy*, 49, 2, 1941, pp. 524 – 31.

⑤ F. Trompenaars, *Riding the Waves of Culture: Understanding Diversity in Business*, London: Economist Books, 1993.

⑥ S. H. Schwartz, "Universals in the Content and Structure of Values: Theoretical Advances and Empirical Tests in 20 Countries", in M. P. Zanna (ed.), *Advances in Experimental Social Psychology*, Vol. 25, Orlando: Academic Press, pp. 1 – 65.

化研究者忽视了其所研究的文化语境，因为他们仅把少量的维度当作文化差异唯一的决定因素。① 此外，由于文化维度依靠文化群体的典型成员，建立在维度化之上的跨文化研究忽视了文化内部变化的影响。文化内部的变化谈及某一文化内部的人口分布，它可以尽可能地解释跨文化的变化。②

二 主位取向与客位取向

通过认定人类群体以及在一种文化中增加有效独立变量的方式，跨文化研究对理论发展做出贡献。近十多年来，在研究中，一个主要的方法论问题是主位与客位的区别。主位与客位（emic and etic）是由人类学及其他社会科学和行为科学有关人类行为的两种研究取向。③ 文化研究的两个主要可能性是主位与客位的方法。尤其是文化人类学用此讨论各种完成的实地调查以及所得出的观点。文化主位或客位方法的使用取决于研究的性质。应该提到的是在文化的观念与文化差异之间有着重大的区别。文化研究可以在任何选定的社会进行，但文化差异至少有两种文化才能够研究。这之所以对研究方式有意义，是因为每一种文化应当用其他另一种文化才能认可。虽然文化的影响可从一个单独文化进行测试，而文化差异的影响只有当来自可以比较的不同文化背景的个人才能测量。④ 主位取向是注重特殊性的研究，如考察当地人如何思考，如何感知和分类世界，他们的行为规则

---

① M. Tayeb, "Conducting Research across Cultures: Overcoming Drawbacks and Obstacles", *International Journal of Cross Cultural Management*, 1, 1, 2001, pp. 91 – 108.

② K. Au, "Intra-Cultural Variation: Evidence and Implications for International Business", *Journal of International Business*, 30, 4, 1999, pp. 799 – 813.

③ 客位和主位是由肯尼斯·派克（Kenneth Pike）从语音和音位（phonetic and phonemic）两个词再创造的新词。

④ J. Li, L. Karakowsky and K. Lam, "East Meets East and East Meets West: The Case of Sino-Japanese and Sino-west Joint Ventures in China", *Journal of Management Studies*, 39, 6, 2002.

及其意义，以及他们是如何想象和解释事情。① 主位的方法试图利用调查具体的观念或行为来描述一个特定文化；或者说它侧重于研究一个特定的文化结构。客位取向是关注普遍性现象如全球化的影响，从而找出普遍规律，优点是客观中立，而缺点是局限于表面现象，仅以量化研究为主要方法。客位方法是科学家主要使用的方法，将重点从局部观察、分类和解释，转向人类学的研究。客位方法揭示了某一文化的成员常过分限于解释自己文化的正当性。在使用客位方法时，研究者强调自己认为重要的对象。② 虽然主位与客位被视为具有内在冲突而相互排斥，但二者又有广泛认可的互补性，特别是在人性的特点以及人类社会制度的形式和功能方面。主位的知识和解释存在于某一文化中，是由当地的习俗、意念和信仰来确定，并且被本土文化加以最好的描述。③ 客位的知识是指概括了被认为普遍适用的人类行为，并且注重文化实践的普遍联系，如经济或生态条件。④

客位的方法则为开发一个可了解的结构而使用跨文化比较。由于客位方法使用从跨文化中得出的变量⑤，它更适合于更广泛的分析，通常会涉及两个或两个以上的文化。客位研究的主要假设是：有一个共享的跨越多元文化样本的参考框架，构造的测量可以以同样的方式应用到所有的样本，最终造成更多的普遍性。⑥ 虽然客位方法允许假设有一些文化之间所共享的框架，来进行更好的跨文化比较，它可能牺牲研究概念的当量和精度。在另一方面，如果一个主位的方法被使

---

① Conrad Kottak, *Mirror for Humanity*, New York: McGraw-Hill, 2006, p. 47.

② Ibid.

③ A. Ager and M. Loughry, "Psychology and Humanitarian Assistance", *The Journal of Humanitarian Assistance*, URL (consulted 13, October 2006).

④ J. R. Morris, J. L. Chen, S. T. Filandrinos, et al., "An Analysis of Transvection at the Yellow Locus of Drosophila Melanogaster", *Genetics*, 151 (2), 1999, pp. 633 – 651.

⑤ R. S. Bhagat and S. J. McQuaid, "The Role of Subjective Culture in Organizations: A Review and Directions for Future Research", *Journal of Applied Psychology*, 67, 5, 1982, pp. 653 – 686.

⑥ S. Ronen, and O. Shenkar, "Clustering Countries on Attitudinal Dimensions: A Review and Synthesis", *Academy of Management Review*, Vol. 10, 3, 1985, pp. 435 – 454.

用时,更精确和彻底描述一种文化内的建构,但因为在一个特定文化中所发展出的构造不可能外推到其他文化,进行跨文化比较的能力就会削弱。[1] 从测量的角度来看,客位方法的标准应是普遍性的,因而较少关注一个特定文化的内部特征。此外,在财务限制和时间压力下,客位方法的应用对有组织的研究者可能是更实际的。不过,如果客位构造用于文化比较,研究人员可能无法捕捉特定文化(主位)的所有方面。当研究人员选择了一个客位方法,并假设那些受到检验的概念存在于所有的跨文化中,这些概念从其他文化中形成某些预定的构造。这些强加的构造可能不具备所研究文化的含义。例如,当对某一种文化设计变量,并不加修改地适用于第二种文化时(如领导作用)就会产生一些问题。这是在进行比较研究的情况下,尝试把在美国发展的理论复制到国家。为对付这个问题,应当运用一种主位与客位相结合的方法,而并非简单地把某种文化主位的维度应用于另一种文化。一种主位与客位相结合的方法要求研究者首先获得研究中所有文化的主位知识,这样就可以让那些研究者抛弃他们的文化偏见,并且熟悉相关的文化差异。[2]

三 研究设计与研究测量

在研究设计上,应该强调以下几点。(1)从哪里开始?如何开始研究,并把它连成一个首尾相顾的研究问题?这要求通过项目设计过程,获得研究的信心。(2)是否可以达到正确的目标?方向是否明确?这要求揭示每一个研究项目所有方面的决策过程,以及从长远来看,这些决定的含义。(3)是否以正确的方式进行研究?是否应该进行访谈、阅读材料或收集统计数据?这就要求解决在收集与分析

---

[1] *Journal of Comparative International Management*, 7, 2, p. 74.

[2] J. W. Berry, "Imposed Etics, Emics and Derived Emics: Their Conceptual and Operational Status in Cross-cultural Psychology", in T. N. Headland & M. Harris (eds.), *Emics and Etics: The Insider/Outsider Debate*, 1990, pp. 84 – 89.

数据特定技术中的实践和哲学难题。① 我们应当首先做好研究设计，结合定性研究（如案例选择）与定量研究（如变量选择）两种方法的长处，尽量采用各领域和学科的不同方法和技术，如 MSDO/MDSO（most similar, different outcome/most different, same outcome 最相似，但不同结果/最差异，但相同结果）等。② 有学者提示：研究设计是一个五位一体的互动模式，即在研究目的（purposes）、研究概念语境（conceptual context）、研究问题（research questions）、研究方法（methods）以及研究效度（validity）之间反复互动。这五者之间交织着两个三角形的关系：上三角形表现了研究问题的形成，并与研究目的、概念语境产生密切的互动；下三角形揭示了对研究问题的回答，其中涉及研究方法与研究效度的问题。研究问题可视为研究的核心，因其承上启下连接了这两个三角形，由此互动的五者所构成的研究设计，当然不是线性或循环的关系。在研究目的的引领下开始提出研究问题，接着选定研究方法。然而研究方法的实际应用，则可能返回到对研究问题进行修正，继而再对研究目的进行修正。③ 对研究设计而言，最重要的一点就是研究的原创性（originality）问题。有学者指出了原创性研究的九大界定：第一，选择无人进行过的经验性研究；第二，从事无人进行过的综合性研究；第三，重新解读原有的数据和资料；第四，从事国外做过但国内还无人进行的研究；第五，将旧技术应用于新研究领域；第六，为旧论题寻求新证据；第七，采取跨学科或不同方法以进行研究；第八，在某学科中探求目前还无人研究的领域；第九，用新方法对知识加以完善。④

---

① M. I. Franklin, *Understanding Research: Coping with the Quantitative-Qualitative Divide*, London and New York: Routledge, 2012.

② Benoît Rihoux and Charles C. Ragin, *Configurational Comparative Methods: Qualitative Comparative Analysis (QCA) and Related Techniques (Applied Social Research Methods)*, Sage Publications, 2008.

③ J. A. Maxwell, *Qualitative Research Design: An Interactive Approach*, Thousand Oaks, CA: Sage, 1996.

④ Estelle Phillips and Derek Salman Pugh, *How to Get a PhD: A Handbook for Students and Their Supervisors*, Open University Press, 2000, p. 63.

文化研究者的主要兴趣与组织和管理方法的文化影响有关。也就是说，研究人员经常试图比较各种社会中的组织，并辨认在那些文化中组织行为的异同方面。一般来说，每一种考察文化影响的尝试都基于一个隐含的假设，即文化是一个主要变量，并对组织有一定的影响。有学者指出，跨文化的比较研究是基于这样的假设，文化在事件、信仰和态度的发展中起着一个重要的作用。[1] 因此，研究人员希望预见到文化现象的影响，并把文化作为主要变量。从这个角度看，一些研究人员将跨文化研究界定为把文化作为其主要的依赖或独立的变量，但并非作为一个外来的和/或剩余的变量。[2] 虽然这一观点主导了跨文化管理，但一些研究人员不太重视文化，并把它当作残余因素。例如，有学者主张文化因素的重要性更多在于思辨而不是事实。将文化看作剩余变量意味着研究人员并非把它作为影响组织行为的主要因素，而是作为其中的一个因素。[3] 通过采取文化为主要独立变量，很多研究人员试图在文化与组织之间找到或建立因果关系，如表现力、稳定性或人力资源管理的某些方面。[4] 尽管文化可以被视为影响组织行为的一个重要变量，但在许多情况下，把它作为唯一的独立变量来研究，这令人质疑。研究的目的应该是提供大量的独立变量和因变量。[5] 因此，如果有重大变量和因变量的实质变化，将文化主要看作独立性的是合理的。

---

[1] N. J. Adler, "A Typology of Management Studies Involving Culture", *Journal of International Business Studies*, 14, 2, 1983, pp. 29–47.

[2] E. G. Nasif, H. Al-Daeaj, B. Ebrahimi and M. S. Thibodeaux, "Methodological Problems in Cross-cultural Research: An Updated Review", *Management International Review*, 31, 1, 1991, pp. 79–91.

[3] Musbau Ajiferuke and J. Boddewyn, "Culture and Other Explanatory Variables in Comparative Management Studies", *Academy of Management Journal*, 13, 1970, pp. 153–163.

[4] P. Morosini, S. Shane and H. Singh, "National Cultural Distance and Cross-Border Acquisition Performance", *Journal of International Business Studies*, 9, 1998, pp. 27–36.

[5] F. N. Kerlinger, *Foundations of Behavioral Research*, 3rd edition, New York: Holt, Rinehart, Winston, 1986.

思想的再对话
NEW COMPARATIVISM

在东西方研究中,人们也会用测量法或仪表法(instrumentation)。这种方法可界定为测量艺术或测量科学,它可在某一领域控制进程的变量。例如,1905 年法国的比纳(A. J. Binet)和西蒙(T. Simon)创立了智力测验,心理测量经过 100 多年的发展,产生一系列行之有效的测量工具,其中有不少已被介绍到世界各国,并得到普及应用。本来仪表是一种对物理性质进行测量的设计,如流量、温度、层阶、距离、角度或压力等。但东西方文化的研究者也采用了这种方法来测定和控制社会进程的某些变数。一些学者致力于为社会研究而设计和构造测量工具。在一定意义上,这是控制论以量化研究的形式在社会文化领域中的应用。在进行跨文化研究时,有三种选择:一是应用一个现有的测量法;二是尽量适应这个测量法;三是创立一个新的测量法。[1] 在跨文化研究中,许多测量的量表是在美国最初开发,后翻译成当地语言来衡量不同文化群体的结构。[2] 现有测量法的应用有可能非常危险,除了语言问题,在不同的文化中,受访者对同样的构造感知可能是不同的。等效性意味着在研究中所用的仪表与构造对不同的文化有不同的含义。在这方面,研究者应确保在某一文化中所发展的构造量度可应用于另一种文化。为了这个目的,语义和范围等同是必不可少的。[3] 许多研究者建议在完成对第二种语言的直接翻译后,再对原来的语言进行反向翻译(back-translation)。反向翻译已被公认为一种有效的技术。有学者提出用三种设计来验证翻译的准确性:(1)用双语作为测试的来源与目标;(2)用源语言(source language)的单语(monolinguals)作为原文以及反向翻译的

---

[1] Van de Vijver, J. R. Fons and M. Harsveld, "The Incomplete Equivalence of Paper and Pencil and Computerized Versions of the General Attitude Test Battery", *Journal of Applied Psychology*, 78, 1994, p. 6.

[2] L. Y. M. Sin, G. H. Cheung and R. Lee, "Methodology in Cross-cultural Consumer Research: A Review and Critical Assessment", *Journal of International Consumer Marketing*, 11, 4, 1999, pp. 75 – 97.

[3] B. Schaffer and C. M. Riordan, "A Review of Cross-Cultural Methodologies for Organizational Research: A Best Practices Approach", *Organizational Research Methods*, 6, 2, 2003, pp. 169 – 215.

版本；(3) 用两种语言中的单语进行检验。hambelton (1993) 尽管相对有效，但由于语言之间的根本差异，反向翻译不能看作语义对等的保障。从狭义角度而言，语言与文化有关，并且每一种语言都应用可能与其他语言有不同语义的特殊表达。某些研究者断言，反向翻译应被视为语义对等的最低要求，但其不能被认为是充分的（Roberts, 1997）。关于语义对等，受访者经验水平差异的程度可能会引发另一种问题。规模等同（scaling equivalence）意味着测量在所有被考察的文化中具有相同的含义。不同的文化会表现出不同的敏感性。[1]

四 分析单位与分析层次

所谓分析（analysis），从古希腊文词根看，"ana"意思是"向上"（up）或"向后"（back），"lysis"意思是"解开"（loosing），原义就是分解，或将整体分为部分，如发现其任何属性、比率、功能、关系等，或将任何复杂的东西分解为其各种简单的元素。对于不同的知识领域，分析的表现方式也有不同。在语法中，表现为将句子划分为各种成分，如名词和动词等；在数学中，表现为考察变项之间的关系或用方程式解决难题；在逻辑中，表现为将知识分解为其本初原则或找寻事物的来源；在化学中，表现为将任何化合物分解为其元素。在哲学方法上，广义地说，分析就是将某一个概念、命题、语言复合句或事实分解成其简单或终极的成分。分析可以分为两个方面：一是分析物（analysamdum），分析所进行的对象或客体；二是分析者（analysans），即实施分析的手段或技术。[2] 这样看来，即便是赞同分析方法的人，由于他们选择的分析物不同，或采用的分析者不同，因而又形成了不同的分析哲学派别。在英国经验主义传统中，不乏有人对分析方法进行了一定的论述。例如霍布斯（T. Hobbes）曾说道：

---

[1] U. Sekaran, "Methodological and Theoretical Issues and Advancements in Cross-Cultural Research", *Journal of International Business Studies*, 14, 2, 1983, pp. 61-73.

[2] 参见《剑桥哲学辞典》（英文版），第22页。

"分解（the resolutive）就是通常被称为分析的方法，组合（the compositive）就是综合的方法。"对他而言，有关"任何一个事物是什么"的知识展开了我们对任何事物之因的探索。所谓部分并非指事物的部分，而是指其属性的部分，如数、量、运动、感觉、理性以及相似等。① 在《什么是逻辑分析》（1939）一文中，魏斯曼指出："分析意思为分解与拆开。由此'逻辑分析'可以看作：将某一思想分拆为其终极逻辑构成要素。而对此，我们很容易联想与其他领域的类比：就同物理学家透过光栅分解白光以及化学家分解某种材料一样，人们大体上也能够如此设想哲学家的工作，其任务就是展示思想的结构，并揭开它的逻辑构造。"② 人们一般都承认分析方法是一种适当的哲学方法，但对于究竟什么是分析的对象却大相径庭。摩尔主张的是一种心理的分析，即将感觉材料（sense-data）分析为它们的元素；也有人提倡的是一种概念的分析（conceptual analysis），即对命题等加以分析；还有人强调的是一种言语的分析（linguistic analysis），即对语句，如专名（proper names）和摹状词等。罗素断言哲学的本质就是逻辑分析，并说自己一个最重要的哲学"成见"，就是分析方法。在他看来，坚持分析方法并不意味自己的分析已经正确了，而是说自己试图分析的愿望是合理的。罗素理解的"分析"是"发现一种组合体的要素"的方法，或者说，"分析就是从整体 W 得知 P 是 W 的一部分，而分析可分两种形式，即逻辑分析与时空分析"。③ 他在各种场合对这个定义作了进一步的解释和发挥。根据罗素的整体思想，我们可以将他的"分析"分为六大类，即逻辑分析、语言分析、物理分析、心理分析、社会分析与本体分析。④

很多学者运用分析的方法考察社会文化分析的单位（units）与

---

① T. Hobbes, *The English Works of Thomas Hobbes*, London: John Bohn, 1989, pp. 66-67.
② F. Waismann, *Philosophical Papers*, Reidel, 1977, p. 265.
③ Bertrand Russell, *An Inquiry into Meaning and Truth*, Unwin, 1940, p. 327.
④ 参见丁子江《罗素与分析哲学：现代西方主导思潮的再审思》，北京大学出版社2017年版，第212页。

第一章 东西方研究中的方法论与元方法论

层次（levels）。霍夫斯泰德将文化描述为"心灵集体编程，它区分某一群体成员与另一群体成员不同，或一类人与另一类人不同"[1]。他还曾区分人性与个人特性的不同。根据这种观点，文化具有集体性质，可适用于不同的社会群体，如国家、行业、企业、部门、职能等，因此，文化团体可在不同层次加以界定与研究，而且相互之间不一定排斥。[2] 詹本雷狄克和斯廷坎普区分了文化的三大层次：元文化（meta-culture）、国家（民族）文化（national culture）和微观文化（micro-culture）。[3] 元文化是国家集群，可能具有一些共同的文化特性。[4] 国家文化由国界划定，微观文化是一个国家内部的亚文化。元文化甚至比国家文化更全面，微观文化或亚文化则更为具体。一个微观文化所保留的不仅是国家文化的重要模式，而且也是其独特的行为模式。这种微观文化可以用各种交叉的标准来界定，包括语言、种族、宗教、年龄、城市化和社会阶层等。文学的考察表明，国家经常作为跨文化研究的一个分析单位。霍夫斯泰德论证说，由于相对类似的历史、语言、政治、法律和教育环境等，当今的国家"是其公民常见精神编程的来源"。国家是文化的一个合适和便利的指标，但将它当作文化的唯一代理，却值得商榷。事实上，国家仅是所研究文化的一个层面。在国家级别的文化可以是单一的或多元的。单一文化具有同质性，并为其成员提供共同价值观。相比之下，多元文化是由许多亚群体所组成，可以共享一些共性，但在其他许多问题上是不同的。当单元文化有一个高度同质化时，多元文化的特点是亚文化的异质性和存在性。只有少数国家，如日本有相对同质的民族文化，这可以看作单一性。大多数其他国家的特点是具有某种程度的异质性，并

---

[1] G. Hofstede, *Culture and Organization: Software of the Mind*, McGraw-Hill, 1997.

[2] G. Hofstede, *Cultures Consequences: International Differences in Work-related Values*, Beverly Hills, C. A.: Sage, 1980.

[3] E. Jan-Benedicte and M. Steekamp, "The Role of National Culture in International Marketing Research", *International Marketing Review*, 18, 1, 2001.

[4] S. Ronen and O. Shenkar, "Clustering Countries on Attitudinal Dimensions: A Review and Synthesis", *Academy of Management Review*, 10, 3, 1985, pp. 435–454.

在境内存在不同亚文化，这阻碍了研究者将国家等同于文化。进行跨文化研究时，应注意在国家文化中的亚文化。① 除了国家内部异质性，利用国家文化作为分析单位可能有其他的局限性，因为国家或民族原本是一个西方的概念，许多西方普遍接受的假设对其他非西方的国家来说不一定是真实的。世界历史表明，许多国家的边界已经确定，但是由于政治和军事因素，而并非由于文化边界的因素。考虑到上面讨论的问题，有人建议，只有注意了国家内部的同质性和国家之间的差异性，研究者才能在国家的层次上对文化加以概念化。尽管国家等同于文化的说法是一个非常方便和实用的方法，但重要的是考虑其他层面的文化分析，这可以用语言、宗教、种族、地域，甚至经济因素的影响来加以界定。作为国家文化的一个狂热的拥护者，霍夫斯泰德关注到了如地理因素（西非，东非）和语言（如阿拉伯国家）等其他的决定因素来界定文化分析的单位。② 除了国家的其他决定因素，如语言、宗教、科技、工业、国界以及气候等，也可能是文化分析的有用单位。③ 在添加这些决定因素之后，我们可以提供更有意义同质文化的单位，可能会导致更可靠的研究结果。

五　数据收集与数据分析

数据收集（data collection）与数据分析（data analysis）是当前东西方研究中不可或缺的方法。前者是后者的前提和必要准备，而后者则是前者的目的。没有充分的数据，就不可能对之进行分析；而没有正确的分析，所收集到的数据不过是一大批杂乱无章毫无意义的堆积。所谓数据（data，也可以称资料）是某项集（a set of items）中定性或定量变项的价值。一般来说，数据可界定为：作为原始材料而

---

① G. Hofstede, *Culture and Organization*, McGraw-Hill, 1991.

② Ibid.

③ M. F. Peterson, P. B. Smith, "Does National Culture or Ambient Temperature Explain Cross-National Differences in Role Stress? No Sweat", *Academy of Management Journal*, 4, 1997, pp. 930–946.

对某些对象（或事实、事件、事物等）所进行的逻辑概括或直观符号描述，如数值、文字、图像、音响、标记、符式、记号等。数据、信息与知识是相互联系的三大概念。在抽象化中，数据为最低一层，信息为中间层，而知识则是最高层。我们可用标记（sign）来区分数据与信息；作为符号（simbals）的数据只有当信息出现时，才能表示某种事物。① 大致说来，数据收集的方法包含观察法、统计法、访谈法、问卷法、测验法、分类法、比较法、普查法、抽样法、案例分析法、语义分析法、内容分析法以及结构功能分析法等。数据收集通常发生在改善研究项目的初期，往往首先需制订一个计划：一是在操作之前，先确认目标、来源、界定以及方法；二是进行收集的操作；三是准备进入正式分析的阶段。② 在任何数据收集之前，预先收集活动是这个过程中最重要的步骤之一。一个经常发生的失误就是，研究者采访信息的价值往往打了折扣，即成为不良抽样和抽样技术的后果。③ 当预先收集阶段充分完成后，无论通过面试或其他方法，现场数据收集可以以一种结构化、系统化、科学化的方式进行。一种正式数据收集的过程是必要的，因为能确保收集数据都是明确的和精准的，并且建立在论证基础上的后续决策是有效的。这个过程提供了一个衡量的基础以及在某些情况下加以改善的目标。④ 数据收集的其他主要类型包括普查、抽样调查和行政的副产物。这些方法有着各自的优缺点。普查是指有关某一群体中或统计人口中每个人或每一件事的数据收集；它具有精确和详细的长处，但也有如浪费成本和时间等方面的缺陷。抽样是一种数据收集方法，但仅包括在总人口中的一部分，并且具有节约成本和时间的优势，但有精度和细节不足的缺陷。

---

① P. Beynon-Davies, *Business Information Systems*, Basingstoke, U. K.: Palgrave, 2009.
② Anthony Peter and MacMillan Coxon, *Sorting Data: Collection and Analysis*, Sage Publications, 1999.
③ S. Weller, A. Romney, *Systematic Data Collection*, Thousand Oaks, California: Sage Publications, 1988.
④ Roger Sapsford and Victor Jupp (eds.), *Data Collection and Analysis*, Sage Publications, 2006.

行政副产品的数据是作为一个组织日常运作的副产品加以收集的，它具有精度、时间和简洁的优势，但缺乏灵活性和可控性。①

在跨文化研究中，数据收集更为困难，也更为关键。这个困难与原始数据和二手数据有关。二手数据的准确性可能因国家的不同而改变，而且由于测量的方法在跨文化中不对等，数据的不同来源可能会产生各种不同的值。② 此外，由于政治或安全的原因，一些国家可能不愿意透露一些数据。相对于原始数据，数据的收集方法对结果的可靠性和普遍性有巨大影响。应该说，不可能提出一个在所有国家都是有效的数据采集技术。③ 数据收集的某一些方法可以在一些国家有效，却在另一些国家无效。例如，邮件调查技术在发达国家很受欢迎，但在欠发达国家却没有什么效果，这是因为识字率过低和邮递时间过长等相关的问题。在美国之外，电话访谈还没有被广泛使用。因垃圾邮件数量不断增加，电子邮件/互联网调查似乎并不实用。世界上的许多地方，个人或是面对面访谈或许是收集数据的另一种方法。然而，收集数据的人也有可能对研究结果产生影响。低反应率可能危及统计的准确和研究的效率。稳健统计技术仅基于令人满意的应答率。然而，由于许多实际困难，跨文化研究往往不能达到满意的应答率。应答率可用后续工作加以提高，但这样的努力基本上代表了样品的代表性与样品的规模性之间的一种折中。④ 跨文化应答率的非对等性可能会影响数据收集的准确性。在这方面，应对所有文化进行统一的数据收集程序。统一的数据收集意味着在不同的文化中使用相同或

---

① J. Weimer (ed.), *Research Techniques in Human Engineering*, Englewood Cliffs, NJ: Prentice Hall, 1995.

② N. K. Malhotra et al., "Methodological Issues in Cross-cultural Marketing Research", *International Marketing Review*, 13, 5, 1996, pp. 7–43.

③ H. Yeganeh, Z. Su et É. Chrysostome, "A Critical Review of Epistemological and Methodological Issues in Cross-Cultural Research", International Conference of Business, Economics and Management Disciplines, 2004, Fredericton.

④ S. T. Cavusgil and A. Das, "Methodological Issues in Empirical Cross-cultural Research: A Survey of the Management Literature and a Framework", *Management International Review*, 37, 1, 1997, pp. 71–96.

类似的程序。但有人认为，跨文化应答率的对等性几乎是不可能的。事实上，应答率的非对等性大都摆脱了研究者的控制。例如，许多文化可能在问卷调查时对某些特殊问题相当敏感。对于其他文化来说，可能会出现不准确的情况，因为如日本一类的文化倾向于提供积极的，但似是而非的答案。还有一些偏见可能从采访者和受访者之间的相互作用中引发出来。人群中在性别、年龄、教育、婚姻状况的差别可以是不准确的其他来源。此外，当社会、经济、法律、教育以及产业结构存在着差异时，环境的特征也能引起困惑。[①]

数据分析是将收集的各种数据经由加工、分类、整合、比对、解读等操作后加以缜密的分析，从中得到正确有用的信息，最终制定合理的决策。其方法分为传统与创新两类：前者包括排列图、因果图、分层法、调查表、散步图、直方图、控制图等；后者则包括关联图、系统图、矩阵图、KJ法、计划评审技术、PDPC法、矩阵数据图等。在进行数据分析时，应注意数据是否足量、真实、准确与可信，并且所得到的信息是否符合预设的计划，同时尽量防止失误、错置、虚假、夸大和遗漏等。在统计学领域，有学者将数据分析分为三类，即描述性统计分析、探索性数据分析以及验证性数据分析。数据分析尤为关注的是定性分析与定量方法的使用。[②] 一般来说，实证研究采用分析数据的定量方法。在这方面，一些研究者认为，定量和定性的方法之间的选择从根本上是不同认识论立场之间的显著差别。[③] 例如，现实主义立场的定量研究与理想主义的定性研究处于直接的对立，并且这两种方法不可通约。然而，有些人认为，定量和定性研究之间的

[①] M. Janssens, J. Brett and F. Smith, "Confirmatory Cross Cultural Research: Testing the Viability", *Academy of Management Journal*, 38, 2, 1993, pp. 364–382.

[②] L. Lim and P. Firkola, "Methodological Issues in Cross-Cultural Management Research Problems, Solutions, and Proposal", *Asia Pacific Journal of Management*, 17, 2000, pp. 133–154.

[③] W. Filstead, "Qualitative Methods: A Needed Perspective in Evaluation Research", in T. Cook and C. Reichardt, *Qualitative and Quantitative Methods in Evaluation Research*, Beverly Hills, CA: Sage, 1979.

二分法是不完整的。① 事实上，根据研究设计，有可能采用定性或定量的方法抑或两者结合来收集或分析数据。定性研究可以应用实证性解释其实验结果的方法。虽然许多研究者仍然喜欢定量方法，事实上，定量的方法无法解决那些使用概念和定性研究所产生的方法论问题。②

有时人们假定定性研究更有利于认识，最优秀的研究都属于完整的、概念的以及理论构建的类型，而非纯粹定量实证的。还有人认为辅以统计和数字处理方法的定性研究论文更为有用。然而，定性研究似乎仅为最初的步骤，而多数跨文化研究者仍然喜欢采用定量的方法。通过识别两种方法的重要性，一些研究者提出定性与定量相结合的方法。③ 为减少定量结果而发展的技术从根本上依赖于相关的检验。④ 二元分析的应用是作为可能造成误导的唯一技术。文化问题的复杂性需要额外的数据来进行多元分析，并使用其他强大的统计技术。多元回归分析可用于检测多个变量对观察到的现象的影响，而其他技术，如因子分析等，可能需要确定变量是否相互独立。⑤

六　文化抽样与对象抽样

所谓抽样或取样、采样（sampling）可界定为选择某种适当例证

---

① J. K. Smith, *The Nature of Social and Educational Inquiry*: *Empiricism versus Interpretation*, Norwood: Ablex, 1989.

② E. G. Nasif, H. Al-Daeaj, B. Ebrahimi and M. S. Thibodeaux, "Methodological Problems in Cross-cultural Research: An Updated Review", *Management International Review*, 31, 1, 1991, pp. 79 – 91.

③ N. C. Morey and F. Luthans, "An Emic Perspective and Ethnoscience Methods for Organizational Research", *Academy of Management Review*, 29, 1, 1984, pp. 137 – 159.

④ U. Sekaran, "Methodological and Theoretical Issues and Advancements in Cross-Cultural Research", *Journal of International Business Studies*, 14, 2, 1983, pp. 61 – 73.

⑤ E. G. Nasif, H. Al-Daeaj, B. Ebrahimi and M. S. Thibodeaux, "Methodological Problems in Cross-cultural Research: An Updated Review", *Management International Review*, 31, 1, 1991, pp. 79 – 91.

的一种行动、过程或技术，如为了决定参数而选择种群（population）中某一代表部分的一种行动、过程或技术。换言之，它是从感兴趣的种群中选择某些组成单位，如人群或组织等，以便适当地概括出某种结论。通俗地说，抽样就是从大量考察对象中抽取少数有代表性的样本，或通过调查部分所得的数据来估计整体的方法。也就是说，抽样是将总体中有限样本的考察结果当成普遍的结论而推广到总体。应当注意选出的样本必须具有代表性，否则抽样的结果就会与总体的大多数相悖，而带来根本性的误导和偏差。抽样的方法可分为两种，即无任何主观意愿的随机抽样与有一定主观因素的非随机抽样。一般科学抽样的过程有四个阶段：第一，确定考察对象与范围；第二，选抽样方（quadrat）或样本；第三，对某一样方内某一种群计数；第四，得出各样方的平均数。

文化抽样（sampling cultures）在跨文化研究中是最常见的方法之一。在社会文化的研究上，在抽样过程中有时由于考察的范围过大，便选取部分对象作为样本。对一个种群分布较均匀具良好代表性的调查对象，我们可同自然科学研究一样，应用五点抽样法，即先确认对角线的中点作为中心抽样点，随后在对角线上选择四个与中心样点距离相等的点作为样点。对于东西方研究来说，有四种形式的抽样与之有关：一是理论性抽样，即在定性研究中对比较对象或场所的过程进行选择；二是统计性抽样，即对统计种群的某些知识进行观察选择；三是案例性抽样，即对单一或多样案例研究进行选择；四是分析性抽样，即对某种事物的代表部分进行选择。文化抽样有三种方法：便利抽样、系统抽样以及随机抽样。文献考察显示，跨文化研究以便利抽样为主。[1] 在这种方法中，文化的选择并非与理论问题有关，研究者之所以选择一些文化，仅仅是因为他们使用它们。随机抽样可能会误导研究结果，它仅可以在某些情况下被判

---

[1] R. S. Bhagat and S. J. McQuaid, "The Role of Subjective Culture in Organizations: A Review and Directions for Future Research", *Journal of Applied Psychology*, 67, 5, 1982, pp. 653–686.

定是合理的。① 随机抽样可为研究程序带来便利，尤其是在资源有限之际。便利抽样的显著缺点是，研究人员无法实现有关文化差异的一个先验的预测，而且当发现一些文化差异时，事后解释却得到了发展。② 相比之下，对于系统抽样方法，文化是在理论指导下得到系统选择。所选定的文化可以在理论连续性上表现不同程度的价值。若某一研究是探索性的或理论框架是基本的，所选择文化的数量应大于两个。为了最大限度地提高系统抽样的有效性，我们应选择远离理论维度的文化。随机抽样的应用还不多见，因为大多数研究者都没有足够的资源来选择大量的文化。③ 另一个问题是文化研究中的抽样数目。选定文化的数量应足够大，才能进行随机抽样。大多数跨文化研究仅选择两种文化进行比较。两种文化的研究不能提供对文化的客观了解。此外，两种文化的研究大多数只是对另一个文化加以种族主义研究的复制。④ 更多文化选择可提供更可靠的结果，然而由于资源有限，它并不总是可行的。

对象抽样（sampling subjects），也称受试者抽样，在跨文化研究中也是常见的方法之一。对研究者来说，这个方法带来很多挑战。为了进行有效的跨文化比较，选自不同文化的对象或受试者应当具有相似的背景与经验。当受试者有不同的背景，很难断定所观察到的差异是因为文化差异还是受试者的具体特点。为了克服这个问题，研究者可以让样本与人口、语言或职业特点相契合。例如，霍夫斯泰德的研究是基于来自 IBM 管理人员的样本，他们具有相似的背景和经验。这样，通过对 IBM 员工的抽样，他认为，组织文化和语境因素的影

---

① U. Sekaran, "Methodological and Theoretical Issues and Advancements in Cross-Cultural Research", *Journal of International Business Studies*, 14, 2, 1983, pp. 61 – 73.

② Van de Vijver, J. R. Fons and M. Harsveld, "The Incomplete Equivalence of Paper and Pencil and Computerized Versions of the General Attitude Test Battery", *Journal of Applied Psychology*, 78, 1994, p. 6.

③ Ibid.

④ N. J. Adler, "A Typology of Management Studies Involving Culture", *Journal of International Business Studies*, 14, 2, 1983, pp. 29 – 47.

响将是最小的。① 跨文化研究中样本代表性远离实际情况。许多跨文化的研究是随机抽样的典型实例。例如，研究者选取大学生作为各自国家文化的代表。显然，如此随机收集的数据可能是不可靠的。样本代表性的缺乏可能由于研究过程中的各种问题。例如，在世界的许多地方，由于在种群中缺少细节的了解而很难刻画一个样本。② 抽样的框架和指南只有在发达国家才会有效。③ 为了拥有一个合理的代表，研究者应认真地选择对象来尽量扩大样本的同质性。④ 对于代表性问题，使用匹配的样本⑤或在抽样方案的某种程度上实行随机抽样可能是一种解决方式。⑥ 一些学者认为当随机抽样技术不可行时，研究者应当详细描述包含所有可能潜在影响结果的特征的样本。⑦ 选定文化样本的独立性对跨文化研究是另一个挑战。样本的相互依存被称为高尔顿问题（Galton's problem）。由于全球化和电信通信的进展，这个问题特别频繁出现。在过去的几年，价值观已在世界不同地区之间相互传播，而不同文化群体的成员也逐渐采取了相似的价值观和行为。⑧ 文化传播的自由观点是由文化的融合来表达的。文化趋同的

---

① G. Hofstede, *Cultures Consequences: International Differences in Work-related Values*, Beverly Hills, C. A.: Sage, 1980.

② S. Samiee and I. Jeong, "Cross-Cultural Research in Advertising: An Assessment of Methodologies", *Journal of the Academy of Marketing Science*, 22, 3, 1994, pp. 205 – 217.

③ S. P. Douglas and S. Craig, *International Marketing Research*, Englewood Cliffs, N. J.: Prentice-Hall Inc., 1983.

④ S. Samiee and I. Jeong, "Cross-Cultural Research in Advertising: An Assessment of Methodologies", *Journal of the Academy of Marketing Science*, 22, 3, 1994, pp. 205 – 217.

⑤ N. J. Adler, "A Typology of Management Studies Involving Culture", *Journal of International Business Studies*, 14, 2, 1983, pp. 29 – 47.

⑥ S. T. Cavusgil and A. Das, "Methodological Issues in Empirical Cross-cultural Research: A Survey of the Management Literature and a Framework", *Management International Review*, 37, 1, 1997, pp. 71 – 96.

⑦ U Sekaran, "Methodological and Theoretical Issues and Advancements in Cross-Cultural Research", *Journal of International Business Studies*, 14, 2, 1983, pp. 61 – 73.

⑧ E. G. Nasif, H. Al-Daeaj, B. Ebrahimi and M. S. Thibodeaux, "Methodological Problems in Cross-cultural Research: An Updated Review", *Management International Review*, 31, 1, 1991, pp. 79 – 91.

支持者认为，不同的文化会随着时间的推移而融合。由于文化传播（或文化趋同），文化之间的边际变得模糊，因此，来自不同文化的样本可能并非独立的。很显然，样本之间的相互依赖可以导致有偏见的结果。为了克服高尔顿问题，研究者应当通过选择不太可能表现文化扩散的样本来减少文化扩散的影响。例如，国际学生的样本和高层管理人员的样本很少独立性，因为这些群体往往在相互接触。①

前面提及的高尔顿问题是跨文化研究遇到的一个特定的统计难题。功能关系的测试（例如，一个假设的测试，即男性统治的社会更好战）能够产生混淆，因为文化的样本不是独立的。与这种特性相联系的不只是因为他们是功能相关的，而且也因为他们通过跨文化的影响或从一个共同文化祖先的传承而相互传播。默多克试图以发展一种相对互相独立的文化样本，即相对较弱的进化与文化传播的关系，来解决高尔顿问题。默多克和怀特创立了"跨文化标准样本"[The Standard Cross-Cultural Sample (SCCS)]，从每个抽样的省份选择了一种文化而建立标准样本，所选文化的数目足以对统计分析提供坚实的依据。这个样本包括186种文化，从现代狩猎（如姆巴提人），早期历史状态（如罗马人），到当代工业（如俄国人）等。②这个标准样本包含了对世界上186个文化省份（cultural provinces）的最佳描述，由于这些省份具有社会文化的最大独立性，因而成为前工业化社会的主要样本。直到今日，这个标准样本仍常为从事跨文化研究的学者所应用。

---

① Hamid Yeganeh, Zhan Su and Elie Virgile M. Chrysostome, "A Critical Review of Epistemological and Methodological Issues in Cross-Cultural Research", *Journal of Comparative International Management*, Vol. 7, No. 2, 2004, pp. 66 – 86.

② George P. Murdock and Douglas R. White, "Standard Cross-Cultural Sample", *Ethnology*, 8, 1969, pp. 329 – 369.

七 多元跨越与纵横坐标

人们常提及跨学科（interdisciplinarity）研究，它主要揭示"概念的根源就在于通过一定数量的现代论述而共存的思想，即一个统一的科学思想，普遍知识，以及知识的综合与整合"（1969）。[①] 跨学科研究正迅速成为学者、政策制定者以及一般公众的重要方法。在各领域，不同的人们以此组织和整合知识。各学科的交叉性、边缘性与综合性成为21世纪的重要标志。例如2012年出版的《牛津跨学科手册》（*The Oxford Handbook of Interdisciplinarity*）就是由跨学科的著名学者所精心编辑的，其中包括37位全球领先的思想家对跨学科的探索性研究，论题有知识的领域范围、跨学科、跨学科性、已被跨学科的知识以及互动学科的知识五大范围。福山、亨廷顿、尼斯贝特等百科全书式的学者以其广阔的视界、独到的见解、渊博的学识以及非凡的睿智，从宏观到微观，从抽象到具象，从定性到定量，以多层面、多维度、多模式的切入点，进行了跨文化、跨领域、跨学科和跨方法的综合研究。他们涉及并贯穿了政治、经济、军事、法律、宗教、教育等社会各领域，运用了科学、哲学、文学、历史学、人类学、社会学、考古学、心理学、生物学、伦理学、语言学、统计学几乎所有重要的社会人文学科、综合学科和边缘学科。福山在谈及恩师亨廷顿所受到的影响时，曾指出："在韦伯的门生帕森斯（Talcott Parsons）的带领下，哈佛社会系希望建立一个综合的、跨学科（interdisplinary）的社会科学，以此来结合经济学、社会学、政治学和人类学。"[②] 在2002年出版的《文化与认知》（*Culture and Cognition*）一书中，尼斯贝特特别强调了"跨学科的方法"。

[①] Julie Thompson Klein, *Interdisciplinarity: History, Theory and Practice*, Detroit: Wayne State University, 1990.

[②] Francis Fukuyama, "Samuel Huntington, 1927–2008", *American Interests*, December 29, 2008.

本来，世界四大文明及其所属的亚文明或分支文明，早就在历史的长河中产生某种程度的撞击与融合（如丝绸之路），尤其近代以来，哥伦布以后的地理大发现造成的海洋通航，更造成了东西方之间史无前例的撞击与融合。这一切都为东西方研究提供了客观条件。以福山、亨廷顿和尼斯贝特为代表的东西方文明研究学者，在更大的向度和时空观上驰骋他们的想象、创意和扫描，既追溯各种古老文明数千年甚至史前纵向的历史传承轨迹，又观察那些大大小小文明之间横向的交集沟通状况。例如福山的一篇对话录就提及了用纵横坐标法来分析腐败问题。[1] 尼斯贝特从一篇有关"在两种文化的语境中感知对象"的论文[2]中得到启示，而用纵横坐标法来研究不同认知的经济文化基础。[3] 维尔伯在其著作中阐述了福山与亨廷顿的观点之后，又专门讨论了纵向与横向研究的方法问题。[4]

八 案例分析与模式创新

案例方法本来是哈佛商学院主创与倡导的一种教研方法，即将某个实际发生的案件引介给学生，让他们身历其境地体验"决策者在处理问题时的作用"。[5] "案例研究方法的优点就在于，可以判定向广泛读者群提供的学术报告写得好不好。"[6] 后来这种方法愈来愈普及

---

[1] "The China Model: A Dialogue between Francis Fukuyama and Zhang Weiwei", *New Perspectives Quarterly*, Volume 28, Fall 2011.

[2] S. Kitayama, S. Duffy, T. Kawamura and J. T. Larsen, "A Cultural Look at New Look: Perceiving an Object and Its Context in Two Cultures", *Psychol Sci.*, 14, 2003, pp. 201–206.

[3] Ayse K. Uskul, Shinobu Kitayama and Richard E. Nisbett, "Ecocultural Basis of Cognition", *Proceedings of the National Academy of Sciences*, USA, June 24, 2008.

[4] Ken Wilber, *A Theory of Everything: An Integral Vision for Business, Politics, Science, and Sprituality*, Shambhala Publications, 2000.

[5] J. S. Hammond, *Learning by the Case Method*, HBS Publishing Division, 1976.

[6] J. Nisbet and J. Watt, "Case Study", Chapter 5, in K. Bell (ed.), *Conducting Snall-Scale Investigations in Educational Management*, London: Harper & Row, 1984.

应用到很多学科和领域。作为大学教授的上述东西方研究学者，试图将历史上与现状下各种文明在发展中的事件，用案例分析的方法加以阐释、检验、审思与归纳，然后得出理论上的抽象与概括。福山相当擅长运用案例研究法，例如他在早年（1973 年）出版的《牧师的转型：神学教育的一个案例研究》（*Ministry in Transition: A Case Study of Theoretical Eduction*）一书。在《第三次浪潮》一书中，亨廷顿以 1974—1990 年实现民主的 31 个国家为样本，采用案例研究法以及比较研究和统计研究，分析了独立变量与因变量的关系。福山曾以亨廷顿关于专制主义的案例研究来说明自己的看法。① 有意思的是，这些学者本身也被作为案例研究的范例，如一本题为"挑战"的书就用 222 页的篇幅进行了"学术、新闻与政治：对亨廷顿的案例研究"。②

所谓模式最初在数学中界定为"在一个数据集（data set）中最频繁发生的值（value）"。后来人们将这种数理方法应用到各个学科领域，甚至是人文社科领域。人们常把某种模式的创立当成重大的学术成果之一。例如福山试图分析"中国的治理模式"（Chinese mode of governance），并认为"在中国文化的影响下，这个模式为其他东亚国家，如日本、韩国以及后来的东南亚政体设定了样板，而继承了连续集权国家的儒家传统和任人唯才的官僚体制"。③ A. H. 阿里称自己支持"亨廷顿的国际关系的文明模式"（civilizational model）的说法，因其"反映了真实的世界，而并非仅是一厢情愿"；这将"允许决策者得以区别敌人与朋友"。因此，"直到出现一个新的世界秩序之前，'文明的冲突'应是国际关系和历史教学的一个经典"。④ 在

---

① Francis Fukuyama, "Samuel Huntington, 1927 - 2008", *American Interests*, December 29, 2008.

② Serge Lang, "Academia, Journalism, and Politics: A Case Study: The Huntington Case", *Chanllenges*, Springer-verlag, 1998, pp. 1 - 222.

③ Francis Fukuyama, "The Patterns of History", *Jouranl of Democracy*, Volume 23, Number 1, January 2012, p. 15.

④ Ayaan Hirsi Ali, "Scramble to Make Sense of a New World Order after the Collapse of the Soviet Union", *Foreign Affairs*, November-December issue, 2010.

J. 王看来，尼斯贝特的"思维的地理"奠定了"相互关联思维模式"（interconnected modes of thought）的大脑能力，这样做，使人们构建起法律和可理解的大脑功能，并以此决定共同性以及在人们之间建立联系。① 福山一类的学者往往会不断地修订和更新自创的模式，甚至彻底否定自己原有的模式，而探索和重构新的模式。这也是他们不同于其他一些昙花一现人物的原因所在。

---

① J. Wong, "The Geography of Thought: Asian and Western Minds at Work", Serendip, 05/14/2008.

第 二 章

比较方法的再审思

比较方法处于人类推理的核心地位，它永远存在于对世界的观察中——"无比较的思想是无法思想的"。[1] 如果不作比较，就连对某一单个现象的观察也是徒劳的：一个现象或对象只有在与另一个现象或对象确认不同后才能得以判定。例如，人们之所以确认苹果不是梨子，是因为他们比较了这两种水果。[2] 东西方研究最重要的方法之一是比较分析法。

一 比较方法的历史渊源

比较研究的实践从什么时候兴起是一个争论不休的问题？以本书著者看，从广义上说，比较研究的方法对社会的研究有着悠久的历史，可以追溯到古希腊。卡尔·戴兹认为，2000多年来，我们一直在使用这种形式的探究。对事物的比较、对基本科学和哲学的探索是必不可缺的，它已经进行了很长一段时间。[3] 自19

---

[1] G. Swanson, "Frameworks for Comparative Research: Structural Anthropology and the Theory of Action", in K. Vallier (ed.), *Comparative Methods in Sociology*, University of California Press, 1971.

[2] Benoît Rihoux and Charles C. Ragin, *Configurational Comparative Methods: Qualitative Comparative Analysis (QCA) and Related Techniques (Applied Social Research Methods)*, Sage Publications, 2008.

[3] Karl. Deutsch, "Prologue: Achievements and Challenges in 2000 Years of Comparative Research", in *Comparative Policy Research*, *Comparative Policy Research*, 1987.

世纪以来,哲学家、人类学家、政治学家和社会学家一直使用跨文化比较,以实现各种目标。大多数学者在评估比较研究历史到底有多长时都有所保留。在对事物的比较可否算作比较研究这一问题上的争论大都十分空泛。有关这种研究形式的教科书在19世纪80年代开始出现,但其超人气的上升是在第二次世界大战结束后。[1] 由于诸多原因,比较研究已经在社会科学家的工具箱里占有了一席之地。全球化曾是一个重要因素,它增加了对其他文化的教育交流与求知的愿望和可能性。信息技术为比较研究创造了更多的定量数据,国际交流技术为信息更容易地传播提供了便利。[2]

美国学者纽曼专门讨论了比较方法。他谈到了比较研究的简史、比较研究的逻辑以及比较研究的步骤等论题。在他看来,19世纪的古典社会思想家,像涂尔干、韦伯等建立社会科学基础所运用的就是历史比较的方法,如对社会变迁、政治社会学、社会运动、社会层级、宗教、犯罪学、性别角色、族群关系、家庭等问题的考察。19世纪社会学的先驱者开始进行历史比较研究,如社会学、史学、政治科学以及经济学的分支等。第一次世界大战前,历史比较研究开始与社会学分家。历史研究由史学家进行,而实证主义则主导了大多数社会学家的思考。第二次世界大战后,随着国际的互动,殖民统治的摧毁,以及美国取得的领导角色,学者在比较研究上的兴趣而有所增进。20世纪60年代,新出现的各种因素刺激历史比较研究的再度萌发,如一些历史学者从社会学中引进量化技术。美国式的调查技术在世界传播,并运用在不同国家的研究。在这一时期,韦伯的历史比较研究译成了英文。自70年代,比较研究开始真正

---

[1] Jochen. Clasen, "Defining Comparative Social Policy", in P. Kennett (ed.), *A Handbook of Comparative Social Policy*, Edward Elgar Publishing, 2004.

[2] E. Øyen, "Living with Imperfect Comparisons", in P. Kennett (ed.), *A Handbook of Comparative Social Policy*, Edward Elgar Publishing, 2004, p. 276.

兴起。这一时期,研究者们批判了结构主义,认为其对社会的观点是静态的,也批判了经济决定论式的马克思主义。在许多西方国家激烈的政治冲突下,比较研究者开始对社会和社会变迁的本质感兴趣,并由此察觉了仅依赖实证取向而带来的局限。[①]

根据纽曼的看法,历史比较研究适于解释社会因素的合并,故可造成特殊的后果(如内战);也很适于比较整个社会体系,由此了解不同社会之间普遍或独特的现象;它还能够通过查验历史事件或不同文化脉络,而形成新概念并扩充理论。诠释的实地研究,其焦点在文化。从被研究对象的角度来看,可以重新建构其生活,并解释特定的个体或团体。正如伽达默尔指出的:"历史意识的兴趣要了解的并非人群以及国家如何概括性的发展,而是在国家中,这个人,这群人或这个组织如何变成现在的状态,即这些特殊性是如何演变,又是如何固定成此种现状。"[②] 历史比较研究方法的独特意义在于,避免成为实证主义和诠释学取向的延伸,并结合某种特殊的历史敏感度或具有理论概念化的文化脉络。历史比较研究方法与其他实地研究的相似性在于:两者都加入诠释,也说明诠释者所具的时间、区域和世界观,都解释资料的歧异性,而且都有某种转换性。研究者的意义体系通常和被研究对象不同,但研究者试着观察其观点,焦点都集中在行动、过程和顺序,并将时间和过程当作必要。

一个公认看法是,穆勒是第一个较为系统确立比较方法的思想大师,他区分了两种不同比较研究:求同法或契合法(the method of

---

① Lawrence Neuman, Chapter 14 "Historical-Comparative Research", in *Social Research Methods: Qualitative and Quantitative Approaches*, Allyn & Bacon, 2010.
② H-G. Gadamer, "The Problem of Historical Consciousness", in P. Rabinow and W. M. Sullivan (eds.), *Interpretive Social Science: A Reader*, Berkeley: University of California Press, 1979, p. 116.

agreement)① 与求异法或差异法（the method of difference）。② 不过，他认为，求异法并不适用于社会科学，因为无法找到足够相似的场合或情况。有欧洲学者宣称，民族和国家的比较研究已经建立在这样的一个看法上，即在该领域的因果推论应该近似自然科学的实验设计。然而，没有一个单一的社会科学研究严格地遵守规律的科学实验和穆勒准则。大多数的比较研究相当受益于定量与定性相结合的方法。通常认为定性研究最好用于一个比较研究项目的探索阶段，紧接而来的是运用一个更严格的定量研究。③

由于比较研究应用的范畴主要在社会科学中，因此比较研究也可追溯至社会学之父孔德（August Comt，1798—1875）的社会学说。孔德首先创用社会学（sociology）一词，他的比较观点是从人类学的角度而言，将整个人类进化的过程看作就像一个人从婴儿、青年、成年到老年的成长过程。对此，涂尔干（Emile Durkheim）提出，比较

---

① 简单地说，求同法就是异中求同，即在考察某一现象时，如果两个或两个以上的实例，在各种可能的因果场合里都只具备其中一种条件，那么这个相同的条件，就是此种现象的原因。求同法可用下表表示：场合一（Case1）：a b c d x Y；场合二（Case2）：e f g h x Y；场合三（Case3）：i j k l x Y。在考察现象 Y 时，上述每种场合都有也只有条件 x（因果变量 causal variable）同时出现，而其他条件（非因果变量 non-causal variables）均不相同，因此条件 x 就是现象 Y 的原因。参见 John Stuart Mill，"Two Methods of Comparison"，selection from his *A System of Logic*，New York，Harper & Row，Publishers，1888，pp. 278，279 - 283，from Etzioni Amitai and Du Bow L. Frdedrie（eds.），*Comparative Perspectives*：*Theories and Methods*，Boston：Little Brown，1970，pp. 205 - 210。

② 求异法就是同中求异，即在考察某一现象时，比较某现象出现的场合和不出现的场合，如果这两个场合除一点不同外，其他情况都相同，那么这个不同点就是这个现象的原因。因这种方法是同中求异，所以又称为求异法。求异法可用下表表示：正场合 [Negative Case（s）]：a b c d not x Not Y；负场合 [Positive Case（s）]：a b c d x Y。x = 因果变量（causal variable）；Y = 被解释的现象（phenomenon to be explained）a，b，c，d = 非因果变量（non - causal variables）。参见 John Stuart Mill，"Two Methods of Comparison"，selection from his *A System of Logic*，New York，Harper & Row，Publishers，1888，pp. 278，279 - 283，from Etzioni Amitai and Du Bow L. Frdedrie（eds.），*Comparative Perspectives*：*Theories and Methods*，Boston：Little Brown，1970，pp. 205 - 210。

③ Erik Allardt，"Challenges for Comparative Social Research"，*Acta Sociologica*，33，July 1990，pp. 183 - 193。

社会学即为社会学的概念,认为此二者密不可分,从历史的变迁,可了解在工业社会中社会的连带责任影响人类行为的演变。

作为19世纪的古典社会思考家,涂尔干、韦伯两位大师通常被视为历史社会学中两个比较重要的分析方法论者。他们曾在比较分析中面临许多共同的问题,并试图克服这些困难。涂尔干在1895年以及韦伯在1904年,对社会学采取了重大的理论和方法的步骤。每一个理论主张在许多方面是不完整的,例如,理论家们在其研究方案中将比较社会学分析置于一个中心位置,却没有为比较方法制定一个详尽而明确的策略主张。不过,若加以综合考量,他们的思考揭示了在比较分析中所遇到的主要困境。在这些学者开始从方法论的角度激烈地相互争论时,他们有关方法论的著作有着进一步的启迪作用;在论证过程中,每一个人的说法都作出了一些重大修正。因此,他们对社会学考察所作的可操作方案,彼此相类似的程度远远超过其方法观相类似的程度。根据韦伯的看法,历史的配置使研究者感兴趣,因为从文化上说是有意义的。这进一步意味着有一个通向历史事件和情景的"价值导向"(value-orientation)。

涂尔干虽然主张社会学的论题不同于其他科学,但也坚持在相同精神状态下,社会学家应该接近自然科学家的论题。对他那个时代的社会科学,如自然科学兴起之前的炼金术等,涂尔干指责它们仅是在讨论"或多或少专门的概念,而不是事物"。研究者应该释放他心中的所有预想,采取更加被动的社会现实之间的关系,处理"具固有属性"(inherent properties)的现象及其"共同外部特征"(common external characteristics)。分类不应靠社会学家或靠他个人的想法,而是靠事物的本质(the nature of things)。为了表达对那些毫无根据和未经证实理论的厌恶,以及对经验观察的策略诉求,涂尔干的实证主义是可以理解的。然而,作为一般的方法纲领,这个主张显然存在严重问题。决定性的问题是关于摆脱自己所有预想,让现实世界的经验现象有为自身说话的可能性。对研究者来说,应当不仅察觉到一个单一的外部特征,而且尽量在所有的可能性中进行选择。

思想的再对话
NEW COMPARATIVISM

韦伯将社会与文化的科学知识,从一定数量社会生活不同方面的"单面"(one-sided)观(有选择性的)中解脱出来。① 这种观点建立在某些选择性的、过于强调和简单化的方面,它是归纳出来的科学知识。正如涂尔干所主张的,选择性并非由"事物的本性",而是由研究者的创意所决定。根据韦伯的看法,历史的配置使研究者感兴趣,因为从文化上说是有意义的。这进一步意味着有一个通向历史事件和情景的"价值导向"。因此,对经验现实"全无预设的"方法是不可能的。重要的是,通过选择事件的各个方面而给混乱带来秩序;我们只选择有趣并具重要意义的那些部分的现实,因为只有这些部分与文化价值有关,并让我们接近现实。社会或文化的现实不是研究者思想本身所拥有的;它是一个世界过程中毫无意义无限性的一个有限片段,而这个片段是由人类赋予的意义和重要性。

韦伯与涂尔干的相同点在于,都主张和使用与他们有关社会科学知识概念相一致的比较方法,但不同点在于:第一,前者注重案例为基础的比较方法,而后者强调变量为基础的比较方法;第二,前者的比较方法论来自历史多元性以及新康德科学哲学的看法,而后者则来自将社会作为制度以及一种实证主义的社会科学观;第三,前者的比较方法论将历史多元性看作研究兴趣的主要课题,而后者则将历史多元性视为某种阻力;第四,前者将比较方法当作一些理想的类型(ideal types),而后者则视为一些种类(species);第五,前者认为在历史意义上,概括是具体的,而后者则认为在抽象意义上,概括是非历史的;第六,前者指出解释是有机性的,而后者则指出解释是功能性的。②

---

① Max Weber, *The Protestant Work Ethic and the Spirit of Capitalism*, trans. Talcott Parsons, New York: Scribner, 1905, p. 183.

② "The Comparative Strategies of Emile Durkheim and Max Weber: Between Positive and Interpretative Social Sciences", *Comparative Methods in Political & Social Research*, http://poli. haifa. ac. il/~levi/durkheim. html.

二 比较方法的概念界定

比较研究是在全球化（globalization）、跨文化和跨文明语境（intercultural and trans-civilizational context）中进行多维性全方位研究的方法。比较研究主要为社会科学和人文科学的研究方法，其目的是进行不同领域、不同国家、不同文化、不同文明之间的比较。从规范的角度看，比较法作为一种工具，对各种社会与文化现象的分类以及是否存在共有的现象，可用同样原因加以解释。对于许多社会学家和文化学者，比较法为探究和解释社会和文化的差异和特殊性提供了一个分析框架。

比较分析是非常有益的智力与理性博弈。美国哲学学者里布瑞西特指出："比较就是哲学的任务……比较的客观对象最首要的是了解所有文化与哲学的同等价值，并以此作为出发点。"[1] 通过文化比较，我们不仅可以了解其他文化，还可以更深刻地了解自己原本所属的母体文化。例如，一个人在异国文化的氛围中度过一段时光，就可以了解更多有关他自身及其本国文化。比较研究能鼓励人们发展他们的批判和分析能力，遵循相互尊重和不断质疑的风气，并成为真正的"全球公民"。比较法可以让我们在一个深深植根的文化和语言差异的背景下，研究各种社会领域以及这些领域的关系。在比较研究中，社会、文化、历史和政治背景下的自我反思和批判分析是中心工作。学者们使用跨学科调查和比较方法来审视社会关系和人类生存的复杂性。在解决文化互动的过程中，比较研究尤其要注意知识、能力和文化差异的动态。来自不同背景的研究人员能够利用自己的经验和知识以及不同的思维传统，比较和评估各种文化和社会制度，识别认知与理念上的差距，并指向可能的正确方向。然而，不管采用何种方法，

---

[1] U. Libbrecht, "Comparative Philosophy: A *Methodological* Approach", in Nicole Note, R. Fornet-Betancourt, J. Estermann and Diederik Aerts (eds.), *Worldviews and Cultures: Philosophical Reflections*, Springer, 2009, p. 31.

研究人员同时需要对各种文化元素所带来的干扰危险保持警觉，以确保没有忽略差错与误导，并防止使用可能是抽样偏差的解释因素。只要有可能，应在更广泛的社会文化背景下收集和研究各种材料。比较研究中的一个主要问题是在不同的研究对象中，数据集可能使用不同的类别，或类别的不同定义。

比较研究可以界定为经过对两个或多元的现象，遵循客观标准，掌握充分的资料而加以深入的理性与科学分析，确定其相似性和差异性，进而得到更透彻而中肯的判定。比较研究的目的就是针对某种议题，比较不同主体的异同，详述各主体的现象，并深入探讨现象的潜在意义以及与各主体之间所存在的关系。在不同研究范畴中，比较研究会扮演不同角色，如比较社会学和比较文化研究等。比较文化研究的理论和方法框架建立在比较历史学、社会学、文学、哲学等跨领域、跨学科的研究，以及建构主义、交往论和系统论的思想传统等原则之上。比较文化研究的重点是理论与方法及其应用。比较研究可帮助我们确认社会生活，跨越一般性，比较取向改善了测量和概念化。改善考察的单一性，可对因果关系提供多维度的解释。比较研究最大的长处就是不断有效地提出新的质疑、批判、分析和刺激理论的建构和重组。

对比研究，简单地说就是比较两个或更多的事物，以期发现一些对一个或所有的东西进行比较的行为。这种技术在一项研究中通常采用多学科的方法。当涉及方法，大多数人所同意的是，对比较研究来说并不存在特定而刻板的方法。多学科的研究提供了灵活性，比较方法的确有机会反驳那种认为他们的研究缺乏"无缝的整体"（seamless whole）的看法。[1] 比较研究可以采取多种形式，但两个关键因素是空间与时间。从空间看，跨地域和跨国家间的比较是迄今为止最常见的，包括比较相似或不同国家，或一组国家，或整个世界范围各个国家的横向比较。从时间看，涉及纵向的历史比较研究，比较在不同时间框架中各种文明和文化的演变。纵向比较研究者，如一些历史学

---

[1] Catherine Jones, *Patterns of Social Policy*, Taylor & Francis, 1985, p. 28.

家，试图用人们过去的眼光和假设来收集、阅读、解释和分析原始资料；横向比较研究者，如一些社会学家，则试图用各特定文化地域的视角和假设来收集、阅读、解释和分析第一手资料。比较研究力求以不同时空为轴线创建理论模式，寻找相同点或相异点。综合性的信息以相互关系或因果机制构成抽象模式，并整合分散的特定证据。证据与模式相符合的程度其实是具体与抽象的符合程度。大多数证据经确认后形成一般的解释模式。证据链与建立在抽象模式上的解释系统，就可能肯定以致完善或否定以致摧毁一个比较研究本身的预设架构。比较研究者都试图采取一个不同的文化角度，学习理解另一种文化的思维过程及其原生的观点，同时也从一个外部观察者的角度重新审思自己的文化。

三 比较方法的学科运用

从狭义上说，比较哲学（comparative philosophy）以中国、印度和西方三大传统为比较对象。在各文化传统不相往来之际，无比较哲学。然自交通工具及传播工具发达之后，始有比较哲学之产生。至论有系统、有方法、有独特之形式对象的比较哲学，即在今日，尚为一未经开垦的处女地。比较哲学之意义，非谓一般文化，或历史，或政治等之比较，而为三大文化传统中哲学传统之比较。各哲学传统皆有其不同之生命观与价值观，因之各有其特色。然人类具有共通之人性及相同之理性，故其基本思想与原理又有相同之处。据此可知，各哲学传统必能相辅相成。比较哲学之宗旨，不仅在于满足理智之好奇心，或扩展识见之广度，而在于从人类全体之观点，谋求世界哲学思想之整合性，以改善自己之生命观与价值观。详细言之，即对各哲学传统彻底研究并了解之后，进而指出其长短，吸收其精华，以求按照自己所处之环境，充实自己之生命，使自己之生命臻于更完善、更崇高之境界。比较哲学的方法，依莱特氏（J. Kw Swan Liat）之说，分为八种：第一，语意学之方法；第二，历史之方法；第三，比较之方法；第四，整体之方法；第五，形式之评价；第六，现象学之方法；

第七，心理学之方法；第八，社会人类学之方法。入手方法虽有不同，然其目标皆为从人类哲学传统整体之观点，探讨更合理、更完美之生命价值，以提升自己之精神生命。研究比较哲学者，必须深入了解各文化传统之哲学主流及其特色，并熟悉各重要哲学家之当地语言。此为研究比较哲学的主要障碍。①

哲学家的一个古老想法是，通过认识他人来认识自我，也就是说自我以迂回方式通过多重比较来确认自己，例如儿童通过模仿或争斗来发展自己。每一个人的新颖和独特只是相对的。黑格尔明确指出，意识是通过他者认识自身，同样也通过自身来认识他者。什么是真实的对个人来说比对社会更为重要。没有其他国家就没有任何一个国家。多样性实际上有利于民族自身认同的觉醒，而且是认知国民与社会制度特征的唯一元素。有学者指出："所有的哲学都植根于生活的性质；它们可建立在不同或相同的方向。比较哲学家的职能就是观察和发现结论与方法异同的意义。然而意义为了什么？意义就在于人类生活，而生活在任何地方都是一样的。"②"比较哲学家的任务就是将东西方哲学的思想与最充分和最完全的生活理念与宗旨相结合。"③

比较社会学（comparative sociology）的主要方法有两种：一是从不同国家和文化中找出相同点；二是找出不同点。巴比（Earl R. Babbie）强调对一个或多个社会的某些社会现象进行比较，探求其异同。在历史、跨文化、类型考察、实验法、共变法等方面都可应用比较的思维方式。在社会学中，比较研究通常指对已知社会事实的分析，因此有人在此基础上将比较法分为历史法、类型构造法和个案法三种类型。历史法是利用历史资料进行比较研究；类型构造法是以思辨的方式选择、取舍现存资料，建立抽象的类型或模式，用以与经

---

① J. Kwee Swan Liat, "Methods of Comparative Philosophy", *Philosophy East and West*, Vol. 1, No. 1, Apr. 1951, pp. 10 – 15.

② P. T. Raju, *Introduction to Comparative Philosophy*, Motilal Banarsidass Publication, 2007, p. 286.

③ Joseph Kaipayil, *The Epistemology of Comparative Philosophy: A Critique with Reference to P. T Raju's Views*, Center for Indian and Inter-religious Studies, 1995, p. 60.

验现象相比较；个案法是对少数单位（个人、群体、社区或事件等）的各种特征进行深入、全面的考察与比较，了解其本质特征和发展过程的方法。上述方式各有长处。比较研究在于博览、约取、分析、综合、定其异同、塑造典型；而实地研究侧重主观理解、洞察，揭示社会生活的本来面目。① 里文斯东认为比较研究可分为四类模式：第一，国家作为研究对象；第二，国家作为研究线索；第三，国家作为分析单位；第四，国家作为国际或跨国系统的一个成分。② 人们为了方便，通常以国家为比较分析的单位，如中国、美国等。不过，国家虽是社会和政治界定的常用单位，但其并非比较研究的唯一单位，也并非比较研究的最佳单位，因为国家界线未必和文化界线完全相符，而实际上文化或文化之间的界线更难操作，例如儒家文化、佛教文化、基督教文化、伊斯兰教文化等并不限定在一个国家。

比较文学（comparative literature）主要研究人类通过文学进行相互理解与沟通的种种历史和现状；也可以是一个涉及两个或两个以上不同语言、文学、文化或民族群体的学术领域。它通常是对不同语言的文学作品进行比较，也可对同一语言，但来自不同的国家或文化的文学作品加以比较。在这个领域，研究者历来是由精通数门语言，并熟悉文学传统、文学文本和文学批评的人士所构成。这项研究具有跨学科的性质，也就是结合了翻译学、社会学、批判理论，以及文化、历史、政治、科学、经济、法律、宗教和美学研究，等等。这两个术语"比较文学"与"世界文学"，经常被用来指定一个相近的学术研究。比较文学又是一门跨领域、跨文化、跨国界、跨语言与跨文体的综合研究。文学与其他艺术，如音乐、绘画、建筑、舞蹈和电影等，有着密切的关系。从最广义说，比较文学可以界定为"无国界文学的研究"，故能够超越国界，而阅读外文文本。正像所有学科的比较研究一样，研究范式（paradigms）的变革与转换是当代比较文学的

---

① 参见［美］艾尔·巴比《社会研究方法》，邱泽奇译，华夏出版社2009年版。
② S. Livingstone, "On the Challenges of Cross-national Comparative Media Research", *European Journal of Communication*, 18 (4), 2003, pp. 477–500.

思想的再对话
NEW COMPARATIVISM

一个重要特征。研究范式的变化是指意象的研究（imagery research），即对某些国家以及另一种环境文化进行比较文学想象的新焦点，并探讨文学跨文化历史的概念，其中包括跨文学（interliterary）社区的概念。在比较文学中，由于欧洲中心论的影响，基本还是建立在欧洲模式的基础上，如英国、法国和德国的模式。这些模式注重民族传统经典自我焦点。然而，文学和读者总是要不断超越民族语言的界限，如德国文学充满了英语、法语、意大利语以及古希腊罗马文学的影响等，甚至作家本身都难以预料某种语言文字混合与互动，以及由此而产生的迷人效果。比较文学的一个基本目的是为跨越语言的界限而不断发现新的焦点。传统上，亚洲、非洲以及近东等"非西方"文本长期被降格为区域性，而非主体性研究。比较文学的研究者应考察跨越时间和空间的文学文本，探索文学与历史、哲学、政治以及其他学科领域的关系，并讨论与其他文化形式，如电影、戏剧、艺术、音乐以及媒体的关系。在这个日益全球化的时代，翻译研究成为比较文学方法的一个重要组成部分。一种语言到另一种语言的翻译是真正令人棘手的。人们真的能够翻译复杂和细微差别的小说、诗歌和戏剧吗？文学翻译也有着自身的历史性和政治性。例如在中国改革开放以前，对外国文献，尤其是西方文献的翻译实行过严格的鉴别。当前，比较文学研究的核心是全方位地比较不同文化传统的文学文本，深入引介全球文学形式和体裁的多样性和差异性。比较文学一个主要的吸引人的方面是它的灵活性，即可以采用任何可能的选题。

20世纪90年代以来，在美国和其他地方的比较研究学者掀起了一个新的运动，即将学科远离国家为基础的方式，而更多采取跨文化的方式。此类著述包括哈什米（Alamgir Hashmi）的《联合体、比较文学和世界》（*The Commonwealth, Comparative Literature and the World*, 1988），斯皮瓦克（Gayatri Chakravorty Spivak）的《学科的死亡》（*Death of a Discipline*, 2005），达姆罗施（David Damrosch）的《世界文学是什么？》（*What is World Literature?*, 2003），卡萨诺瓦（Pascale Casanova）的《文学的世界共和国》（*The World Republic of Letters*, 2007），以及策佩特内克（Steven Tötösy de Zepetnek）"比

较文化研究"的概念等。这种做法是否会成功仍有待观察。鉴于发展全球化和跨文化研究,比较文学已经采用比单一语言的民族国家更广泛的研究,有可能摆脱民族国家的范式。比较文学尽管在西方正面临收缩,但有迹象表明,在世界各地却蓬勃发展,尤其是在亚洲、拉丁美洲、加勒比海地区以及地中海地区。

比较政治学(comparative politics)主要研究各种政治现象。可以说,它是政治分析最古老的领域之一,而在所有的历史时期都是政治哲学的基础。亚里士多德的《政治学》可视为比较政治学研究的开创之作。近代的比较政治研究发展于文艺复兴和启蒙运动之后,比如托克维尔的《论美国的民主》和《旧制度与大革命》。以后马克斯·韦伯、孔德、涂尔干等的社会科学方法对比较政治学之研究有很大影响。但比较政治学作为一门学科之形成,是到了第二次世界大战以后,代表性的著作有迪韦尔热(Maurice Duverger)的《政党论》,阿尔蒙德(Gabriel A. Almond)、维巴(Sidney Verba)的《公民文化:五个国家的政治态度和民主制》。比较政治是政治学中经常使用的方法,其特征是将比较建立在经验基础上。换句话说,比较政治是对国内政治、政治机构以及国家之间关系与冲突的研究,常常涉及国家之间的比较或单一国家在一定时间内相似性和差异性的比较。有学者认为比较政治是一个方法论,其着重于"如何分析,而不特别强调分析的是什么"。[1] 换句话说,比较政治不必界定其研究对象,而是通过该方法来研究政治现象。也有学者认为,比较政治学的研究重点,就在于既要进行对某些国家政治制度的实质考察,又要识别和解释这些国家之间使用共同概念的异同性。"从方法论上说,与其他方法不同的是,比较方法所使用的概念适用于一个以上的国家。"[2] 当应用到具体领域的研究时,比较政治可改

---

[1] Arend Lijphart, "Comparative Politics and the Comparative Method", *American Political Science Review*, 65 (3), 1971, pp. 682–693.

[2] Richard Rose, W. J. M. MacKenzie, "Comparing Forms of Comparative Analysis", *Political Studies*, 39 (3), 1991, pp. 446–462.

为其他名称，如政府比较、外交政策比较等。

当然，比较研究可以运用于几乎所有的领域与学科，如比较史学、比较法学、比较宗教学等，但因本书篇幅有限，也就不一一列举了。

四 比较方法的分类形式

比较研究有多种类型，如个案比较研究，文化传统比较研究，跨国或跨文化比较研究以及多国研究或多文化比较研究等。比较研究还有多种资源，如实地考察比较，跨国调查比较，文字资料比较，量化数据比较以及概念意义比较等。比较方法的特质在于作为一种多元性的方式（diversity-oriented approach），其有以下六个要点：一是可用于识别、分析和解释整个国际社会相似性和差异性的跨文化研究；二是可揭示任何跨国界的研究，应越来越多地考虑到社会文化背景；三是可提供一个在跨区域/次区域相关的具体问题和研究基础上，对全国的综合比较研究；四是可获可比的数据集，并在概念和功能等价及研究参数上达成一致；五是可找到各种问题的解决方案，包括谈判、妥协，以及对不同国家具体状况的了解；六是可在跨国工作中，加深对其他的文化及其研究过程的了解。

比较研究还有以下多种方式。其一，内部关系比较：比较的重点并非直接表现为与外部关系的纵向或横向的时空比较上，而是在同一特定时空中，同一研究主题、范畴或体系之中，以内部关系的各方为比较对象，如同一文化或亚文化内部各个组成部分的比较。其二，历史纵向比较：比较的重点为时间的阶段性与连续性，即在同一研究主题、范畴或体系中，某特定研究对象在不同历史时期的演变过程，如宋明理学两个阶段发展的比较。其三，社会横向比较：比较的重点为空间的地域性与关联性，即在同一研究主题、范畴或体系中，某特定研究对象在不同领域或国度的现状，如当代中国儒学与日本儒学的比较等。其四，多维层次比较：比较的重点同时注重时空——结合纵向与横向两种轴线，既重视时间的阶段性与连续性，也强调空间的地域性与关联性，如大乘佛教在东亚不同地区历史演变的比较等。

比较研究必须有明确的研究主题或对象，因此在进行收集资料前，清楚地界定研究范围、课题与假设，是比较研究法的首要工作。寻找研究课题关键的第一步是确定范围，"大胆假设"，最好以已确立的思维方式和理论为基础：一是发现现实世界不合常理的现象，由此提出具有刺激性的重要研究课题，形成关注焦点；二是从不同社会的相同点及差异点找出研究重点。第二步为资料的选取，最好是依据既定标准抽样，进而收集相关资料，但要根据问题选择主次资料，克服前人资料的欠缺，并坚持开放性。第三步为资料的分析，依据选取资料的内容与特质，进行深入的解析，进一步探讨研究对象间的关联或异同。

在比较研究上应注意：（1）被比较的各个对象或范畴必须在平衡的出发点或共同的基础观点上进行；（2）被比较的各个对象或范畴必须有相同的问题焦点；（3）被比较的各个对象或范畴对考察主题的重要性必须对等；（4）被比较的各个对象或范畴必须具有同等的正面意义与作用，否则其所能发展的空间必然受到局限。通常在比较研究中应防止下列四种误导：首先是双重标准，即对被比较的各方采用不同的标准，如对某一国采用一种环保标准而对另一国则采取另一种标准；其次是虚假数据，即忽视或有意删除、隐瞒、夸大或缩小，甚至捏造重要的信息和数据，对被比较的各方所收集的材料厚此薄彼、多寡不一，如对某一国的污染数据极力夸大，而对另一国则极力缩小甚至隐瞒；再次是无可比性，即被"比较"的各方并不存在加以比较的意义，如男性与女性在某些方面是无法比较的；最后是笼统模糊，即对被比较的各方采用含混不清的抽象比较，或利用不具体的总平均数（an unspecific average）来进行比较，如称两个工厂的工人收入一样，但实际上一个工厂的工人每周仅工作 32 小时，而另一个工厂的工人每周则工作 64 小时。

当然，在研究的方法中还有比比较方法更普遍的方法。定量分析比定性分析更被人们所频繁地使用，在大多数比较研究中使用的是定量数据。① 对比较研究来说，比较事物的一般方法就像我们日常比较一样是相同的，即类似的情况同等对待，不同的情况区别对待，不同的程度决定如何对待不同的情况。如果一个人真能够完全地区分这两种情况，比较研究的结论不会非常有用。同其他一切方法一样，研究中都有其限制。历史比较研究方法有其局限。由于人们对事例与数据进行选择的主观性和随意性，历史的表述和跨文化的知识往往不完善，甚至可能是偏见。历史比较研究者大多判定事件的成因是偶发论而非决定论，不同的人对相同证据经常会赋予不同的意义。因此研究者在重构其他文化时，很容易将其扭曲。证据和解释的运用，既可完成，也可摧毁一个历史比较研究。

五　从比较主义到新多元比较主义

在东西方研究领域，越来越多的学者试图通过西方哲学诠释学，应用新的或现代的比较主义，建立有效的范例。我们可揭示出这种比较主义的主要倾向。

斯皮瓦克认为："当重新思考比较主义时，我们认为翻译是积极的，而非虚假的实践。我经常说，翻译是阅读最紧密的行为。因此，在最广泛的意义上，翻译是作为阅读本身而存在的比较主义的新见解。"② 登普西通过回顾比较方法的历史和批判，构建了自己研究的基础，他还引用了一个新比较主义的支持者对他研究的反驳。为了回应乔纳森、Z. 史密斯（Jonathan Z. Smith）对旧比较研究的批评及其为进一步加强该领域研究方法所提的建议，登普西描述了自己如何使用比较方法来查验和造就这个学科的分类与假设，还勾勒了以神圣（the sacred）作为比较多层次宗教语境的生动分类，以此揭示一种蕴含超然意义和力量并不仅限

---

① B. Deacon, *Social Policy and Socialism*, Pluto Press, 1983.
② Gayatri C. Spavak, "Rethinking Comparativism", *New Literary History*, Volume 40, Number 3, Summer 2009, pp. 609 – 626.

于形而上学的霸权。对他来说,"作为某种错综复杂的参考结构,当形成比较研究的宽大网络时,神圣极为有用;此外,对比较的探索提供了多面的场景,从中可以加深对神圣复杂性的理解"。①

西格尔(R. A. Segal)认为,目前关于神话研究的比较方法有四种类型,其中一个极端是所谓后现代的类型,它等于完全摒弃了比较。在这里假设比较方法仅关注相似之处,而否认差异,即采取对相似的东西加以比较,造成断章取义,这种相似意味着认同,因而这类比较总是肤浅的,甚至不可避免地令人反感。第二种类型不太激进,还有点老旧,它允许比较,但只是局限于某一区域或地方,而并非全球规模。这种比较被称为"受控"的比较(controlled comparisons)。这种比较主义很常见,例如对印欧主义者(Indo-Europeanists)的比较。第三种是较为新近的类型,强调更新而普遍的比较,但同时关注差异性和相似性。这就是"新比较主义",它认为旧的比较主义只寻求共性而忽略个性是不足取的。第四种类型是"旧比较主义",曾被简称为"比较方法"。对于这种类型,比较虽是普遍的,但主要强调纯粹的相似性。"我反对受控比较方法和新比较方法所作的假设:即只有区域性而非普遍性的相似性是正确的(控制的比较主义)以及差异性比相似性更重要(新比较主义)。"②

贝尔申科和迪萨尔丹(Thomas Bierschenk, Jean-Pierre Olivier de Sardan)将比较方法分为三种类型:一是"传统比较主义",被认作与某种封闭的体系如文化与社会等相联系;二是"当代比较主义",其能很快地构建区域性观察与全球理论之间松散的联系;"我们提倡比较主义的第三种类型,即从某种坚实的实证基础逐步向外传播:(1)在一个特定领域所实行的一种密集而多点的比较主义(an intensive, *multi*-site *comparativism*)……(2)一种建立在地区性和主题关系上的比较主义,在历史上相关的地区与国家的语境中进行机构的比

---

① Corinne G. Dempsey, *Bringing the Sacred Down to Earth*: *Adventures in Comparative Religion*, Oxford University Press, 2011, pp. 3 – 20.
② Ibid.

较……（3）一种更广泛层面的比较主义，它涉及非常不同历史和空间语境下的相似过程。"① 在凯帕耶尔看来，比较哲学所遭遇的难题显然是双重的。至少在其经典模型，比较哲学是基于这样的假设，即不同的哲学传统是相辅相成的，因此真正的哲学应综合东西方哲学的观点。然而，这违背了哲学的本质。哲学作为批判反思的系统，不能与多元性脱离。如果与其激进的多元主义分离，哲学本身将被取缔。比较哲学所遭遇的第二个难题是在当代哲学中东西方的分划崩溃。印度、中国和西方的哲学传统各自有数千年的发展，相互独立，因而产生或多或少的隔绝。然而，这种情况不再继续了。哲学中古老的文化鸿沟几乎在当今更加相互依存和全球化的世界中坍塌。"比较哲学当今在程序上和哲学上所遭遇的难题要求整个比较体系的改造。比较哲学的未来发展将在很大程度上取决于我们如何应对当今本学科所面临的关键问题。但有一点是可以肯定的，这就是全球的哲学不能完全失去比较哲学。比较哲学应该以某种形式不断提醒哲学家自己为多元文化的哲学传统和思想模式而需要对话的开放性。"②

据阿斯普瑞姆分析，人们常用两种比较，即基于家谱性（genealogy）或同源性（homology）的比较与基于类比性（anology）或纯粹结构性或功能性（structural or functional）的比较。而东西方比较方法的不同类型沿两条轴线构成：一是同源性—类比性（a homological-analogical axis）；一是共时性—历时性（a synchronic-diachronic axis）。对他而言，历史研究计划一般通过同源性比较，因为类比比较仍然存疑，而且从方法论的角度来看这种局限完全是任意的。从同源比较的角度来看，历史研究也可能揭示了一些长期存在的概念问题。"这种分类提供了'查单方式（check-list approach）……正确地应用这种启发式可作为对具有共同家谱（即基于同源性比较）的现象之间进

---

① Thomas Bierschenk, Jean-Pierre Olivier de Sardan (eds.), *States at Work: Dynamics of African Bureaucracies*, Brill Academic Publication, 2014, pp. 21 – 22.

② Joseph Kaipayil, *ACPI Encyclopedia of Philosophy*, Vol. 1, edited by Johnson J. Puthenpurackal, Bangalore: Asian Trading Corporation, 2010, pp. 297 – 298.

行比较的比较基础（tertium comparationis）。相比之下，从实行类比比较而应用那些特征作为充分的必要条件，就会产生通常的错误，并由此暗示某些跨文化和非历史的类型取代了一个以历史为基础的'思想形式'。"① 克莱因指出，在不同学科的比较研究中常常面临着独特的挑战，即必须回答比较工作是否值得的问题，而那些差异有时作为独特目标和趋势的一部分。"尽管存在这些差异，但对各种比较研究者来说，仍存在如哲学和宗教研究领域所面临的共同挑战。"② 克莱因声称，尽管在儒家不同的伦理论述中存在一些分歧，但都承认，"美德伦理学（virtue ethics）有许多不同形式，而解释儒家伦理的最佳办法就是作为美德伦理学的一种形式"。③ 诺登（V. Norden）也认为，儒家与西方思想家对美德伦理学的论述是比较的良好话题，因为学习儒家美德伦理可引导我们采取美德的新观念，并了解有意义生活的方式有所不同，还因为西方美德伦理学所阐述的不少儒家思想可能会被忽视。④

什么是东西方思想对话的多维性？综上所述，我们可以总结为以下几点：一是尽可能做到跨文明、跨文化、跨领域、跨学科以及跨方法；二是尽可能做到客观、全面、公正、开放、理性以及批判；三是尽可能做到既比较相似性，又比较相异性；四是尽可能做到兼顾普遍性与特殊性，同源性与类比型，共时性与历时性；五是尽可能做到兼顾理论性与实践性；六是尽可能做到兼顾不同层面的语境。⑤

---

① Egil Asprem, "Towards a New Comparativism in the Study of Esotericism", *Correspondences*, 2.1, 2014, pp.25-26.

② Erin Cline, *Confucius, Rawls, and the Sense of Justice*, Fordham University Press, 2013, p.48.

③ Ibid., p.24.

④ Ibid., p.118.

⑤ 参见丁子江《东西方研究的困境与机遇》，《东西方研究学刊》第3辑，（香港）国际科教文出版社2014年版，第4—14页。

第三章

语境理论的再审思

从中文译名讲,语境顾名思义就是语言形式产生的环境。所谓语境,实际上可看作语言的文化背景、历史传承、时空环境、心理诉求以及情绪景象等。语境有两种功能:其一,它能将语言符号的原本多义性转为单义性;其二,它又能从原本语言符号衍生出更多的歧义。由于语言符号本身包含两种实际含义,即赋予义和解释义,并由此产生的语境意义甚至可超越语言符号本初的意义而主导人类的交往与沟通。除此之外,语境也影响着交往主体,即使用者对语言符号的选择与演绎。现有量化资料语境是构成语言表达与交流的主客观环境或因素。客观性因素有时间、空间、场景、对象、人事、社会关系、论题焦点等所有可能的外在条件;主观性因素有思想、理念、性格、职业、修养、家教、处境、心情等所有可能的主体内在条件。为便于理解,语境也可分为狭义语境与广义语境两类。

一 语境理论的创立过程

人类学家马林诺夫斯基可谓语境说的始作俑者。1923 年,他曾将语境分为情景语境(context of situation)与文化语境(context of culture),或语言性语境与社会性语境(非语言语境)两大类。马林诺夫斯基认为,在整个文化语境的每一个方面,对民族地理的研究以及理论的发展都是不可缺少的条件。他的主要兴趣是将文化当成一种普遍现象来加以研究,并在特定文化的研究中发展一种方法论框架,其中包括语境学说,并开辟了跨文化比较的系统研究。他强烈反对脱离文化语境的各种理论思潮。① "……多义词和亚语言的表达能够通过由马林诺夫斯基于1923年所引介的语境来解决。这种语境理论被后来的人类学家所发展和阐述。然而,在人类学中,语境化超越了进展情况,语境同样也由参与者与观察者的经验以及与新经验交织的性格所决定。"② 马林诺夫斯基所创立的民族学揭示:对于某一人群,无论多么离奇的做法,可能仅是向外来人显示,他们仍是自己社区健康运作的一个组成部分,并反映了在那个社会语境中一项做法所应有的逻辑和功能。虽然大多数发达国家的观察家可能会认为,魔术仅仅是迷信,但马林诺夫斯基则认为,这是在特定语境中的个人必须遵循的基础。

作为基本概念的"情景语境"与"文化语境"经马林诺夫斯基提出后,弗斯于1950年在其《社会中的人格和语言》一文中作了进一步的阐述。③ 弗斯还在其编辑的《人与文化:对马林诺夫斯基著作的评价》论文集中指出:"一方面,时间语境与文化语境对历史概念是重要的有效手段,另一方面,它们又引导研究过程中一般规则的形成,而且对任何重建工作都是必要的。"④ 对此,哈利德认为:"从本质上讲,这意味着该语言只有在某种环境中运作时才会进入生活。我们没有遇到孤绝的语言,倘若这样做,我们不会将其识别为语言,它总是关联到某一场景,某些人的背景以及从中获得意义的行动和活

---

① Bronislaw Malinowski, *Anthropology*, Supplementary volume 1, pp. 131–140, in *Encyclopaedia Britannica*, 13th ed., Chicago: Benton, 1926; *Social Anthropology*, Volume 20, pp. 862–870, in *Encyclopaedia Britannica*, 14th ed., Chicago: Benton, 1929; *Culture*, Volume 4, pp. 621–645, in *Encyclopaedia of the Social Sciences*, New York: MacMillan, 1931.

② Ingrid Rudie, "Making Sense of Experience", in Kirsten Hastrup and Peter Hervik (eds.), *Social Experience and Anthropological Knowledge*, Psychology Press, 1994, p. 21.

③ J. R. Firth, "Personality and Language in Society", *The Sociological Review*, Volume 42, Issue 1, January 1950, pp. 37–52.

④ J. R. Firth (ed.), *Man and Culture: An Evaluation of the Work of Bronislaw Malinowski*, Routledge, 2002, p. 100.

动。这就涉及'情景（situation）'，因此，语言被看作'情景语境'的功用，而且对作为一个重要成分的任何考量，若不能建立在某种情景上，那就可能是人为和没有回报的。"[1]

二 语境理论的现实运用

相比而言，社会语境比情景语境更为广义。有的学者根据不同的需要，还将语境分为外显与内隐，情绪与理智，伴随与模拟，单语与双语等。语境还可分为微观语境与宏观语境，前者指的是情景语境，后者指的是文化语境。情景语境即构成语言交流的直接环境，包括参与事件的属性与类型，参与时空的形式，如大小、远近、长短等，参与人员的关系、身份、地位、目的、心态等。情景语境由三个变量组成：一是语场（话语范围），即话语或言辞表达与交流的内容随主题而改变；二是语旨（话语基调），即表达者与接受者的关系，如地位的远近、接触的多寡、感情的亲疏等，会影响语言的选择；三是语式（话语方式），即口语和书面语，是语言的载体形式，随着时空的距离或长短而改变。文化语境其实更有着无穷的变量，它涉及人类活动的所有领域：社会、历史、政治、经济、法律、宗教、教育、哲学、文学、科技、价值观、社会思潮以及思维与行为方式，等等。不同的社会有不同的文化传承和生活习惯，如各种文明、各个国家、各个地域、各个宗教等互不相同。特定的社会文化必定产生特定的文化语境。每种书面文体或口语方式都有其专门的社会交往功能，在特定的社会文化背景下，发展出约定俗成的图式结构、格式和套语。这些图式结构、格式和套语会因应不同的文化背景而改变。因此，即使在相同的情景语境下，由于文化不同，表达出来的文字与话语也不同，可见文化语境同情景语

---

[1] Michael Halliday, *Language as Social Semiotic: The Social Interpretation of Language and Meaning*, London: Edward Arnold, 1978, p. 28.

境一样，对语言交流的发展有着决定性的影响。①

语境化是一个传递文本意思的过程。狭义而通俗地说，语境就是指口头说话中的前言后语，或书面写作中的上下文联系。在语言学上，语境化是指在互动或沟通的情况下使用语言和话语的信号；在哲学上，语境化是指行动或表达可以在上下文中理解。例如，了解一个哲学家及其特定的著作，不仅需要他所阐明的哲学论证，而且也需要了解这个哲学家研究的特定语境及其特定的时代背景。人们常常在寻找普遍适用的理论与概念构架而忽略了当地的具体文化因素，即被称为语境的现实。对社会语言学来说，语境化是指应用语言与话语来作为与互动或沟通场合相关的信号。伯恩斯坦主张在教学环境中重构科学知识时使用语境化或再语境化，例如在教科书中所做的。② 古姆培兹以及其他学者在互动社会语言学中研究微妙的"语境线索"（contextualization cues），比如语调（intonation）③，并允许语言使用者从语境意义上来推断话语的充分含义。④

语言的因素在研究社会文化的差异上是不容忽视的。语言的沟通在文化交流上是先决条件之一。语言是有效国际合作的一大障碍，因为它不单纯是一个介质的概念，而是作为概念系统的传送方式，反映思维过程、价值观和意识活动，并表达一个主题。语言学家研究语言的结构、功能、意义、应用以及各种语言之间的相互关系。所谓语境化揭示了反映特定事物或情感、意识、概念、观点和思想的语言和话语，若没有考虑到其应用的范围，就不可能被完全理解。忽视了语境、发言者和听众就一定造成误导或曲解。主张语境理论的语言学家强调，发言者的观点与听众的问题通过词语作为媒介来进行沟通。由

---

① 参见岑绍基《语言功能与中文教学：系统功能语言学在中文科教学上的应用》，香港大学出版社2003年版。

② B. Bernstein, *Class, Codes and Control*, Vol. Ⅳ, *The Structuring of Pedagogic Discourse*, London: Routledge, 1990.

③ J. J. Gumperz, *Discourse Strategies*, Cambridge: Cambridge University Press, 1982.

④ S. Eerdmans, C. Prevignano and P. Thibault, *Language and Interaction. Discussions with J. J. Gumperz*, Amsterdam: Benjamins, 2002.

于不同的人生经验和历史，每个人都有一个独特的语言理解。人们依靠不同的线索，理解在一个特定背景下某一特定语境中词句的正确含义。例如有人在讲演中使用一个变化音，如在句末升调，就可表示对某一问题的肯定或否定态度，对听众的尊重或轻蔑，以及对自我信念的强势或弱势。用词的选择也可以作为一个线索，尤其是主导代词，可以表达对听众尊重或傲慢的态度。在特定的语境中，甚至非语言行为，如身体语言，或特定的动作或行为也能发挥重大作用。如果没有这些语境的线索，很难进行有效的沟通。对于理解书面文字，语境也发挥了作用。读者必须试图了解社会、政治或历史背景下的真实含义，而并非字面意思。这意味着不仅注意文字本身，还要重视作者的态度、思想和社会背景。当谈到历史研究、文化研究、哲学研究以及宗教研究等时，语境化的概念尤其重要，否则反对者或持少数意见者就不可能存活至今。当解译某一文本时，读者也会产生偏见。根据语境化的理论，语言学家必须审察整个画面来理解某一种语言、演讲或文件，而不仅仅是文字本身。这意味着应当试图抛开自己的偏见，而同时考虑到作者的独特思维过程及其信念与个人历史背景，也需要使用所有可用的线索，解释俚语或口语背后的真实含义，并试图从虚构或个人偏见中分离出事实。鉴于每个人的经验和观点不断在变化，语境理论甚至认为，在特定的时间点，当读到或听到由同一个人所说或所写的东西时，文字可能有不同的含义。

根据蒙特罗斯的观点，历史是对过去的一个文本的重构，因此它并不具有物质性的权威。[1] 拉卡普拉攻击语境历史主义，宣称"语境本身是一个多种类型的文本……它不能变成还原的阅读文本"。[2] 拉卡普拉的论证提出了历史著作中"多元互动的语境"[3]，对于所有的

---

[1] Louis A. Montrose, "Professing the Renaissance: The Poetics and Politics of Culture", in Veeser, 1989, pp. 15–36.

[2] Dominick LaCapra, *Rethinking Intellectual History*, Ithaca, N.Y.: Cornell University Press, 1983, p. 95.

[3] Ibid., p. 91.

意图和目的,这种语境适用于话语的史学元虚构(metafictions)。在其书中,他写道:"文本之间及其与语境复杂方式之间的相互作用,以及对解译的特定问题精确地表现在一个文本如何在假定的语境中产生。"① 这是一个语境的修正概念,在这里,文本与语境之间的关系是一个解译问题。语境对历史实践来说是核心内容,这是因为,它是"历史理解与实践的主要问题"。② 然而,仅语境本身并不能提供一个完整的历史的理解,因为语境(历史背景)本身是通过作为文本本身的历史文件而得以创造。

---

① Dominick LaCapra, *History and Criticism*, Ithaca, N.Y.: Cornell University Press, 1985, p.128.
② John Zammito, "Historicism, Metahistory, and Historical Practice: 'The Historicization of the Historical Subject'", Online, Internet, 22.04, 1997, p.791.

第 四 章

跨文化语境中的东西方比较研究

东西方研究必须考虑四个方面：语境化、翻译化、评估化与应用化。[①] 既在传统文化又在全球多元化文化背景下的东西方研究，体现了两种特性，即历史文化的偶然性与哲学语境的特殊性。一个类似但更复杂的哲学反思的背景就是当今社会。在全球化趋势中，各国现代文化发展并不意味着完全实现同质性（homogeneity），同样也表现为异质性（heterogeneity）。语境化（contextualization）和跨国比较（cross-national comparisons）越来越强化地作为一种有效手段，以便更好地了解不同的社会及其结构和机构。20世纪70年代以来，这种方法伴随着跨学科和社会科学网络与国际合作而得到。例如，欧盟委员会已建立了几个大型观测与网络系统，对成员国的社会和经济发展进行评估和协调。同时，政府部门和研究机构都对国际比较产生越来越多的兴趣。当然，只有少数社会科学家有能力跨越国界，在异文化语境中进行研究。对其他很多人来说，不仅缺乏知识或缺乏对异文化和外国语言的理解，而且也对不同国家背景下的研究传统和过程认识不足。比较研究的重点从先前单纯描述性的、普遍性的和"免除文化"（culture-free）的研究转变为对社会现象的研究。社会方式曾在工业社会学的关系中得到最充分的阐释[②]，这就意味着研究者应当在

[①] Don Garrest, "Philosophy and History in Modern Philosophy", *The Future for Philosophy*, ed. Brian Leiter, Oxford University Press, 1997, p. 59.

[②] M. Maurice, F. Sellier and J. -J. Silvestre, *The Social Foundations of Industrial Power: A Comparison of France and Germany*, Cambridge, M.A.: MIT Press, 1986.

不同的而且更广泛的社会语境（the social context）中，掌控社会规范和制度结构的特殊性，并寻求在更广泛社会语境中的差异性。在比较研究中，对语境化更加强调的另一个结果是，其具备了越来越多跨学科和多学科的性质，因为在尽可能低的分解（disaggregation）中，必须考虑更大范围的多种因素。

一 文化自我反思的语境化

在多元文化社会中的语境化是自我反思的需要，用来因应现在和未来的挑战。在全球，对社会文化的研究应采用丰富多样的方法。对跨文化与跨文明的研究可能是一个思维方式与行为方式语境化的理解方式。在这里强调语境化，主要指的是"文化异质性"和"文化相对性"，或"文化多发音"（the diverse articulations of culture）。更具挑战性的是，它不仅是反思和应用，而且是更广泛和深入的阐释和对译。中国本身的传统文化，外来的西方文化以及其他一切非西方文化形成了一种强大的合力，影响着中国当代社会。在东西方研究中，建立了建设性的对话与沟通。像在所有多元文化的社会一样，需要一个"自我反思的语境化"（self-reflective contextualisation）。[①] 在多元文化背景下，对东西方文化的研究不是绝对提升某一种文化唯一性、特权性或优势性的位置，而是在自我反思语境化中，注重本国文化的超越性、多元性以及欠缺性。在这里，我们特别强调"争议性"（controversiality）这一概念。长久以来，西方的各种观念都建立在欧洲中心论的基础上，英文所讲的"东方"（oriental）在一定意义上是贬义词，含有"非中心"的边缘意味。因此在西方，有良知的人士尽量避免使用这个词。多年前，一些学者，尤其是神学学者喜欢用"适应性"（adaptation）、"本土化"（inculturation）以及"本根化"

---

① W. L. van der Merwe, "African Philosophy and the Contextualization of Philosophy in a Multicultural Society", in G. Katsiaficas and T. Kiros（eds.）, *The Promise of Multiculturalism*, London: Routledge, 1998.

(indigenization) 等词,但近来越来越多的人愿意采用"语境化"一词。① 我们应该将语境的社会科学化与语境的本土化这两种方式结合起来。

归纳性的文化描述是有用的工具,因为它可在特定语境中寻求捷径,并发现足够的共同文化特征来使语境化发生作用。对于社会科学家,语境化总是涉及各个领域的关系和分类的功能,从而弥补了社会文化。在语境化的结构中,真理或谬误,正确或错误等都不是绝对的。某些信仰和习俗在一个特定的文化发展中发挥了重要作用,正如人类学家巴尼所指出的,"文化作为有机的整体,包含着相互依存的部分"。②

二 东西方研究中的语境化

在东西方研究的各学科中,都有着语境化的问题。以哲学为例,在西方人看来,"哲学"与古希腊如苏格拉底、柏拉图和亚里士多德等的思想影响以及欧洲文化传统有着不可分割的联系,并在启蒙运动后,受到笛卡尔、培根、洛克、休谟、康德等的思想影响而得到加强。尤其自18世纪"新科学"的发展,更是产生了一个包罗万象的牛顿自然观,以及对人性、正义、道德、法律、经济、宗教、国家等领域精确而又理性的社会观。西方应当运用自己的眼光与哲学的合理性,伴随着世界的其他部分,如亚洲、非洲、拉丁美洲以及伊斯兰世界等的崛起与发展,从西方现代化假想的优势和普遍性中清醒过来。因此,从一开始就在对"非西方哲学"是否是哲学的辩论中,不可避免地难以摆脱欧洲中心主义。更为极端的是,对于英美主流分析哲学界来说,甚至欧洲大陆任何具有思辨性的哲学都不应算作哲学。因

---

① Charles H. Kraft, "Culture, Worldview and Contextualization", William Carey Library, 2003, p. 389.

② G. Linwood. Barney, "The Challenge of Anthropology to Current Missiology", International Bulletin of Missionary Resarch, Vol. 5, No. 4, 1981, p. 173.

此，至少在最初阶段，当中国人试图建立对中国哲学的自我认同（identification），西方哲学的欧洲中心主义，甚至英美中心主义的特殊主义是以普遍主义的伪装形式曝光的。在近代史上，中国哲学反映西方哲学语境的三个发展阶段需要提及。

第一阶段，17—18世纪的西风东渐中，在当时的反思语境化下，由严复等人，经过对欧洲文字以及对日文的翻译，西方的世界观、认识论、方法论、伦理学、概念系统以及社会政治观念，开始在中国传播。第二阶段，辛亥革命、五四新文化运动，以及整个民国初期与中期，在当时特定的反思语境化下，中国知识分子，包括留欧、留美、留日学者，如胡适、冯友兰、梁漱溟、金岳霖、季羡林等，广泛深入地借用西方哲学概念和系统来重构、阐释、界定、包装中国传统的哲学思想，当然同时也保留和嵌入固有的文化内涵与文化代码。第三阶段，20世纪80年代以来，由于中国大陆的改革开放，对西方哲学思想的包容甚至推广，以至在更广泛而深入的反思语境中，中国哲学本身也得到相当发展。正如马索洛所指出的，它的重要性，就在于"质疑人类学与哲学中那些概念主题与范畴未加批判的所谓中立性，并由此质疑西方科学的理性与方法论的客观性与普遍性"。[1] 不少由欧美训练有素或受到西方熏陶的中国哲学家做了很多的工作。有的用英美分析哲学的方法，有的则用欧洲大陆现象学、存在主义、阐释学、结构主义、后现代主义、后结构主义等方法，进行哲学的整合或解构。[2]

---

[1] Dismas Aloys Masolo, *African Philosophy in Search of Identity*, Indiana University Press, 1994, pp. 124 – 146.

[2] 20世纪30年代以后，由于维也纳学派和牛津学派的重要影响，分析哲学在美国学院哲学界占据了统治地位。美国的现象学和存在主义一开始就是作为与分析哲学相抗衡的力量而逐渐兴起的。本来，在20世纪前半叶，由于物理学和数理逻辑的发展，与科学思潮相逆的存在主义等很难涉足学院哲学界，但当分析哲学的形式主义走向极端，越来越远离自然界、社会和人的时候，势必会产生危机而使现象学和存在主义得以盛行。起初，后者仅在社会上有很大影响，而在学院哲学界则无足轻重。20世纪50年代，尤其是60年代以后，它甚至在学院哲学界也不断扩大地盘，逐渐成为除分析哲学以外的第二大哲学势力（参见丁子江《思贯中西》，中国工人出版社2003年版，第419页）。

思想的再对话
NEW COMPARATIVISM

例如我们可以试图分析在现代性哲学与科学的话语中，被西方文化所边缘了的"其他"文化，从而讨论话语的力量和知识的形成。应用这些方法，有可能解构某些民族哲学（ethnophilosophy），并由此重新获得一个真实的中国传统以及中国哲学话语的可能性。通过辩论来了解中国哲学的主要发展，这本身就是一个多样化形式和方式的哲学思考，而且是一个经常与其他各种哲学相互批判和吸收的概念系统。在当前，根本没有任何一种哲学可以归结为某种单一的认同，规范的方法，或有一组共享的前提。在一定意义上，中国哲学与任何其他哲学一样，也许只在维特根斯坦"家族相似性"（family resemblances）① 的意义上与母体文化相关。对整个历史文化争论的话语涉及对哲学的认同，因此，在本身具有异构性传统的思考和谈话中所提到的哲学，也许仅被视为通用名称的一种示例。中国哲学可以寻求一个独特的认同，但只能在某种特定的语境下才能实现。

根据后现代主义的批判观点，西方哲学当然主要与欧洲历史与

---

① 维特根斯坦思想源自摩尔的《伦理学原理》和罗素与怀特海合写的《数学原理》。他的哲学研究的主要目标为语言，企图揭示人们在交往中，表达自己时所发生的东西。他强调语言即哲学的本质，是人类思维的表达，也是所有文明的基石；因而哲学的本质只能存在于语言中，从而消解了传统形而上学的唯一本质，为哲学寻得新的途径。他的《逻辑哲学论》和《哲学研究》各自代表前后时期的不同体系：前期基于解构，以语言学问题替换哲学问题，哲学就是说清问题；后期以建构重替解构，用哲学回归哲学，用"游戏"考察游戏，在日常生活中处理哲学的本质。维特根斯坦在《哲学研究》序言中称自己前期犯了严重的错误，但也说应在对比中，以前期作为背景来理解后期哲学。维特根斯坦思想前后转变，除了他本人的思维特质外，也与罗素、摩尔等人直接或间接的影响分不开。维特根斯坦的学生兼密友冯·赖特（G. H. von Wright）认为，作为《逻辑哲学论》与《哲学研究》作者的维特根斯坦，对于分析哲学的发展具有决定性的重要性，但将维特根斯坦本人称为分析哲学家是否正确，这几乎是另一个问题。对考察典型的"分析"来说，《哲学研究》的思想有些反其道而行；而《逻辑哲学论》在某种程度上可视为分析哲学思潮的顶尖，而这种思潮是由罗素所掀起，后由维也纳学派成员所推波助澜而形成的。后期维特根斯坦的观点则与摩尔有些相似（Ludwig Wittgenstein, 1953/2001, *Philosophical Investigations*, Blackwell Publishing; G. H. von Wright, "Analytical Philosophy: A Historico-Critical Survey", *Tree of Knowledge and Other Essays*, New York: E. J. Brill, 1993）。

文化紧密相连,直到 20 世纪,它其实是作为一个家族名字,进行各种不同的尝试来掌握在特定历史和文化环境中意识、思维与价值观。从这个角度看,"哲学"并非全方位的、统一的、普遍的、元叙事的某种经典。对于现代主义的哲学家来说,在欧洲中世纪,尽管也侈谈人类生存的终极意义,但作为神学婢女的哲学则成了相反的假象。有趣的是,在许多方面,当今的中国哲学是通过"西方哲学"的某些概念构架来进行表述。当代中国哲学往往体现某种历史和文化的应急范式以及语境的特殊性。哲学思想构成了人们生活世界或日常生存形式之间的相互关系。文化多样性反映了在社会背景下的切割。中国哲学在全球化中已打破沉默,并在与其他哲学互惠的对话中不可避免地带有多样性。这是由中国的文化,历史和社会条件决定的。在概念的阐明、价值的嵌入、文化的实践和语言的沟通等直接或间接的运作中,中国社会所通行的语言工具可更恰当地解释、批判和改造自身的文化,并通过各种话语的西方哲学和传统思想来确定自己"身份的认同"。

多元文化主义的界定本身就是一个在哲学和人文科学中争论的焦点。在政治哲学中,这可能意味着在一个政治社会中的平等地位。对多元文化的一个中性、无所不包的描述性意义,就是指社会不同差异的存在,并强调这种差异是意义重大的。在这个意义上说,它表现了当前矛盾的性质,即全球化后现代主义的多元文化。这种自相矛盾的巧合,在实现现代世界文化多元化的同时,似乎高深莫测,但可用现代性逻辑加以解释。现代性的启示被理解为是在普遍主义和普遍价值观的基础上开发出来的。

自由化的个人自主行动,实际上有着传统的来源,如文化习俗,宗教或集体的历史意义和道德权威的原因。民主的演变,人权的产生,科学的发展以及随之而来的技术化(technologization),使人的生活世界和资本主义经济带来极度扩张。这些可以追溯到两种观念:一是特定文化社会的个人;二是所谓"普遍的"人类理性。因此,现代性从一个特定文化社区或集体共享的意义上来预构历史进程。由于这个原因,现代性可以扩大跨文化,并有可能发展成为一个全球性的世界文化。然而，它并不能为人们提供那些带有附加内容的、依赖于特定文化生存形式的意义和价值。这就是多元文化主义以及各种形式的文化相对主义。对西方中心主义和普遍主义加以接受的一个先决条件是有无完全超然的文化可以被研究、理解以及判定。文化相对主义通常包括更多的要求，也就是必须了解特定文化为先决条件。不同文化之间既有通约性，也会有不可通约性；换句话说，不同文化之间有着最大公约数，即人类文明的共同性和相似性，但人类文明也有着不同性和差异性。然而，我们可以发现，跨文化的理解和翻译有着很大程度的制约。不同的文化都具有同等价值。每一种特定文化的完整性应得到尊重和维护，而且只有这样，才能使一个多元文化的社会避免由于政治和地理而分离。这就促使哲学家、教育家和一般的知识分子从事文化间的对话，并在理论上探索跨文化哲学的可能性。通过这种对话和话语，相互了解各种文化之间的共同性与差异性。在这个过程中，每一种文化都可以发现自身的缺陷与不足，每一种文化中的成员都可以导致和强化自身的主体性与自主性。多元文化主义的哲学家、教育家和一般知识分子就可能成为横向跨文化的沟通者与翻译员。正如鲍曼所说的，这些人都是社会各种复杂关系（the relational multiplexities society）的翻译者，而他们所用的方式是由"意义社区"（community of meaning）的习惯与信念所决定的。①

加瑞特认为近代哲学史至少在四个方面创造了"机遇"："一是从哲学的哲学，即大规模革命意识形态中获得了相对的自由，如黑格尔的唯心主义、马克思的历史唯物主义以及逻辑实证主义等，都企图系统地对以往哲学著作的解译与评价（无论肯定或否定）进行误导。二是产生了更多更好的研究工具，它们加强了著名哲学家们的理解，并激励了哲学家为值得认识的东西进行更好的探索。三是对其他领域、作者和学科进行了更广泛的拓展，因而为研究和语境化提供了新

---

① Zygmunt Bauman, *Legislators and Interpreters*, Oxford: Polity, 1987, p.4.

工作与新资源。四是在近代哲学史过去的50年中所进行的重要工作,为将来的事业提供了语境和动力,并为研究与论证的质量建立了高档次的标准。"[1] 不过,他同时也指出了某些"危机":哲学史家分裂成两大思想阵营,"其中一个是以哲学应用为代价,狭隘地强调语境化与历史探索的作用;另一个则以语境化为代价,狭隘地注重哲学评价与应用的作用。这样一来,所造成的后果是对双方都不利。……更重要的是,近代哲学的语境化与应用化并非去引介解译与评价,因而遭遇麻烦"[2]。赫索格瑞夫和罗门指出:(1)"在真正的意义上,语境化、文化以及神学这三者都有一个同时的开端";(2)"一个新语词需要我们调整文化语境的信息……这个新语词就是语境化";(3)"虚假的语境化产生某种未经批判的文化信仰形式";(4)"语境化是一种动态而非静态的过程";(5)"语境化并不意味人民与文化的分隔……在多元的文化环境中,人民必须为获得自身的认同而斗争,从而成为自己历史的主体,而这一切都保留在语境的相互依赖中。语境化意味着更新的可能性必须首先在地域和特定境况中才能产生,而且总是在当代相互依存的构架中被引向过去、现在以及可能将来发生的问题";(6)"人类学家与社会学家大都关注'文化层面'上的语境化";(7)"语境化应当将自身看作'关系的中心'……真实的语境化承认人在文化中的异化";(8)"将动态范式当作与所有语境化相关活动的某种模式来应用"[3]。

有学者对"语境"研究趋势所作出的预测很是到位:当今世界语言学的发展总趋势是从抽象的结构系统的研究转向语言应用理论的研究,由语言的静态描写转向语言的动态功能的研究,从单纯的科学型向社会人文型发展,由微观的小语言向宏观的大语言发展,由单科性向多边缘交叉性、多方位性的综合研究发展。在这种新潮趋势的影

---

[1] Don Garrett, "Philosophy and History in Philosophy", in *The Future for Philosophy*, ed. Brian Leiter, Oxford University Press, 2004, pp. 63–64.

[2] Ibid., p. 64.

[3] David J. Hesselgrave and Edward Rommen, *Contextualization: Meanings, Methods, and Models*, William Carey Library, 2000, pp. 27, 28, 31, 32, 53, 58, 62.

响下，近半个世纪来，社会语言学、心理语言学、功能语言学、语义学、语用学、话语语言学、交际语言学、文化语言学、模糊语言学、信息语言学等相继兴起问世。①

---

① 参见百度百科"语境"条目。

第 五 章

东西方思想对话的三大语境差异

一 语境的本体性差异

在东西方思想对话中首先存在着语境的某种本体性差异，表现在个体论/多元论/独特论（individualism/pluralism/particularism）与整体主义/单元主义/普遍主义（holism/ singularism/universalism）上。

马克斯·韦伯（Max Weber，1864—1920）认为个体主义对特定的社会行动和社会现象背后的个人动机及隐藏的秘密进行解释，故有人强调个体存在及其意识与行为是社会的突出特征。方法论的个体主义（methodological individualism）又称个体主义方法论，是一种哲学的研究方法，将社会的发展看作许多个人的聚集（整体上是个体主义的一种形式），以此解读和研究许多学科。在最极端的形式上，方法论的个人主义认为"整体"只不过是"许多个体加起来的总和"（原子论）。方法论的个体主义也被称为"还原主义"（reductionism）的一种形式，因为它的解释方式是将一个大的实体化约为许许多多的小实体。值得注意的是，方法论的个体主义并不一定代表政治上的个人主义，尽管许多使用方法论的个人主义的学者，如弗里德里克·哈耶克（Friedrich August von Hayek，1899—1992）和卡尔·波普尔（Karl Popper，1902—1994）也都是政治个人主义的支持者。

单元主义系指实在的本质，从数量上说，是独特而唯一的；依其字源"单数"（singular），可引申为特殊或奇妙，与复数（plural）相对。在哲学中，对于宇宙终极存在、规范及本质的探讨，从数量来说，有所谓单元论、一元论（monism）、二元论（dualism）和多元论（pluralism）等不同看法。单元论及一元论认为宇宙存在的原理，只有一个；二元论则认为有并存且独立的二种，而与一元论对立；多元论则以多元来解释宇宙的本体，说明存有的事物。单元主义一词是由寇尔佩（Oswald Külpe，1862—1915）首先采用，以别于一元论。虽然一元论与特殊主义均以一个原理或真相来说明存在的规范与本质，且一元论的思想模式是以绝对的方式处理哲学问题，即假定有一原理，可能是物质、精神或超越二者以上，称为一元论，因而又有唯心论和唯物论之别；单元主义则从所主张原理的数而论，故而包括一元论、唯心论以及泛神论、有神论、超越神论之主张，皆认为存在的性质、基础都是唯一而特殊的。单元主义与多元论之差异，有些学者认为是研究法不同。主张采用演绎的、辩证的、先天的概念，来探究存在的本质者，其学说自然倾向单元论；主张归纳的、经验的和实用的方法，其论点多倾向多元论。也有学者认为事物的根源与本质可以单元论来说明，也就是主张整体宇宙的存有，可以找到统一的根源，虽然其变化可能是二元或多元，甚至是对立或矛盾，只要其根本原理之性质为单一或独特，亦无不可。此种说法甚至主张神与世界是本质的一体，因此不同对象领域间之本质区别皆可取消，即精神与物质、有生命与无生命实体、个人与团体均可视为本质。以单元论为起点之基本原理虽可理解，即存有之为存有具有某种特殊与统一性，但由此却不能归结到只有唯一的存有物，或一切事物只属于单一的本质及实体。另有些批评认为，单元论忽视物质的复杂性的经验事实。马克斯·韦伯在《中国宗教：儒家和道教》一书中认为清教的价值观是普遍主义，并以此为尺度，批判中国文化的"单元主义"。

当今，普遍主义被后现代主义解构为西方中心主义的虚构，而仅有越来越特殊的价值标准和真理标准才是有效的，可行的。斯玛兹（General Smuts）在《整体论与进化论》一书中提出"整体论"（holism）。整体论是一种认为在自然中决定因素作为有机整体的理论，这种整体不能还原为它的部分之和，也就是说，整体不能被分析为其部分的总和或归结为分离元素，如完形心理学。普遍主义（universalism）是一种一元伦理学立场，认为存在对所有人普遍适用的普世伦理（universal ethic），不论其文化、种族、性别、宗教、国籍、性取向或其他不同特征，例如，人性有共同的弱点，各种文化中普遍的理智要求，或神的命令。它与各种形式的道德相对主义相反。范围广泛的文化传统和思想家都支持道德普遍主义的某一种形式，从古代的柏拉图学派和斯多亚学派，到现代的康德哲学、客观主义、天赋权利、人权和功利主义思想家。《世界人权宣言》就是道德普遍主义付诸实施的一个例证。

二 语境的方法性差异

在东西方思想对话中存在着某种语境的方法性差异，表现在分析论/精确论/实证论（analyticalism/precisionism/positivism）与综合论/模糊论/预设论（synthetism/fuzzism[①]/presuppositionism）上。

可以说，分析哲学运动至今约有百年历史，"现今是西方哲学的主导力量"。[②]

> 分析哲学发端于20世纪早期，当今已成为哲学的主导传统。当然，分析哲学并非还保持当初那个样子。正如其他一切运动或传统一样，分析哲学经历了各种政治灾变事件，科技的发展以及其他领域的影响，此外，它还接受了自我审思与批判。分析哲学的发展得益于很多来源，如英国经验主义传统（就像前面罗素所说的），19世纪末和20世纪初自然科学，尤其是物理学的发展。然而，最主要的动力是19世纪和20世纪初逻辑学、集合论以及数学基础的革命性发展。对于哲学来说，最重要变革是数理

[①] R. Jain, "*Fuzzism and Real World Problems*", in *Fuzzy Sets Theory and Applications to Policy Analysis and Information Systems*, ed. P. Wang and S. Wang, New York: Plenum Press, 1980, pp. 129–132.

[②] J. Searle, "Contemporaraty Philsophy in the United State", in Bunnin and Tsui-James (eds.), *The Blackwell Companion to Philosophy*, Blackwell, 1996, pp. 1–2.

逻辑的发展，它成为分析哲学家观念不可或缺的工具和源泉。分析哲学家从英国经验论、形式逻辑、数学和自然科学中获得他们的灵感、观念、论题以及方法。……分析哲学家们将弗雷格、罗素、维特根斯坦和摩尔尊为这个哲学大家族的四大鼻祖。①

什么是分析哲学？也许不同的分析哲学家有不同的回答：

> 对分析哲学而言，最重要的是以追求清晰性为特征，它坚持哲学上的明确论证，并要求任何所表述的观点必须经过严格的批判性评估以及同行的研讨。②

在2008年推出的《什么是分析哲学?》一书中，格洛克认为，分析哲学是一个松散的运动，作为历史和类的范畴，因某些影响与某种"家族相似性"而结合在一起。他比较了各类有关分析哲学定义的利弊，以及因此而引发的史学和哲学问题，并提出分析哲学是否可避免伦理与政治理论、分析哲学是否是中性和保守的、分析哲学是否是进步的和革命性的等一系列问题。此外，他还探讨了产生英美分析哲学与欧洲大陆哲学之间鸿沟的文化影响。"我的雄心是力图用分析哲学与欧洲大陆哲学相结合的新方式解决问题……虽然我本人是一个分析哲学家，但并不主张分析哲学在任何条件下都是一种完善的哲学。……在本书中，我的主要研究计划是为描述性而非指定性的元哲学做出贡献。"③

2013年，牛津大学出版社推出了宾内所编辑的《牛津分析哲学历史手册》一书，这部由41位著名学者参与编写，近1200页的巨著对现代英美分析哲学的来龙去脉进行了详细的评述。此书在导言

---

① S. P. Schwartz, *A Brief History of Analytic Philosophy: From Russell to Rawls*, Blackwell, 2012, p.2.

② European Society for Analytical Philosophy, http://www.dif.unige.it/esap.

③ Hans-Johann Glock, *What is Analytic Philosophy?*, Cambridge University Press, 2008, p.3.

"分析哲学及其史学"的 4 章中，介绍了分析哲学的概念与定义、分析哲学的史学研究、分析哲学的编年、分析哲学的文献和史料等。在第一部分"分析哲学的起源"的 10 章中讨论了反康德主义，19 世纪科学哲学的规范与结构，弗雷格与分析哲学，分析哲学学派与英国哲学，分析哲学的数学与逻辑基础，摩尔与剑桥分析学派，以及维特根斯坦的逻辑哲学论等。第二部分"分析哲学的发展"的 13 章中，审思了牛津实在论，早期逻辑经验主义与维也纳学派，卡尔纳普、哥德尔、塔斯基的逻辑贡献，维特根斯坦后期哲学，蒯因、克瑞普克和普特南姆的哲学，逻辑行为主义与认同论的起源，意义理论的发展，因果论的兴衰，分析哲学中的形而上学（玄学），元伦理学，20 世纪规范伦理学，分析美学，以及分析政治学等。第三部分"分析哲学历史中的主要论题"的 12 章中评述了功能问题，赖尔的思想，分析哲学中的逻辑完美语言，分析哲学中的语言转折，知觉与感觉材料，摩尔对外部世界的证明，模型论，推理论与规范性，实用主义与分析哲学，分析哲学中的现象学作用等。在全书 39 章中，罗素的思想几乎贯穿始终，其中有多处章节专门讨论了罗素对这个思潮的贡献，如第 1 章第 1 节"分析哲学的起源"（The Origins of Analytical Philosophy），第 2 章第 3 节"罗素在分析哲学构建中的作用"（Russell's role in the Construction of Analytical Philosophy），第 11 章"罗素与摩尔对英国唯心论的反叛"，第 12 章"罗素摹状词的理论与逻辑构造论的理念"（Russell's Theory of Descriptions and the Idea of Logical Costruction）等。[①]

普林斯顿大学出版社计划推出著名语言学家兼分析哲学史家索姆斯的 5 卷本巨著《哲学中的分析传统》，主要揭示了从 1879 年现代逻辑的发明一直到 20 世纪末分析哲学的历史脉络，提供了目前为止对分析哲学的发展最充分最详细最有深度的评述，其中不少资料未曾公布。索姆斯针对分析运动的各个重大的里程碑似的发展阶段，作出

---

① Michael Beaney (ed.), *The Oxford Handbook of the History of Analytic Philosophy*, Oxford University Press, 2013.

了前所未有的探索。2014 年已出版了其中第一卷《开创性的巨匠们》。此卷有 680 页之厚，阐明了分析哲学开创时期的三大巨头——弗雷格、罗素和摩尔在数学、认识论、形而上学、伦理学、哲学、语言哲学等领域的划时代的贡献。索姆斯解释了这三位开创者在 20 世纪 20 年代，以一种前所未有的方式将逻辑、语言和数学三者结合，并使之成为哲学的核心部分。不过，尽管逻辑、语言和数学当今已被认作达到传统目的有力工具，但始终并未真正地对哲学加以界定。这种状况得到转变，在第一卷的结尾，索姆斯引介了第四位开创者，即天才的大哲维特根斯坦：1922 年，《逻辑哲学论》（*Tractatus*）的英文版问世，迎来了持续数十年的"语言学转向"的哲学。索姆斯声称自己在第一卷中关注的七大焦点是：

> （1）弗雷格与罗素所开创数理逻辑的非凡发展；（2）弗雷格与罗素数理哲学的突破性转型；（3）弗雷格与罗素如何应用在逻辑—数学的考察中获得的概念和方法，来建立语言系统研究的基础；（4）在 1905 年至 1918 年，罗素坚持不懈地应用逻辑和语言分析的方法，来抨击认识论与形而上学（玄学）的传统问题，并且力图建立作为哲学主要方法论的分析手段；（5）摩尔与罗素对康德主义—黑格尔主义式唯心主义的反叛，而后者在 19 世纪至 20 世纪初叶曾主宰英国哲学；（6）摩尔的元伦理学造成了近半个世纪的争论；（7）摩尔的常识认识论至今还影响着哲学界。①

分析哲学学派在世界许多地区都盛行，但最主要在英语国家，尤其是英国和美国。罗素认为，自然语言往往误导哲学，而理想语言可以揭示真正的逻辑形式。因此，在传统的观点上，分析哲学诞生于这一语言的转向。这种理性的分析哲学被誉为一个宏大规模哲学革命，

---

① Scott Soames, *The Analytic Tradition in Philosophy*, Volume 1: *The Founding Giants*, Princeton University Press, 2014, p. xii.

不仅是反抗英国的理想主义，而且是反对整个传统哲学。

分析哲学经历了数次内部的微型革命，可将其历史大致分为五个阶段：

第一阶段，约从 1900 年到 1910 年。主要特征为摩尔和罗素的实在论的兴起，它以某种准柏拉图形式来替代唯心主义；这种实在论以"命题"和"意义"的用语中得到表达和维护，因此它涉及一种语言的转向。然而，这种实在论另一个重要特征是远离哲学宏大的系统或宽泛的合成，而转向提供狭义的讨论，探讨单个特定的、孤立的问题，并注重精确和细节的方法。

第二阶段，约从 1910 年到 1930 年。主要特征为逻辑原子论和理想语言分析的兴起，摩尔与罗素都摒弃了那种命题实在论，但前者强调一种常识的现实哲学，而罗素则与维特根斯坦一起发展了逻辑原子论和理想语言分析。

第三阶段，约从 1930 年到 1945 年。主要特点为逻辑实证主义的兴起，由维也纳学派的成员开创，并由英国哲学家艾耶尔（A. J. Ayer）推广。

第四阶段，约从 1945 年到 1965 年。主要特征为日常语言分析兴起，由剑桥哲学家维特根斯坦和约翰·维斯德姆（John Wisdom）以及牛津哲学家吉尔伯特·赖尔（Gilbert Ryle）、约翰·奥斯丁（John Austin）、彼德·斯特劳森（Peter Strawson）和保罗·格莱斯（Paul Grice）所发起。20 世纪 60 年代，来自内部的批评，并没有引起分析运动放弃其语言形式。

第五阶段，约从 20 世纪 60 年代中期到 20 世纪末。主要特征为折中主义和多元主义，语言哲学赋予形而上学（玄学）以及哲学的各种分科以新的方式。这种后语言分析哲学不能由一套共同的哲学观点或兴趣，而可由其某种宽松的风格来界定，这就造成对某个狭窄的题目往往注重精确性和彻底性，而对广泛的议题却并不再挑剔非精确性或随意性。

即使在其早期阶段，对分析哲学很难界定其内在特征或根本的哲学承诺。因此，它一直依赖于与其他方法的相比性，用以澄清其自身的性质。最初，它反对英国的理想主义，然后扩展为拒斥整个"传统哲学"。后来，它发现自己反对古典现象学（如胡塞尔）及其衍生的学派，如存在主义（如萨特、加缪、等等），还有"欧洲大陆"或"后现代"哲学（如海德格尔、福柯和德里达）。虽然古典实用主义与早期分析哲学有某些相似性，尤其是皮尔士（C. S. Peirce）和刘易斯（C. I. Lewis）的工作，但实用主义者通常被理解为构成一个独立的传统或学派。[1]

人们对其历史发展的兴趣日益增长。也有人尖锐地抨击分析哲学正走向"消亡"，或面临严重"危机"，抑或"患了严重的疾病"。(Leiter, 2004a, Biletzki and Matar, 1998；Preston, 2004) 这种危机感不仅在批评家的嘴里，一些分析哲学的领军人物也有同感。冯·莱特（Von Wright, 1993）注意到在进入哲学构建的革命性运动中，分析哲学变得如此多样，以致似乎丢失了本来的面目。还有其他学者认为英美分析哲学与欧洲大陆哲学的分界已经过时。(Glendinning, 2002；May, 2002；Bieri, 2005) 丧失认同仅是一种一般的担忧，而丧失活力则更为严重。普特南（Putnam, 1992）曾反复号召要为分析哲学"注入新的生命力"。辛提卡（Hintikka, 1998）呼吁"分析哲学的幸存依赖于维特根斯坦后期工作所提供的可能构造"。甚至作为最坚定和最不妥协的谢勒，也承认"在革命性的少数观念转变为普遍认可的观念之后，分析哲学逐渐丧失了活力"。[2] 一些对分析哲学多少抱有怀疑态度的人竟提出应以"后分析哲学"取代之。(Baggini and Stangroom, 2002) 这样一些"胜利

---

[1] Aaron Preston, "Analytic Philosophy", *Internet Encyclopedia of Philosophy*, 2006, http://www.iep.utm.edu/analytic/.

[2] J. Searle, "Contemporaraty Philsopy in the United State", in Bunnin and Tsui-James (eds.), *The Blackwell Companion to Philosphy*, Blackwell, 1996.

与失利相结合"的状况,提供了一种机缘,即从新的角度来审思分析哲学的本质。

三 语境的伦理性差异

在东西方思想对话中存在着某种语境的伦理性差异,表现在民主论/自由论/非规范论(democratism/liberalism/non-normativism)与威权论/保守论/规范论(authoritarianism/consertivism/normativism)上。

民主主义从其字面上来看,代表着主权在民,即人(全)民做主。至于民主的统治方法,以及"人民"的构成范围则有许多不同的定义,现在一般是由多数进行统治。民主通常被人与寡头政治和独裁政治相比较,在这两种制度下政治权力高度集中于少数,而没有如民主政治由人民控制。狭义的民主一词经常被使用于描述国家的政治,民主的原则也适用于其他有着统治行为存在的领域。广义的民主应该是人民当家做主,在一个完整的民主的社会里人们从一出生就平等,人们不仅对社会生产资料有共同的占有权,同时对社会也负有相应的责任与义务,也就是在"各尽所能、各取所需"的社会框架的基础上,建立起社会的法律法规以及对政权控制的选举权与被选举权等。

威权主义指政府要求人民绝对服从其权威的原则,而不是个人的思想和行动自由。政府上的威权主义指权力集中于单一领袖或一小撮精英。威权领导者在行使权力时常不考虑现有法律而任意,公民也通常无法通过自由竞争的选举来替换之。威权主义因而站在民主的对立面。在不同学术领域如新闻学、行政学、经济学、心理学、管理学、社会学,威权主义概念的中文专业用词或有差异,如独裁主义、集权主义、集权制度、专制主义。威权主义在本质上不一定和自由有先天的对立,而且包括的范围非常之广,通常却表示对民主的敌意。从古代的君主专制到极权主义政体,都可以被称为威权主义,而一些专门研究纳粹的人认为,同期的法西斯意大利或日本法西斯主义,都缺乏像纳粹般完整的极权主义本质,但又有很多地方是相似的,一定都是威权主义政体。而且日本和意大利当时仍然是君主立宪制国家,所以可见其可变性和糊模性。非极权的威权主义也异于极权主义,因为威权政府通常没有高度发展的指导意识形态,在社会组织方面多元化,并且缺乏动员全国力量。

第 六 章

后现代语境中的东西方比较研究

  在全球化的社会潮流中，不同文化背景下的各国或各地区人民进入了一种后现代语境中的国际交流。后现代主义于20世纪50年代发端，60年代兴起，广泛而深刻地影响了许多学科，包括宗教、文学批评、社会学、伦理道德、语言学、建筑、历史、政治、国际关系、人类学、艺术、音乐等几乎一切领域。正如叶尔马兹所指出的，后现代主义观念的改变取决于全球的不同位置。有三个原因：一是因其是"反本质主义和反基础主义的"（anti-essentialist and anti-foundationalist），从整体上说，后现代主义思想都无法明确界定或可预见；二是因其是对比性的，而并无一个呈现或解释自己的特定方式；三是因其不能被发明者和研究人员所明确界定，"那些首先建立这一理念的学者们故意不给它一个明确的、具体的诊断"。[1] 后现代主义对人种学或民族志（ethnography）的攻击通常是基于这样一个信念，即不存在真正的客观性，因此科学方法的真正实施是不可能的。里德将后现代主义对社会研究客观性的挑战加以概念化，即对人类学整合考察与研究语境能力的怀疑，并将考察的语境界定为研究者社会与智力的语境，即本质上的社会认同以及信仰和记忆；从另一面看，语境的解释是指研究者所希望考察的现实性，特别是指其所希望解释的社会行动

---

[1] K. Yilmaz, "Postmodernism and Its Challenge to the Discipline of History: Implications for History Education", *Educational Philosophy & Theory*, 42, 7, 2010, pp. 779 – 795.

以及周围的社会环境或语境。[1]

一　后现代主义的概念界定

所谓后现代主义（post-modernism）是最模糊的概念之一，当然它所形成的文化语境也是很模糊的。后现代主义是一种来源于美学、建筑学和哲学的社会运动。[2] 后现代主义者往往并非是"自称"，而是"他称"，即许多当事者并不自认为"后现代主义"者，而是他人主观的归类。"后现代主义"并无确定的定义。詹克斯认为，后现代主义是一种悖论式的"二元论"或"双重性代码"，可将之看作现代主义的延续和超越。在一定意义上，后现代主义是最新阶段的现代主义或现代主义极端夸大了的变种。[3] 格林伯格把后现代主义称为"人们所有热爱物的反题"，或可当成在工业主义前提下文化民主主义美学标准的"弱化"。[4] 也可以说，后现代语境可以被视为现代主义发展到一个极端变种形式的语言代码。

原本"现代主义"就是一个很模糊的概念，它至少有四个基本含义：（1）社会性含义，表现为文明发展的现代阶段，以工业化、都市化、民主化为基本特征，拒绝旧的权威、秩序、制度和社会形态；（2）宗教性含义，表现为任何在现代科学、哲学和社会政治观的影响下，对基督教传统的质疑、革新、挑战和批判运动；（3）哲学性含义，表现为用现代自律批判性的理性主义或经验主义的个人主义世界观、认识论、方法论、价值观来解释和探索自然界和社会生活；（4）艺术性含义，表现为以现代的创作手法，如立体主义、未来主义、达达主义、超现实主义、抽象主义、印象主义等颓

---

[1] Isaac A. Reed, "Epistemology Contextualized: Social-Scientific Knowledge in a Post-positivist Era", *Sociological Theory*, 28 (1), 2010, pp. 20 – 39.

[2] Ryan Bishop, "Postmodernism", in David Levinson and Melvin Ember (eds.), *Encyclopedia of Cultural Anthropology*, New York: Henry Holt and Company, 1996.

[3] C. Jencks, *What is Post-Modernism*, Academy Press, 1994.

[4] C. Greenberg, "Modern and Postmodern", *Arts*, 54, 6, February 1980.

废主义和形式主义的倾向,来表现绘画、音乐、小说、诗歌、戏剧、电影、建筑等。总之,现代主义是对古典主义的一种否定和反动,以唯我主义和个人主义的标新立异向固有的形式和既定的规范挑战。现代主义是现代社会文化以及政治经济在思想观念上的反映。批判哲学的代表人物哈贝马斯宣称现代社会的科学、伦理和艺术变成自律的领域,换句话说,认识工具、伦理实践关系表达的理性结构操纵在专家手中。

现代主义与后现代主义之间的差异、现代和后现代思维方式之间的对比见表1和表2。

表1　现代主义与后现代主义之间的差异

现代主义 modernism	后现代主义 postmodernism
浪漫主义/象征主义 romanticism/symbolism	精神物理学/达达主义 paraphysics/Dadaism
目的 purpose	活动 play
设计 design	机会 chance
等级 hierarchy	无政府 anarchy
征服、理性 mastery, logos	耗竭、沉默 exhaustion, silence
艺术对象、完成品 art object, finished word	过程、表演 process, performance
距离 distance	参与 participation
创造、整体化 creation, totalization	消解化 deconstruction
合题 synthesis	反题 antithesis
出席 presence	缺席 absence
集中 centering	分散 dispersal
类型、边界 genre, boundary	文本、互联文本 text, intertext
句法 semantics	修辞 rhetoric
范式 paradigm	语段 syntagm
形合 hypotaxis	意合 parataxis
隐喻 metaphor	转喻 metonymy
选择 selection	联合 combination

续表

现代主义 modernism	后现代主义 postmodernism
深度 depth	表面 surface
解释 interpretation	反对解释 against interpretation
阅读 reading	误读 misreading
所指 signified	能指 signifier
可读 lisible（readerly）	可写 scriptible
叙事 narrative	反叙事 anti-narrative
大故事 grande histoire	小故事 petite histoire
主码 master code	个语 idiolect
症状 symptom	欲望 desire
形式 type	变体 mutant
生殖器 genital, phallic	多形体 polymorphous
偏执狂 paranoia	精神分裂症 schizophrenia
起源、原因 origin, cause	差别 difference-difference
圣父 God the Father	圣灵 The Holy Ghost
形而上学 Metaphysics	嘲讽 irony
确定性 determinacy	不确定性 indeterminacy
超越 transcendence	内在 immanence

资料来源：Hassan, "The Culture of Postmodernism", *Theory, Culture, and Society*, Vol. 2, 1985, pp. 123 – 124。

表2　　　　　　现代和后现代思维方式之间的对比

	现代 modern	后现代 postmodern
推理 reasoning	自下而上 from foundation upwards	推理多种层次的多种因素：网络 Multiple factors of multiple levels of reasoning, Web-oriented
科学 science	普遍乐观主义 Universal Optimism	局限性现实主义 Realism of Limitations

续表

	现代 modern	后现代 postmodern
部分/整体 part/whole	部分构成整体 Parts comprise the whole	整体大于部分之和 The whole is more than the parts
上帝 God	违反自然律的行动或日常事物内在性的行动 Acts by violating "natural laws" or by "immanence" in everything that is	自上而下的因果性 Top-Down causation
语言 language	参考 Referential	通过社会语境中所应用的意义 Meaning in social context through usage

资料来源：http://private.fuller.edu/~clameter/phd/postmodern.html。

在表2的最后一行，可以看出后现代主义与现代主义一个显著区别是强调"通过社会语境中所应用的意义"。

后现代主义的开先河者利奥塔以否定的态度揭示了所谓现代主义的思维特征。据他称，现代主义是一种以元论述（metadiscause）使之合理的思想体系，它借助诸如精神辩证法、意义阐释学、理性解放、劳动阶级的解放或财富的创造等"雄辩"（grand narratives）得以发展，而以伟大历史和科学的描述来表达真理正义的社会则可称为"现代社会"。以工业化、商品化、竞争化再加上民主化为特征的现代物质文明的高度发展，也给社会本身带来了客观自然界的惩罚——生态破坏和环境污染，带来人类本身的对抗、仇视、犯罪、争斗，甚至杀戮，也带来了来自人们内里的精神性和价值观的变态、反常、蜕化和解体。一些哲人把这一切都归结于现代主义带来的灾难。因此，他们寻求一种新途径来解决社会弊端和精神危机。于是，这种特征的思想探索便贴上了"后现代主义"的标签。① 以此类推，与其相符的语境便可称为后现代语境。

班纳德尖锐地指出：后现代主义是一种无目的的、无政府主义的、无定型的、兼容并包的、表现为"边际型结构"的思想倾向，其目的在于我行我素的"通俗性"。② 胡森斯乐观地称后现代主义为西方社会的"文化改革"。③ 威廉姆斯把后现代主义视作"感情的结构"。④ 意大利批评家塞维则干脆将后现代主义归结为"古典主义的赝品"。⑤ 还有人把后现代主义等同于"虚无主义""折中主义""多元主义""通俗主义""非理性主义""反科学主义""后结构主义""后马克思主义""新保守主义""后工业主义"及"晚期资本主义"等。后现代主义以其不确定性引来了许多代名词，如"超现代主义"（super-modernism）、"反现代主义"（anti-modernism）、"非现代主义"（non-modernism）及"晚期现代主义"（late-modernism）等。所谓后现代的语境化就是上述各种思潮提法的折光反射。在一定程度上，后现代语境是一切对现代主义社会语境进行否定的形形色色思想形式和趋向的"大杂烩"，也可称为因对付现代主义而构成的最广泛的统一战线。不过在后现代主义中，不乏相互对立的派别，敌人的敌人并非一定是"友军"，正如德·哈维所说，后现代主义成了各种冲突意见和不同政治势力的"战场"。⑥ 甚至可以说，后现代主义及其语境是现代主义自身演化而不断脱胎出来的变种，并与其母体有着千丝万缕的联系。

后现代主义运动的主要原则包括：一是作为存在基本现象的文本

---

① J. F. Lyotard, *The Postmodern Condition*, Manchester University Press, 1984.

② W. D. Bannard, *Arts*, February 1984, p. 69.

③ A. Huyssens, *After the Great Divide: Modernism, Mass Culture, Postmodernism*, Indiana University Press, 1987.

④ R. Williams, *The Postmodern Novel in Latin America: Politics of Culture and the Crisis of Truth*, Palgrave MacMillan, 1995.

⑤ Bruno Zevi, *Modern Language of Architecture*, University of Washington Press, 1978.

⑥ D. Harvey, *The Condition of Postmodernity*, Wiley-Blackwell, 1991.

和语言高度；二是对一切现象文学分析的应用；三是对现实性和代表性的质疑；四是对元叙事（metanarratives）的批判；五是对方法和评估的否定论证；六是聚焦于权力关系和霸权；七是对西方制度和知识的一般批判等。总之"后现代主义者追寻从尼采、韦伯、弗洛伊德、德里达、福柯以及其他当代后现代主义者所引发的有关真相的怀疑论以及由此产生的相对主义"。①划分后现代主义及其语境的两个显著特征，一是"仿造化"，二是"精神分裂化"。现代主义建立在个性化发明之上，而形而上学则为这种个人主义的理论基础。资产阶级的个性主体以一种"过去之物"的形态显现，但不外乎海市蜃楼，实乃神话的虚构。在当今社会，个性风格的发展已随风飘逝，只有"仿造品"才独领风骚。这种仿造的实践和对死去类型的模拟，可在许多"怀旧"的影片中重现。人们既不能注重现在，也难以在历史上安置自己，甚而整个社会也无法对付时间。后现代主义以拉康的所谓"精神分裂"理论来解释时间的观念。所谓精神分裂，是一种语言失序。诸如暂时性、时间性、过去、现在、将来、记忆及个人认同等概念都是语言的效应，因为只有语言有过去时和将来时，故可在时间中移动。精神分裂者的经验表现为暂时的、非连续性的，故是一种孤立的、无关联的物质象征。一方面，精神分裂者具有更多的有关世界的当下经验；另一方面，它又不具有个性的认同。后现代主义的语境观导致了一种新历史主义的辩论，即过去的语境化如何在当前的历史写作中得到表达；其争论的焦点以将历史当成一个言语构造为前提。正如哈钦所指出的，这个论证揭示了过去只能在"作为文学或历史的文本及其轨迹中而被认知"。②卡勒提示道："历史……在叙事结构中体现自身，所有被设计好的故事通过叙事秩序而产生意义。"③

---

① Lawrence A. Kuznar, *Reclaiming a Scientific Anthropology*, Alta Mira Press, 2008, p.78.

② Linda Hutcheon, "Historiographic Metafiction: Parody and Intertextuality of History", in Robert Con Davis and Ronald Schleifer (eds.), *Contemporary Literary Criticism: Literary and Cultural Studies*, New York, London: Longman, 1994, pp.3–32.

③ Jonathan Culler, *On Deconstruction: Theory and Criticism after Structuralism*, Ithaca, N.Y.: Cornell University Press, 1989.

然而，一个主要难题是，历史问题在当代理论中都是历史性的话语。历史话语在语境化的过程中产生，从而所有意义系统都由历史所决定。历史叙述是以卡勒所称谓"历史上的发音"（the historicity of articulations）① 为标志。但历史性本身不能单独作为历史知识的基础，因为其文本的性质是不可避免的。历史话语无法诉诸被记录的真相。格林布拉特强调："历史的证据是不可靠的；甚至在没有社会压力的情况下，人们很容易对自己最虔诚的信念说假话，更何况在残酷的压迫中他们不得不撒谎。"② 因此，历史知识只能通过文本而获得，而且"对文本的考察会拒斥证据和相关性"。③

二 后现代主义的思想取向

后现代主义在政治层面上主要批判马克思主义，在文化层面上则批判抽象的表现主义和存在主义。大多数后现代主义者反对采用确定性与不确定性、指示者与被指示者、潜性与显性（弗洛伊德）以及现象与本质（马克思）等模式。在哲学特征上，后现代主义主要表现为否定自启蒙时期以来作为蒙昧主义和盲从主义对立物的、以个人自律为标志的理性主义，并以一种非理性主义取而代之。对后现代主义可作广义和狭义两种理解：从广义上说，现代不少大思想家、大哲学家都具有某种"后现代主义"的色彩。一切对资本主义进行批判的哲人，像涂尔干、韦伯、霍克海姆、班杰明、阿道尔诺、卢卡奇、弗罗姆、萨特、马尔库兹和哈贝马斯等，皆是如此

---

① Jonathan Culler, *On Deconstruction: Theory and Criticism after Structuralism*, Ithaca, N.Y.: Cornell University Press, 1989, p. 129.

② Stephen Greenblatt, "Invisible Bullets", in Robert Con Davis and Ronald Schleifer (eds.), *Contemporary Literary Criticism: Literary and Cultural Studies*, New York, London: Longman, 1994, pp. 474–506.

③ Elizabeth Fox Genovese, "Literary Criticism and the Politics of the New Historicism", in Keith Jenkins (ed.), *The Postmodern History Reader*, London, N.Y.: Routledge, 1997, pp. 84–88.

（但在思维特征上又可以是现代主义者，如哈贝马斯等）。从狭义上说，是指以拉康、德里达、福柯和利奥塔等为代表的后结构主义、阐释学、消解主义等思潮。这些人的理论和思想都必须在后现代语境中加以解译。

美国后现代主义的主要代表人物有詹姆森（F. Jameson）、德鲁兹（G. Deleuze）、卡勒（J. Culler）、哈维（D. Harvey）、哈桑（I. Hassan）、罗蒂（R. Rorty）及女权哲学家哈钦（L. Hutcheon）等，他们进一步发挥了法国后现代主义思想家利奥塔等的理论。他们大致同意利奥塔对后现代主义社会条件的讨论，如对社会的媒体化、繁荣化、消费化、官僚化、多族裔化、电脑信息化及后工业化等的分析。他们指出，后现代主义是随着新社会经济秩序和新的文化特征而产生的一种周期性概念。作为新思潮，它不赞成任何以伟大哲学为表现形式的元描述（metanarratives）方式。因此，这些哲人在一种新社会语境中，更加反形而上学（玄学），并更加接近大众化的人性、情感与非理性的诉求。

詹姆森在其名著《后现代主义或晚期资本主义的文化逻辑》中，从文化、意识形态、经济、语言、空想主义及艺术等方面详尽讨论了后现代主义。他认为，后现代主义是在现代化过程完结时产生的，它具有更充分的人性。不过，在此世界，文化变成可变的"第二自然"。后现代主义并非为全新社会秩序的文化主宰者。人们爱用这个词却不求甚解。只有明了这个概念的哲学和社会功用，才能打破其神秘化。我们并不能一劳永逸地完全理解和掌握它。后现代主义是彻底商品化的消费过程，是对消费资本主义的逻辑运用。在后现代条件下，甚至美学的生产与商品的生产也融而为一。后现代主义注重大众生活的固有领域和文化层面的日常变化。与利奥塔如出一辙，詹姆森也反对现代主义的描述或元描述的方式，反对将之奉为认识范畴的结构。由于并不完全赞同后结构主义的看法，他指出，有的理论大师的描述尚属有用。他还认为，从现代主义向后现代主义的转型是以主体的"分化"（fragmentation）代替主体的"异化"为标志的，因此，个性主体、唯一性以及个人风格便被仿造性所替代。① 可以说，主体的分化是后现代语境的显著标志之一。

　　罗蒂是一名具有实用主义倾向的分析哲学家，其力作《哲学与自然之镜》对哲学界颇有影响。近年来，他是美国后现代主义思潮的主要领袖之一。罗蒂批判了从笛卡尔到尼采的一系列哲学家，因为他们的思想与具体创造了当代北美文化的那种社会工程的历史南辕北辙，尽管这种社会工程对文化有利有弊。哲学不可能在探索中界定永恒的认识论架构。哲学家的唯一作用在于：斥责那种为避免具有"有关具有观点"的观点时，而具有一种观点的看法。伟大哲学家的政治观不必比自己的哲学观更严肃认真。任何观念与现实的关系，道德状况以及哲学写作，纯粹为暂时性、偶然性的。于是，一种新的研究方式不再是对文学生产的评估，也不再是理智历史、道德哲学、认识论和社会预言，而是一种新样式的重新组合。罗蒂把尼采、詹姆士、海德格尔、维特根斯坦和杜威称作"形而上学的破坏者"，因为他们摧毁了奠定知识根本训练的哲学基石。使福柯与实用主义者相融合的原因，在于他们都主张：（1）并不存在本身非处于创造实践过程中而创造的那种标准；（2）并不存在本身非诉诸上述标准的那种理性准则；（3）并不存在本身非服从人们自己传统的那种严格论证。罗蒂本人继承实用主义的衣钵，拒绝把真理看成以哲学兴趣进行理论探讨的东西，而是将其看作不过是全部真实陈述所具有的物的名称而已。罗蒂指明德里达的"原创性"（originality）会产生某种悖论，如很难区别新创、原创与改善。原创性在现代条件下值得商榷，因为它使自我意识、反人性主义、反身性（reflexivity）以及原作化（textualization）等许多后现代主义的基本特征，难以从现代主义旧框架中解脱出来。人们有可能公正地拒斥元描述，但理论总是试图寻求"自动的确定化"而不能贯彻自身，因此它应是一种使自身开放的社

---

① Frederic Jameson, "Postmodernism or the Cultural Logic of Late Capitalism", *Media and Cultural Studies Key Works*, ed. Meenakshi Giri Durham and Douglas M. Kellner, UK: Blackwell Publishing, 2001, pp. 550–587.

会实践的任务。罗蒂站在培根的立场上，批判笛卡尔一类哲学家应加固论述的基础、知识分子应成为政治领袖的观点。[1] 尽管罗蒂在后现代主义者与现代主义者的论争中，与哈贝马斯"相视为敌"，但又与之有着某种不解之缘。罗蒂与其他后现代主义同伙如利奥塔等也谈谈打打，不全志同道合。总的说来，美国的后现代主义哲学家与他们的欧洲同道一样，坚持着一种非历史化、非个性化、非建构化、非描述化、非差异化、非整体化、非专门化、非理性化以及非政治化的思想倾向与社会文化语境。

在一种新社会语境中，后现代主义试图从三个来源寻求有效的思想武器：一是"以古代否定现代""托古改制"，表现为某种"怀旧"的心态，即从古希腊和传统思想来源上找出可改头换面的原始素材，并对其加工后用以批判现代主义；二是"以东方否定西方""东为西用"，表现为某种"猎奇"的心态，即从东方文化传统思想来源上找出某些相对有价值的东西，进行加工，之后同样用以批判现代主义；三是"以明天否定今天""诉求未来"，表现为某种"空想"的心态，即以某种超越现代社会思想条件的可能的具有理想价值的假想，来批判现代主义（但在某种意义上它又反对传统空想主义的思维与论述方式）。

美国社会学家尼斯贝特指出，社会学家对于未来有两种争论的看法：一是如福山那样预言政治和经济制度以及价值观终将合流；一是如亨廷顿那样预言它们将始终保持差异。究竟是"历史的终结"还是"文明的冲突"？换句话说，福山的"趋同论"与亨廷顿的"趋异论"哪一个能正确地预测人类的未来？这样的社会差异如此之大，会导致冲突吗？尼斯贝特认为不会，而相反认为"两个部分（the twain）应凭借其他方向的每一移动而得到满足"。"倘若经济与政府的形式在任何地方是相同的，这就使人们的心理特质也会相同。但在另一方面，'文明的冲突'的观点则坚持思维的习惯始终保持差异。"他绘声绘色地调侃道：一方面整个世界都似乎在"西方化"，例如人

---

[1] R. Rorty, *Philosophy and the Mirror of Nature*, Princeton University Press, 1981.

New Comparativism 思想的再对话

人都穿牛仔裤、T恤衫和耐克鞋,喝可乐,听美国流行音乐,看美国好莱坞大片和电视,甚至教育体制都相当西方化,如强调分析、批判、逻辑以及解决问题的形式化方式等;另一方面分歧将日益严重:国际冲突不断加剧。尼斯贝特又指明了第三种观点:世界将会以合流为主,而非分歧为主,"但这种合流并不仅建立在西方化,而且也建立在东方化,并且建立在社会制度和价值融合的新认知形式上。……东方与西方都能为一个大融合的世界做出贡献,在这种世界上,两种文明的社会与认知方面不但得到表达而且相互转化"。①

近年来,"后现代主义的消亡"这一说法已引起越来越广泛的辩论。2007年,在对《20世纪文学杂志》一个题为"后现代主义之后"特辑的导言中,霍伯瑞克(Andrew Hoborek)指出,"后现代主义消亡的声明已经形成了一个重要的共同点"。② 一小群批评者提出了一系列的理论,其目的是在后现代主义之后描述文化或社会。其中最显著的有艾舍尔曼(Raoul Eshelman)的演示主义(performatism),里泼维斯基(Gilles Lipovetsky)的超现代性(hypermodernity),波瑞德(Nicolas Bourriaud)的改换性现代(Altermodern),科比(Alan Kirby)的数字现代主义(digimodernism)或伪现代主义(pseudo-modernism);此外还有后后现代主义(post-postmodernism),等等。不过上述这些新标签都未得到广泛的认同。③

正如近来有学者所声称的,后现代主义关注在全球化与资本主义过程中爆发的差异性对抗:人类相互影响的加速,跨文化经常互动中日益加深的冲突以及地区与全球知识的必然联系等。④ 有学者运用后现代主义方式,对跨文化人员之间交往的研究范式和主导理论取向进行了批判,质疑了本质主义(essentialism)、实证二元主义(positivist dualism)以及欧洲中心主义(eurocentricity)等。认识论、本体论和

---

① Richard E. Nisbett, *The Geography of Thought: How Asians and Westerners Think Diferently and Why*, The Free Press, 2003, pp. 219 – 229.
② *Critical Theory* (Google eBook), by Wikimedia Foundation, p. 95.
③ http://en.wikipedia.org/wiki/Postmodernism.
④ Daniel Salberg and Robert Stewart, Karla Wesley and Shannon Weiss.

第六章 后现代语境中的东西方比较研究

价值论所考察的问题是由理论基础的本质差异所引发的,因为它们不加批判地接受的二元论,而逻辑实证主义的统治地位作为导向的范式,却是由话语帝国主义(discursive imperialism)引发的偏见。[1] 本体论问题处理现实性的问题,而认识论则必须解决人们如何获得有关现实性的知识。[2] 一些学者运用后现代主义和后结构主义等作为理论范式对非西方文化,如亚洲、非洲、拉丁美洲等进行了跨文化的研究,如后殖民主义与后现代主义的关系等,"当今,仍然存在着在后现代方式下进行贸易的全球化后现代殖民主义"。[3] 还有的学者尖锐地批判分析了在后现代国际环境下,美国军事力量对全球其他文明或跨文化的干涉与影响。[4]

当下,人人似乎都在谈"后现代",以至于这种谈论本身也成了某种"后现代"现象。我们可将所谓后现代思潮,用一种"后现代"方式,而通俗地归结为八大社会文化现象,这就是:大众消费、大众参与、大众分享、大众娱乐、大众模仿、大众经验、大众情商、大众怀旧。再通俗一点说就是:让人人都变成"复印猫"(copy cats)。所谓复印猫,原是好莱坞的一部惊悚影片,表现的是一个连环凶案发生后,不少人尤其是青少年都像复印机一样纷纷模仿,后来这个词就成了在非意识形态化商业与市场效应下,于社会文化各个层面,那些狂热追随、盲目拷贝、情绪化模仿行为的代名词。美国是上述八大后现代现象的大本营国度,好莱坞、迪士尼、

---

[1] F. E. Jandt and D. V. Tanno, "Decoding Domination, Encoding Self-Determination: Intercultural Communication Research Processes", *Howard Journal of Communications*, Volume 12, Number 3, 1 July 2001, pp. 119 – 135.

[2] Rueyling Chuang, "Chapter 2: A Postmodern Critique of Cross-Cultural and Intercultural Communication Research: Contesting Essentialism, Positivist Dualism, and Eurocentricity", in William J. Starosta & Guo-Ming Chen (eds.), *Ferment in the Intercultural Field: Axiology/Value/Praxis*, SAGE Publications, 2003.

[3] William H. Thornton, "*Prose Studies: History, Theory, Criticism*", Volume 20, Issue 2, 1997, pp. 108 – 124.

[4] Remi Hajjar, "Emergent Postmodern Military Culture", *Armed Forces & Society*, 2013. http://www.academia.edu/Documents/in/Cross_culture_studies.

麦当劳、沃尔玛、拉斯维加斯大赌城等就是最典型的"后现代"样板。在这种后现代的语境中,几乎所有交往言辞与文本的应用都带有某种大众化显著特征。当下社会生活的一切几乎都可归入"后现代"的描述系统,如房间的装饰,建筑的设计,电影的编导,广告的制作,报刊的编排,等等。"认识论中反目的论的倾向,对当下形而上学的攻击,感情的减退,战后婴儿潮一代面对失望中年而产生的集体懊恼和病态的预测,以及反思的困境,修辞的组合,表面的扩展,商品拜物教的新阶段,对图像、代码和样式的迷恋,文化政治分裂或危机的过程,主体的散乱,对元叙事的怀疑,单一权力向多元权力的更换,意义的内聚,文化层次的崩溃,核毁灭的威胁,大学的没落,广泛的社会和经济转变成一种'媒体''消费者'或'多民族'的阶段,无固定位置及其放弃(批判的区域主义),空间对时间坐标的普遍替代,等等,所有上述现象都可能用后现代的时髦术语加以描述。"[1] 由此可见,后现代的语境建立在全球性大众消费主义、大众参与主义、大众分享主义、大众娱乐主义、大众模仿主义、大众经验主义、大众情商主义以及大众怀旧主义的基础上。所有的政治、经济、教育、宗教、文学以及其他一切社会文化活动,若想真正获得成功和发展,没有上述这八大"大众化"是不可能实现的。当下,在这样一个全方位、无限量和超普及的商品化时代,在这样一个将几乎所有男女老少贫富雅俗通吃的高科技电子数控的网络和手机的时代,也许东西方研究的学者们必须面临两难的选择:一是如何克服在商业消费大潮裹挟下的功利浮躁和学术腐败,洁身自好,潜心向学;二是如何为了走出象牙塔,努力对接社会地气,放下身段,了解大众的动态与需求,而使原本深奥的学术研究更具实践性与应用性。

---

[1] John Storey (ed.), 2006.

第二编

东西方思想的对话：三大创意文明观

第 七 章

福山乐观主义的"文明趋同论"

在东西方思想对话中,学者们对世界文明未来的预测大致有左、中、右三种不同的观点。第一种为乐观主义的"文明趋同论",以日裔美籍学者弗朗西斯·福山(Francis Fukuyama)为代表,其倡导:由于民主主义和资本主义获得了决定性胜利,以往产生"差异"的历史已走到了尽头,全球各种社会体系和价值终将趋于大同。第二种为悲观主义的"文明冲突论",以美国学者塞缪尔·亨廷顿(Samuel P. Hungtington)为代表,其预言:全球已濒临全方位、无法调和的"文明撞击",很可能导致毁灭性的灾难结局。第三种为中间主义的"文明差异协调论",以美国学者理查德·E. 尼斯贝特(Richard E. Nisbett)为代表,其主张:有必要进行跨文化的理解和合作,尽管社会差异如此巨大,但不致导致毁灭性的冲突。

最近20多年来,弗朗西斯·福山是最具创见和建树的社会学家之一。[①] 1989年,他因《历史的终结?》(The End of History?)一文而一鸣惊人。这是因为当时冷战结束,西方人士普遍感到,西方形态的自由民主的"胜利"标志了"人类意识形态进化的终点",这正好反映了"时代精神"。之后,福山推出了至少八部力作,其中几乎每一部都提出了新的问题,并随即成为论战焦点,引爆广泛而强烈的社

---

① 弗朗西斯·福山,日裔美国政治经济学者,芝加哥大学社会学博士学位与哈佛大学政治学博士,斯坦福大学教授。曾为亨廷顿的学生,曾任约翰霍普金斯大学、尼兹高等国际研究院、舒华兹讲座、国际政治经济学教授,美国智库《胡佛研究所》"外交政策及大战略研究组"成员。

会反响。作为前述文章的扩展，1992 年出版的《历史的终结与最后的人》(*The End of History and the Last Man*) 一书，引起了很多正面或负面批判。1995 年出版的《信誉：社会美德与繁荣的创造》(*Trust: Social Virtues and the Creation of Prosperity*) 一书成功地讨论了各种类型的社会心理特点及其与经济发展条件的联系。1998 年，《大分裂：人性与社会秩序的重建》(*The Great Disruption: Human Nature and the Reconstitution of Social Order*) 一书回顾了战后美国社会的历史，力图揭示 20 世纪 70 年代社会危机的意义及其对美国后来发展的影响。2002 年，《我们的后人类未来：生物技术革命的后果》(*Our Posthuman Future*) 一书提出了当代最重要的一个社会问题和哲学问题。2004 年出版的《国家构建：21 世纪的政府治理与世界秩序》(*State-Building: Governance and World Order in the 21st Century*) 一书强调，在"9·11"事件之后，全球政治的紧迫任务是如何增强国家本质，而非如何削弱它；致力于完善弱国的政府制度，加强其民主政治体制的合法性，已变成当今国际政治的核心任务。2012 年出版的《政治秩序的起源：从史前时代到法国大革命》(*The Origins of Political Order: From Prehuman Times to the French Revolution*) 一书从另一个维度继续讨论了历史是否终结的问题。高尔德（Evan R. Goldstein）评论说，福山的这本新书"完美地超越了《历史的终结》"，其研究计划的中心议题是"为什么有些国家得到了成功而另一些则垮台了"。[1]

一 《历史的终结与最后的人》

在《历史的终结？》一文中，福山就论证说："自由民主制能够构建人类意识形态进化的终结点以及人类政府的终极形式。如此一来

---

[1] Evan R. Goldstein, "Well Beyond the End of History", *The Chronicle of Education*, March 22, 2011.

第七章 福山乐观主义的"文明趋同论"

便造成了'历史的终结'。"① 在《历史的终结与最后的人》一书中，福山试图用新的角度解答一个老问题，即强盛国家的弱点以及世界范围的自由革命，并回顾了以往有关"普遍历史"的观念。他认为，西方自由民主的到来，可能预示着人类社会文化的演变和人类政府的最终形式的终点，我们可能看到的不仅是冷战的结束，或通过战后历史的特定时期，而且也正是历史的终结等，即在人类意识形态演变的结束点，以及作为人类政府最终形式的西方自由民主的普世化。他将历史看作数百年来人类向着自由民主和资本主义诉求的现代化进程，其结果会让更多的地区进入现代社会。他断言：除了自由民主制和资本主义，人类社会没有其他可能的进化方式。这就是历史的终结。对于福山来说，可将历史当作一种进化形式；历史终结后仍会发生各种事件；由于人类无法控制科技的后果，因而人类的未来可被视为悲观的；历史的终结导致自由民主制成为所有国家政府的唯一和最后的形式。今后的世界将分为"后历史部分"（和平共处）和历史部分。② 社会的目标就是争取将自由民主从"后历史部分"推广到历史部分中去。然而，他并不看好联合国，却将专门诉诸武力的"北约"视作"自由国家"的联盟。他似乎强调文武两手，一方面对有些历史国家使用武力解决，而对另一些历史国家则利用其内部危机使之转型为自由民主国家。

福山的立场不同于马克思的观点，因后者主张，对立的历史将以共产主义取代资本主义为终结。福山在某种程度上认同马克思，但以柯耶夫（Alexandre Kojèv）的方式更强烈地认同德国哲学家黑格尔。追本溯源，"历史的终结"的提法来自柯耶夫对黑格尔的解释，即在人的欲望推动下历史不断进化。对福山而言，进化到自由民主阶段，人类达到平等，历史也就相应走向终结。按照黑格尔的辩证观，历史的演变是自由的不断扩展，当其达到最大化时，历史也就达到终结，

---

① Francis Fukuyama, "The End of History?", *The National Interest*, 16, Summer 1989, pp. 3–18.

② Ibid., p. 276.

思想的再对话
NEW COMPARATIVISM

但人类历史并非就此停滞不前，而是保障和扩展自由化的政治体制完成使命，民主体制变成它的终点，因为除此之外的所有政治体制都保障不了自由的最大化。民主体制诞生后，其他所有政治体制失去了合法性。

2001年9月11日美国遭受恐怖袭击之后，《历史的终结与最后的人》被一些评论家描述成20世纪90年代作为西方世界天真的象征和过分乐观的符号，因为它认为冷战的结束也代表了重大全球性冲突的结束。在袭击发生后的几周内，法里德·扎卡里亚（Fareed Zakaria）不无嘲讽地称此事件为"历史的终结的终结"，而乔治·威尔（George Will）则诙谐地写道：历史"又从度假中归来了"。①

福山在《历史的终结与最后的人》中曾简短讨论了激进的伊斯兰教。他认为，伊斯兰教并非像斯大林主义和法西斯主义那样的帝国主义力量，即在伊斯兰的"心脏地带之外，它仅有一点智力或情绪的呼吁"。福山指出了伊朗和沙特阿拉伯所面对的经济和政治的困境，并认为这些国家基本上是不稳定的；它们要么将成为民主国家的穆斯林社会（如土耳其），要么会简单地瓦解。此外，伊斯兰国家实际上是被人为创建的，因此它们很容易被强大的西方国家主宰。在2008年《华盛顿邮报》中，福山写道：在今天观念的王国中，民主的真正竞争对手是激进的伊斯兰主义。事实上，今日世界上最危险的民族国家之一是由极端什叶派统治的伊朗。但正如彼得·伯根（Peter Bergen）所指出的，由于其倾向吞噬自身潜在的支持者，逊尼派激进主义在实际上对一个民族国家的控制已经明显无效。② 对"历史的终结"理论的一个挑战是，俄罗斯和中国两国经济和政治力量的增长。特拉维夫大学教授阿扎尔·加特（Azar Gat）指出，这两个国

---

① Francis Fukuyama, "History Is Still Going Our Way", *The Wall Street Journal*, October 5, 2001.

② Francis Fukuyama, "They Can Only Go So Far", *The Washington Post*, August 24, 2008.

第七章 福山乐观主义的"文明趋同论"

家的成功"终结了历史的终结"①。加特讨论了激进的伊斯兰教，但指出，与它相关的运动对现代性代表着没有可行的替代方案，对发达国家不构成重大军事威胁。他认为，中国和俄罗斯的挑战可构成更主要的威胁，因为它们可能会造成一个可行的模式而用以激励其他国家。罗伯特·卡根（Robert Kagan）在 2008 年出版《历史的回归和梦想的终结》（*The Return of History and the End of Dreams*）一书，其标题是故意反驳《历史的终结与最后的人》。福山在 2008 年《华盛顿邮报》中也谈到这一点。他写道："尽管最近的权威国家也在发展，但自由民主仍是最强的、最广泛吸引力的理念。大多数的独裁者，包括普京和查韦斯，仍然觉得他们必须符合民主外在的仪表，即使他们抽空了其实质。"②

福山后来承认，其论文是不完整的，但由于不同的原因："没有现代自然科学和技术，就没有历史的终结"（引自《我们的后人类未来》）。他预言，人类对自身进化的控制将对自由民主有一个伟大的，可能是可怕的影响。1993 年，后现代解构主义大哲德里达在《马克思的幽灵》③ 一书中批评说，福山因其书而蹿红被称为名人是一种为了确保"马克思灭亡"的"焦虑症状"。"当一些人以自由民主理想的名义大胆地传播新福音，而这种本身作为人类历史上的理想终于实现的时候，对此必须大声疾呼：在地球和人类历史上，暴力、不平等、排斥、饥荒以及经济压迫从来没有如此影响过这么多的人们。代之以高唱自由民主理想以及历史终结中资本主义市场的来临，代之以庆祝'意识形态的终结'以及伟大解放事业的终结，让我们永远不要忽略这个明显的宏观事实，即无数惨绝人寰的苦难：任何进步的程度都不许人们漠视在绝对数上前所未有的惨况：在地球上有这么多的

---

① Azar Gat, "The End of the End of History", *Foreign Affais*, July/August 2007.
② Francis Fukuyama, "They Can Only Go So Far", *The Washington Post*, August 24, 2008.
③ 《马克思的幽灵》推出后，立即在西方造成轰动，此书似乎逆当时冷战结束的潮流而动，因为它从"另类"的视角，以批判福山的《历史的终结与最后的人》为切入点，重估了马克思主义的哲学体系。

男人、妇女和儿童被征服、饿死或灭绝。"①

公正地说，福山的学说多少带有历史独断论的色彩。逻辑上有一个易犯的谬误叫"虚假两难"（false dilimma）。意思是本来存在着众多的可能性或选择性，如有A、B、C、D、E等，却要从主观的意向出发，从其中仅挑出两个，如A和D，逼人从中必选其一，而不准挑选B、C、E等。但愿在今后的社会发展中，我们能够发现可以超越当前主流意向的其他合理学说。事实上，后来的社会发展史福山也察觉到自己理论的问题所在。

二 《我们的后人类未来：生物技术革命的后果》

在《我们的后人类未来：生物技术革命的后果》一书中，福山讨论了新兴的生物技术带来的对自由民主的潜在威胁。他认为，生物医学的进步带来一个我们人类本身将被改变得面目全非的未来的可能性。福山改变初衷，将自己的理论加以修正，指出：由于我们还未达到科学的终点，也就无法达到历史终点。他进一步强调今后最应关注的是在生命科学方面的成果与发展，从而检验人类行为的能力及其对自由民主的影响。福山勾画出人类改变对人性理解的简史：从柏拉图、亚里士多德的人类"自然终结"（natural ends）的信念，一直到以意识形态为目的来改造人类的现代乌托邦和独裁者的理想。他主张，操纵一个人后裔的DNA能力对我们的政治秩序将有深远的、潜在的可怕后果，即使有最好的意图也是如此。在该书中，福山从另一角度谈到自由和民主的问题，"民主社会意味着这样一个命题，即所有的人都是生来平等的，其占主导地位的思潮是平等观念"。② 他提出了这样的结论："我们不必在一个所谓自由

---

① Jacques Derrida, *Specters of Marx: The State of the Debt, the Work of Mourning & the New International*, Routledge, 2006, p. 13.

② Francis Fukuyama, *Our Posthuman Future*, Farrar, Straus and Girous, 2002, p. 321.

的，无限制再生产权利，或无约束的科学探讨的虚假旗帜下，接受任何未来的世界。当不可避免的技术进步不再服务于人类目的时，我们不必将自己看作这种进步的奴隶。真正的自由意味着政治社区为捍卫自己最要紧价值的自由，以及有关行使当今生物技术革命的自由。"①

福山主张，必须研究对生物技术进行监控的问题。由此形成两种壁垒分明的立场：一是对新技术的发展不允许有任何限制；另一个则要求严格立法禁止某些方面的生物技术研究。福山要人们关注的并非开展这种研究的威胁，而是对其缺乏应有监督的危险。俄罗斯经济学家伊诺泽姆采夫（В. Л. Иноземц）评论说，正在这一点上，福山碰到了他不能完全克服的两种困难。其一，生物技术有别于核武器制造技术，可以由研究者个人在私人实验室里进行研究，这时基础研究的方案事先需要有国家支持。此外，全世界都承认核武器有危险，而生物技术则不同，今天在有关生物技术研究的危险性的问题上意见并不一致。而福山仅仅提出了措施，事实上他只提出了一个建议——成立"新的机构，该机构将结束在联邦立法文件管理下的混乱状况，而形成生物技术部门研究项目公开的局面"。这未必成为最终解决问题的办法。其二，福山在指出最近几年美国和欧盟国家之间在运用生物技术的问题上出现的严重分歧时，明确站在美国一边，因为他认为，欧洲当局反对美国的保护关税决定，使欧洲成为现在对生物技术研究最激进的保守势力。而这个论点与该书的大方向似乎矛盾。"从书中可以看到，作者号召人们同保守势力团结在一起——不管它们出现在什么地方——而不是同任何民族主义倾向保持一致。但是，这两点意见不仅没有贬低福山研究著作的价值，相反，是在提高它的价值，因为它在补充证明一个事实：对生物技术发展的有效控制未必可能，而对它进一步进行调控的前景模糊不清；所以人类完全有可能走向自己'后人类的'未来。而正如作者指出的，这个挑战确实能够成为文明

---

① Francis Fukuyama, *Our Posthuman Future*, Farrar, Straus and Girous, 2002, p. 218.

所遇到的最彻底的挑战,因为千百年来哲学家研究过的所有政治、社会和伦理问题都将只作为一些微不足道的组成部分并入其中。"[1]

三 《国家构建:21 世纪的政府治理与世界秩序》

《国家构建:21 世纪的政府治理与世界秩序》是福山 2004 年出版的著作。书中认为,在"9·11"事件之后,全球政治的紧迫任务是如何增强国家本质,而非如何削弱它。历史的终结从来没有一个自动程序,治理良好的政体是新民族国家建设必要的先决条件。"弱小或失败的国家是世界上许多最严重的问题的根源。"致力于完善弱国的政府制度,加强其民主政治体制的合法性,已变成当今国际政治的核心任务。贫弱国家治理体制的发展落后,即使获得国际援助,也积重难返;这些弱国内部的行政体系欠缺,其中各部门毫无明确目标,毫无规范的纲领与监察系统等。这是弱国落后的原因。实际上,它们并不必须构建庞大臃肿的体制,而是构建一个完善而健全的体制就足够了。这本书针对 21 世纪的恐怖分子活动而写,认为贫穷和衰弱的国家是恐怖分子的温床,对国际秩序形成威胁。虽然现时有很多跨国企业、非政府组织、恐怖团体等取代或阻碍政府的权力或工作,但主权民族国家的权力是无法取代的。在这个时代,最好的办法是令民族国家更为称职和健全。

四 《政治秩序的起源:从史前
　　时代到法国大革命》

2012 年出版的《政治秩序的起源:从史前时代到法国大革命》从另一个维度继续讨论了历史是否终结的问题。丹麦奥尔胡斯大学(University of Aarhus)的政治学者格奥尔·索伦森(Georg Sorensen)

---

[1] 伊诺泽姆采夫:《从〈历史的终结〉到〈后人类的未来〉——评 F. 福山新著〈我们的后人类的未来〉》,文华摘译,《国外社会科学》2003 年第 6 期。

第七章 福山乐观主义的"文明趋同论"

评价说,这本书提供了"理解政治发展的新根据"。它既非以欧洲为中心,也非单凭因果关系分析,而是从诸多因素对政治发展加以全面检验,因而"从政治秩序的论证而言,此书堪称新的经典"。[①] 福山自叙道,在哈佛当博士生时,正好赶上亨廷顿执教,这以后两人亦师亦友,学术上呈良性互动。接受邀请的福山为亨廷顿的书(*Political Order in Changing Societies*)写完前言后,感到亨廷顿的书并未解答政治秩序的起源问题,因而很难明白不同社会不同的历史轨迹。后来,福山察觉现代民主的问世有着巨大的偶然性,例如即便提供充裕的时间,非西欧国家也不会自然而然地演化出现代民主体制。这并非说所有追求民主的国家一定要模仿西欧民主化的历史进程,而是说为有效实现现代民主体制,就应当先了解该国政治文化和秩序传统的历史,这就成了必不可少的前提和条件。

该书第一卷从史前一直讨论到美国和法国大革命前夕。福山应用人类学、考古学、生物学、进化心理学、经济学、政治科学和国际关系学等跨学科的知识,以便建立一套完整的体系来审视政治制度的演变。福山开宗明义地谈及了亨廷顿所描述的"第三波民主化"。他认为,作为预设的自由民主,已成为21世纪初普遍接受的政治环境。现在的人们对自由民主的前景感到忧虑;无论自由派还是保守派都盼望政府的消亡,但发展中国家却因之而不幸。遗憾的是,人们对各种政治机构的起源却毫无所知。福山阐述道:政治机构的发展往往是渐变而又痛苦的,必定遭受长期的磨折。人类社会始终致力于自身的组织,用来征服自己的生存环境。当政治体制与不断演变的环境不相适应时,势必造成政治衰败。社会机构有着自身的规律。人类与生俱来就有意愿奉行各种社会规则,并为了强化这些规则而赋予它们超常的意义和价值。当环境发生变化,新的挑战就应运而生,现存机构与时下诉求之间就会发生断裂。既得利益者必挺身捍卫现存机构,阻挠任何根本变革。

[①] Nicholas Wade, "From 'End of History' Author, a Look at the Beginning and Middle", *New York Times*, March 8, 2011.

思想的再对话
NEW COMPARATIVISM

在福山看来，现代政治秩序有国家、法治、责任政府（the state, the rule of law, and accountable government）。他并不像霍布斯、洛克和卢梭等近代西方政治学先哲那样，强调个人主义在社会契约中的作用，而是借助现代自然科学与社会科学的最新成果来证明：在自然条件下，即便史前的原始社会也主要以群体性的行为来形成当时的政治秩序。其结果是在弱肉强食的征杀中，弱小的群体为较强大的群体所淘汰，从而不断建立更大规模的社会组织与政治秩序，即从捕猎者—采集者游群（band）到部落（tribe）的第一次社会转型，以及从部落到国家的第二次社会转型，一直到整体文明的发展过程。在这一过程中，精致化了的统一宗教起到了极为重要的作用。福山尤其关注所谓第二次社会转型。他的很多考察都关注部落是如何发展成国家的。对他而言，对这种转型的决定因素，包括地理、历史，还有国家制度不同组成部分的形成秩序。按时间顺序，在中国、印度、伊斯兰世界和欧洲出现了几种不同类型的国家以及一些重要变种。他也不同意以马克思、韦伯、涂尔干等为代表的历史发展观，而主张与经济发展相比，政治制度的完善化构建更为首要，因为其可以从根本上防止因经济发展的强大刺激而引起政治的腐败、倒退，甚至崩溃。在回顾西方政治秩序起源的同时，福山用了很大的篇幅，较为详细地比较了中东文明、印度文明以及中国文明。原本松散的阿拉伯民族在伊斯兰教创立后，聚合成强大的精神力量与军事力量，不断发动征服之战，而变成世界四大文明之一。印度的宗教与种姓制度使其社会底层的草根组织结构极为顽强，无论是帝国统治还是殖民统治都无法真正企及与变革这些自生的传统群体关系。因此印度不太可能产生像中国那样大一统的政权。该书的核心部分对中国、印度、伊斯兰世界以及欧洲怎样从亲缘网络和部落转型为国家政权的问题进行了详尽的探究。在列举史上一些社会崩溃的案例时，如马穆鲁克阶层（the Mameluke Sultanate）统治下的埃及与中国的明朝，福山忧虑美国也许重蹈覆辙。他指出：当政治体制无法适应变化的环境之后，政治衰败就会发生。他还提及美国制度"可能正好遭遇一次对其适应性的重大测试"。

第七章 福山乐观主义的"文明趋同论"

福山沿着中国历史的轨迹，从春秋战国、秦汉，一直谈到宋明。他指出，世界文明史中，中国首先发明现代政府形式的文明，例如秦汉政治体制相当符合韦伯对现代政府的界定，甚至战国末期的楚和齐已有了现代政府形式的某种雏形，而这是春秋战国五百多年残酷争斗造成的后果；经过不断的淘汰，仅剩七国，最后由秦统一。这与欧洲民族国家的兴起相似。正因如此，从春秋战国的惨痛教训中，中华文明从此产生了追求大一统的情结。福山着重分析了中国在政治历史上的地位，称其为"第一国"（the first state）。作为真正统一中国的秦朝建立了一个效忠国家而非氏族的官僚制度，从而征服了部落制度。这以后，中国历代皇朝逐渐完善了吏治，其中最独特的是宦官，这些人有"国"无"家"，因此更受宠幸。在福山看来，因中国的政治制度不可能向统治者追究责任，故无法真正长治久安。中国有很杰出的技术官僚领导集团，其比民主体制更有效率，也可摆脱各种利益集团的纠缠。然而，这种集团最常碰到"坏皇帝"的难题。因此中国的两难表现在：一个现代社会可否在"坏皇帝"主宰的条件下，让官僚制度始终有效。

2012年5月10日，福山在美国《金融时报》发表了题为《中国的"坏皇帝"问题》一文，对上述问题作了补充说明。他声称："2000多年来，在一个巨大社会的运行中，通过自上而下的方法，中国的政治体制已建成一个高度复杂的中央集权制。中国从未开发的是法治，即限制政府自由裁量权的独立法律机构，或民主问责制。中国取代对权力制衡的是一个官僚机构，它遵奉使其行为得以约束的合理可预见的规则和习俗，以及儒家的道德体系，这种体系让受过教育的领导人寻求公众的利益，而不是他们自己的强化。在本质上，这种体系与当今的体系相同"。[1] 在福山看来，古代的中国政府都无法解决历史上称为"坏皇帝"的问题：一位仁智的统治者手中的权力不受制约却有不少利处，这怎样保证持续提供好皇帝？儒家的教育体系与

---

[1] Francis Fukuyama, "China's 'Bad Emperor' Problem", *The Financial Times*, May 10, 2012.

官吏制度被设定灌输给领导者,但时不时会出现可怕的君主,而使国家陷入混乱。对福山来说,问题在于某种僵局(gridlock)。保守派和自由派之间的极端两极化,日益增强的既得利益集团和不断加深的不平等,所有这些状况都威胁到早已无法及时适应环境变化的美国政治制度的有效性和合法性(the effectiveness and legitimacy)。他提醒说:"我们美国人对自己的实用主义感到自豪,然而,目前我们要比中国人更加意识形态化,而他们却极为有心使用各种公共政策。"他还指出,更重要的是,中国人正在实验市场经济。"它有效,因此他们就坚持做下去。"他发出警示,"危险"在于美国的"境况是在缺乏消除功能失效制度均衡的某种强力之前,将继续恶化一阵"。这种评估相当严酷,然而以乐观主义者著称的福山审慎地以一条积极向上的暗示作了结语,"随着情形日益恶化,人们将正视它,而体制也将纠正自身"。[1] 当然,福山对中国历史与文化的了解毕竟有限,他的分析与论证还是停留在认识的表层。

---

[1] Evan R. Goldstein, "Well Beyond the End of History", *The Chronicle of Education*, March 22, 2011.

第 八 章

亨廷顿悲观主义的"文明冲突论"

重温美国著名政治学家塞缪尔·亨廷顿①的学说，对东西方研究也许会有相当的帮助。1991年，亨廷顿的《第三波：20世纪后期的民主化》(*The Third Wave: Democratization in the Late Twentieth Century*) 一书就为世人所称道。他将世界民主的浪潮分为三波：第一波是从19世纪至第一次世界大战结束世界版图的再次划定，即为民主的初潮；第二波起于第二次世界大战之后，但随即大量曾有民主基础的国家重陷铁幕之后；第三波兴起于20世纪70年代，到该书问世时达到高潮。亨廷顿着重谈论的就是这第三波。

一 亨廷顿的文明观

1993年，亨廷顿的论文《文明的冲突》直接回应了福山的《历史的终结与最后的人》。他宣称："人类的大分化与冲突的根源将由于文化的原因。在世界事务中，民族国家将保留最强势的行动，但全球政治的主要冲突将发生在不同国家和不同文明的集团之间。文明的冲突将主宰全球政治。各种文明之间的断层线（the fault lines）将是未来的战斗线（the bottle lines）。"② 三年后，他又将自己的论述扩

---

① 塞缪尔·亨廷顿（1927—2008），当代颇具争议的美国保守派政治学家，曾为美国哈佛大学政治学系教授。

② Samuel P. Hungtington, "The Clash of Civilizations", *Foreign Affairs*, Vol. 72, No. 3, Summer 1993.

思想的再对话
NEW COMPARATIVISM

展成了1996年出版的《文明的冲突与世界秩序的重建》(*The Clash of Civilizations and the Remaking of World Order*)一书。这部名著首次出版以来，已成为国际关系的经典作品和有关外交事务最有影响力的书籍之一。这本力作对全球各种政治势力作了强有力的洞察和分析，对美国外交政策的理解是必不可少的。前国家安全顾问布热津斯基在此书的前言中说：它"在一个仅能放十几本书的书架上赢得一席地位，堪称真正历久弥坚的著作，因其为我们时代世界事务的广泛理解提供了必要的深刻洞见"。亨廷顿认为，意识形态之间的临时冲突正被古老文明之间的冲突所取代。占主导地位的文明决定着人类政府的形式，这不会是恒定的。他特别挑出了被描绘为"血腥边界"的伊斯兰教为例。亨廷顿阐释说，不同文明之间的冲突是对世界和平的最大威胁，但建立在各种文明之上的国际秩序也是反对战争的最好保障。自从此书出版以来所发生的各种事变已经证明了这一分析的智慧。"9·11"恐怖袭击和在伊拉克和阿富汗的战争已经证明了文明间的威胁，但也表明对维护和平来说，跨文明的国际合作是多么重要。作为意识形态的国与国之间的区别已经由文化差异所取代，世界政治已经重新配置。在全球范围内，新的矛盾和新的合作已经取代了冷战时代的旧秩序。他还解释了为何伊斯兰国家的人口爆炸和东亚经济的崛起，正在改变全球政治文明的冲突与世界秩序的重建。这些事态发展正挑战西方的优势，促进反对所谓的"万能"的西方理想，并强化核扩散、移民、人权和民主、文明之间冲突等问题。整个欧亚大陆的穆斯林人口激增，导致许多小规模战争。而中国的崛起可能会导致全球文明之间的战争。亨廷顿提供了一个西方的战略，以保持其独特的文化。他强调根据世界各地人民的需要，要学会共存于一个复杂的、多极化、多元文明（muliticivilizational）的世界。

在该书第一章中，亨廷顿指出，对寻求认同和重塑民族的人民来说，敌人是必不可少的，潜在的最危险敌意就发生在整个世界主要文明之间的断层线上。这本书的中心主题是文化和文化的认同（最高层是文明的认同）在冷战后的世界塑造凝聚、解体以及冲突的模式。他从以下五个方面阐述了主要命题的推论。一是在历史上，全球政治首次成为多极化和多文明。现代化不同于西方化，它既不在任何真正意义上产生一种普世文明，也不产生非西方社会的西方化。二是不同文明之间的权力平衡正在发生变化：西方的相对影响力下降；亚洲文明正在扩大其经济实力、军事实力和政治实力；伊斯兰教人口爆炸与伊斯兰国家及其邻国的不稳定后果；非西方文明通常正在重新肯定自己的文化价值。三是一个建立在文明基础上的世界秩序正在形成：社会共享文化的亲和力与相互合作；将社会从一种文明转变为另一种文明的努力是不成功的；各国在围绕自身文明的核心国家和领导进行组合。四是西方的普遍性伪装越来越使其自身与其他文明，最严重的是与伊斯兰教和中国发生冲突；在很大程度上穆斯林和非穆斯林之间，地域级的断层线战争（fault line wars）产生"近亲国家凝聚力"（kin-country rallying），而造成更广泛升级的威胁，因此核心国家努力制止这些战争。五是西方的生存取决于美国人重申对西方的认同，以及西方人接受他们自身作为唯一但并非普世的文明，用来团结更新和维护这种文明，并应对非西方社会的挑战。避免全球性战争的文明取决于世界领导人互相接受和合作，从而保障全球政治多元文明的性质。此书第二章以其丰富的资料来源，论证了文明的性质与研究，而最后一章则对西方和其他"核心"文明的未来作了探究。

亨廷顿对全世界范围内的文明与冲突以及文化整合等重大问题，在更新的剖面和更深的层次进行了考量与探究。一方面受到不少专家学者政客，如美国前国务卿基辛格和布热津斯基等很高的评价；另一方面也遭到更严厉的批评。正如人们所认为的，在冷战期间，所谓全球政治经常被理解为涵盖了美苏为首的两大阵营，以及处于二者之间的第三世界国家。可以说，在国际政治和国际关系上，对各种势力的划分，基本上以政治和经济的双重意识形态作为界定的标准。冷战的结束，使各种政治势力重新分化改组，尤其是使原来意识形态的强烈色彩减弱，人们试图发现可以适应新形势新格局的某种对抗与协调模式，以及一个新的思维和理论框架来解释国际政治和国际关系。正是

思想的再对话
NEW COMPARATIVISM

在这种需要下，亨廷顿提出的"文明的冲突"的模式和框架应运而生：它特别强调了文化在重组或再构国际政治与关系中的决定性效应，而这个效应一直不为西方国际关系的专家们所真正关注。在全球范围，各个国家和地区的人们将自己对各种事务的认同建立在文化的基础上。亨廷顿强调：社会飞速变革的时期，已确立的认同消失后，就必须重新界定自我。冷战结束后，规范我们意识形态的对立均已消失，每个人都在探索属于自己的文化认同。在亨廷顿看来，人的最高文化归属是文明，因而它被视为最高程度的文化认同，也是人类与其他物种相区别的最后分界。从另一个角度说，文明也可以视为人类的终极部落，文明的冲突可以归结为全球规模的部落冲突。而这些冲突可以分为：微观层次与突现层次、区域性与全球性、不同宗教与信仰以及政治、经济、社会压力方面，等等。他清醒地看到：现代化与西方化不是一个概念，由它并不会造成所谓普遍的一元化文明，更不会让原本非西方的社会全盘西方化。相反，非西方文化将会在 21 世纪初重新振兴，同时会引起来自非西方文明内部以及来自它们与西方文明之间的双重冲突。其结果，必将产生一个建立在文明基础上的新世界秩序。对文明的新认识提出了也许让全人类认同的一个理念：在 21 世纪或未来岁月里，这个星球上不可能也无必要出现某种一元化的普遍性文化，相反将造成多极和多元文化和文明的格局。在运用各种跨学科的知识，如历史学、人口学和政治学角度分析了冲突的各种因素后，亨廷顿指出：世界和平的最大威胁来自文明的冲突，而防止世界战争的最可靠保障就是建立在多元文明基础之上的国际秩序。

从本质上说，亨廷顿崇奉的是一种政治强力现实主义。美国国际政治学有两大学派，即自由主义学派和现实主义学派。前者认为和平可以实现，后者则认为战争难以避免。在美国的外交实践中经常交替使用这两种手法，如美国总统在字面上堂而皇之的演讲往往标榜自由主义，而美国真正所实施的外交政策则以现实主义为主干。在 2001 年出版的《强权政治的悲剧》（*The Tragedy of Great Power Politics*）一书中，约翰·密尔舍莫（John Mearsheimer）就提出了所谓进攻现实主义（offensive realism）理论。为此，亨廷顿特别强调：每个严肃的国际关系学学生都必须掌握该书的主要论点。亨廷顿发现在 1993 年后，世界陷入极度的不安，虽然是区域性的，但也与文明不无关系。冷战后的世界大小事几乎都离不开美国的影子，也无形地造成了美国即西方文明的代表，只要是冲着美国而来的即是对西方文明的挑战或侵犯。正因如此，"9·11"事件后，美国人更相信这是一场文明冲突的开始，而且已经发生，因此有些人敏感的反应是把矛头指向伊斯兰文明，因而对穆斯林带有偏见，武断地认为是伊斯兰文明对西方文明的反击，而未加分析前因后果。所幸美国在联合国的压力下，把"9·11"事件定为狂热极端分子所作所为。当范围缩小了，人们看到的是一场对付恐怖主义的战争，而非一场文明差异的战争。

二　亨廷顿文明观所受到的批判与挑战

著名伊斯兰教学者法力诺（Farish A. Noor）就针对亨廷顿的立论作出严正的驳斥。他认为亨廷顿的理论过于简化文明所涵盖的大范围，因为伊斯兰文明和西方文明早就进行交流和融合。没有伊斯兰文明做出的贡献，西方文明不可能有今日的成就；相反的，伊斯兰文明的发展也离不开西方文明，所谓文明的冲突是不可能发生的。他认为亨廷顿所代表的西方意识具有不良意图，有意将世界划分为东西方，并让它们隔离。同时用地理政治的划分使西方和伊斯兰教世界对立。

亨廷顿把世界的文明分成八个支流：西方/基督教，儒家/华夏，印度，伊斯兰教，日本，拉丁美洲，斯拉夫东正教，非洲。但他指出，今后世界前途将决定于三大文明之间的互动关系，即源自希腊罗马的西方文明，涵盖中、日、韩与周边国家的亚洲文明，以及起于中东的伊斯兰文明。亨廷顿就认为"东西文化的冲突"会是未来国际纷争的源头，"中国传统儒家文化"将在 21 世纪崛起，而向主宰过去 500 多年人类社会的西方文化价值，如自由、平等、人权、法治、民主、政教分离等挑战。他的担忧，正如费景汉所说，"足以说明'21 世纪属于中国人'之论断，并非国人自我膨胀的'夸大狂'，而颇有一些学理依据"。① 有学者评论说,西方有人不断警告"黄祸"的威胁。理由在于,中国地大人多,若团结起来,力量一定不小;而儒家之说正是最能促进和谐团结的学术,因此,西方人虽然笃信基督教文化最为优秀,但极为忧虑儒家文化会成为自己的劲敌,威胁到西方的霸权。与此相关,1918 年,德国哲学家史宾格勒(Oswald Spengler)出版的《西方的没落》(*The Decline of the West*)一书则从另一个角度加强了忧患意识,为对付所谓亚洲尤其是中国的崛起出谋划策。有学者如此分析说:当年的西方列强为瓜分世界陷于大战,自相残杀;而觉悟了的中华志士仁人在内忧外患中力图唤醒沉睡的民众,鼓吹革命,号召打倒列强和帝国主义。由于此种危机意识,西方智囊谋士如临大敌,在时刻诉诸武力的准备下,同时挖空心思企图给睡狮重打麻醉药,使其永远冬眠不醒。其中一个妙计就是尽量大造舆论,美化西方与丑化中国。

亨廷顿的观点受到学术界的各种批判。有人称他"为了让美国为首的西方鼓吹侵略中国、伊斯兰世界和东正教文化的理论合法化"。也有人指出他的分类(taxonomy)是简单化和武断的,因为"忽略了存在于各文明自身的内在动力和党派对立"。西方还有不少学者提出了不同的看法,如有人指出:"文化是表达冲突的载体,而非原因。"还有人强调:"冲突的真正原因是社会经济,而不是文明。"在《挑战亨廷顿》一文中,卢本斯特恩和克罗克指出:"亨廷顿错误地理解文化变革和价值形成的过程",他忽略了精英意识形态的动员,作为引起冲突真正原因的那些未实现的社会经济需求,他还忽略了不适合由他所确定的文明断层线的冲突,他的新范式(new paradigm)毫无意义,但由于现实主义思考,"国家"被"文明"所代替。他们批判亨廷顿的两个主要错误:"其一,他忽略了种族和民族会像抵制殖民帝国对其霸占那样,抵制多民族文明集团对它们的兼并;其二,为了强调文化因素在国际政治中的重要性,他把文化差异

---

① 费景汉:《中国与二十一世纪之未来》,《当代中国研究》1996 年第 2 期。

第八章 亨廷顿悲观主义的"文明冲突论"

视为国际冲突最根本的促动力,而非诸多因素之一。"① 马兹瑞用三个判定来审视亨廷顿的"文明冲突":(1)它是否建立在一种事实谬误(a factual fallacy)上?(2)它是否建立在一种概念谬误(a conceptual fallacy)上?(3)它是否建立在一种时间谬误(a temporal fallacy)上?不同批评者也许判定亨廷顿犯的谬误是其中某一种、某两种,甚或三种都有。马兹瑞自认自己与其他激烈的批评者相比还属于较温和的,即判定亨廷顿犯的是后两种,因为事实上冲突正在发生,但可能更多表现为种族的,而非文化的,文明内的(intra-civilizational),而非文明间的(inter-civilizational)。姆扎法尖锐地抨击亨廷顿的作用是"编造了有关文化与文明冲突的新理论和虚构范式,用以掩盖美国与西方非正义的宰割和控制所造成的受害者的不幸"。②

由于亨廷顿把儒家文化与世界文化对立起来,多数中国学者对他的文明冲突论大都持否定态度。有学者认为:亨廷顿教授说,冷战结束,西方文明已无内部战争,贸易壁垒也撤除了,已经成了一个十分成熟的社会,今后所要顾虑的只是西方文明跟非西方文明间的冲突。而非西方国家中最能成为强权、最能挑战美国、威胁美国的,则为中国。因此预言,下次大战将是耶教文明跟儒家文明之战。总之,他旁征曲引,话虽说得很多,重点只在警告西方人,中西文化的冲突已经到了非打一仗不可的程度。也就是说,"亨廷顿教授花费那多精力高谈阔论,只做了一件炒热中国威胁论的事"。③ 历史学家王赓武在

---

① Richard E. Rubenstein and Jarle Crocker, "Challenging Huntington", *Foreign Policy*, No. 96, Autumn, 1994, pp. 113 – 128.

② Ali A. Mazrui, "Racial Conflict or Calsh of Civilization?", "*The Clash of Civilizations?*: Asian Responses*, The University Press Limited, 1997, p. 37.

③ 2001年10月,在墨西哥任教,号称国际著名新左派的德裔海因茨·迪特里希教授(Heinz Dieterich)应邀访华,在拉美所作的一场报告。在迪特里希的眼里,后共产主义和后冷战时代是历史上最黑暗最反动的时期,资本主义秩序不但在经济和政治领域里占压倒优势,更重要的是控制了思想文化领域。他说资本主义"利用社会主义阵营的解体,有计划地在经济领域里扩散新古典主义理论,在哲学领域里扩散后现代主义;在政治学领域里扩散亨廷顿的蠢话;在心理分析领域里扩散福柯的愚民理论"。(参见《读书》2001年5—6月)

思想的再对话
NEW COMPARATIVISM

"9·11"事件后,针对亨廷顿学说再度被一些学者推崇而提出他的看法:难道我们正面对基督文明与伊斯兰教文明的冲突。而迫使儒家文明要选择站到哪一边?亨廷顿的立论具有误导性,是在制造某种忧患。基督教与伊斯兰教在现代社会确有不同走向,尤其在世俗方面。基督教初期也是极力反对政教分离,但最终不得不接受这个历史趋向,以致后来所有基督教背景的国家,都走向世俗主义。但在伊斯兰教世界中,这条路非常难行,尽管有杰出的伊斯兰教学者及科学家极力指出应以世俗作为现代世界的基础。儒家学说的世俗化与欧洲有所不同。世界走向世俗化的结果,并未达成预期的效果,超级大国的霸权政治引爆了两次世界大战,尤其在第二次世界大战后,世俗主义的政治导致了美苏两个超级大国的冷战。即使是在冷战之后,世俗主义的成功标志着资本主义的胜利,但也暴露了其缺点。资本主义所带来的危机和困境又使古老的宗教和宗教的复兴抬头。王赓武认为"分化的世俗主义容易受到挑战,但让宗教回复古代的地位也不是办法,当务之急是客观地重新检讨现代世俗主义的弱点根源,即注意其在精神领域的不足"。[①]

在华人中一个较为认同的看法是:现代世界发生的冲突不是文明之间的矛盾所造成的,而是世俗主义中出现了霸权政治对世界的控制和以自我为中心,无视其他受压迫者的不满,一直要强行推行既定的西方主导世界的经济一体化的目标,却又没有给大多数国家和人类带来幸福,相反,使落后的国家越发贫困而成为大国牺牲品。通过世俗主义所开展的政治霸权文化,并不被西方以外的国家承认为西方文明或现代文明应有的内涵,而是冷战后的另一种形式的霸权主义,给了宗教狂热分子一个机会进行反扑和反击。这一小撮人当然也不代表东方文明或伊斯兰文明,因此"9·11"事件不能马上定论为文明冲突的结果;美国在打击塔利班及本·拉登后,也要反省自己的霸气足以破坏了西方文明所创造的世界,甚至对现代文明的进展产生相当巨大

---

① 参见谢诗坚《文明冲突论的争议》,http://seekiancheah.blogspot.com/2004/09/blog-post_ 3489. html。

的负面作用。在美国夸耀自身西方文明的同时,也要重视其他文明存在和发展的价值,不能再姑息自己或视自己是世界的"上帝"而可以操控一切,换言之,如果有"9·11"一类的文明冲突,应由美国以身作则来消除。① 还有人认为,在特定的文化中追求普遍性是不可能的,而且随着国际环境的巨大变化,在亚洲与欧洲之间文化差异已日益表面化的今天,迫切需要人们在明确自己的文化认同的同时,还应当接受世界各国的多种文化。

根据著名新儒家学者杜维明的评论,亨廷顿的学说是一种建立在非此即彼的思考模式上的两极分化理论,充分暴露出西方霸权的心态。他的基本结构,是现代西方面对全球挑战的模式。这当然是欧洲中心主义或西方中心主义,在这一方面,他也有一点接受了汤因比忧虑基督教将来可能面对困境的观点。他也常常引用斯宾格勒关于西方没落的观点。可是,从轴心文明,即世界各大文明之间交互影响的角度看,他的论题有很多不能令人满意。在杜维明看来,在宗教互通这个层次下面,一共有三种类型:一种是排斥性,如原教旨主义;一种是综合性,就是容纳性的,包容性很大,就是把各种不同宗教的价值都包括到我这一家里面,成为我的养分;再有一种是宗教多元主义。杜维明认为第三种比较现实。亨廷顿的论文里面,讲这个世界上有七八种或八九种文明,将来不可能被一种所吞灭,必须共存。换言之,世界各大宗教同时并存,取得某种协调的前景,是不可忽视的。假如是这样的一个情况,是不是可以这样说,就是我们必须承认多元、了解多样。正因为如此,又怕走向极端的相对主义。因此,"我们要特别强调社群伦理,全球的社群伦理。而这个社群伦理的出现,跟各种不同的宗教文明都有很内在的联系。伊斯兰教徒、佛教徒、基督教

---

① 亨廷顿曾与李光耀笔战。前者曾表示后者治国模式很可能将随他人土为安。对此,有人不表同意,认为"李先生的整个精神、理念与实践,已和新加坡的人民及土地融合在一起,也许他的某些领导风格会不存在,但是一个作为'虾米'的奋斗精神,把西方最好的科技、企业模式以及儒家精神所融合出来的新加坡模式,不是任何一个新加坡人士去留所能影响,此一模式的精髓必将长存"。参见邵玉铭《〈李光耀回忆录〉读后感》,2000年9月30日(http://www.zaobao.com/zaobao/special/smlee/smlee300900.html)。

徒、儒家各方面都可以分头努力,为这个能够放诸四海而皆准的全球伦理做出贡献。这个工作,我想可能更现实一点。所以,我们才强调文明对话"。①

---

① 《杜维明教授谈东西方价值观》,(台湾)《联合早报》1995 年 9 月 4 日。

第 九 章

尼斯贝特中间主义的"文明差异协调论"

当地理思想文化的心理学教授理查德·E. 尼斯贝特[①]向他的美国学生显示某种动画的水下场景时，他们将目光聚集在一群小鱼中游泳的大鱼；而日本的观察者却注意鱼们的背景环境。这两种不同的观察角度提供一个线索来揭示了一个深刻的认知差异。尼斯贝特在 2005 年出版的《思维的地理：亚洲人与西方人思维差异的解析》（*The Geography of Thought: How Asians and Westerners Think Differently and Why*）一书中指出，世界上各种人思维与观察的不同是因为生态、社会结构、哲学，可以追溯到古希腊和中国教育体系的不同。他对文化心理学的开创性研究，力图解决诸如此类的问题，如，为什么中国古代擅长代数和算术，而非几何形状，从而没有取得希腊人欧几里得那样辉煌的成就？东亚人为什么如此难分清对象与周遭环境的关系？为什么西方婴幼儿学名词比动词更迅速，而在东亚却相反？他曾在另一篇文章中谈道："希腊人偏爱逻辑的认识论和抽象的原理。不少希腊哲学家，尤其是柏拉图及其弟子们，将具体的感觉和靠直接经验获得的知识视作不牢靠不可信的东西（从正面看）；从负面看，则是完全

[①] 理查德·E. 尼斯贝特，耶鲁大学和密西根大学心理学教授，曾获美国心理学会杰出科学贡献奖、美国心理学界威廉·詹姆斯会员奖和古根海姆奖学金，并于 2002 年成为第一位当选美国科学院院士的社会科学家。

彻底的误导"。① 尼斯贝特很少谈论家庭权威，但强调文化的影响，对他而言，人们对外界的感知和解释，既是分析性的，又是整体性的，而它们之间有着极大差异。

一　东西方思维方式的差别

在此书自序中，尼斯贝特承认曾一直从普遍主义的角度来看待人类思考的本质，也就是相信，所有人类都具有相同的感知和思维方式，而文化的不同是由于世界或教育的差异，并非由于认知过程的差异。1985 年，他在《人类推理》（*Human Inference: Strategies and Shortcomings of Social Judgement*）一书中就是坚持这样的观点：从根本上说，全人类的思维过程都有普遍性。后来，尼斯贝特在《思维的地理》一书中表明，自己与一位杰出的中国留学生合作，从一种不同的视角研究社会心理学和思维学，并重新检验自己原初的观点，终于让此书问世。在跨文化的理解和合作的必要性从来没有像现在更重要的历史时刻，《思维的地理》一书对海湾提供了一幅地图，并为跨越它的桥梁假设制定了一幅蓝图。这本书标示了科学战争的最新前沿。尼斯贝特解释人们怎样谈论他们的决策。他辩称，"人们的认知并非到处皆同"，由此在西方和东亚文化之间带来科学衡量的方式不同。如此的论证与由史蒂文·平克（Steven Pinker）等所坚持的进化心理学和认知科学正相反对，后者假设人类所有可观的特点是某种"硬连接"（hard wired）。尼斯贝特以"三段论与道：古希腊与古中国的哲学、科学与社会"为题的开篇中，追溯了两大文明——古希腊和古中国，谈及在大约 2500 年前这两大古文明在世界观、社会结构、环境生态以及对社会自我认知上的巨大差异。西方国家从古希腊承袭了大量的知识遗产；而古中国文化同样也对当代中国和亚洲造成了巨大影响。尼斯贝特接着比

---

① R. Nisbett, et al., "Culture and Systems of Thought: Holistic vs. Analytic Cognition", *Psychological Review*, 2001, p. 294.

较了西方人与中国人,还有其他亚洲人在思维过程上的普遍差异。他在比较印欧语系与东亚国家的语言结构后指出,在一定程度上语言差异与思想差异是平行存在的。

尼斯贝特在书中讨论了东西方思想的社会根源以及经济、社会实践和思维之间的关系,现代东西方的社会生活与自我感觉,东西方的因果观与因果模式,西方的范畴和规则与东方的关联性和相似性,西方的逻辑和非矛盾律与东方的辩证和中庸,东西方心理学、哲学、教育和日常生活的含义等。在尼斯贝特看来,最初的环节奠定了亚里士多德和孔子之间的传统差异,并产生(已经长大了)走向世界的不同"稳态方法"(homeostatic approaches)的社会实践:西方人倾向于灌输个人主义和选择(40种超市的早餐麦片),而东亚人则是根植于群体关系和义务["高大罂粟被砍倒"(the tall poppy is cut down)仍然是一个受欢迎的中国格言]。① 接下来,尼斯贝特提出了实际的实验和数据,这些措施反映在回顾先前的研究显示对象的时候很多。他们似乎表明东亚人(一个包括中国、韩国、日本和其他国家的词汇)在测量上更注意整体性,看重整个场景,而非一些突出的对象(stand-out objects)。西方人,或生长在北欧和盎格鲁—撒克逊文化的后裔,则有一个"隧道视角知觉的风格"(tunnel-vision perceptual style),更注重在某些场景和记忆中确定什么是突出的。尼斯贝特将这种差异当作"为了解世界而使用不同工具的一个不可避免的后果"。有人评论道,如果他的解释可被普遍接受,这意味着为模因(memes)与基因(genes)相互斗争中的重大胜利。

尼斯贝特认为,"所有人类群体以同样的方式感知和推理"。一系列事件和研究使他逐渐达到了另一种观点,即认为,亚洲人和西方人"千百年来一直保持着非常不同的思维体系"。然而如何不同?他指出:亚洲社会的集体或相互依存的特性是符合亚洲人广泛的、事物相互关联的世界观的,与他们认为事件非常复杂,由许多因素决定的信念相一致。西方社会个人主义的或独立的特性似乎与西方重视与其

---

① 这也许是中国古语所说的"木秀于林,风必摧之"。

背景隔离的特定对象,相信他们能够知道掌控对象的规则,因此可以控制对象行为的信念相一致的。西方人对分类(categorization)有着浓厚的兴趣,这有助于他们知道什么样的规则适用于有问题的对象,并且形式逻辑在问题的解决中扮演一个角色。相比之下,东亚人介入在其广泛范围内的对象。世界对亚洲人来说比对西方人似乎更复杂,了解事件总是需要考虑所有的因素,这些因素以一种非简单、非确定性的方式相互运作。形式逻辑在问题中仅扮演小角色。东亚人在对象如何相互关联的基础上组合对象,而西方人更可能依赖于类别(categories)。中国人与希腊人不同的是强调和谐。每一个中国人首先是一个集体,或者说几个集体——宗族、村子,特别是家庭的成员。而对希腊人,个人并非一个封装单位,而是保持了跨越整个社会环境的独特身份。在中国,并不存在希腊意义上的个性自由。个人的权利曾是一个人对作为整体社区权利的共享。世界是不断变化的,是充满矛盾的。理解和欣赏事物的每一状况,要求其对立面的存在;似乎是真实的,现在可能是它似乎是什么的反面。排中律并不适用于中国人的思想,他们运用不同准则。这一问题已由其他思想家视作解释学推理(hermeneutic reasonableness)。在中国知识分子的传统中,A 与非 A 之间是不可相容的。相反,在道家的精神或阴阳原则中,A 可以包含非 A,或者终将包含它。在与其他事件隔离时,此事件不会发生,但总是包含在一个有意义的整体中,在其中,所有的元素都在不断变化和重新安排自己。中国的推理方法认为,对象或孤立的事件以及运用抽象的规则会引起极端和错误的结论。只有中庸方式才是推理的目的。

二 对福山和亨廷顿的批判

尼斯贝特所探讨的领域充分体现这些不同的方法,其中包括医学、法律、科学、人权和国际关系。尼斯贝特曾在美国的密西根大学领导一项有关西方人和东亚人观察世界的心理学实验。他的研究结论是:美国人善于将事物分解和归类,从中找出应遵守的规则。

第九章 尼斯贝特史间主义的"文明差异协调论"

而东亚人则从全局的角度将"事物放入大环境中来考察"。他形象地比喻,美国人黑白分明地看待一切事物,而东亚人则更多地"关注那些灰色的东西"。他指出:"东亚哲学核心观念就是和谐,为此人们尤其关注局部与整体的联系,但西方生活的意义就是实现目的。"他还举例说:"西方的孩子学习名词很快,而中国与韩国的孩子则善于应用动词,因其能将各种事物相互联系。"尼斯贝特在此书的结束语中指出,社会学家对于未来有两种争论的看法:一是如福山那样预言政治和经济制度以及价值观终将合流;一是如亨廷顿那样预言它们将始终保持差异。究竟是"历史的终结"还是"文明的冲突"?换句话说,也就是福山的"趋同论"与亨廷顿的"趋异论"哪一个正确地预测人类的未来?这样的社会差异如此之大,会导致冲突吗?尼斯贝特认为不会,而相反认为"两个部分(the twain)应凭借其他方向的每一移动而得到满足"。"倘若经济与政府的形式在任何地方是相同的,这就使人们的心理特质也会相同。但在另一方面,'文明的冲突'的观点则坚持思维的习惯始终保持差异。"他绘声绘色地调侃道:一方面整个世界都似乎在"西方化",例如人人都穿牛仔裤、T恤衫和耐克鞋,喝可乐,听美国流行乐,看美国好莱坞大片和电视,甚至教育体制都相当西方化,如强调分析、批判、逻辑以及解决问题的形式化方式等;另一方面分歧将日益严重:国际冲突不断加剧。尼斯贝特又指明了第三种观点:世界将会以合流为主,而非分歧为主,"但这种合流并不仅建立在西方化,而且也建立在东方化,并且建立在社会制度和价值融合的新认知形式上。……东方与西方都能为一个大融合的世界做出贡献,在这种世界上,两种文明的社会与认知方面不但得到表达而且相互转化……"[1] 更深层地说,尼斯贝特的理论框架还是建立在英美传统的经验主义与实验主义的基础之上的,仍然摆脱不了社会文化

---

[1] Richard E. Nisbett, *The Geography of Thought: How Asians and Westerners Think Diferently and Why*, The Free Press, 2003, pp. 219–229.

现象的表层类比。①

西方人常说,读者选书的标准是题材、主题以及作者的写作风格。福山、亨廷顿、尼斯贝特一类学者的成功之处,还在于话题吸引人,立意新颖,行文生动,举例鲜活,以俗寓雅;将高深的理论加以通俗化和普及化,因此不仅为阳春白雪的学术界所赞赏,而且为下里巴人的一般读者层所追捧,从而造成了一种后现代大众消费文化的社会效应。他们的著作一版再版,被转译成了多种文字,不仅畅销,而且常销,甚至可从学者的书斋一直排列到家庭妇女的厨台。一篇书评这样夸奖福山的写作:"文笔优美,语词讲究,句式严谨";在亨廷顿去世之后,有人声称非常怀念他那种对读者富有征服力的"文风";而尼斯贝特的书则被誉为具有"极易理解的对话式写作技巧"。

毋庸讳言,以福山、亨廷顿和尼斯贝特为代表的上述三大创意文明观仍有着明显的欠缺性、局限性,甚至严重的误导性。他们有的观点可能会被别有用心的政府、权力集团、国家利益至上者、种族主义分子、白人至上主义者所利用,甚至作为发动侵略战争的理论借口。本书因篇幅有限,无法做更详尽的分析。然而,人们可以不赞成甚至完全反对他们中间某位学者的某些观点和结论,但不得不对他们理性的治学态度、执着的专业精神、独立的批判张力、严谨的论证过程、无畏的真相追求以及真诚的学术良知所折服。这些学者具有知识分子的显著特征。多年来,对什么是知识分子这个问题有着广泛而深入的讨论。本书著者以为,知识分子至少有三个基本特征:一是比较广博的知识,尤其是跨学科和跨文化的综合知识,而不是仅仅知道自己某

---

① 既然对于哲学家和心理学家来说,"思维"和"思维方式"是最重要的讨论之一,那我们就有必要首先对思维这个概念进行检验性的分析。"思维"可以被认为是一种"解释变数"(explanatory variable)、一种"例证参数"(reference parameter)、一种"概念构架"(conceptual framework)或一种"分析模式"(analytical mode)。我们可以依据它的可能基础和特征,如思维的对象、主体、动因、来源以及范围,来进行比较全面的考察。在对"思维"做了相对充分的界定之后,再来检验它在东西方传统文化中的差异性与相似性。东西方两种文化之间既有异,也有同。因此,在一定意义上,对中国传统文化中的"思维"概念有可能用西方普遍采用的某些概念构架来进行考察。

一单纯领域的专业机器;二是独立思考的能力,拥有很强的理性思维,尤其是追求真理、具备批判和不盲从的精神;三是社会责任感,尤其是具有正义感和自律精神,是非分明,同情人类的苦难,反对一切不合理的制度和现象。也只有符合知识分子特质界定的学者,才有可能成为大师级引领思想潮流的人物。福山、亨廷顿和尼斯贝特等学者就是这样的人物!他们的治学精神与探究方法也值得我们从事东西方研究的华人学者加以"取其精华,去其糟粕"的借鉴。

第三编

东西方思想的对话：近现代欧美大哲在华传播与影响

第 十 章

走近近代哲学之父：
笛卡尔思想在华传播与影响[*]

笛卡尔（René Descartes，1596—1650）是公认的现代西方哲学的奠基人和开拓者，创制了"怀疑论"方法，掀起了"唯理论"思潮，并首次创立了一套完整的哲学体系。笛卡尔的方法论尤其对科学与哲学从中世纪向近代的过渡是一个决定性的推动。笛卡尔曾站在柏拉图、亚里士多德等先前巨人的肩膀上，但也让更多的大哲站在他巨大的肩膀上。我们可以毫不夸张地说，笛卡尔不仅是一代宗师，而且是跨越几代的人类宗师。[①]

一 笛卡尔及其主要思想

笛卡尔对另一位唯理论大哲斯宾诺莎（Benedictus de Spinoza，1632—1677）产生过决定性影响，为此后者专门撰写了生前唯一用真名出版的著作《笛卡尔哲学原理》；同斯宾诺莎一样，唯理论巨擘莱布尼茨（Gottfried Wilhelm Leibniz，1646—1716）也是凭借检验笛卡尔哲学构建了自己的体系；而洛克、贝克莱、休谟等一代经验论大哲的分析中都有着笛卡尔主义的启迪。康德对认识论的"哥白尼式

---

[*] 本章英文版曾发表于 *Asian Philosophy*，28，2，2018。
[①] 本书著者曾主编过"东西方思想家评传系列"丛书，其中一部名为《笛卡尔：现代西方哲学之父》（孙卫民著，九州出版社 2013 年版）。

革命"也由笛卡尔所驱动;在《哲学史讲演录》中,黑格尔明确指出:"笛卡尔事实上是近代哲学的开创者",是"一个彻底从头做起,带头重建哲学基础的英雄"。① 20世纪分析运动的开创者罗素赞扬道:对笛卡尔"通常都把他看成近代哲学的始祖,我认为这是对的。他是第一个禀有高超哲学能力,在见解方面受新物理学和新天文学深刻影响的人"。② 20世纪现象学运动的创始人胡塞尔(Edmund Husserl,1859—1938)也受到笛卡尔的重大影响,他曾出版过专著《笛卡尔的沉思》(Méditations cartésiennes)。在该书引论中,胡塞尔承认,笛卡尔的《沉思录》"完全直接影响了已形成的现象学向先验哲学的一种新形式的转变",而几乎将自己的现象学贴上"新笛卡尔主义"的标签,尽管胡塞尔现象学企图之一是消除笛卡尔从柏拉图和亚里士多德那里继承下来的传统存在论。胡塞尔赞扬还评价道:"具有令人惊异的深刻性的笛卡尔的基本思考,已经接近现象学,然后它又出现在洛克学派的心理主义中。休谟几乎踏上了它的领域,但失之盲目。"③ 把现象学和笛卡尔传统联系起来的法国当代哲学家米谢尔·亨利(Michel Henry,1922—2002)提出:在笛卡尔的我思构成了现象学的诞生行为的条件下,现象学研究不仅仅是可能的,而且是唯一可能;"我要提倡一种对笛卡尔的'我思'的现象学阅读",他认为"对'我思'的现象学研究不仅仅是可能的,而且是唯一的可能。现象学应该确定唯一能够进入我思中被思考和应该被思考的内容的途径"。④

著名哲学家马利坦(Jacques Maritain,1882—1973)认为:笛卡尔在哲学史上的意义无法估价,其思想对几个世纪的人类历史有着深

---

① 黑格尔:《哲学史讲演录》第4卷,商务印书馆1981年版,第63页。
② 罗素:《西方哲学史》下册,商务印书馆1963年版,第79页。
③ 胡塞尔:《纯粹现象学和现象学哲学的观念》,李幼蒸译,商务印书馆1992年版,第160页。
④ 亨利:《笛卡尔的开端和现象学的观念》,载《在今天阅读笛卡尔》,卢汶哲学书库,卢汶—巴黎版,1997年,第199页。

第十章 走近近代哲学之父：笛卡尔思想在华传播与影响

刻影响。① 法国当代著名笛卡尔和现象学专家马里翁（Jean-Luc Marion，1946—）谈到自己哲学演变的心路历程时说："开始，我只是研究笛卡尔本人——也就是确定形而上学理性的现代转折的基础和限制（《笛卡尔的灰色本体论》，1975），后来的《笛卡尔的白色神学》（1981），试图重建笛卡尔和上帝类似的造物主的中世纪理论的批判，以保证对象科学的最终基础。由于注意到笛卡尔思想的'模糊性'，我不得不对是否面对笛卡尔工程的形而上学——因为这不是自然而然的——同一性问题作出选择（《笛卡尔形而上学多棱镜》，1986）。我把笛卡尔形而上学的特别概念和海德格尔所谓的形而上学的本体神学的构建作比较，我在笛卡尔那里辨认出不仅仅是两种并不错叠的本体神学（思维的和原因的神学），而同样辨认出形而上学的内在和外在的各种限制比较，这种形而上学以慈悲的动机回归帕斯卡尔的第三种范畴。由此，我不能避免两种探索。第一，人们是否能够以形而上学的风格进行哲学思考？胡塞尔确立的现象学的新开始能够允许吗？第二，现象学的事业是否真的依靠自我？这个自我，是否在笛卡尔意义上理解？尽管胡塞尔、海德格尔对他有批评，对他的主体性有批评。这就是把我从笛卡尔引向现象学的路线。而当今世界的两个主要哲学潮流——现象学和分析哲学——其实是分享着共同的始源，尽管后来发生了各种对立，一种出自新康德主义土壤，无疑围绕着布伦塔诺及其遗产的始源。"②

法国著名解释学哲学家利科（Paul Ricoeur，1913—）认为，胡塞尔《笛卡尔的沉思》的首要意图就是在哲学史中置入现象学的先验动机。如果说，在笛卡尔之后，还有一种宣称结束思想的各种变化并且重新开始哲学的历史，那是因为笛卡尔并不足够彻底，或没有足够忠实于他的彻底性。因此，如果哲学把其使命进行到底，那就会超越自己的历史，并实现自己的"永恒意义"。《笛卡尔的

---

① J. Maritain, *The Dream of Descartes*, trans. Mabelle L. Andison, New York: Philosophical Library, 1944.
② 马里翁：《应该重新看待的形而上学》，《文学杂志》第342期，1996年4月。

沉思》设定了这个观念：在哲学史趋向通过真正开始意义上的进步消除其自己历史的限度内，哲学史才具有意义。胡塞尔在彻底开始的观念中探索，走得比笛卡尔更远。"我思"应该彻底化。胡塞尔的笛卡尔不是吉尔松的，也不是拉波特和阿尔基耶的，而是一个新康德主义者阅读的笛卡尔。胡塞尔认为笛卡尔的伟大在于：他在普遍科学的体系中，创立了一种同时是科学和所有科学基础的哲学计划。合法的我思，是先验的主体，也就是先验的"自我"。[①] 正如人们所说的，我们仍然在讨论笛卡尔讨论过的问题，由这位先哲在《沉思录》中的观点引发福柯（Michel Foucault, 1926—1984）与德里达（Jacques Derrida, 1930—2004）曾在我思（cogito）与疯癫（madness）等问题上进行了繁杂的缠斗，后果是不仅中断了他们的友谊，还引起了两者长达15年的不和，在一定意义上反映了结构主义与解构主义之间的论争。

　　本书著者同意中国著名法国哲学专家杜小真的看法：笛卡尔是法国当代哲学的真正源头。无论什么地方来的外来哲学，都会打上笛卡尔传统的印记。现象学是从认识主体回归自身起步的。因此应该在笛卡尔那里认出它的一位奠基之父。笛卡尔提出的最重要的问题，或者说笛卡尔最伟大的创新，不是提出全新的"主体"问题，而是西方哲学史上始终没有解决的或始终在争论的个别和普遍的关系问题。普遍，到底有没有独立的存在性？他要找到一个可靠的起点。找到一个绝对不会错的起点，然后用数学的方法去推演，就出不了错。那就是要靠怀疑一切，排除掉一切可以怀疑的东西。但有一个东西是不能怀疑的，那就是"我怀疑"，就是蕴涵在"怀疑"中的"我思"，这类似巴门尼德的思路。这样就把"我思"推向"我在"，这里的"我"就作为一个实体的"我"肯定存在，似乎就成了个体和普遍的结合体（这个"我"表面看来是个体，但又是一个纯思想的"我"，这个纯思想的东西应该说是代表普遍性的，并不限于一个当下的"我"）。

---

① 参见利科《胡塞尔〈笛卡尔沉思〉研究》第一节《胡塞尔和笛卡尔》，载《致现象学派》，弗兰出版社1998年版。

第十章 走近近代哲学之父：笛卡尔思想在华传播与影响

所以，笛卡尔的"我"结合了个别与一般。把这个重要的问题推前一步。使他成为近代西方哲学的开创者。[①]

笛卡尔在中世纪经院哲学的氛围中长大，却成为它的掘墓人。对此，孙卫民独特的分析认为：虽然笛卡尔最终背叛并颠覆了经院哲学的传统，但他是在这个传统下长大的，他的思想受到经院哲学很大的影响。而这一点常常被人所忽视，甚至有人认为笛卡尔对传统哲学不甚了解，而且说正是因为这种无知才可能让笛卡尔作出革命性的突破。这是一种误解，其实，如果不了解经院哲学的背景，我们很难充分理解笛卡尔的哲学体系。笛卡尔是现代哲学的创始人，是经院哲学的终结者，但现代哲学是在经院哲学的土壤上长出来的。笛卡尔的哲学是承前启后的，因此如果完全脱离经院哲学来了解笛卡尔的哲学，我们不可能得到完整的理解。笛卡尔在很多领域都有杰出的贡献，包括数学、物理、生理学以及哲学。他因将几何坐标体系公式化而被认为是解析几何之祖。笛卡尔的成就是革命性的。至今为止我们仍然在笛卡尔所构建的框架里探索研究，甚至反对派在抨击笛卡尔的思想时，依然挣脱不出笛卡尔的框架。这些框架中的最重要之一就是掌控"思与在"或"心与身"关系的框架，即所有哲学家和心理学家思考问题的初始点。笛卡尔的思想对人类社会的各个方面也有着广泛深入的影响，包括政治文化生活的各个方面。而且，笛卡尔的这些贡献又是紧密联系在一起的，组成了一个有机的整体。孙卫民说得精彩：笛卡尔是一个革命性的人物，他给欧洲思想界带来根本性的改变。谦虚的牛顿后来说他之所以能够作出一些发现（例如万有引力理论），是因为他站在巨人的肩膀上；毫无疑问，笛卡尔就是那些巨人中的一员。

笛卡尔生于法国安德尔—卢瓦尔省，英年早逝于瑞典斯德哥尔摩，他54岁的一生丰富多彩。8岁时就被送到法国最好的天主教会的学校拉夫赖士（La Fleche）学习，受到良好的古典学以及数学训练，但他对所学的科目没有什么兴趣。1616年从普瓦捷大

---

① 参见杜小真《德里达与现象学》，《人文与社会》2006年11月。

思想的再对话
NEW COMPARATIVISM

学学习法律毕业后，20 岁的时候笛卡尔开始游历欧洲，专心寻求"世界这本大书"中的智慧。他曾在荷兰、巴伐利亚和匈牙利的三国军队中短期服役，不过并未亲历任何实战。直到 22 岁的时候他遇到一个喜好科学的荷兰医生毕克曼，笛卡尔重新拾起了对数学的爱好。

1619 年 11 月 10 日，夜，一系列神奇的梦给 23 岁的笛卡尔指明了方向。由于担心他的思想会受到教会的制裁，笛卡尔的写作和出版都很小心，而他也长期居住在荷兰。53 岁的时候，笛卡尔应瑞典女王克里斯第娜邀请去做她的老师。但是不喜欢早起的笛卡尔却不得不在早晨五点给女王上课。加上瑞典严寒的冬天，笛卡尔在这块"狗熊、冰雪与岩石的土地"上很快染病不起，并于来年 2 月故去。世人，包括学术界对这位一代宗师的逝世置若罔闻，只有某报发了一篇负面报道，竭尽冷嘲热讽之能事："有一疯子在瑞典死了，他以为人都可随意活着。"与他生前的坎坷一样，死后的笛卡尔的遗骸也几经周折，从冷落到荣耀。骇人听闻的是，在移灵时，法国大使切下笛卡尔右手的大拇指留为纪念，接着因铜棺过小，便将头与身割开分别运送，结果头颅遭一军官盗走，被当成收藏品多次转让，直到一个半世纪后才寻回。最后笛卡尔总算厚葬在柏雷斯的圣日曼教堂中，墓志铭上写道："笛卡尔——自欧洲文艺复兴以来，为人类力争与确保理性权利的第一人。"

怀疑论者、二元论者的笛卡尔自认为是一个虔诚的天主教徒，却不为教会权威认可。即便在一些最宽容的新教国家如荷兰等，笛卡尔也被指控为无神论者。这是他方法论的一个必然后果，其内里所藏的锋芒是掩盖不住的，尽管创造者本人并没有完全意识到。笛卡尔去世 13 年后，梵蒂冈将笛卡尔的全部著作列为禁书；又过了 8 年，路易十四下令在法国学校中禁止讲授笛卡尔的学说。一直到 1740 年，当局为了应对当时流行的牛顿世界体系需要替代物而解除了禁令。从未结婚的笛卡尔与一位叫海伦（Helene）的女仆生了一个女儿，起名为法兰西妮（Francine），有纪念自己祖国的意思。然而这唯一的女儿却在 5 岁时早夭，这是笛卡尔终生最大的悲痛。① 人们对笛卡尔有着不少传奇虚构，其中提到他曾制造一位也叫法兰西妮的女机器人一同漫游世界。麦克尔·哈特将笛卡尔排名为历史上影响最大的 100 人中的第 49 位。

笛卡尔的学术生涯可分为科学阶段与哲学阶段。在科学阶段，他写了论述物理学的《宇宙论》（The World）和检验生理学的《人类论》（The Human），并从物理学与生理学而科学地走向心理学。在哲学阶段，他从彻底的怀疑出发，试图建立确定无疑的知识。传统的经典虽然有着权威的支持，但是权威并不能保证其正确无误。在《沉思录》中，经过一系列的大胆怀疑，笛卡尔最终发现了一个清楚自明无可怀疑的命题："我思故我在"（cogito ergo sum），从而突出了"我"的主体性地位，标志着近代哲学的真正开端。在此基础上，笛卡尔构建了他的整个哲学体系。除了该哲学系统有其独到的价值之外（笛卡尔的哲学至今仍被广泛研究），笛卡尔更重要的贡献在于他理论构建的怀疑方法（开启了哲学史上认识论的转向）和由此带来的主客体对立的思维框架（这是现代哲学的一个标志）。笛卡尔主要哲学著作有：《论世界》（Le Monde，1633）、《论人类》（Traite de l'homme，1633）、《方法谈》（Discours de la Methode，1637）、《形而上学的沉思》（Meditationes de Prima Philosophia 或 Méditations métaphysiques，1641）和《哲学原理》（Les Principes de la philosophie，1644）等。正如罗素在自己后期成熟著作《人类知识》序言中所感叹的："以下的篇幅并非仅为或主要为职业哲学家而写的，也是为那些更多数的广大读者；这些人对哲学问题感兴趣，而又不愿或不能付出较多时间来探索它们。笛卡尔、莱布尼兹、洛克、贝克莱和休谟的著作都是为这类读者而作的；我认为很不幸在以往大约一百六十年的时期里，哲学已被视为几乎与数学同样的东西。"笛卡尔本人曾在《形而上学的沉思》所附录的信中透露，打算将它作为大学教科书。

---

① Steven Gaukroger, *Descartes: An Intellectual Biography*, Oxford University Press, 1997, p. 294.

思想的再对话
NEW COMPARATIVISM

笛卡尔哲学受到左右两方面的继承：左的如拉美特里（La mettrie，1709—1751）、狄德罗（Diderot，1713—1784）、爱尔维修（Helvetius，1715—1771）等，右的如马勒布朗士（Malebranche，1638—1715）等；它也受到左右两面的批判：左的如同代人伽桑狄（Pieere Gassendi，1592—1655）[1] 和霍布斯（Thomas Hobbes，1588—1679）等，右的如经院哲学家和教会权威等。除影响了斯宾诺莎、莱布尼兹之外，笛卡尔还深刻影响了洛克、康德、胡塞尔等大哲，但也受到康德以及后代人如罗素、海德格尔、维特根斯坦和福柯等的强烈抨击。对笛卡尔的批判内容包括其体系与方法之间的矛盾，如折中论、先验论、天赋观念、形而上学、循环推论、谬误推论、二元虚构、主体不证自明等。不过，笛卡尔本人对各种批评相当开明。例如在《形而上学的沉思》完稿后，他将抄本分送给卡特罗斯（Caterus）、霍布斯、伽桑狄、阿诺尔德（Arnauld）、莫森尼（Mersenne）等征求意见，并对收到的六组驳难逐一答辩，而后作为附录收入书中。罗素曾批评说："灵魂与肉体的区别最初是形而上学的深奥精妙之处，后来逐渐成了公认常识的一部分，直到当今仅有极少几个玄学家仍敢于质疑这种区别。笛卡尔派的学者拒斥心与物之间的任何相互作用，从而增大了心物区别的绝对性。"[2] 存在主义大师海德格尔（Martin Heidegger，1889—1976）针对"我思故我在"提出了尖锐的批评，指出笛卡尔将之作为哲学基石不证自明的命题从根本上是不清楚的，因为它未对"我"这个思维体的存在方式或"我在"的存在意义加以检验，而未能深入思考人之思如何思以及人之在如何在。"笛卡尔发现了'Cogito sum'（我思故我在），就认为已为哲学找到了一个新的可靠的基地。但是他在这个'激进'的开端处没有规定清楚的就是这个能思之物的存在方式，说得更确切些，就是'我在'的存在的意

---

[1] 参见伽桑狄《对笛卡尔〈沉思〉的诘难》，《十六—十八世纪西欧各国哲学》，商务印书馆1975年版，第183—287页。

[2] Bertrand Russell, *Human Knowledge: Its Scope and Limits*, Simon and Schuster, 1948, pp. 52–53.

第十章 走近近代哲学之父：笛卡尔思想在华传播与影响

义。"① 而另一个存在主义大师萨特（Jean Paul Sartre，1905—1980）驳斥了笛卡尔心物二元论主次关系，而将"我思故我在"换位成了"我在故我思"，对他来说，这是事物本身的自然秩序。

当代语言或分析哲学家几乎都反对将心、思和内在尊为第一位的笛卡尔式心理主义倾向。在《心的概念》一书中，语言哲学大师赖尔（G. Ryle，1900—1976）批评笛卡尔的心—身二元论是一种"类的错误"，心只能存在于具体行为之中，否则心是什么就无法加以观察和测量。分析哲学一代宗师维特根斯坦抨击了笛卡尔的一个误导，就是相信那种并不存在着的内在客体和心理历程。维特根斯坦企图通过语言方式来解决不甚注意语言功用的那种笛卡尔式"心—身"或"思—在"二元论。按照后期维特根斯坦对语法命题与事实命题的二分法，"我思故我在"是一个语法命题，而非一个事实命题。"我思"是一种纯心灵的活动，"我在"则是一种思维状态，因此"我思维故我在思维"是有意义的命题。然而笛卡尔将"我在"视为一个"实体存在"或"思维之外的客观存在"，这样一来，"我思故我在"就变为"我思维故我的实体存在"。本来，人们无法从语法命题推导出事实命题，也就是无法从"我思"推导出实体的"我在"；笛卡尔的"我思"与"我在"无法构成推导性的逻辑关联。从维特根斯坦"私人语言"与"公共语言"的二分法以及前者可能引起的谬误和困境，如私人感觉的不可接近性，私人语言规则的不可遵守性以及私人语言在游戏中的不可表达性，可以看出他的主要目的之一就是拒斥笛卡尔式二元论以及反直指和反对象—指称模式。

当前在西方学术界比较普遍地认为，对于笛卡尔的心灵论来说，他的二元论方式所引起的困惑远多于他所能解决的，尤其他有关人类心灵特性及其与物质世界的关系所产生的难题始终无法得到解决。长期以来，人们甚至为笛卡尔是否是一个怀疑论者而争论不休，本书著者同意孙卫民的观点：笛卡尔最终的目标是要建立确定的知识体系，因此怀疑论的结论是他无法接受的。最终笛卡尔要确认我的心灵的存

---

① 海德格尔：《存在与时间》，三联书店1987年版，第31页。

在、上帝的存在，以及数学知识和正常情况下感性知识的可靠，因此怀疑论在他的哲学里没有位置。笛卡尔只是用怀疑的方法来颠覆旧的知识大厦，而且用怀疑来作新的知识的检验标准。"事实上，在其一生之中，笛卡尔可能从来没有陷入到怀疑论的深渊里去。"①

二 笛卡尔思想在中国的传播与影响

谈到笛卡尔的思想，不禁使本书著者顺及回顾了这位大哲在中国的境遇。在西方近代思想传入中国的早期，法国的笛卡尔与英国的培根是两个最有影响的代表。但在后来，与德国哲学家与英国哲学家相比，笛卡尔并未受到应有的重视，而且多有曲解。这除了综合社会政治文化等原因之外，还由于笛卡尔的仿古文风，他似乎不像同时代的英国哲人培根那样现代化的简洁，也不如后来的卢梭、狄德罗等那么明快。笛卡尔这一人名的最初译法有嘎尔代希恩、特加尔、特嘉尔、特嘉尔德、笛卡尔等。从19世纪中期到20世纪初，欧洲文艺复兴以来产生的各种思想和知识体系在中国学界传播开来。在清末，尤其是戊戌维新运动中，中国学界已经逐渐熟知培根、笛卡尔以及哥白尼、牛顿、拉菲尔、但丁和莎士比亚等思想或文学巨匠。

据考证，郭嵩焘是当时最早引介欧洲复兴代表人物的中国人。②1877年至1879年，在出使英法期间，他在《伦敦与巴黎日记》中，赞扬弗兰西斯·培根（毕尔庚）为英国实学的创始人，讲求格物致知之说。赞扬笛卡尔（嘎尔代希恩）为西洋征实学问的创始人，并

---

① 孙卫民：《笛卡尔：近代哲学之父》，九州出版社2013年版，第56页。
② 参见李长林《欧洲文艺复兴文化在中国的传播》，郑大华、邹小站主编《西方思想在近代中国》，社会科学文献出版社2005年版。不过，有可能笛卡尔思想的最早引介是通过日本。中村正直在《西学一斑》（连载于《明六杂志》1874—1875年诸期）中凡论西方哲学之处皆用"理学"，如讲文艺复兴时期"理学的革正"即哲学的革新，讲甘八涅拉（康帕内拉）、倍根（培根）、第加尔（笛卡尔）等是"理学（哲学）大家"、"理学（哲学）名家"，等等。见《明六杂志》第12号、23号，载《明治文化全集》第18卷（杂志篇），日本评论社1927年版，第117、171页。

第十章　走近近代哲学之父：笛卡尔思想在华传播与影响

准确具体地表达了笛卡尔所倡导的"系统怀疑"的方法。此外还评价了哈维（哈尔非）的血液循环学说，伽利略（格力里渥）的日心说和摆动等时研究，以及米开朗琪罗（买格尔安吉罗）、拉菲尔（刺非尔）、莎士比亚（舍色斯毕尔）等大师巨匠。①

1894年，严复在译述《天演论》的按语中，指出培根、笛卡尔"倡为实测内籀（即归纳）之学"，并说牛顿、伽利略、哈维运用其归纳法、因之大有发现。② 在《天演论》中，除了进化论以及各种科学知识外，严复还介绍了希腊哲学史上的著名学派与代表人物，近代洛克、休谟、康德的不可知论，笛卡尔的"尊疑之学"及其专著《道术新论》，培根与约翰·穆勒的经验论等。③ 严复还对笛卡尔的"我思故我在"加以儒家化解释，说道："及法兰西硕士特加尔（笛卡尔——本书著者注）出，乃标意不可妄，意住我住之旨，而《中庸》'诚者物之终始，不诚无物之义'，愈可见矣。"④ 在《穆勒名学》的案语中，严复声言："大抵心学之事，古与今有不同者，古之言万物本体也，以其不可见，则取一切所附著而发见者，如物之色相，如心之意识而妄之，此《般若》六如之喻所以为要偈也。自特嘉尔（笛卡尔）倡尊疑之学，而结果于惟意非幻。于是世间一切可以对待论者，无往非实；但人心有域，于无对者不可思议已耳。此斯宾塞氏言学所以发端于不可知可知之分，而第一义海著破幻之论，而谓两者互为之根。窃尝谓万物本体虽不可知，而可知者止于感觉，但物德有本末之殊，而心知有先后之异。……自然律令者，不同地而皆然，不同时而皆合。此吾生学问之所以大可恃，而学明者术立，理得者功成也。无他，亦尽于对待之域而已。是域而外固无从学，即学之亦于人事殆无涉也。"⑤《穆勒名学》还提到这样一种观点："万物

---

① 郭嵩焘：《伦敦与巴黎日记》，岳麓书社1984年版，第384、697、405、370、403、151、275、873页。
② 参见严复《天演论》，商务印书馆1981年版，第80页。
③ 参见王栻主编《严复集》，中华书局1986年版，第1322页。
④ 同上书，第1035页。
⑤ 同上书，第1036页。

固皆意境，惟其意境，而后吾与物可以知接，而一切之智慧学术生焉。故方论及于万物，而明者谓其所论，皆一心之觉知也。"对此，严复进一步指出："观于此言，而以与特嘉尔所谓积意成我，意恒住故我恒住语合而思之，则知孟子所谓'万物皆备于我'一言，此为之的解。何则？我而外无物也；非无物也，虽有而无异于无也。然知其备于我矣，乃从此而黜即物穷理之说，又不可也。盖我虽意主，而物为意因，不即因而言果，则其意必不诚。此庄周所以云心止于符，而英儒贝根亦标以心亲物之义也。"①

作为思想解放运动的戊戌维新，既是启蒙运动，又是中国近代新文化运动的发端。维新派广泛引介和散播西方培根、笛卡尔、康德、孟德斯鸠、霍布士、边沁、达尔文、斯宾塞、马尔萨斯、亚当·斯密的学说，将西方经济学、政治学、法律学、生物进化论、庸俗进化论、科学的方法论、天赋人权说，以及自由平等思想系统地推广到中国来，从而动摇传统思想的统治地位，为新思想和价值观的发展铺垫了道路。1898 年，康有为在《进呈突厥削弱记序》一文中提及："意大利文学复兴后，新教出而旧教殆，于是培根、笛卡尔创新学讲物质，自是新艺新器大出矣。"② 1898 年戊戌变法失败后逃亡日本的梁启超发表不少介绍西方思想的文章，如卢梭、孟德斯鸠、达尔文，以及斯宾诺莎、培根、笛卡尔、康德等的哲学思想。1902 年，梁启超在《近世文明初祖二大家之学说》一文中，专门评述培根和笛卡尔的学说，将其尊为近代文明的两大初祖，并指明了文艺复兴的划时代意义，指出欧洲"近世史与上世史中特异者不一端，而学术之革新，其最著也。有新学术然后有新道德、新技艺、新器物。有是数者，然后有新国、新世界"。他宣称："笛卡尔氏，谓凡学当以怀疑为首，以一扫前者之旧论，然后别出其所见谓于疑中求信，其信乃真此……"③ 梁启超特别推荐培根的"格物"和笛卡尔的"穷理"，并

---

① 王栻主编：《严复集》，第 1037 页。
② 康有为：《康有为政论集》5 册，中华书局 1981 年版，第 298 页。
③ 梁启超：《饮冰室合集·文集之十三》，中华书局 1989 年版，第 1 页。

第十章 走近近代哲学之父：笛卡尔思想在华传播与影响

主张用"客观的科学方法"去研究国学这世界第一丰富矿穴。这里，科学成为一种研究思想的方法，其工具具有比器高的地位了。对培根与笛卡尔的推崇使梁启超叹曰："思想之自由，真理之所从出也。"①梁启超还在《饮冰室读书记》中提到笛卡尔的"我思故我在"。在《告报馆同业诸君》中，梁启超敬告中国学者："公等皆有左右世界之力，而不用之何也？公等即不能为培根、笛卡尔、达尔文，岂不能为福禄特尔、福泽愈吉、托尔斯泰？即不能左右世界，岂不能左右一国？"②顺便指出梁启超似乎是使用"笛卡尔"这一后来普遍通行人名译法的第一位大师。

王国维亦对笛卡尔感兴趣，他于1906年曾这样评论说："特嘉尔德之说……谓向之所信者，宜尽疑之，且凡为疑之对象者，宜尽除之。曰：感觉屡欺人，故吾人不得信赖之，即理性，吾人亦不能以无条件而信用之也。……从氏之说，则使向之所信为确定者，悉退而立于不确定之地位。然特氏又谓此不确定者之中，却有一确定不可动者，即怀疑益深，则此怀疑之我之存在，益不得不确实。疑也者，不外思考之一形式。故可曰：'我以思考故而存在也。'我虽疑一切，然其思考之不止，明甚；思考若止，则纵令其他一切存在而我之存在与否，未可信矣。故当知吾人之本体，在思考之上。自我确定，则为一切认识之根据。"他接着提到："氏从此根本思想，而于方法论中，谓知觉理解之力，人皆同等，其所以区别之原因，则由养成之法不同。又谓人各有自由思考之权利，人之所信者即其所自决者，故学习上最宜重个人之自由。……由是观之，特氏于排盲信而贵自思之一点，与柏庚同；又于重实事实物之知识，亦略与柏氏近。……氏盖以实质的知识，为增进心力之手段；以使人能达于自求真理之域，为其主要之目的。教育论者之置重形式的陶冶即此义也。"王国维还指出：在笛卡尔的唯理主义哲学观点及其教育思想影响下，芬乃龙（F. Fenelon）、罗兰

---

① 梁启超：《近世文明初祖二大家之学说》，《梁启超哲学思想论文选》，北京大学出版社1984年版，第91页。
② 李华兴等编：《梁启超选集》，上海人民出版社1984年版，第275页。

(J. M. Roland)等教育家反对中世纪教会教育以教授《圣经》和古典语言为主,主张"取普通经验上之事实为题,先以国语讲谈之,以国文记述之,而后使之学拉丁语,期养成其恰当之判断力。又其使之学古语也,其旨归不在偏于形式而专以模仿为事,特欲从古学者之例,善发表其正确之判断与适切之思想而已"。还"如贝斯达禄奇(裴斯泰洛齐,J. H. Pestalozzi——引者注),谓良善之教法,惟一而已,简易其教法,则凡为母者皆可以教其子云云,即此义也"。王国维得出结论道:"特嘉尔德之思想不但助成近世之实学的合理的倾向,即谓人文主义亦由是而得改造之根据可也。"①

在《述近世教育思想与哲学之关系》中,王国维指出:培根的感觉主义、笛卡尔的合理主义、卢梭的自然主义是近代哲学及教育思想的三阶段,它们传入德国后有"哲学时代"或"启蒙时代"之称。"启蒙时代"的特点:一是力戒盲从盲信,在一切领域中都追求概括性的一般的理论;二是个人主义,即对寺院、社会、国家之限制及区别,以维护个人之权利。18世纪末,德国思想界发起了对此"实学的合理的倾向"的反动,"盖合理主义,专于有用无用之程度,计事物之价值"。"然新思想则异是,彼以事物自身之有价值者,为最同者,而不置利益于目中。因以为吾人之价值,非以其知其能故,亦非以其为人类之行为,而实际有所作为故,惟以其存在故耳,申言之,即以人之自身,本有目的,故贵重之也。而使人于其自身,所以得有价值者,一以为在于道德,一以为在于人类的天性的发展。"具体地说,康德以为人自身的价值在于道德;温克尔曼、莱辛、赫尔德、歌德、席勒等以为人自身的价值在其"有机的生育"与"内部的开发",诗歌、哲学、技术、宗教等都可以使人性自由活动,本身即有价值。王国维最后的结论是,"二者之争执,迄于今日,犹未已也"。

---

① 王国维:《述近世教育思想与哲学之关系》,姚淦铭等编《王国维文集》第3卷,中国文史出版社1997年版。

第十章　走近近代哲学之父：笛卡尔思想在华传播与影响

"到最近世，因哲学思想的发达，而其关系益复杂，有未殚述者矣。"[1] 不过也有人批评说，王国维对笛卡尔、洛克、休谟（休蒙）的哲学观几乎是忽略的，只在《汗德之知识论》一文中偶尔提及。这个批评恐怕不是很公正。

这里谈及一个与笛卡尔有关的历史事件。就在科举制度彻底废除的 1905 年之前，世纪之交的中国面临空前的社会危机，清廷被迫将戊戌政变所废除的维新方案付诸实施，其中之一就是科举的改革。光绪壬寅、癸卯与甲辰连续三年举行的两科乡试与两科会试废除了八股文，而改以策论。当时第二场考试增设了各国政治艺学策五道，以此可以了解政府上层官员与一般士人对于中国当时情势以及世界事务的了解程度，尤其是在对近代化进程中的具体策略应该如何制定有什么见识。历史学家周振鹤有一个很有意思的考证，山西壬寅年乡试有这样一道策问："中学西学互有体用。西人中如倍根之讲求实验，笛卡尔之专务心安，未尝不与中学通。今普通学堂兼取西人所长，补我所未逮，何以不病迂疏，不涉诞妄，义理明而格致精，体立用行，以备朝廷任使策。"晚清因为受到西学的冲击，中国文化受到严重挑战，于是西学中源说成为追寻自身文化光荣的一种心绪排遣（或曰成为一种历史记忆），或者退一步，提倡中学西学有兼通之处，如本题首先就预设培根与笛卡尔的思想与中学是相通的，为考生定下框框。而具体要考生作答的是题目的后半部，亦即询问考生怎样才能使兼取西学的新式学堂能够避免迂疏诞妄的毛病，而达到体立用行，让朝廷得以利用。在答题时，考生要先表露自己对西学的了解程度，同时也要体认中学与西学的兼通，最后才提出自己对学堂如何运行的见解。这一年山西乡试取中的第一名举人是王炳宸，在他的答策中就说道："矧理学之说西人有与中华同者，梭格拉底言格致，以去伪存诚为先。伯拉多言理学有至诚至善之要。不独

---

[1] 王国维：《述近世教育思想与哲学之关系》，姚淦铭等编《王国维文集》第 3 卷，中国文史出版社 1997 年版。

倍根之讲求实验，笛卡尔之专务心安为见道之语也。"显示出在策问里提到的两个西学名士以外，他还知道更早的苏格拉底与柏拉图这样的大学者，而且也知道这两位学者的主张与中学相通。"不过除了考问学识以外，这一题目更重要的是要看看考生处理既要马儿好又要马儿不吃草这类棘手问题的本事。"①

五四运动前后，还有不少学者引介了笛卡尔，如章太炎在《无神论》一文中，评述了笛卡尔的心物二元论。② 张申府专门介绍了《笛卡尔方法论》③ 著名哲学家冯友兰采用三分法概括世界各国哲学类型，将培根、笛卡尔哲学属于益道型，柏拉图、叔本华哲学属于损道型，亚里士多德哲学属于中道型。他在哥伦比亚大学哲学系的讨论会，曾宣读《中国为何无科学——对于中国哲学之历史及其结果之一解释》一文（后来又发表在《国际伦理学杂志》1922 年 4 月第 32 卷第 3 号）。他还指出，近代自然科学之所以没有产生在中国，其原因在于中国哲学与西方近代哲学有所不同。中国哲学历来认为：人应当求幸福于内心，不应当向外界寻求幸福。在这种哲学指导之下，人们很难把研究的目光投向自然界，很难产生实用性的近代自然科学。西方近代哲学则不然，其价值取向是指向外界的。西方近代哲学的一个创始人笛卡尔说"知识是确切的"，另一个创始人培根说"知识就是力量"，都典型地代表着西方近代哲学的基本倾向：一方面是求认识自然界的知识，另一方面是求统治自然界的权利。正是在这种哲学的指导之下，才产生出近代的自然科学。

这里应特别提及中国三位与笛卡尔有关的已故著名学者。其中一位是关其侗先生。1921 年，关其侗结识了胡适，并到后者主持的中华文化教育基金董事会编译委员会从事专业翻译工作。由于才能出众，受到胡适赏识。关其侗在此期间，从译笛卡尔的《方法论》开

---

① 周振鹤：《清末科考策问中所反映的士人意识》，《文汇报》2005 年 12 月 25 日第 8 版。

② 参见章太炎《无神论》，《章太炎全集》第 4 卷，上海人民出版社 1985 年版，第 395—402 页。

③ 参见张申府《笛卡尔方法论》，《清华学报》第 11 卷第 1 号。

始,一直译出 20 余部西方古典哲学著作,出版十余种。关其侗精通英、俄、德三种文字,一生译著西方古典哲学著作达五六十部之多,字数在一千万以上。另一位是法国哲学研究开拓者之一的庞景仁(1910—1985)先生。庞景仁 1936 年毕业于北京大学哲学系,随后留学和执教于法国和瑞士,1942 年获巴黎大学哲学博士学位;曾先后担任过巴黎大学、瑞士伯利恒学院、伏利堡大学的助教和讲师。抗战胜利后回国任南开大学教授,中华人民共和国成立后任中央军委高级翻译。1956 年转至中国人民大学任教授。庞先生对 17 世纪法国哲学有很深的研究,特别是他翻译的笛卡尔的《第一哲学沉思集》(商务印书馆 1986 年版)、伽桑狄的《对笛卡尔〈沉思〉的诘难》(《十六—十八世纪西欧各国哲学》,商务印书馆 1979 年版)等不少译著,填补了中国外国哲学史研究的空白,开拓了外国哲学史研究的领域。还有一位是著名的哲学翻译家王太庆先生,他翻译了包括笛卡尔在内的大量西方哲学名著,其数量之巨,在中国恐怕再无人能与他相提并论了。本书著者就曾专门上过王先生的哲学翻译课以及一些有关西哲史的课程,受益良多。从五四尤其中华人民共和国成立以来,中国还有不少学者对笛卡尔做了大量的编译工作,并进行了富有成效的研究,其中译著有十余部,传记与学术专著也有数十部之多,此外还有大量的论文。这仅是本书著者不完全的统计,很可能挂一漏万,但作为一个文化和思想大国而言,对笛卡尔的研究还应更加红火。我的学术同人孙卫民教授所著的《笛卡尔:近代哲学之父》可以为此助燃而增光彩。

第十一章

思辨精神的东方化：
康德和黑格尔思想在华传播与影响

一 康德和黑格尔思想在中国传播的历史回顾

1898年至1903年，旅居日本的梁启超发表了一系列有关西方思想家的评述，如亚里士多德、培根、霍布士、笛卡尔、斯宾诺莎（斯片挪莎）、孟德斯鸠、卢梭（鲁索）、亚当·斯密（斯密亚丹）、康德、边沁、伯伦知理、达尔文、吉德（颉德）等。其中，梁启超所最推崇的西方大哲之一就是康德，可以说，梁启超开了中国研究康德的先河。1899年，在《自由书》的《论强权》一文中，梁启超引康德之说来阐明"野蛮之国，惟统治者得有自由……今日之文明国，则一切人民皆得有自由"。[①]

1903—1904年，梁启超在《新民丛报》发表了《近世第一大哲康德学说》一文。[②] 他如此评价道："吾昔见日本哲学馆有所谓四圣祀典者，吾骇焉。稽其名，则一释迦，二孔子，三梭格拉底，四康德也。其比拟之果伦与否，吾不敢言，即其不伦，而康德在数千年学界中之位置，亦可想见矣，作《康德学说》。……以康德比诸东方古哲，则其言空理也似释迦，言实行也似孔子，以空理贯诸实行也似王

[①] 梁启超：《论强权》，《自由书》，吉林出版集团2012年版。
[②] 参见《新民丛报》第25、26、28号（1903年），以及第46—48号（合刊号，1904年）。

第十一章 思辨精神的东方化：康德和黑格尔思想在华传播与影响

阳明；以康德比诸希腊古哲，则其立身似梭格拉底，其说理似柏拉图，其博学似亚里士多德；其在近世，则远承倍根、笛卡尔两统而去其蔽，近撷谦谟、黎菩尼士之精而异其撰，下开黑格儿、黑拔特二派而发其华。……其政论则与卢梭出入，而为世界保障自由；艾文学则与基特调和，而为日尔曼大辉名誉。康德者，非德国人，而世界之人也；非十八世纪之人，而百世之人也。吾今请绍介其学说之大略，以贡于我学界。"① 接着，他又较深入讨论了康德的"论纯智"（纯性智慧）等。梁启超将康德誉为"百世之师"和"黑暗时代之救世主"。梁启超还"引康德为例谈'不婚之伟人'（1902）。《新民说》之中则有两篇文章谈到康德：《论自由》（1902）一文引康德等人开创近世泰西文明，说明他们具有'勿为古人之奴隶'的自由精神；《论私德》（1903）一文则三度谈到康德，主要是将康德的道德学说与王阳明的致良知理论相提并论，认为两人皆提倡'以良知为本体，以慎独为致之之功……所谓东海西海有圣人，此心同，此理同'。……1927 年的《儒家哲学》一书，任公一方面说西方认识论的研究'发生最晚，至康德以后才算完全成立'；另一方面仍是将阳明的'致良知'比拟为康德那样'服从良心的第一命令'"。② 不过，梁启超没有能力也没有可能对康德做更深入全面的研究，也就算是点到为止。最早批判梁启超之康德观的学者是王国维。"王国维对康德下过很深的功夫，他对康德的认识也是在日本，不过他不但透过日文著作来了解康德，也能够直接阅读其他的外文书籍。王国维曾经四度研读康德的《纯粹理性批判》，根据王氏表示他读通康德是透过叔本华（Arthur Schopenhauer, 1788—1860）对康德的批判而来，因此从王国维比较严格的学术标准来看，任公的作品可以说是完全不及格。"③ 贺麟认为王国维"提高叔本华贬低康德的说法

---

① 梁启超：《近世第一大哲康德学说》，王书良等总主编《中国文化精华全集》，中国国际广播出版社 1992 年版。
② 黄克武：《梁启超与康德》，《"中央"研究院近代史研究所集刊》第 30 期，1998 年 12 月。
③ 同上。

表明王国维对康德哲学的认识是不够的，正因为这，最后他走上了叔本华的悲观主义道路"。① 在清末，严复也阅读并介绍了康德。② 如在南京大学图书馆仍存有严复于1906年时亲手批注的康德《纯粹理性批判》的英译本。③

据考证，1919年，《晨报》副刊发表了宗之题为《康德唯心哲学大意》和《康德空间唯心论》的两篇文章。1920年，《上海周刊》和《学灯》分别发表了沈甫霖的《康德的教育意见》和南吕的《哲学的改造和现代的康德哲学》。1922年，《今日》和《东方杂志》分别发表了王中君和切生的《康德的认识论和马克思的认识论》和《康德与爱因斯坦》。同年，中华书局出版了罗章龙和商章孙合译的第一本《康德传》。1926年，《山西日报》代印了姚季安译的康德《纯粹理性批判》节译本《纯理批评·绪论、时空论》。1929年世界书局推出了邱陵编著的《康德生活》。

1924年，中国第一位牛津大学哲学博士张颐任北大哲学系教授，在1926年应陈嘉庚之聘任厦门大学副校长后，于1929年返回北大任哲学系主任，主持讲授康德和黑格尔哲学，对此贺麟认为这是西方古典哲学进入中国近代大学的正式开端。康德200周年诞辰的1924年，《学灯》《晨报》等推出研究和纪念文章，《学艺》和1925年的《民铎》杂志都出版了"康德专号"。范寿康在商务印书馆出版《康德》《认识论浅说》，介绍康德的生平思想及其认识论中先验的综合、时间、空间、范畴及先验的自我意识之统一等问题。20世纪30—40年代出版了《纯粹理性批判》（胡仁源译，上海商务印书馆1931年版）、《实践理性批判》（张铭鼎译，上海商务印书馆1936年版）、《道德形而上学探本》（唐钺译，上海商务印书馆1939年版）、《优美

---

① 见贺麟《康德黑格尔哲学东渐记：兼谈我对介绍康德黑格尔哲学的回顾》，中国哲学编辑部编《中国哲学》第2辑，1980年，第356页。

② 严复对康德的介绍可参见其《述黑格儿惟心论》，《严复集》，中华书局1986年版，第217页。

③ Li Qiang, "The Social and Political Thought of Yen Fu", Ph. D. diss., University of London, 1993, p. 131.

第十一章 思辨精神的东方化：康德和黑格尔思想在华传播与影响

感觉与崇高感觉》（关文运译，上海商务印书馆1941年版）等译作，还翻译了苏联、日本、英国学者研究康德的著作。郑昕在德国留学研究康德哲学，1930年回国后任北大哲学教授，讲授康德的三大批判30余年。1946年，商务印书馆出版由他多年讲稿整理而成的《康德学述》，是中国学界康德研究的传世之作，代表了这一时期康德研究的巅峰。齐良骥在《康德学述》的"重印感言"中说："我们想起郑昕先生，必定想到康德；说到康德，必定想起郑昕先生。"李泽厚评价道：《康德学述》，"堪称我国认真介绍康德哲学的第一部专著"。[①]

康德哲学后来受到张东荪、金岳霖、贺麟、冯契、郑昕、李泽厚等哲学家，以及唐君毅、牟宗三等新儒家的大力尊崇。

1949年，康德研究一度停顿。20世纪50年代末，作为马克思主义三个理论来源之一的德国古典哲学开始受到某些重视。上海人民出版社出版苏联阿斯穆斯的《康德的哲学》（1959年，蔡华五译），康德的名著《纯粹理性批判》（蓝公武译）、《实践理性批判》（关文运译）、《判断力批判》（宗白华、韦卓民译）都得到出版。此外，还推出了韦卓民翻译的《康德哲学著作选译》（华特生编选，1963年）、《康德哲学讲解》（华特生著，1963年）和《康德〈纯粹理性批判〉解义》（斯密著，1964年）。甚至在"文化大革命"中，康德《宇宙发展史概论》的译著和郑文光的专著《康德星云说的哲学意义》（人民出版社1974年版）居然问世。1978年在安徽芜湖召开的"西方哲学研讨会"是国内西方哲学研究的转折点。80年代甚至出现了"要康德，不要黑格尔""离开黑格尔而回到康德"的呼声。李泽厚的《批判哲学的批判——康德述评》对康德的批判哲学作了近乎全面的探讨。此后，康德原著不仅旧有译本一版再版，而且重译和新译不断涌现。除了庞景仁、苗力田、何兆武等老一代译者，又涌现了邓晓芒、韩水法、李秋零等新生代康德译者。台湾译者有牟宗三和李明辉。新时期的翻译大多直接从德文翻译，而且译者多从事西哲教学和研究，翻译质量明显提高。此外，还翻译了一批国外研究康德的专

[①] 李泽厚：《批判哲学的批判——康德述评》，人民出版社1984年版，第429页。

著。"中国的康德研究正逐步走向国际化。在康德登陆中国一百年之后，康德哲学研究依然方兴未艾，如火如荼。"①

1903年，《新民丛报》第28期发表了马君武《唯心派巨子黑格尔》一文，这恐怕是最早一篇介绍黑格尔的文章。前面所提过的严复的那篇《述黑格儿惟心论》可说是中国较早介绍和研究黑格尔思想的论文。据考证，此文在《寰球中国学生报》1906年第2期（丙午七月号）上首载，并转载于1907年《广益丛报》第32期。② 严复批判了西方实证主义和新黑格尔主义对黑格尔辩证法的偏见，推崇黑格尔的辩证法。"惟有严复对西方哲学、逻辑学说、社会学说有全盘的把握，方可超越西方实证主义的影响，率先向国内学界鼎力介绍黑格尔'观念辩证法'的自强图新的创造价值。"③ 在严复看来，黑格尔本于康德思想，"故唯心之论兴焉……而黑氏则以谓一切唯心……此鄙人所译为皇极（absolute）"。他指出："欧洲之言心性，至迪迦尔（笛卡尔）而一变，至康德并再变。自是以降，若拂特（费希特）若谢林、若黑格尔，若寿朋好儿（叔本华）。皆推大康德之所发明者也。然亦人有增进，足以补前哲之所未逮者，而黑寿二子，所得尤多。故能各有所立，而德意志哲学，遂与古之希腊，后先竞爽矣。"对他而言，《智环通解》（今译《小逻辑》）"其论至深广"。此外，当时的章太炎对黑格尔哲学也颇感兴趣。

1929年担任北京大学哲学系主任的张颐对黑格尔哲学很有研究，著有《黑氏伦理研究》《黑格尔与宗教》《圣路易哲学运动》等。1932年，上海神州国光社出版了黑格尔《历史哲学》一书的选译本，题为《历史哲学纲要》（王灵皋译）。自从贺麟于1931年8月归国后，中国的黑格尔研究从此终成气候。1936年1月，上海商务印书馆出版了《黑格尔》（［英］开尔德著，贺麟译）。1936

---

① 陈洁：《康德在中国》，《中华读书报》2010年4月28日。
② 参见张仲民《黑格尔哲学在清末中国的译介》，《哲学研究》2012年第9期。
③ 何毓德、麻海山：《严复译、叙、研发近世西学和黑格尔辩证法研介的历史功绩与疏漏》，《内蒙古师范大学学报》（哲学社会科学版）第40卷第5期，2011年9月。

年9月，上海商务印书馆出版《黑格尔学述》（[美]鲁一士著，贺麟译）。1936年，上海商务印书馆出版《历史哲学》（王造时、谢诒征译）。

黑格尔哲学一度成为中华人民共和国成立以后最热门的显学之一，这是因为它作为德国古典哲学的代表而成为马克思哲学的一个思想来源。

黑格尔的著作大都已经有了汉译本。《精神现象学》有贺麟、王玖兴译本，《逻辑学》有杨一之译本，《哲学百科全书纲要》1817年版有薛华译本。还未翻译的有《哲学百科全书纲要》1827年版和1830年版，以及《法哲学原理》1821年版。经过黑格尔的学生编辑的《哲学全书》第一部分已经有贺麟译本和梁志学译本，第二部分《哲学全书·自然哲学》有梁志学、薛华等人的译本。黑格尔的学生编辑的《法哲学原理》有范扬、张企泰译本。黑格尔的学生编辑的讲演录有四种，《历史哲学》有王造时根据英译本转译的译本，《美学》有朱光潜译本，《宗教哲学讲演录》有魏庆征译本，《哲学史讲演录》有贺麟、王太庆等的译本。本书著者粗算一下，1949年至1978年仅出版过10余部黑格尔译著，而改革开放以来，约有60部黑格尔著作的中译本问世。

二 康德和黑格尔思想的独特性及其对中国的现实影响

有中国学者深刻地指出："在近代西方哲学家当中，对中国及其文化持强烈批评态度的，莫过于康德、黑格尔与尼采。然而，颇有讽刺意味的是，正是这三个人一再受到中国人的赞赏与重视，特别是康德，他的哲学思想不仅受到专业研究者持久的重视，而且更成了像牟宗三这些试图推陈出新的中国哲学家们寻找灵感与对话的首要对象。对于近代以来的中国思想界来说，康德哲学不仅是理解西方哲学乃至西方文化不可绕过的一个关口，甚至成了中国哲学—思想重新发现自己、重新阐释自己的一个可靠而便捷的桥梁。……实际上，康德、黑格尔这些德国启蒙哲学家之所以一改其启蒙先驱对中国与中国文化的积极态度，转而以否定性态度加以评判，更根本的原因乃是出于他们的启蒙哲学本身，而不是出于其他。换言之，在我看来，从莱布尼兹—沃尔夫到康德—黑格尔，对中国的评价由肯定性态度为主调转变为否定性态度为主调，其实是启蒙运动的深入、启蒙思想的成熟的结果。"①

斯坦福大学哲学百科全书曾评价说，现代思想始于康德。1781年出版的《纯粹理性批判》标志着现代哲学的诞生的外观。当今，他的文本遍布各大洲，其影响是全球性的。2004年纪念他的冥辰时，奥地利、加拿大、中国、法国、德国、匈牙利、日本、伊朗、意大利、墨西哥、新西兰、巴拉圭、波兰、葡萄牙、俄罗斯、塞内加尔、西班牙、瑞典和土耳其都举办了纪念会。正如孔子和亚里士多德，康德已导致了世界文明的形态与趋势。他的实践观念，如绝对律令（the Categorical Imperative）及其含义（1785）等，启发了《告知世界人权宣言》（1948）、《政治和经济契约》（1966）以及国际刑事法庭（2002）。② 最近的研究表明，康德自然哲学的核心理念在道家和儒家思想也有来源，这是由到中国的耶稣会传教士带到欧洲大陆的，并由莱布尼茨和沃尔夫加以宣扬，接着由沃尔夫的学生比尔芬格（Bilfinger）作了进一步的推广。其中一例就是辩证法的思想。这是比尔芬格在中国经典中所发现，而后康德在俄罗斯科学院会刊上所读到的。不过，康德并不了解对自己思想产生影响的那个远东来源。具有历史讽刺意味的是，他否认了对自己有深刻影响的非西方文化。③

本书引言曾提及，康德基本上属"恐华派"。康德曾对中国人的民族特性竭尽嘲讽之能事，如描述道："中国人生性含蓄。他们总是

---

① 黄裕生：《康德为什么"不喜欢"中国》，《文景杂志》2010年5月。

② "Kant's Philosophical Development", *Stanford Encyclopedia of Philosophy*, Jan. 18, 2007.

③ Ibid.

第十一章　思辨精神的东方化：康德和黑格尔思想在华传播与影响

不露声色地揣摩别人的性情，甚至于连愤怒也从不现于辞色，至多只是表露一种鄙视。他们说谎时显得极不自然，但却可以把碎块的绸布料缝结成一整块，其手艺之精巧，就连那些最为小心谨慎的商人也难以看出破绽，他们还用钢丝修补联结破碎了的瓷器，使其乍一看上去简直天衣无缝。类似这些骗局一旦败露，他们也并不感到羞愧，而只是从中看到自己手段的不高明。中国人报复心强，但他们总可以忍耐到适当的时机才发作。他们那里没有决斗的习惯。他们非常贪玩，可胆小怕事；他们勤勉、恭顺，奉承起人简直是天花乱坠。他们抱着传统习俗死死不放，对未来生活却漠不关心。……中国人无论什么都吃，甚至狗、猫、蛇等。食品均按重量出售，所以，他们往鸡嗉囊里填沙子。一头死猪如果分量重，可以比一头活猪卖更好的价钱，因此，有些骗子把别人的猪毒死，当别人把死猪扔掉后，他再把它捡回来。……在中国，听不到人们骂人或者诅咒。到某人处造访如何事先禀报，应当注意些什么，主人又应该怎样招待客人，等等，这一切的言谈举止都清楚地写在公开出版的各种礼仪书上，不得有半点偏差。人人懂得，在什么时候应当如何有礼貌地拒绝，在什么时候应当顺从迁就。"①

康德对中国哲学以及儒家思想基本持否定态度，曾提及："人们也崇敬孔夫子这个中国的苏格拉底。"② 有学者认为，他本来就对苏格拉底并无推崇之意，在这里其实是一种负面评价。③ 康德还批判说："孔子在他的著述中只为王孙讲授道德学说的内容……并且提供了许多先前中国王孙的例子……但是美德和道德的概念从未进入中国人的头脑中。……他们的道德和哲学只不过是一些每个人自己也知道的、令人不快的日常规则的混合物……整个儒家道德是由一些与伦理相关的格言、谚语组成的，这些谚语、格言是令人难以忍受的，因为

---

① ［德］夏端春编：《德国思想家论中国》，许雅萍译，江苏人民出版社1995年版。
② 李秋零主编：《康德著作全集》第9卷，中国人民大学出版社2010年版，第381页。
③ 参见赵敦华《论作为"中国之敌"的康德》，《中国人民大学学报》2010年第6期。

任何人都可以一口气把它们背诵出来。"① 康德对道家也提出嘲讽：神秘主义"宁可耽于幻想，而不是像一个感官世界的理智居民理所应当的那样，把自己限制在这个感官世界的界限之内。因此，就出现老子关于至善的体系的那种怪诞。至善据说就在于无……中国的哲学家们在暗室里闭着眼睛，努力思考和感受他们的那种无。因此，就出现了（西藏人和其他东方民族的）泛神论，以及后世从泛神论的形而上学升华中产生的斯宾诺莎主义"。② 此外，他还对中国的文化和民族性表示了某种厌恶。③ 近来，有西方学者针对中国的崛起，指出：在18世纪后期，康德在其论文中，有意将中国从国际社会和法律制度中排除出去。的确，康德本人对中国的哲学与文化表示了强烈的批判态度。当前，很显然，国际社会再将中国排除来实现康德的"永久和平"（perpetual peace）是不可能的。从另一角度说，中国对国际法的承诺对康德计划的实现是至关重要的。④ 有不少西方学者强调，康德的哲学曾从中国哲学中获得灵感。⑤ 尼采曾似乎带点讥讽地说道：康德是"寇尼斯堡的中国人"（the Chinaman of Konigsberg）。⑥ 有些学者甚至认为，康德与孔子的哲学与人生之间有着不少相似性。⑦ 例如，在有的学者看来，康德实际上讨论很多的是义务与

---

① 成中英、冯俊主编：《康德与中国哲学智慧》，中国人民大学出版社2009年版，第58—59页。

② 李秋零主编：《康德著作全集》第8卷，中国人民大学出版社2010年版，第339页。

③ 参见黑格尔《历史哲学》，上海书局1999年版，第122—123页。

④ Manik V. Suri, "Conceptualizing China within the Kantian Peace", *Harvard International Law Journal*, Volume 54, Issue 1, Winter 2013, p. 221.

⑤ 参见《中国哲学杂志》（*Jouranal of Chinese Philosophy*）的《康德与中国哲学》（Kant and Chinese Philosophy）专辑，33.1, 2006。

⑥ Stephen Palmquist, "How 'Chinese' Was Kant?", *The Philosipher*, LXXXIV.1, 1996, pp. 3 – 9.

⑦ Julia Ching, "Chenese Ethics and Kant", *Philosophy East and West*, 28, 1976, pp. 161 – 172.

第十一章　思辨精神的东方化：康德和黑格尔思想在华传播与影响

权利两者的关系，但显然对他义务更为优先。①"虽然在普鲁斯与欧洲，对中国哲学的认可从正面转为了负面，但在康德与黑格尔的哲学，尤其在政治与政治哲学中仍占有重要的地位。"②

从总体上说，黑格尔对中国的论述并不很多，如：在《哲学史讲演录》（1825—1826）原著中有 9 页（包括东方哲学）；在《宗教哲学讲演录》（1827）原著中有 35 页；在《世界历史讲演录》（1830）原著中有 44 页。所有材料都是第二手的，而且并不很考虑可靠性。③ 黑格尔的《哲学史讲演录》有着重大的历史影响，其体系的重要组成部分就在于他的系列授课，尤其是那些在他生命最后十年于柏林所给予的讲述。原编者将不同来源和日期的材料混淆在一起，而掩盖了黑格尔本身思想的发展和逻辑。2009 年牛津版的《哲学史讲演录》译本选自现存和新近发现的抄本和手稿，对原来的系列进行了重构，使黑格尔的论证结构较为清晰可循。对《哲学史讲演录》来说，哲学史不单纯是历史，而是哲学本身，更可视作黑格尔具创意性的哲学。对黑格尔而言，在人类历史和文化中理性占据着中心地位。其中第一卷具有格外的重要性，因为它提出了中国和印度哲学史的论述。④

黑格尔的中国观极为负面，认为这个古老的国度"永无变动的单一"⑤，"无从发生任何变化"⑥。他曾提出一个有名的判断，即对

---

① Stephen Palmquist, "How 'Chinese' Was Kant?", *The Philosipher*, LXXXIV. 1, 1996, pp. 3 – 9.
② Rein Vos, "Doing Good or Right? Kant's Critique on Confucius", *Cultivating Personhood: Kant and Asian Philosophy*, ed. Stephen R. Palmquist, De Gruyter, 2010, p. 768.
③ Sander Griffioen, "Hegel on Chinese Religion", *Hegel's Philosophy of the Historical Religions*, ed. Bart Labuschagne and Timo Slootweg, p. 21.
④ "Editorial Introduction", trans. Robert F. Brown Brown, *Hegel: Lectures on the History of Philosophy 1825 – 1826, Volume I: Introduction and Oriental Philosophy*, 2009, pp. 1 – 42.
⑤ 黑格尔：《历史哲学》，王造时译，三联书店 1956 年版，第 121 页。
⑥ 同上书，第 123 页。

中国人的民族性,"凡是属于'精神'的一切——在实际上和理论上,绝对没有束缚的伦常、道德、情绪、内在的'宗教'、'科学'和真正的'艺术'——一概都离他们很远"①;这是因为中国伦理说教不强调"主体性",更无"自由精神",故没有上升到"精神"的高度。在黑格尔看来,中国朝代的更替"在大部分上还是非历史的,因为它只是重复着那终古相同的庄严的毁灭"②;中国"只是预期着,等待着若干因素的结合,然后才能得到活泼生动的进步"③。黑格尔宣称,历史开始于中国和蒙古人——神权专制政体的地方,两者都把大家长宪法作为原则。在中国,皇帝好像大家长,地位最高。国家的法律一部分是民事的敕令,一部分是道德的规定,尽管那种内心的法律——个人方面对于他的意志力的内容,认为他个人的最内在的自己——也被订为外的、法定的条例。既然道德的法律是被当作立法的条例,而法律本身又具有一种伦理的形态,"所以内在性的范围就不能在中国得到成熟。凡是我们称为内在性的一切都集中在国家元首身上,这位元首从他的立法上照顾全体的健康、财富和福利"。④ 对这位德国大哲而言,历史必须从中华帝国说起,因为根据史书的记载,中国实在是最古老的国家;它的原则又具有那一种实体性,所以它既是最古的、同时又是最新的帝国。中国很早就已经进展到了它今日的情状;但是因为它客观的存在和主观运动之间仍然缺少一种对峙,所以无从发生任何变化,一种终古如此的固定的东西代替了一种真正的历史的东西。"中国和印度可以说还在世界历史的局外,而只是预期着、等待着若干因素的结合,然后才能够得到活泼生动的进步。客观性和主观自由的那种统一已经全然消弭了两者间的对峙,因此,物质便无从取得自己反省,无从取得主观性。所以'实体的东西'以道德的身份出现,因此,它的统治并不是个人的识见,而是

---

① 黑格尔:《历史哲学》,王造时译,三联书店1956年版,第143页。
② 同上书,第113页。
③ 同上书,第123页。
④ 同上书,第158页。

君主的专制政体。"① 中国传统的体制乃"道德的专制政体",可称为"紧密到透不过气来的总体"②,即"唯一的实体","简直只是一个人——皇帝——他的法律造成一切意见"。③ 这位最高统治者的"普遍意志""直接命令个人应该做些什么。个人敬谨服从,相应地放弃了他的反省和独立……所以这个国家的总体缺少主观性因素,同时它在臣民的意见里又缺乏一种基础"。④

在黑格尔看来,西方只有在法律之前和在对于私产的相互尊重上,才是平等的,但其同时又有许多利益和特殊权限,因为具有所谓的自由,所以这些权限都得到保障。"在中华帝国内就不同了,这种特殊利益是不被考虑的,政令出于皇帝一人之手,由他任命一批官吏来治理政事。"⑤ 相反,"人民却把自己看作是最卑贱的,自信生下来是专门给皇帝拉车的。逼他们掉到水深火热中去的生活的担子,他们看作是不可避免的命运,就是卖身为奴,吃口奴隶的苦饭,他们也不以为可怕"。⑥ 黑格尔指出,中国的"各种科学虽然似乎极受尊重和提倡,但是在另一方面,它们可缺少主观性的自由园地,和那种把科学当作一种理想研究而的确可以称为科学的兴趣。这儿没有一种自由的、理想的、精神的王国。能够称为科学的,仅属于经验的性质,而且是绝对地以国家的'实用'为主——专门适应国家和个人的需要"。⑦

黑格尔在讨论中国宗教时指出,在家族制度的情形下,人类宗教上的造诣只是简单的德行和行善;"绝对的东西"本身一部分被看作这种行善的抽象的、简单的规则——永久的公正,一部分被看作肯定它的那种权力。除掉这些简单的形态以外,自然世界对人类的一切关

---

① 黑格尔:《历史哲学》,王造时译,三联书店1956年版,第160—161页。
② 同上书,第194页。
③ 同上书,第165页。
④ 同上。
⑤ 同上书,第169页。
⑥ 同上书,第181页。
⑦ 同上书,第177页。

系、主观情绪的一切要求，都是完全被抹杀、漠视的。中国人在大家长的专制政体下，并不需要和"最高的存在"有这样的联系，因为这样的联系已经包罗在教育、道德和礼制的法律以及皇帝的命令和行政当中了。天子是一国的元首，也是宗教的教主。结果，宗教在中国简直是"国教"。这种国家宗教和喇嘛教的区别不可以不明了。所以中国的宗教，不是西方所谓的宗教。因为所谓宗教，是指"精神"退回到了自身之内，专事想象它自己的主要的性质，它自己的最内在的"存在"。在这种场合，人便从他和国家的关系中抽身而出，终究能够在这种退隐中，使得他自己从世俗政府的权力下解放出来。但是在中国就不是如此，宗教并没有发达到这种程度，因为真正的信仰，只有潜退自修的个人、能够独立生存而不依赖任何外界的强迫权力的个人，才能具有。"在中国，个人并没有这一种独立性，所以在宗教方面，他也是依赖的，是依赖自然界的各种对象，其中最崇高的便是物质的上天。一年四季，农产的丰歉都靠着上天。皇帝是百姓的主宰——权力的依据——只有他是接近上天的；至于各个人民并没有这种特权。四季祭祀上天的人是他；秋收率领百官谢天的人是他；春耕求天保佑赐福的人也是他。这里的'天'如果作为'自然的上宰'来讲（例如我们也说，'上天保佑我们'！），也可以比做我们所谓的'上帝'；但是这样一种关系还在中国人思想范围之外，因为在中国，那惟一的、孤立的自我意识便是那个实体的东西，就是皇帝本人，也就是'权威'。"[1] 中国的皇帝对于人民说话，始终带有尊严和慈父般的仁爱和温柔；可是人民却把自己看作最卑贱的，自信生下来是专给皇帝拉车的。逼他们掉到水深火热中去的生活的担子，他们看作是不可避免的命运，就是卖身为奴、吃口奴隶的苦饭，他们也不以为可怕。因为复仇而作的自杀，以及婴孩的遗弃，乃是普通的，甚至每天的常事，"这就表示中国人把个人自己和人类一般都看得是怎样轻微"。[2]

---

[1] 黑格尔：《历史哲学》，王造时译，三联书店1956年版，第174—175页。
[2] 同上书，第181页。

第十一章 思辨精神的东方化：康德和黑格尔思想在华传播与影响

有学者指出，"中国和西方哲学之间的根本分歧就体现在黑格尔对老子的批判"。在其《哲学史讲演录》中，黑格尔认为，老子的思想停留在哲学的初始阶段，因为它不能从抽象性得出"决定的王国"，并用以解释世界的多样性。因此，黑格尔对老子的低估是植根于他本人的哲学发展观。① 正如前面所说的，作为"崇华派"代表的莱布尼茨曾尖锐地指出："在中国，在某种意义上，有一个极其令人赞佩的道德，再加上有一个哲学学说，或者有一个自然神论，因其古老而受到尊敬。这种哲学学说或自然神论是从约三千年以来建立起来的，并且富有权威，远在希腊人的哲学很久很久以前……我们这些后来者，刚刚脱离野蛮状态就想谴责一种古老的学说，理由只是因为这种学说似乎首先和我们普通的经验哲学概念不相符合，这真是狂妄至极！"② 尽管黑格尔持欧洲中心论，但他在《哲学史讲演录》第 1 卷中专门讨论了中国哲学，其中包括儒家、易经与道家哲学。总体来说，黑格尔并不否定中国人和印度人都有很高的文化声名，但无论其声名如何大、典籍的数量如何多，从西方的角度作进一步的认识，其意义和价值都会大为降低，因为这两个民族的广大文化，都仅涉及宗教、科学、国家的治理、国家的制度、诗歌、技术与艺术和商业等方面。黑格尔接着指出，抛开形式的比较，中国政治制度与欧洲的内容很不相同。前者从形式上可能发展得很成熟，但内容却相当有限，无法令西方满足。无论东方的法律机构和国家制度等在形式方面如何有效，对西方却没有任何实际意义，因为它们并非法律，而可视为压制法律的东西。"常人们让他们自己为形式所迷惑，把东方的形式和我们的平行并列，或者还更爱好东方的形式时，内容不同这一点，在作这类的比较时，是值得普遍注意的。"黑格尔将人类思想划分三大方面："第一方面为人们一般算作科学知识的材料；这乃是理智思维的

---

① Wong Kwok Kui, "Hegel's Criticism of Laozi and Its Implications", *Philosophy East and West*, Volume 61, Number 1, January 2011, p. 56.

② 《中国印象——世界名人论中国文化》上册，广西师范大学出版社 2001 年版，第 133 页。

开端。第二部门为神话与宗教；这两者对于哲学的关系常常表现为敌对的，在希腊如此，在基督教时代亦如此。第三部门为抽象理智的哲学，即理智的形而上学。"① 罗素曾针对哲学、科学与神学之间的关系提出，哲学乃是某种介乎神学与科学之间的东西。"一切确切的知识——我是这样主张的——都属于科学；一切涉及超乎确切知识之外的教条都属于神学。但是介乎神学与科学之间还有一片受到双方攻击的无人之域；这片无人之域就是哲学。"②

在黑格尔眼里，中国的《易经》《老子》和"理学"与希腊的"理性"体系类似，故同印度哲学、希腊哲学并列为人类古代三大哲学体系。因此他也带有某种肯定地说："中国人也有一种哲学，它的初步原理渊源极古，因为《易经》是一部'命书'，讲到'生灭'，其中可以看到纯粹抽象的一元和二元概念；中国哲学似乎和毕达哥拉斯一样，从相同的基本观念出发，承认基本原则是理性——叫做'道'。"③ 黑格尔负面地指出，中国人"从思想开始，然后流入空虚，而哲学也同样沦于空虚"④；中国哲学"本不属于我们现在所讲的题材和范围之内……我们所以要提它，只是为了表明何以我们不多讲它"⑤。然而在某种角度，他又断言，中国无哲学，有的只是一些常识性的道德教训，"我们在这里尚找不到哲学知识……真正的哲学是自西方开始"⑥。

黑格尔对道家和道教的阐述如下：一是这派的主要概念是"道"，这就是"理性"。二是道就是道路、方向、事物的进程、一切事物存在的理性与基础。三是道（理性）的成立是由于两个原则的结合，像易经所指出的那样，天之道或天的理性是宇宙的两个创造性的原则所构成，地之道或物质的理性也有两个对立的原则"刚与

---

① 黑格尔：《哲学史讲演录》第1卷，商务印书馆1959年版，第58页。
② 罗素：《西方哲学史》上册，商务印书馆1963年版，第11页。
③ 黑格尔：《历史哲学》，上海书店出版社1999年版，第141页。
④ 黑格尔：《哲学史讲演录》第1卷，商务印书馆1959年版，第122页。
⑤ 同上书，第115页。
⑥ 同上书，第97—98页。

第十一章 思辨精神的东方化：康德和黑格尔思想在华传播与影响

柔"。四是"道没有名字便是天与地的根源；它有名字便是宇宙的母亲，人们带着情欲只从它的不完全的状况考察它；谁要想认识它，应该不带情欲"。五是"理性产生了一，一产生了二，二产生了三，三产生了整个世界"。六是至高至上的和一切事物的起源就是虚无，惚恍不定（抽象的普遍）。这也就名为"道"或理。七是肯定人若明白道的本原就掌握了全部的普遍科学，普遍的良药，以及道德——也获得了一种超自然的能力，能飞升天上和长生不死。

黑格尔在《历史哲学》一书中一方面对中国文化进行怀疑和批判，另一方面也表现了对中国的某些肯定，甚至将其誉为"欧洲的样板"，并主张历史必须从中华帝国说起，因为根据史书的记载，中国实在是最古老的国家。

黑格尔读过传教士翻译的朱熹的《通鉴纲目》，但对儒家持蔑视态度。他将儒家分为作为思想的"儒学"与宗教的"儒教"两种，而将后者看作"迷信的全部领域"。[①] 他认为儒家所说的"天使一切自然的和道德的关系的纯然无规定的总和"。他声称："更适当地说，是一种一般东方人的宗教思想方式——一种宗教的世界观，这种世界观，我们是很可以把它认作哲学的。"[②]

黑格尔对中国的儒家评价不高，不过承认孔子才是中国人的主要的哲学家，但其哲学也是抽象的。黑格尔指出，中国是停留在抽象里面的，当过渡到具体者时，所谓具体者在理论方面乃是感性对象的外在联结；那是没有［逻辑的、必然的］秩序的，也没有根本的直观在内的。再进一步的具体者就是道德。从起始进展到的进一步的具体者就是道德、治国之术、历史等。但这类的具体者本身并不是哲学性的。黑格尔声称，在中国的宗教和哲学里可遇见一种十分特别的完全散文式的理智，如中国人的诗歌，而私人的情感构成这些诗歌的内容。在他看来，中国人想象力的表现是异样的，而国家宗教就是其想象的表现，但那与宗教相关联而发挥出来的哲学便是抽象的，因为其

[①] 参见黑格尔《宗教哲学讲演录》第1卷，第349页。
[②] 黑格尔：《哲学史讲演录》第1卷，商务印书馆1959年版，第115页。

内容本身就是没有能力给思想创造一个范畴［规定］的王国。从孔子及其弟子们的谈话中，黑格尔仅看到的是在哪里都能找到的某种常识道德，因而觉得其毫无出色之处。"孔子只是一个实际的世间智者，在他那里思辨的哲学是一点也没有的——只有一些善良的、老练的、道德的教训，从里面我们不能获得什么特殊的东西。西塞罗留下给我们的'政治义务论'便是一本道德教训的书，比孔子所有的书内容丰富，而且更好。我们根据他的原著可以断言：为了保持孔子的名声，假使他的书从来不曾有过翻译，那倒是更好的事。"[1]

---

[1] 黑格尔：《哲学史讲演录》第1卷，商务印书馆1959年版，第120页。

第十二章

公共知识分子的伟大楷模：穆勒思想在华传播与影响

集大哲学家、大经济学家和大政治学家于一身的穆勒是西方近代最有名的思想宗师之一。他被公认为古典自由主义思想的杰出代表，亦可被誉为19世纪公共知识分子的一代主角。[1] 下面是人们对穆勒最常引用的两段评价："自从穆勒去世后过去的五十年中，还没有出现一位学者，对同代人的思想的影响有像他那样深远。……对于变革，除了达尔文外，他比任何其他思想家发挥了更大的影响。……没有人能怀疑，穆勒提高了与他同时一代人的精神境界，这是同代人中没有其他人能做到的。"[2] "约翰·斯图亚特·穆勒的《政治经济学原理》在学术界享有的持久地位稳如磐石，能做到这一点的科学著作为数甚少。固然，亚当·斯密更具有启发性，马尔萨斯更富于独创性，李嘉图更有条理性，可事实依然是，穆勒知道如何总结这三个人的发现，知道如何把这些发现首尾一致地联结在一起，使普通人对其有所了解。他的伟大不在于为后人发现了真理，而在于充分表达出了当时人们所信赖的那些真理。……不管整个经济理论发生什么样的变化，穆勒的著作都将永远

---

[1] 本书著者曾主编过"东西方思想家评传系列"丛书，其中一部名为《穆勒：为了人类的幸福》（姜新艳著，九州出版社2013年版）。

[2] 哈罗德·J. 斯拉基（Harold J. Laski）：《序》，见约翰·穆勒《约翰·穆勒自传》，商务印书馆1998年版，第4—5页。

具有不朽的重要意义。"①

遗憾的是，这位大思想家在进入 20 世纪以后，竟然逐渐被"遗忘"了，惨遭"打入冷宫"（in the cold）。原因何在？有人将之归因于学术界的专业化（academe's specialization）。在《被遗忘的哲学家》一文中，美国学者阿兰·沃尔夫如此问道：当代学院派哲学陷入分裂：一部分人追随尼采和马丁·海德格尔为代表的大陆学派，而强调诸如存在的本质一类宏大的思辨性论题；另一部分人跟从英美分析学派，仅诉诸缜密的逻辑、语言和意义之类的问题。如此一来，"对不属于这两个派别的约翰·斯图亚特·穆勒，我们该做什么呢"？沃尔夫指出，20 世纪的分析学派哲学家大都不会效仿穆勒的职业之途，因为他们几乎全在大学任教。就像穆勒的教子罗素那样，普通的人们不会记住他的《数学原理》，而只津津乐道其政治活动和激情的性生活。沃尔夫指出，自己并非哲学家，也许可以原谅那些哲学家对穆勒的不公正态度。但他自己学到穆勒不少东西，并越来越感到其思想的重要性，不仅是由于他的文采，而且是由于他的观念的现实启迪意义，无论言论自由，还是女性选举权以及宗教在民主政治中的作用等。为此，沃尔夫觉得在哲学界和政治学界，穆勒都没有受到应得的重视。他最后疾呼：尽管哲学上的分析学派和大陆学派之间存在着明显的差别，但二者都相当重视传记。因此"我们来重新阅读约翰·斯图亚特·穆勒吧……"② 沃尔夫建议应读的穆勒传记是 2008 年出版的理查德·里夫斯（Richard Reeves）所写的《约翰·斯图亚特·穆勒：维多利亚时代的火炬》（*John Stuart Mill: Victorian Firebrand*）。这本新传记可视作对这个著名思想家成功的评述，因为它揭示了作为一个实践哲学家和激进议员如何深刻地造就了维多利亚时代，成为那个时代的"火炬"，并继续照亮当今的人们。作为一个非

---

① 亚瑟·T. 哈德利：《特别导言》，见约翰·穆勒《政治经济学原理》（上），商务印书馆 1991 年版，第 1 页。

② Alan Wolfe, "The Forgotten Philosopher", *Chronicle of Higher Education*, May 9, 2008.

凡和独特教育的产物，穆勒成了19世纪最重要的英国思想家，具有里程碑意义的《论自由》的作者，最热情的改革者以及革命性诉求的倡导者之一。纪念一位思想大师的最好途径是重读他的著作和传记，从而更广更深地走进其精神维度的世界。我们应在新的历史拐点，对穆勒生平与思想进行一次新视角的审视，并作出一个客观公正的评说。

一 穆勒思想在中国传播的历史回顾

国人最早听说穆勒大概都是从严复1902年的著名译作《穆勒名学》发端的。穆勒是英国19世纪大哲John Stuart Mill（1806—1873）的中文译名。"穆勒"从发音角度离英语相去较远，难怪乎，有人译为"密尔"或"弥尔"，但从中国化了的人名角度很是贴近好记："穆"是百家姓之一，有庄严肃静之意，"勒"则有统率控制之意。很难猜想当年严复采用"穆勒"这一译名时有无考虑它的中文含义。笔者不同意"密尔"这种译法的改动。就像柏拉图这样的经典译名那样，"穆勒"这一译名早已超出了发音本身，而成为耳熟能详的符意代号。其实在1894年翻译的《天演论》中，除了进化论以及各种科学知识外，严复还介绍了希腊哲学史上的著名学派与代表人物，其中就包括穆勒的经验论等。[1]

《穆勒名学》英文原名为《逻辑学体系》（*A System of Logic*）。在当时的社会语境下，这种书名的严复译法也许更容易为当时的读者所接受。对严复而言，穆勒的学说比先前傅泛际与李之藻合译的《名理探》和赫德主编的《西学启蒙》中由艾约瑟翻译那方斯的《辨学启蒙》更具广度与深度，故坚持取"名学"代替"逻辑"一词，因"名"字在汉字中极富含义，所谓"学问思辨，皆所以求诚、正名之事，不得舍其全而用其偏也"。在亚里士多德之后，人们主张用"界说"来明确语言文字中所用的概念和定义，否则必会造成逻辑上

---

[1] 参见王栻主编《严复集》，中华书局1986年版，第1322页。

名实之间的混乱。①

1915年,《青年杂志》记者在读者有关逻辑学习的来信时,就劝导说:"近代学术,俱重归纳,逻辑亦然。弥尔逻辑学,突过前人即以此也……再读弥尔之作,当可迎刃而解。能通弥尔书,则于逻辑学思过半矣"。② 据朱执信的说法:"中国则自明李氏译《名理探》始,暨艾氏译《辨学启蒙》,皆不行于世。严氏译《名学》后,世乃知有一科学,为思之法则尔。"③ 蔡元培曾评价道:"当明、清之间,基督教士尝有辨学,是为欧洲逻辑输入中国之始。其后,侯官严几道先生,始竭力提倡斯学,译有《穆勒名学》与那方斯《名学浅说》,于是吾国人之未习西文者,颇能窥逻辑之一斑。"④ 1935年,郭湛波曾总结说《穆勒名学》出版后,"形式论理学始盛行于中国,各大学有论理学一课……论理学始风行国内,一方学校设为课程,一方学者用为致学方法"。⑤ 中国现代逻辑学的鼻祖金岳霖就对穆勒津津乐道。2005年7月,中国社会科学出版社主要依据金岳霖先生生前的讲课笔记出版由倪鼎夫整理的《金岳霖解读〈穆勒名学〉》。⑥

维也纳学派石里克的真传弟子洪谦指出,包括穆勒思想在内的实证论是维也纳学派的基本形成条件之一,"没有这些理论作为其思想基础和方法论基础,则任何形式的新实证主义或新经验主义,无论逻辑实证主义还是逻辑经验主义,都是根本无法想象的"。⑦ 20世纪50年代,毛泽东还鼓励周谷城、王方名等就形式逻辑问题展开争论,并

---

① 参见严复译《穆勒名学》,部首,第2—3页。
② 原载《青年杂志》第1卷第3号,1915年11月15日。
③ 《就论理学驳新民丛报论革命之谬》,《朱执信集》,中华书局1979年版,第70页。
④ 《蔡元培全集》第5卷,中华书局1988年版,第71—72页。
⑤ 郭湛波:《近三十年中国思想史》,北平大北书局1935年版,第203—204页。
⑥ 本书主要整理了金岳霖先生对《穆勒名学》的解读。除13讲外,还包括金岳霖评介严复未翻译"假设"篇7讲。该书出版是为了纪念金岳霖先生诞辰110周年,首先从现代逻辑的观点加以评析传统逻辑,其次联系当时国内逻辑学界争论的问题加以讨论,最后从西方哲学史的广阔视角分析穆勒的逻辑和哲学思想。该书包含了金先生选读和讲解《穆勒名学》这本书的全过程。
⑦ 洪谦:《逻辑经验主义概述》,《论逻辑经验主义》,商务印书馆1994年版。

第十二章　公共知识分子的伟大楷模：穆勒思想在华传播与影响

倡议重印《名理探》《穆勒名学》《辨学》《论理学纲要》等11本，编成"逻辑丛刊"，由三联书店出版。①

不过，当时的名士们也有一些微词，如王国维谈道："如侯官严氏所译之《名学》，古则古矣，其如意义之不能不然何？以吾辈稍知外国语观之，毋宁乎穆勒原书之为快也。"② 冯友兰在其《冯友兰自述》中也讲严译《穆勒名学》："当时在中国，稍微懂得一点逻辑的人实在是很少有。只有严复把穆勒的《逻辑体系》翻译了一部分，称为《穆勒名学》，又把耶方斯的那本书的大意，用中文写出来，成为《名学浅说》。这两本书当时很负盛名，可是能读的人并不多。"③ 他还在1935年中国哲学学会年会上的开会词中提到："从严复翻译穆勒名学，以致到胡适之先生介绍杜威诸人的哲学，总是以经验主义为主要范围。经验主义在西洋哲学中，并没有占主要地位，理性主义才是西洋哲学自柏拉图以来的正宗。"④ 熊十力在《佛家名相通释（二）》中提到："严又陵译穆勒《名学》中，有附加按语云：阿赖耶识，译言王者。今不忆在何卷，不知彼何故错误至此。"⑤ 他还尖锐地批评道：就哲学言，西方诸名家思想，经介绍入中国者，如穆勒等，"都有择述，不为不多，然则诸家的思想不独在中国无丝毫影响，且发生许多似是而非，及模糊思想。许多毛病，不要抓疏，此何以故？则因诸家之学，虽经译述其鳞爪，或且移陈其大旨，然当其初入，如由一二有力者倡之，而大家以逐臭之态度而趋附……"⑥ 张君劢似乎褒中带贬地指出：严复"好以中国旧观念，

---

①　参见高路《毛泽东与逻辑学》，载《毛泽东的读书生活》，三联书店1986年版，第115—147页。
②　《静庵文集》，转引自《1919—1949 中国近代文学论文集》（概论·诗文集），中国社会科学出版社1988年版，第129页。
③　冯友兰：《冯友兰自述》，中国人民大学出版社2004年版，第162页。
④　冯友兰：《三松堂学术文集》，北京大学出版社1984年版，第1296—297页。
⑤　熊十力：《佛家名相通释（二）》，中国大百科全书出版社1985年版。
⑥　熊十力：《文化与哲学（一）》，《境由心生：熊十力精选集》，陕西师范大学出版社2008年版。

译西洋新思想"。① 鲁迅以其特有的风格点评说:"现在严译的书都出版了,虽然没有什么意义,但他所用的工夫,却从中可以查考。据我所记得,译得最费力,也令人看起来最吃力的,是《穆勒名学》和《群己权界论》的一部作者自序,其次就是这论,后来不知怎地又改称为《权界》,连书名也很费解了。最好懂的自然是《天演论》,桐城气息十足,连字的平仄也很留心。摇头晃脑地读起来,真是音调铿锵,使人不自觉其头晕。这一点竟感动了桐城派老头子吴汝纶,不禁说是'是与周秦诸子相上下'了。"② 胡适直率地抨击严复所用桐城古文为"死文字"。蔡元培认为严复的译笔"不是普通人所易解"的。当时似乎只有反对白话文运动的"学衡派"对严译加以全盘接受。③ 可以看出,严译采用如此古奥难懂的文字来翻译本就文理艰深的思想巨著,在当时是否起到了它本应该起到的启蒙作用,至少在程度上是值得再作深入探讨的。黄克武在引吴汝纶对严译的批评后说,就文字运用与思想普及之关系而言,"严复所用的古文,即使是在士人的圈子内,也有其局限性"。④ 但不管如何,清末西方逻辑学翻译热潮的历史作用是不可否认的。⑤

让国人最早知道穆勒的另一位名士是马君武(1881—1940)。1903 年,他与严复几乎同时翻译了穆勒的 *On Liberty*。前者将此著译为《自由原理》(上海开明书局出版);而后者则译为《群己权界论》(上海商务印书馆出版),即从国家权力与个人自由之间的关系加以命名。严复在《群己权界论》"译者序"中声称:"十稔之间,吾国考西政者日益众,于是自繇之说常闻于士大夫。顾竺旧者既惊怖

---

① 转引自贺麟《严复的翻译》,《论严复与严译名著》,商务印书馆 1982 年版,第 33 页。

② 鲁迅:《关于翻译的通信》,《二心集》。

③ 参见黄克武《自由的所以然——严复对约翰弥尔自由思想的认识与批判》,上海书店出版社 2000 年版,见该书第二章"清末民初以来学者对严译的讨论"。

④ 同上书,第 72 页。

⑤ 参见邹振环《影响中国近代社会的一百种译作》55《〈穆勒名学〉与清末西方逻辑学翻译热潮》,中国对外翻译出版公司 1996 年版。

第十二章 公共知识分子的伟大楷模：穆勒思想在华传播与影响

其言，目为洪水猛兽之邪说；喜新者又恣肆泛滥，荡然不得其义之所归。以二者之皆讥，则取旧译英人穆勒氏书，严曰《群己权界论》，畀手民印版以行于世。夫自繇之说多矣，非穆勒氏是篇所能尽也。虽然，学者必明乎己与群之权界，而后自繇之说乃可用耳。"

许多人士都受到穆勒自由论的影响，如梁启超虽最早通过中村正直的《自由之理》接受穆勒的《自由论》①，但他在宣传穆勒自由主义思想过程中将穆勒《自由论》中一再讨论的"社会"与"个人"对立的问题转变成"政府"与"人民"的对立问题，从而抽去穆勒《自由论》中限制社会暴虐、确保个人自由的主题，"使得梁启超无缘领会近代自由主义的主流思想"。② 不过他后来还是重读了严复译本。梁漱溟曾评定说：西洋哲学"大概可以分英国、大陆、德国三派。英国派始终是主功利的，无论什么幸福说、快乐说、为我说，总都是一路气味……一直到后来如边沁、穆勒、斯宾塞，其精神益著"。③ 他在《中国文化要义》中曾引述道："所以小穆勒的《自由论》（严译《群己权界论》）上说：'其君所守之权限，其民所享之自由也。'"他认为自己早年的哲学思维，与西欧边沁、穆勒诸家为近。（《人生的三路向》）作为新文化运动的领导者，李大钊在其早期著作中曾大段大段地引用穆勒的著作，有些段落甚至被反复地引用，把穆勒的观点和主张作为自己政治见解的依据，从而在早期思想体系中深深地留下了穆勒思想。④ 就在五四运动前夕，高一涵在《新青年》中颇带煽情地疾呼：

> 弥尔（穆勒）的一生著作，其中有极力发挥他自己的特别

---

① 参见桑兵《梁启超的东学、西学与新学》，《历史研究》2002年第6期。
② 崔志海：《梁启超与日本：学术回顾与展望》，《近代思想史研究集刊》第1集，社会科学文献出版社2005年版。
③ 梁漱溟：《东西方文化及其哲学》第四章，商务印书馆1922年版，第156—157页。
④ 参见吴汉全《论穆勒对李大钊早期思想的影响》，《湖北师范学院学报》（哲学社会科学版）1992年第4期。

见解，句句皆自他心中呕出。推倒舆论，打破习惯，跳出宗教党派的范围者，即是这《自由论》一书。……我看弥尔一个人，真如那过渡的舟楫，通达两岸的桥梁。在十八世纪的时代，抱乐天主义者，不信大造的神工，即信上帝的万能。弥尔亦是抱乐天主义之一人，但他既不信自然，又不信上帝，而所信者惟人。……边沁与弥尔同是急进派：单边琴的急进主义，是哲学的，立其基础于理想之上；弥尔的急进主义，则建其基础于常存不灭之社会上。弥尔以前之乐利主义，多为个人的性质；一入弥尔之手，则由个人的性质，而变成社会的性质。先代的乐利派，在攻击少数人的特权、一部分人的私利；到弥尔则平民政治的根基，已日益巩固。故彼乃力排多数党之专制，为少数人争心思言论之自由。弥尔一生心力，不尽是用在个人主义上，乃是将个人主义，引入社会之中，使得以递嬗递变，循序渐进。然则弥尔一身，不啻为过渡时代之关键。……我们自读书以后，久已晓得英国是个自由的国家。弥尔生在世界上第一个自由的国家，还痛骂英国习俗专制，舆论专制。倘若生在中国，不知又怎样痛骂了？……生在今日，想老天生出一个弥尔，为我们打开种种障碍，还是妄想的。要在我们自己是弥尔，我们自己亲去打开，才是真的。我们要打破习惯专制、舆论专制，必先从我们自己心中打起。因习惯、舆论，即是我们自己心意造成的。所以中国今日思想，不要统一，只要分歧。所有的学说，不必先去信他，只要先去疑他。这就是弥尔的《自由论》中尚异恶同的宗旨了。①

从严复译本至今，中国思想界和学术界正式开始了长达110年的穆勒学说的翻译与研究。穆勒的著作几乎都译成了各种版本的中文，其中有一些一版再版，如《论自由》（*On Liberty*）至少有12种译本，而最新一种的推出是2011年。

---

① 高一涵文，原载《新青年》第4卷第3号，1918年3月15日，转引自《回眸〈新青年〉：哲学思潮卷》，河南文艺出版社1998年版，第228—230页。

第十二章 公共知识分子的伟大楷模：穆勒思想在华传播与影响

一个岛国的崛起及其让一个泱泱中华大帝国在甲午战争中惨败的严酷现实，使晚清士大夫们深感固有社会制度、思想体系和知识结构行将全面崩溃的危机。为了对传统的一切进行重构，作为开启民智的一代宗师——中国近代启蒙思想家和翻译家严复（1854—1921），陆续翻译了《天演论》《原富》《群己权界论》《群学肄言》《社会通诠》《法意》《穆勒名学》《名学浅说》以及《美术通诠》九部西方名著。企图以进化论以及现代价值观、科学方法和思维方式为革新基础筑建一座新的思想与知识的大厦。对这些译著，严复在一方面传承了中国古代佛经翻译思想的精妙之处，另一方面创造性地按照自己"信、达、雅"的翻译信条进行运作，因而使各种译著相当精确、通顺而又颇具文采。像对斯宾塞、赫胥黎、孟德斯鸠、亚当·斯密一样，严复通过译文与评注将穆勒的自由思想以及逻辑归纳法介绍到中国。在他看来，穆勒的逻辑观、科学观、自由观以及幸福观都是相关而互动的。梁启超曾指出，19世纪末20世纪初，"时独有侯官严复，先后译赫胥黎《天演论》，斯密亚丹《原富》，穆勒约翰《名学》、《群己权界论》，孟德斯鸠《法意》，斯宾塞尔《群学肄言》等数种，皆名著也。虽半属旧籍，去时势颇远，然西洋留学生与本国思想界发生关系者，复其首也。"①

在古代中国，逻辑学可以看作理则学。严复将"逻辑"意译为"名学"，音译为"逻辑"，意译与音译互补，在当时是极为成功而又清新的翻译创举。作为现代逻辑诞生之前一本影响较大的著作，穆勒的《逻辑学体系》可以视为英国经验主义归纳逻辑的理论总结，也可看作古典传统逻辑的终结。波兰华沙大学原国际符号学会主席佩尔斯（Jerzy Pelc）教授曾指出，其实全世界当时都在读这一本书。对严复而言，穆勒逻辑观所揭示的科学实用性非常有利于文化启蒙，知识重组与社会转型。其实，早在严复之前的"西学东渐"中，穆勒

---

① 梁启超：《清代学术概论》，中国人民大学出版社2004年版，第218页。

一类的西方思想就有了一定的传播。[①] 在《日本国志·礼俗志四》中,黄遵宪对"自由"一词界定说:"自由者,不为人所拘束之义也。其意谓人各有身,身各自由。为上者不能压抑之、束缚之也。"这种解释综合地概括了卢梭《民约论》和穆勒《论自由》二书中有关自由的最基本的定义。[②]

对中国人来说,穆勒的另一部有较大影响的著作是《功利主义》。此书最早于1936年由上海商务印书馆出版了唐钺的译本,后来又陆续出现了其他三种译本。此外,穆勒的《政治经济学原理》《代议制政府》《论妇女的从属地位》《约翰·穆勒自传》《论边沁与柯勒律治》等都有一些中文译本。1937年,商务印书馆推出了周兆俊翻译的《穆勒自传》。近来,穆勒的自传竟有三种译本:一是吴良健、吴衡康合译,商务印书馆1998年版的《约翰·穆勒自传》;二是郑晓岚、陈宝国合译,华夏出版社2007年版的《约翰·穆勒自传》;三是外语教学与研究出版社2009年版的《我的知识之——英国穆勒自传》(外研社双语读库)。这三种各有瑕瑜互见。

二 穆勒及其思想的独特性

穆勒是19世纪西方整个思想潮流最重要的引领者之一,他无愧于一个大变革时代的思想巨匠。我们先将大哲们还原为活生生的个人,再上升到思想巨匠的高度,尽量立体和全方位地揭示这些思想伟

[①] 同光年间是中国人走向世界的时代。当然,并不是每个人都有这样的条件,当时能够超出国门的,仅是一些出使、游历人员和少数留学生。根据清政府制定的《出洋游历章程》,当时各洋人员均负有一项特殊使命,即撰写出使、游历日记,抄送总理衙门,以备刊刻。也唯其如此,这些出使游记也就有了特殊的价值。同光年间西方近代民主思想部分就是通过撰写刊刻这些游记介绍到中国的。这种介绍,就某一部著作来说,固然显得比较分散、零乱,若把这些著作集中起来略加梳理,不难发现,它们对当时世界各国民主制度、民主思想的介绍,已经比较系统,而且不论在广度上还是在深度上,都要远远超过道咸年间编译的世界地理著。参见郭双林《西潮激荡下的晚清地理学》第四章"地理学研究与民主、科学思想的传播",北京大学出版社2000年版。

[②] 同上。

第十二章 公共知识分子的伟大楷模：穆勒思想在华传播与影响

人经历，阅历以及精神生活发展的各个宏观与微观层面。穆勒的生平与其他思想大师相比有着明显的独特性。

其一，穆勒是在家学渊源熏陶下自学成才的神童式智者。重新审思穆勒，可以拉开他与众不同的一部生活剧：3岁起学希腊语，8岁起学拉丁语，12岁起探讨哲学，16岁起发表作品。他没有受到正规的大学教育，而在家学渊源（其父为著名历史学家、哲学家和经济学家詹姆斯·穆勒）的六个孩子中的长子的熏陶与孜孜不倦的自学中，成为划时代的杰出学者；"他正像他父亲所希望的那样——一个才华横溢的年轻人，他的学识就像40岁的人那样"。在自传中，穆勒自认："我所有的天赋并不在一般人之上而在其下，凡是我能做到的，无论哪个具有中等智力和健康体格的男孩和女孩肯定也能做到。"

其二，穆勒是一个并非职业作家和哲学家的能者。正是这样一个看来"业余"的写手却为人类贡献了鸿篇大作，创立了不朽的思想体系。穆勒的著作主要有《逻辑学体系》（*A System of Logic*，1843）、《论政治经济学中若干未解决的问题》（*Essays on Some Unsettled Questions of Political Economy*，1844）、《政治经济学原理》（*The Principles of Political Economy*，1848）、《谈谈非干涉》（*A Few Words on Non-intervention*，1859）、《论自由》（*On Liberty*，1859）、《论述和讨论》四卷（1859—1875）、《代议政治论》（*Considerations on Representative Government*，1861）、《功利主义》（*Utilitarianism*，1863）、《汉密尔顿哲学探讨》（*An Examination of Sir William Hamilton's Philosophy*，1865）、《孔德与实证哲学》（*Auguste Comte and Positivism*，1865）、《在圣安德鲁大学的就职演说》（*Inaugural Address at St. Andrews*，1867）、《英格兰和爱尔兰》（*England and Ireland*，1868）、《论妇女的从属地位》（*The Subjection of Women*，1869）和《约翰·穆勒自传》（*Autobiography of John Stuart Mill*，1873），以及去世后出版的《论自然》（*On Nature*，1874）和《论社会自由》（*On Social Freedom*，1907）等。

其三，穆勒是永远将理论诉诸实践，将空想性加以现实化的勇者。穆勒反对竞选，却被选为英国下院议员，并以此为平台进行了不屈不挠的斗争。穆勒从不为学术而学术，从不为写作而写作，从不为专业而专业。他鼓吹功利主义是为了增进最大多数人的最大幸福，他倡导自由主义是为了抵御强权和压迫，他强调归纳主义是为了反对盲目崇拜与迷信。总之，穆勒的论著几乎全是为社会进步、政治平等、制度改革、人类幸福、民众权益等有感而发。他始终以一个公共知识分子的良知和洞见，密切地关注政治、法律、道德和经济等社会领域的各个重要层面，并身体力行，一生为英国的立法改革、妇女权利等进行了坚持不懈的奋斗。穆勒对人权、女权主义、环境生态、民主主义、人口控制、经济发展、资本积累、价值法则、公平分配、相互需求以及工资与利润率等各种问题进行了广泛而深入的讨论，而这些即便是他去世后近140年的今天仍然是人们关注的热门话题。穆勒的政治经济学体系的一个来源就是圣西门学派对资本主义私有制的批判及其空想社会主义纲领。"他们对自由主义一般理论的批评，在我看来充满着重要的真理；我看清楚旧政治经济学价值的局限性和短暂性，部分也是受他们著作的影响。"① 在圣西门的影响下，穆勒在《政治经济学原理》一书中，声称"如果要在具有一切可能性的共产主义和具有各种苦难和不公的现今的社会状态之间作出选择；如果私有制必定会带来我们现在所看到的后果，即劳动产品的分配几乎同劳动成果成反比——根本不干的人拿得最多，只在名义上干点工作的人居其次，工作越艰苦和越讨厌报酬就越低；而最劳累、消耗体力最多的劳动甚至无法肯定能挣到足以糊口的收入；如果要在这种状况和共产主义之间作出抉择，则共产主义的一切大小困难在天平上都将轻如鸿毛。"②

其四，穆勒是将理性与人性统一的仁者。穆勒思想缜密，却又是浪漫爱情的忠贞者：其很多观念是在与哈里特·泰勒（Harriet Taylor）的长期情侣关系以及后来的婚姻关系中发展而成。哈里特给予

---

① 约翰·穆勒：《约翰·穆勒自传》，商务印书馆1998年版，第26页。
② 同上书，第43页。

第十二章 公共知识分子的伟大楷模：穆勒思想在华传播与影响

穆勒的不只是情感，而且是志同道合的合作者，甚至是思想的启迪者。穆勒认为自己在结识她之后，"思想在广度和深度上都比以前有进步，懂得更多事物，过去懂的东西，现在理解得更透彻"。"人们认为我的著作比大多数同样善于大量概括的思想家的著作有较多的实用性，因而我常常受到称赞，其实我应得的称赞只有一部分。那些被称赞的有实用性的著作不是我一个人思考的产物，而是两人合作的结果，其中一个人对当前事物的判断和认识是非常切于实际的，对预测遥远未来是高瞻远瞩和大胆无畏的。"穆勒的父亲在家教上接受的是边沁的"功利主义"教育观，对孩子采取的是"与感情相反的锻炼——逻辑与分析"。[①] 他是一个逻辑学家，但又不像逻辑本身那样"冰冷无情"。他曾这样感叹："分析的习惯会磨灭人的情感……分析的习惯对深谋远虑和洞察力来说是有利的，但对热情和德行来说却永久是根部的蛀虫；更重要的是，分析的习惯可怕地破坏由联想引起的所有希望和所有喜悦。……我所受的教育未能建立起具有足够力量以抵抗因分析带来的瓦解感情的影响……我的人生航程就这样在刚开始时就搁浅了，因为我驾驶的装备良好的船有舵无帆。"[②] 正如人们所评论的，情感缺失所带来的精神危机，使穆勒最终怀疑生命的意义，也使他在批判地接受边沁的同时，以自身的体验，在对功利主义加以理性化的同时，为功利主义加以人性化的重构和全方位渗透。在本书著者看来，在当前实际的社会政治生活中，穆勒与边沁所倡导的功利主义是西方最主导的道德理念（学院界另当别论），可称谓当代西方政治和道德哲学的主流。

穆勒的三大著作《逻辑学体系》《论自由》和《功利主义》，从不同的角度提出三大原则或理念，即科学原则、自由原则和功利原则。其实这三大原则之间虽各有侧重，但实际上具有相互的贯穿性与互动性。

第一，科学原则。穆勒将《逻辑学体系》一书分为六大部分：

[①] 约翰·穆勒：《约翰·穆勒自传》，商务印书馆1998年版，第69页。
[②] 同上书，第84页。

名与辞、演绎推理、归纳推理、归纳方法、诡辩、伦理科学的逻辑。他意在颠覆亚里士多德的演绎推理系统，将归纳法的基本原理视为"自然过程始终如一"，而归纳法的全部理论基础在于因果观念：某种现象总伴随着另一种现象，此后仍频繁出现。他把"概括"界定为同一命题细节的综合，而"归纳"却是强调从已知推论未知，因此两者不同。作为英国经验论的传人，穆勒大力推广培根的归纳主义，并将归纳与演绎都包括在科学方法之中。他以培根三表法和排斥法为先导，进一步探究现象间的因果联系，独创性地提出实验研究的"穆勒五法"，即契合法、差异法、剩余法、共变法以及契合差异并用法。他虽极力发展了归纳法，但又加以夸大化与绝对化，鼓吹所有知识都是来自归纳法，甚至企图将演绎法也完全还原为归纳法；不过他有时还是察觉到归纳法在某些复杂关系中效用不够，因而需要假说之法；并且在自然科学的发展中，有时演绎法也方显必要。总体来说，穆勒始终主张经验如观察和实验等是知识的唯一来源，而单靠直觉和意识只能引向谬论、迷信与宗教信仰；他坚持数学公理是由经验所归纳，而绝非先验产生的；他强调对事实的观察是自然科学方法，甚至一切方法的最终基石，并由此将自然科学方法推广到包括政治学在内的一切领域。其理论的局限性与狭隘性是将科学仅归于现象界，最终容易陷入现象论，甚至不可知论。

第二，自由原则。穆勒的《论自由》一书探讨了三大基本论题：其一是论思想自由和讨论自由，即在科学、道德、政治、文化、宗教信仰等方面，人民有形成、阐述和坚持自己意见的自由；其二是论个性自由，即人民在个性上有选择符合自己趣味和需要的生活方式，形成和发展自己多样化的爱好和性格的自由；其三是论社会对个人自由的限制，任何一个社会，"不论其政府形式怎样"，若是个人自由得不到法律的保证和尊重，这个社会就不可能称作民主社会，而只能是一种专制或变相专制的社会。穆勒的《论自由》强调社会对个人所合法行使的权力之性质与限制。他比以往任何哲学家更进一步发展的一个论证是有关损害原则（harm principle）。这个原则主张只要不损害他人的利益，每个人都有权利做自己想做的事情。倘若某个行为仅

第十二章 公共知识分子的伟大楷模：穆勒思想在华传播与影响

是自我关注，即仅直接损害到行动者本身，那么社会无权干涉。然而，应当阻止个人对自己或自己的财产做持续而严重的损害。因为没有人可以孤立存在，伤害自己，也可能伤害他人，毁坏财产就是剥夺社会以及自己。① 但穆勒这个原则原谅了那些"无自控"（incapable of self-government）的人，如儿童或那些生活在"社会的落后状态"的人。穆勒认为由于自发的进步有障碍，因此只要专制者在心里关注民众的最佳利益，专制主义对"落后"的社会是一个可接受的政府形式。② 尽管这一原则似乎很明了，但仍有一些并发症。例如，穆勒明确指出，"损害"可能包括某些遗漏的行为，以及佣金的行为。因此，未能抢救落水儿童、未能缴纳税款，或者证人未能出现在法庭等，可视作一种有害的行为。所有这些有害的遗漏都可规范。相反，如果并无强迫或欺诈，而受影响的个人同意承担风险，人们就可以被获准提供不安全的就业给他人。不过在这里，穆勒忽略了对这种同意设定一个限定，即社会不应该允许人们出售自己为奴隶。必须指出，《论自由》的观点出自功利的原则，而并非诉诸自然权利（natural rights）。《论自由》表达了对言论自由的慷慨激昂的辩护。穆勒断言，自由言论是理智与社会进步的必要条件。他辩称，我们不能确定，一个沉默的意见不会包含一些真理的元素。他还认为，让人们发表错误的意见，也是建设性的。原因有二：其一，如果个人进行一个开放的思想交流，那么他们更容易放弃错误的信念；其二，在辩论过程中，督促他人来重新审视和重新确认这些个人的信念，从而避免这些信念沦为纯粹的教条。对穆勒来说，仅有未经审查而偶然正确的信念是不充分的；人们必须明白为什么在质疑中的信念才是真正的信念。

穆勒向人们疾呼，真理所享有的优越之处乃在于："一个意见只要真正是正确的，尽管可以一次、再次或甚至多次被压熄下去，但在悠悠岁月的进程中，一定会不断有人把它重新发现出来。"在精神奴役的时代，"也许可以有伟大的个别思想家，但绝不会形成精神坚

---

① John Stuart Mill, *On Liberty*, Penguin Classics, 2006, pp. 90 – 91.

② Ibid., p. 16.

强、富有智慧活力的人民整体"。他宣称，独创性乃是人类生活中一个最有价值的因素，"永远需要有人不断发现新的真理，不断指出过去的真理在什么时候已不再是真理，才能在人类生活开拓出新的精神境界"。穆勒此书中最画龙点睛的一句名言始终激励着中国的知识分子，那就是："如果整个人类，除一人之外，意见都一致，而只有那一个人持相反意见，人类也没有理由不让那个人说话。正如那个人一旦大权在握，也没有理由不让人类说话一样。"穆勒对当时的中国一类的国家，一针见血地分析道："那些千百年不变地固守一种旧习俗的民族必定是死沉沉无生气的，他们在历史上也曾有过首创性，有过自己的黄金时代，但囿于习惯，恪守成规却使他们的民族智慧僵化了，文化停滞不前了。"他问道，什么时候一个民族将会停滞不前呢？答案是"当人民中的个性陷于消灭的时候"。总而言之，穆勒自由精神真谛，就在于倡导人人都是自我价值、自我尊严、自我权益、自我幸福的最佳和最有权威的仲裁者，只要尊重他人同样具有的价值、尊严、权益和幸福，任何个人的自由抉择即为正当合理。所谓自由：一是人们有追求和获得个人的最大快乐与幸福的权利；二是社会必须给予全体成员中的每个人充分发挥个性发展的同等机会和条件。

第三，功利原则。功利主义的英文为 utilitarianism，最早还译为乐利主义、实利主义、实效主义、功用主义等。功利主义最早可追溯到古希腊时期的快乐主义（hedonism）。正如穆勒在其自传中所回忆的，在边沁（G. Bentham）著作的启示下，"我的思想完全改变了。……像边沁在三卷《立法论》中那种方式运用的'功利原则'，确实成为把我分散零碎的知识和信仰融合一起的基本原理，使我对事物的概念统一起来"。穆勒使功利主义更加完善化与系统化，他仍然强调追求幸福，摆脱痛苦是人的本性和人类唯一和最终的目标，但他的功利主义更彻底地摈弃了古典快乐主义极为粗鄙和"原生态"的快乐观，即仅注重数量、短暂以及肉欲的低级（感官）快乐，而倡导更高档次的追求，即质量、长远以及精神层面的高级幸福。穆勒曾风趣地嘲讽："当一个不完满的人比一头完满的猪更好；当不完满的苏格拉底比完满的傻瓜更好。如果傻瓜或猪有不同的意见，这是因为

第十二章 公共知识分子的伟大楷模：穆勒思想在华传播与影响

他们只知道他们自己问题的一面。"① 这个主义的最高原则是"最大多数人的最大幸福"，并以此来衡定所有社会现象是否正当，即是否合情合理与合法。对穆勒来说，精神层面的幸福是最有质量、最为长远的个人及社会的最高追求，也就是说，为他人及社会大众奉献而获得的快乐远远大于任何个人感官上的快乐。在一定意义上说，穆勒鼓吹的"最大幸福论"是一种以利他主义（ultrism）形式展示的精神利己主义（egoism）。穆勒将幸福界定为一种利益，每个人的幸福也就是每个人的利益，因此追求幸福必然成为利己主义者。然而人性中又有某种社会感情使个人愿与他人融为一体，损害社会最终会损害自身，因而每一个人应以公众利益为活动目的，以促进所有他人的幸福为行为准则。为此，穆勒制定了功利主义的两种道德制裁原则，即"外在制裁"与"内在制裁"，前者是来自社会或上帝对个人行为的规范，后者则是作为道德审判基础的个人良心的自省。穆勒从利己的前提出发，以某种利他的社会情感来阐述社会成员及其各种利益之间的协调性、互动性以及一体性，从而减轻，以至最终消除各种利益冲突。近代以来，大多数西方国家都信奉卢梭和霍布斯等的"社会契约论"，也就是说，社会的所有成员，为了秩序和个人权益的保障，为了避免混乱和争斗带来的牺牲，必须委托大多数人所认同的权威机关，来建立每个成员都必须遵守的规范章程，违犯者必受到处罚。但是在现实实践中，一方面，任何社会契约都不可能让所有人都满意；另一方面，仅让少数人满意的契约不可能是真正的社会契约，那只是极权和专制。怎么办？有人说得妙，就是上帝也不能使人人满意和幸福。要不然，这个世界怎么总有那么多的奴役、压迫、杀戮、战争、饥饿、疾病、环境污染和无穷无尽的天灾人祸？！于是，大多数西方国家又信奉边沁和穆勒等的"功利主义"。这个主义最基本的原则就是，尽量让最大数目的人民得到最大限度的幸福。这就是为什么民主选举制度应该成为现代国家的基石。不过，这也会带来一个问题，真理不一定在多数人

---

① John Stuart Mill, *Utilitarianism*, Chapter Ⅱ.

的手里，少数人的权益应如何保障？一个最明显的案例争论就是，某一艘船因负载太沉重濒临沉没，是否从功利主义的角度，为保全大部分人，而将少数人抛到海里。功利主义与一切传统的伦理体系一样，属于规范伦理学（normative ethics）中目的论伦理学（teleological ethics）、效果伦理学（consequential ethics），即将某一种特定诉求，如忠诚、勇敢、诚实、友谊等，当作道德追求和遵奉的目的，而这些诉求本身则是中性而非属伦理的，即它们既可为善亦可为恶。正因如此，这一类伦理学受到康德义务论伦理学（deontological ethics）的批判，更受到现代学院派元伦理学的（meta-ethics）的否定。

第四，科学理念、自由理念和功利理念的三位一体原则。可以这样说，穆勒的整个社会政治学说，就是建立在激进的科学主义、自由主义和功利主义相互契合的三大基石之上。他坚持一切从客观事实出发，从中得出真理，决不盲从和迷信任何既有的教条、规范与权威；他提倡不受传统、舆论和权威所强制，个性得到充分发挥和最大限度追求幸福的自由；他主张最高的道德目的、政治理念与社会正义，就是促进最大多数人的最大幸福的实现。在《功利主义》一书中，穆勒对幸福加以质的规定；在《论自由》中，他也对此做过深刻的阐述。他在此书中揭示，作为一个进步的存在，功利事业应在与人性的关联中进行设想，其中包括人们为努力实现"更高生存模式"而应具备理性能力的锻炼和发展。对书报审查制和家长制进行拒斥，是为了发展知识的成果，人的最大开发能力、审议能力以及理性能力，而提供必要的社会条件。社会的功利目的之一，就是保障每个成员的经济与政治的权益，人身与精神的自由；追求个性自由是体现功利目的的最重要幸福之一；而这一切又是遵奉逻辑，尊重事实，实行科学方法的合理结果。

上述所提到的沃尔夫在谈及穆勒时，涉及了有关其"教子"的典故，这也使本书著者自然而然地联想到了自己所重点研究的人物罗素。有些戏剧性的是，大哲穆勒竟然是另一个英国大哲罗

第十二章　公共知识分子的伟大楷模：穆勒思想在华传播与影响

素童年时的教父。甚至在罗素一生相当长的一段时间内，他心目中的穆勒似乎是自己一贯正确的精神导师。罗素的父亲是穆勒的信徒，后来又成了他的朋友。罗素之父采纳了穆勒的不少主张，其中不仅有那些较为通俗的，而且还有那些当时令公众震惊的内容，例如妇女参政权等。罗素出生后，夫妇俩决定给孩子找一个非宗教的教父，最后选了穆勒。罗素母亲向朋友表示："我们很犹豫去麻烦穆勒先生……"但穆勒捎话说，自己很愿意当这个教父。罗素一直到18岁前是相信上帝的。那时，他读了穆勒自传中的一句话："我的父亲教诲我不能回答'谁创造了上帝'的问题，因为它会直接导致'谁创造了上帝'的问题。"从那时起，罗素断定第一原因的论证是荒诞的。穆勒的《政治经济学》《论自由》以及《论妇女的从属地位》等著作对罗素都影响很深。罗素还对穆勒的《逻辑学体系》一书做了详尽的笔记，然而却没有接受他的关于数学命题是由经验归纳的理论，尽管并不知道除此以外它应该是什么。罗素十分信奉穆勒的思想，后者强调必须给个人以彻底的活动自由，个人发展只有在本人自由采取最快乐的生活方式时才能实现。罗素极为欣赏上述主张，在他眼里，黑格尔的绝对一元论是代表专制主义的，一定会抹杀个人的一切，而英国的经验主义多元论则是代表民主主义的，它充分尊重个人的利益、自由和权力，正像他所指出的，唯一为民主作出合理论证的哲学就是经验主义。[①] 罗素用一种快乐主义来解释人性，这与自由主义者边沁和穆勒有着密切关系，这两个人都主张追求个人利益和快乐符合最大多数人的最高幸福原则，一切社会关系的基础和道德的标准就是个人的利益与快乐。在罗素眼里，摆脱压抑的结果就是获得了快乐。英国经验主义者大都是主张人性可变的。培根坚信可用某种教育方式来改变人性；洛克则把人性看作可以任意刻画的白纸或蜡块；穆勒父子也都主张人性是通过环境和教育形成的。罗素发展了这一思想。他在早年认为成年男女的

---

① Bertrand Russell, *Philosophy and Politics*, London, 1947, p.70.

思想的再对话
NEW COMPARATIVISM

性格并不是一个数学上的固定的已知数，人的性格具有极大的可塑性，它是环境、教育和机遇影响的结果。他在晚年仍坚持：所谓人性，基本上是习俗、传统和教育的产物。罗素曾把这种思想作为自由平等的理论依据，如他从穆勒有关男女在能力上的差异是由后天形成的这一思想中得到启发，从而投入到了争取妇女参政权的运动中。在《我怎样写作》一文中，罗素谈道："我不能假装知道文字应怎样完成，或某一明智的评论家能开导我改进写作。我最多能做的是有关我自己的打算。直到 21 岁时，我希望或多或少以穆勒的办法写作；我喜欢他的句子结构以及展开主题的方式。"[1]

尽管穆勒自传是 19 世纪知识分子历史中头等重要的文献，但英国著名的编辑和文学批评家莱斯利·斯蒂芬爵士（Sir Leslie Stephen）抱怨说，穆勒的自传几乎完全没有传记文学具有魅力的特点。哈罗德·J. 斯拉基同意这个看法，他指出，确实，它与同类作品相比，可算得上是一部完全知识性的作品。"除了有几页叙述他妻子的文字外，几乎不曾提到人类相爱与友谊的感情。甚至对最亲密朋友的评价，恰似一个作者受委托撰写一个死者的传略。穆勒是一位温柔可爱的人，急切地尽其所能奖掖刚刚处于事业起点的青年的前程，如对莫利勋爵的事情就是那样，但是这些事迹在他的自传里找不到。这本书基本上是信心发展的记录。它一点也没有使纽曼的'内心呼唤'如此令人倾倒的那种魔力。它不像吉本的自传那样充满作者生动的画面，也不像特罗洛普对自己作细致的描绘，它的平淡质朴使我们感动得超过我们愿意承认的程度。"[2] 由此可见，从另一角度看，我们的确需要一本从其生平到思想，较为全方位介绍穆勒的评传。到目前为止，似乎还未见到中国人所写的穆勒传记

---

[1] Bertrand Russell, *The Basic Writings of Bertrand Russell, 1903 – 1959*, ed. R. Egner and L. Denonn, Simon and Schuster, 1961, pp. 64–65.

[2] 哈罗德·J. 斯拉基：《序》，见约翰·穆勒《约翰·穆勒自传》，商务印书馆 1998 年版，第 1 页。

第十二章 公共知识分子的伟大楷模：穆勒思想在华传播与影响

作品。近来，国际东西方研究学会推出了"东西方思想家评传系列"丛书，其中一本就是姜新艳所写的评传《穆勒：为了人类的幸福》从而填补了这一学术空白。

第十三章

东西方思想的直接对话:罗素和杜威思想在华传播与影响

杜威(John Dewey,1859—1952)与罗素是20世纪两位卓越的西方哲学家。他们都于1920年先后访问了中国。向哥伦比亚大学申请了学术休假(sabbatical leave)的杜威在访日时,接到北京大学的讲学邀请;就在五四运动爆发的四天前,即1919年4月30日,杜威夫妇到达中国,开始了持续两年多的访华演讲。5月12日,孙中山设宴招待了杜威夫妇。罗素于1920年10月12日到达中国。杜、罗二人在长沙见了面,后来又同住在北京,时常碰面讨论有关哲学问题,因而建立了某种密切的私人关系。在这个国家的转型时期,这两位哲人都曾对中国有过十分重要的影响。[①] 当时,为发扬五四运动的精神,中国新型的知识分子试图寻找一个理想的道路来重建自己的祖国。他们继续欢迎德(民主democracy)先生与赛(科学science)小姐。杜威与他的妻子以及罗素与他的第二任妻子被当成了德先生与赛小姐的化身。杜威与罗素在中国各自作了所谓五大讲演。杜威的题目是:"社会哲学与政治哲学""教育哲学""思维的方式""我们时代的三大哲学家(柏格森、罗素、詹姆士)",以及"论伦理学"。其实

[①] 本章大部分曾以英文发表,参见 Zijiang Ding, "A Comparison of Dewey's and Russell's Influences on China", *Dao: a Journal of Comparative Philosophy*, Vol.2, 2007。本章大部分曾在拙作《罗素与中华文化:东西方思想的一场直接对话》(北京大学出版社2015年版,第259—282页)发表过。

第十三章 东西方思想的直接对话：罗素和杜威思想在华传播与影响

杜威一共作了58次大大小小的讲演。而罗素的题目是："哲学问题""心的分析""物的分析""数理逻辑"，以及"社会的结构"；此外，罗素还作了其他各种题目的讲演。在杜威与罗素之间有一些相似性：（1）在政治上，都相信自由主义和个人主义；（2）在文化上，都主张了科学主义、圣像破坏以及反宗教主义，这些都会适应新中国知识分子的需要，如反儒家、反规范、反伦纲等；（3）在哲学上，都强调经验主义与实证主义；（4）在教育上，都倾向进步主义与功能主义。然而，我们应当考察两位哲学家的区别而并非那些相似性。有三种可能的方法讨论这个问题：（1）通过两位哲学家之间的辩论；（2）通过中国知识分子对两位哲学家的评论或批判；（3）通过两位哲学家活动的结果。[①] 本章将集中讨论关于20世纪20年代两位大哲对中国不同影响的比较。

一 20世纪20年代中国的杜威化与罗素化

1914年4月，在哈佛大学形而上学俱乐部举办的年会上，第一次访美的罗素与比他年长13岁的杜威首次碰面。第二天宣读论文后，杜威还参加了对罗素论文的讨论会。当时罗素对美国哲学界颇不以为然，在他看来多数学者是良善的，但并无任何良好素养；而认为杜威是一个例外，但也很有保留。他在给奥托琳的信中这样评价："他有一个很沉缓的思想（a large slow-moving mind），非常注重经验而且公正，并具有某种冷静和无偏颇的自然力量。"[②] 在创办灯塔山小学时，罗素曾写了一封信对杜威为自己《论教育》一书的书评致谢。这两位大哲的友谊主要还是在访华中形成的。在《西方哲学史》中，罗素为杜威专门写了一章，可见对他的推崇，而同一时代不少有名的

---

① 参见丁子江《罗素：所有哲学的哲学家》，九州出版社2012年版，第145—173页。

② 转引自摩尔海德（Caroline Moorhead）《罗素一生》（Bertrand Russell: A Life, Viking, 1993），英文版，第199页。

哲学家就没有资格排上。

与罗素不一样，杜威出身于美国佛蒙特州的一个普通家庭。1879年毕业于佛蒙特大学，1884年获约翰·霍普金斯大学哲学博士学位。1884—1888年、1890—1894年在美国密歇根大学、1889年在明尼苏达大学教授哲学。1894—1904年在芝加哥大学任哲学系、心理学系和教育系主任，1902—1904年还兼任该校教育学院院长。其间他所写的《学校与社会》（*The School and Society*）（1899）一书被公认为他的所有作品中影响最大的。1904—1930年，他在纽约哥伦比亚大学哲学系兼任教授教职。他还担任过美国心理学联合会、美国哲学协会、美国大学教授联合会主席。1896年他创立一所实验中学作为他教育理论的实验基地，并任该校校长。反对传统的灌输和机械训练的教育方法，主张从实践中学习。提出教育即生活，学校即社会的口号。其教育理论强调个人的发展、对外界事物的理解以及通过实验获得知识，影响很大。杜威曾经到世界许多地方演讲，宣扬他的想法，他曾经到中国、印度、日本等访问，因此他的思想也影响着美国以外的地区。

罗素表示，杜威同自己一样，在访俄与访华中受了很大影响，前者是消极的影响，后者是积极的影响。1919年底，罗素即将来华讲学，主办方特请已先到中国近一年的杜威介绍一下罗素的思想，于是他在北京专门做了"我们时代的三大哲学家"的演讲，讲的是美国的詹姆士、法国的柏格森，以及英国的罗素。罗素来华后，在湖南督军举行的宴会上，见到了杜威。后来在罗素生病时，受到杜威的亲切照顾。杜威说，自己被罗素感动了，因为他在病中说胡话时，竟还念念不忘反战与和平。据当时报道，杜威是去接受罗素的遗嘱的。有这样一段评论："在杜威访问垂死的罗素时，罗素正计划终结中国一场全国性的大辩论，即他与中国共产党的领袖陈独秀，并吸引了众多中国知识分子如年轻的毛泽东和朱德等关注的大辩论。"[①] 在中国，杜

---

① 转引自 G. Dykhuizen, *The Life and Mind of John Dewey*, Southern Illinois University Press, 1973, p.198。

第十三章 东西方思想的直接对话：罗素和杜威思想在华传播与影响

威比罗素访问的地方要更多，除江苏、浙江、湖北、湖南、河北外，还去过江西、福建和广东等地；当时中国的22个省，他就去过13个。在这个国家的伟大转型时期，这两位哲人都曾对中国有过十分重要的影响。当时，为发扬五四运动的精神，中国新型的知识分子试图寻找一条理想的道路来重建自己的祖国。

两大巨匠几乎同时访华，人们就难免会作比较。杜威的教育思想对当时的中国要比罗素广泛而深远得多。与擅长讲演、潇洒自如、口若悬河的罗素相比，杜威显得木讷呆板、口才不佳。此外，他也很不修边幅，有一种美国式的随便，上讲台时，领带松垮，头发也是乱糟糟的。从客观上讲，晚一年访华的罗素抢了杜威不少风头，而且两人在理念上也渐行渐远；杜威嘴上不直接说，但对罗素在中国时的一些言行颇有点不以为然，他在给儿女的信中多少表露了一些微词；幸亏杜威的夫人还是尽力作了一些平衡，不断缓和气氛，因而与罗素和多拉始终联络感情。[①] 更重要的是，两人背后的邀请主办单位本来就有点互别苗头，呈现出某种竞争的态势。胡适竟对罗素的讲演连一次都没有出席。1921年6月30日午间，北京大学、男女高师、尚志学会等在北京中央公园来今雨轩为杜威博士夫妇及其女儿饯行。杜威深情地表示："这两年，是我生活中最有兴味的时期，学得也比什么时候都多……我向来主张东西文化的汇合，中国就是东西文化的交点。"杜威返美后，同罗素一样，始终对中国满怀眷念，连续在《新共和》和《亚洲》等杂志上发表有关中国的论文。正如他的女儿珍妮·杜威所说，中国一直是杜威深为关切的国家，这种关切仅仅次于他自己的祖国。

当罗素在美国遭受迫害时，杜威挺身而出仗义执言，他编辑了著名的《罗素案件》一书，揭露真相，并为罗素进行了有力的辩护和支持。罗素这样评价并非"纯粹"哲学家的杜威："人们公认他是美国活着的排名第一的哲学家。对此，我完全赞同。他对哲学家，并且也对教育家、美学家以及政治学家，都有深远的影响。"在罗素看

[①] 参见摩尔海德：《罗素一生》，英文版，第327—328页。

来，杜威是一个品德高贵的人，一个主张自由主义的人，一个待人宽厚而亲切的人，以及一个勤奋工作的人。同威廉·詹姆士一样，作为新英格兰人的杜威，继续百年前的伟大新英格兰人的一些后代子孙早已摈弃的自由主义传统。

1934年，《现代季刊》曾邀约杜威、罗素以及考亨（Morris Cohen）三人对"为什么我不是一个共产主义者？"这一问题发表意见。杜威比罗素的态度似乎更为坚决。某次，罗素听杜威说过，他既然艰难地将自己从正统神学中解放出来，就不会再束缚于另一套神学。对此，罗素说道，在这些方面，"他与我的看法几乎完全相同"。罗素说几乎完全赞同杜威的不少看法，如同意他对传统的"真理"概念的批评。不过尽管对他的敬仰以及与他的亲密友谊，希望同他的观点完全一致，但还是很遗憾，自己不得不对他独有的哲学体系加以批评，即将"探索"当作逻辑的要素而取代"真理"，并当作逻辑和认识论的基本概念。罗素指出这个理论的要害在于，把一个信念与"证实"这个信念的那件事实或那些事实之间的关系割裂开来了，并声称与杜威之间的主要分歧是，他从信念的效果来判定信念，而自己则从信念的原因来判断。罗素对杜威比对另一个实用主义领袖人物詹姆士要更为尊敬，因为他"非常真正的科学禀性"具有感染力，但罗素又说："对我来说存在某种由工具主义所引起的令人不愉快的深刻直觉：即一种来自深思，并从一个人的人格所摆脱出来的直觉。"[1] 当美国西北大学哲学系的谢尔普（P. Schilpp）教授编辑"活着的哲学家图书馆丛书"系列时，把《杜威的哲学》（1939）排在第一部，《桑塔亚那的哲学》（1940）第二，《怀特海的哲学》（1941）第三，《摩尔的哲学》（1942）第四，而《罗素的哲学》（1944）则是第五。但有意思的是，在《杜威的哲学》一书中，罗素那篇写于第一次世界大战前题为"杜威的新逻辑"的批评文

---

[1] 罗素：《哲学论文集》（*Philosophical Essays*, Simon and Schuster, 1966），英文版，第19、110—111页。

第十三章 东西方思想的直接对话：罗素和杜威思想在华传播与影响

章被人看作相当可笑而又陈腐。尽管杜威对罗素的批评很恼怒，但还是耐心地进行辩解性回复。杜威认为罗素错误地理解了自己的论证，因为后者将实用主义看成一种满足个人欲望的真理论；"罗素先生首先将某种可疑的情形（situation）归于某种个人的怀疑，尽管我始终反复将这两种事情加以区别"。[1] 罗素则写道："对杜威的阅读使我了解到我自己没有察觉到的形而上学以及他的形而上学。"[2] 有评论说，实际上，这两位大哲从来没有真正喜欢过对方，他们之间有着很深的隔阂。

为什么杜威于20世纪20年代对中国有着重大影响？在那期间，有许多主客观原因，其中之一就是哥伦比亚大学中国高足强有力的"宣传"。所有这些杜威门徒在中国教育界都是主导人物，而且对五四运动都有着重大贡献，如胡适、蒋梦麟、陶行知和冯友兰等。连杜威都惊讶地说："中国到处布满了哥伦比亚大学的人！"[3] 这些教育界的权威人物都不遗余力地宣传和推广恩师，一时间从都市到乡村造成了一种全国性的杜威教育热。在他们当中，胡适无疑充当了宣传杜威的一个统治角色。当胡适于1917年4月获哥伦比亚大学博士学位时，他已成为杜威的一个热心追随者，并开始系统地学习杜威的思想。1915年夏，胡适回国后，至少其任务之一就是将介绍杜威的实验主义或工具主义作为科学方法介绍给中国。胡适说道："作为一个哲学上的实用主义者，我对朋友们提倡白话实验……我已经为我的新诗集发现了一个题目叫做《尝试集》。"[4] 著名旅美华裔学者林毓生将胡适开展的运动称作"杜威化"（Deweyanization）。他认为，胡适的科学改革是对作为整体杜威化的一个主要手段，因为胡适现代西方文明的概念只有一个含义而不是多义的，"目的很明确，对中国文明进行杜

---

[1] 维斯特布鲁克：《杜威与美国民主》（*John Dewey and American Democracy*, Cornell University Press, 1991），英文版，第497—498页。

[2] 罗素：《杜威的新逻辑》，谢尔普（P. Schilpp）编《杜威的哲学》（*The Philosophy of John Dewy*, Northwestern University Press, 1944），英文版，第135—156页。

[3] 杜威：《发自中国和日本的信件》，英文版，第243页。

[4] 胡适：《中国的文艺复兴》，外语教学与研究出版社，第52页。

威化"。① 相对而言，罗素比杜威更有声望。对中国知识分子来说，罗素是一个传奇人物、一个圣贤以及一个创造性的哲学天才，有充满魅力的社会理想、伟大的慈善、高尚的个性以及丰富多彩的人生经历。在中国的演讲中，杜威将罗素高度赞誉为"我们时代三位最重要的哲学家之一"。在罗素访华前，他的超过10部重要著述被翻译或得到评述，他的生平也被介绍给了中国知识分子。中国激进自由主义者和左派分子都欢迎罗素，重要原因是他赞同社会主义，并曾到苏联参访。实际上，罗素的著述在年轻人和知识分子中比杜威更得到广泛的传播。然而，这种情况并未持续多久，当他对苏联的批判文章被翻译后，激进左翼人士对此非常失望。很显然，新中国知识分子中如张申府和赵元任等以很大的期望试图在中国进行罗素化的运动。具有讽刺意味的是，不同于杜威，邀请罗素的并非五四运动领导人物的胡适、陈独秀和李大钊一类的新知识分子，而是梁启超等保守的知识分子。因此，罗素错过了直接与那些激进知识分子领导人物对话的机会。

可以说，20世纪20年代的中国经历了一个"杜威化"与"罗素化"的交叉过程。②

所谓杜威化包括五个方面。其一，任何进化与渐进的改革，包括汉语作为社会和文化变动的一个有效手段，都被认为是来自杜威工具主义的基本教条；在一定的意义上，中国改革就是实践杜威的基本方法。在他的主观解释中，胡适企图将杜威的科学方法作为一个首要条件来解决中国的社会和文化问题。对胡适来说，在中国，一种科学传统的创立是面对美国优越文化，在心理上所需要的中国资源"与他为杜威化中国的热情目的在理智上所需要的建立改良派手段之间相互作用的结果"。③ 其二，正如任何一种古老文化，中国文化需要新的

---

① 林毓生：《中国意识的危机》，英文版，第85—95页；《五四运动的反思》，英文版，第48—49页。

② 参见丁子江《罗素与中华文化：东西方思想的一场直接对话》，北京大学出版社2015年版，第264页。

③ 周策纵：《五四运动》（*The May Fourth Movement*, Harvard University Press, 1980），英文版，第98页。

第十三章 东西方思想的直接对话：罗素和杜威思想在华传播与影响

"包装""装饰"和"充电"；"西洋化"仅仅是为结束中国文明活力（vitalization）的手段。在采取杜威的工具主义之前，胡适对儒家与中国文化传统的观点绝非是负面的，而从这以后，他开始创立一种方式来改造它们。显然，这种方式就是根据杜威的科学方法。胡适对杜威的发现决定性地将其早先简单、模糊、试探的，但真正改良派的态度，转变成根据杜威早年哲学体系所提供的现代性和现代化模式，来对中国加以"西化"。其三，因为杜威为社会与文化的渐进而论证，胡适也想沿着这条道路为中国的发展而避免俄国式的革命。对杜威来说，中国需要渐进与温和的改革，而非激进与暴力的革命，因为"改良"对社会政治转型是一种非常有效的试验与工具的类型。很清楚，杜威科学改良主义成为杜威化的主要手段，而并非寻求一种在中国现代化发展中对中国文化的认同。虽然社会成员成为极端偶像破坏者与反叛者，但"他们仍表达了这样一个信念，即社会改革应该一步一步地进行"。[①] 其四，胡适企图采取杜威的工具主义对中国文化加以"全面变革"，不仅为了社会和政治的改变，而且包括几乎所有文化的领域，包括语言、文学、思维方式，如"诗歌革命""白话运动"以及"中国逻辑方法"。1917年夏天，在回国途中，胡适被张勋复辟的消息所懊恼。他认为，环境本身必须被改变的主张下，复辟活动当然会发生。因此，他下决心参加中国文学的改革，并认为这是为政治变革打下基础。[②] 其五，"杜威化"最重要的方面是教育。杜威是老师的老师，他教导人们在科技、民主以及社会发展成为人生要务的新时代怎样生活与思维。他的《学校与教育》（1889）和《民主和教育》（1916）两部著作为中国的教育家和知识分子所熟知。胡适赞同杜威这样的主张：教育即生活，并且学校即社会。重要的是，政治改革只有在社会与文化变革后才能实现，而这就必须通过教育得到促进。杜威本人在自己有关中国的文章中系统地解释了与胡适一样的观点，正如他指出的，因为"民主不仅仅是信仰、人生

[①] 周策纵:《五四运动》，英文版，第98页。
[②] 参见胡适《胡适致孙伏庐和常乃德》，《文集》1922年6月16日，第101页。

观、思想习惯的问题,也不仅仅单纯是政府形式的问题,"它要求"普及教育",并且达到普及教育的首要一步是将口语作为一种书面写作语言来加以建立。①

所谓罗素化(Russellization)包括三个方面。其一,中国的重建应该跟随罗素的社会理想。罗素主张:(1)中国应发展工业中止极端贫穷;(2)中国应建立一个高效率与宪政化的议会政府,从而得到爱国与具有世界头脑的平民的支持,中止军事政变与外国控制,并避免滥权的官僚独裁;(3)中国应建立可能叫做"国家社会主义或列宁称为国家资本主义"的一种新的经济制度,因为在中国这一类落后国家不适于建立纯粹或完全的社会主义;(4)在当前经济发展阶段,俄国类型的共产主义也许可适用于中国,因为其紧迫问题是迅速发展生产,尽管它在西欧不能流行,而且对世界和平也并非一种理想的制度;(5)中国的改革应采取和平主义以及非暴力方式。其二,中国教育的重建应该跟随罗素的模式。罗素主张:(1)教育可能帮助中国避免贫穷和落后;(2)中国教育应教更多科学与技术技能,而并非从西方文化中获得的有关道德或伦理格言;(3)中国教育应发展民众的政治意识,并避免使中国学生盲目崇拜西方文明的那些外国控制。② 其三,中国想法的重建应该跟随罗素的哲学方法。罗素建议:(1)新中国哲学应建立在现代科学,而非神秘主义的基础上;(2)中国知识分子应运用哲学分析与数理逻辑方法,并取代浪漫式的综合;(3)中国应放弃传统儒家与道家被动的农业和家庭伦理,并发展公共精神、爱国主义或西方民族主义;(4)中国应有反宗教运动,除基督教、佛教以及伊斯兰教之外,还包括将马克思主义作为宗教的形式。③

在与中国思想界的对话中,罗素化与杜威化有着以下四大区别:

---

① 参见杜威《新文化在中国》(New Culture in China),《亚洲》(Asian),英文版,1921年7月。
② 参见周策纵《五四运动》,英文版,第232—239页。
③ 参见冯崇义《罗素与中国》,三联书店1994年版,第106—128页。

第十三章 东西方思想的直接对话：罗素和杜威思想在华传播与影响

（一）杜威的"大众主义"与罗素的"贵族主义"

在客观上，杜威的大众化商业主义对中国现代发展是有利的。罗素说自己说过这样一段话："杜威博士的独特看法表现在，它同工业主义与集体企业的时代相适应。他当然对美国人有最强烈的魅力，并很自然地同样受到中国以及墨西哥一类的国家中进步人士们的青睐。"[1] 但他没有想到上述这段本以为无伤大雅的说法却伤害了杜威，后者回复："罗素先生将实用主义认识论与美国工业主义那些可憎之处加以联系……几乎就像我要将他的哲学与英国贵族利益想联系一样。"[2] 不管他的主观动机如何，杜威的试验主义或工具主义在客观后果上适应美国资本主义发展的需要。从20世纪初，作为最年轻而又最发达的国家，美国成为大众商业文化的世界总部。个人、企业公司以及整个社会的主要生活目的就是如何获得最大成功和如何成为最强大的优胜者。美国人强调"用途""实用"以及"实际后果"。在罗素看来，实用主义是一种强有力的哲学，并且对它而言，"如果一种信念的结果令人满意，那么它就是真实的"。[3] 从1920年到1921年，杜威的哲学对中国知识分子非常有吸引力，因为他似乎给他们某种"易行"和"有效"的方式应付当前的各种事务。他教导中国人民：（1）更多地关注实际有效性，而并非超物质存在知识或超感觉真理的幻觉；（2）更多地关注个人与社会生活的直接问题，而并非那些过去的文化传统，正是这种传统限制了这个国家的发展，也并非任何抽象的、对今天实际生活非急需的包揽一切的"主义"；（3）更多地关注为满足与掌握所面对的新社会环境的理智。

胡适追随他重实效的导师，去寻求某种"完善化的持续过程"

---

[1] 梅耶尔（S. Meyer）：《杜威与罗素的交往》（*Dewey and Russell: An Exchange*），英文版，第35—36页。

[2] 杜威：《对罗素的回复》，《杜威与罗素的交往》，英文版，第48—49页。

[3] 谢尔普（P. A. Schilpp）：《罗素的哲学》（*The Philosophy of Bertrand Russell*, Northwestern University Press, 1944），英文版，第575页。

(ever-enduring process of perfecting），而并非完善（perfection）。① 据此，他说必须为当前社会进程的需要而主张自然科学和实用主义哲学，并破除迷信和臆想。为这个目的，在《多研究些问题，少谈些主义》一文中，胡适对陈独秀以及其他激进左翼分子进行了抨击。胡适批评了所谓根本的"解答"，并指出："我们不去研究人力车夫的生计，却去高谈社会主义；不去研究女子如何解放，家庭制度如何救正，却去高谈公妻主义和自由恋爱；不去研究安福部如何解散，不去研究南北问题如何解决，却高谈无政府主义；我们还要得意扬扬夸口道，'我们所谈的是根本解决。'老实说罢，这是自欺欺人的梦话，这是中国思想界破产的铁证，这是中国社会改良的死刑宣告！"② 虽然胡适极力推广杜威的实验主义，但它的影响并不像所期望的那样成功。根据托马斯·拜瑞（Thomas Berry）的看法，在哲学领域，其他传统比杜威和胡适更强大；"作为哲学的特定学派，实用主义仅在中国盛行了很短的时间"。③ 陈荣捷认为，自从20世纪20年代中期，"作为体系的实用主义被其他西方哲学所遮盖。包括胡适在内的实用主义者，将他们的主义转向了教育改革、社会重建和政治革命。哲学竞技场由新实在论、理性唯心新儒家，以及最后由马克思主义所占领"。④ 正如杜伯斯所指出的，胡适影响的黄金时期在中国是1923年至1924年，"在那以后，他的影响明显下降。他未能吸引门徒，而且实用主义在今天是我将提及的最小派别"。⑤ 杜威的实用主义仅适用于中国思维方式某一特定方面；作为方法，其中一个重要的因素就是杜威的"大众性"（popularity）。与希腊人不同，中国传统从未为知

---

① 参见斯本斯（J. D. Spence）《探究现代中国》，英文版，第316页。

② J. B. Grieder, *Hu Shih and the Chinese Renaissance: Liberalism in the Chinese Revolution*, 1917—1937, Cambridge: Harvard University Press, 1970, p. 24.

③ John Blewett, *John Dewey: His Thought and Influence*, Greenwood Press, 1973, pp. 213 - 214.

④ 陈荣捷（Wing-tsit Chan）：《胡适与中国哲学》，《东西方哲学比较》1956年4月，英文版，第4页。

⑤ 杜伯斯（H. Dubs）：《最新中国哲学》，《哲学》1938年第35期，英文版，第350页。

第十三章 东西方思想的直接对话：罗素和杜威思想在华传播与影响

识本身而提升其地位，而宁可注意它对道德、社会、政治以及文化的有用性。因此，其他中国知识分子以杜威重实效的实验主义作为武器，用来批判中国文化以及传统中国价值体系。"杜威的实用主义无疑催促了传统文化和价值的崩解。即使在当代哲学家使用的意义上，这种实用主义并非一个组织严密的哲学体系，但它对方法论、逻辑学以及实践性的强调对理智革命或对新文化运动的领导者有着不可抗拒的吸引，并且对促进许多社会、道德和经济改革有着很大的作用。"[1]

作为精神需要的"空想或空谈"与作为物质需要的"真正的好处或实质的利益"，可看成中国人"人性"的两面。[2] 然而，对于中国知识分子，作为一个哲学体系的美国实用主义似乎"有用"与"令人兴奋"，但正如罗素所批评的，过于"肤浅"，过于"物质性"以及过于"商业化"。1949年后，实用主义被批判为美帝国主义"反动和腐朽的哲学"。[3] 在一定意义上，对实用主义的许多批评过于简单，甚至为误解。布朗（H. C. Brown）提出："罗素先生经常为杜威哲学所困扰，但从根本上拒绝了解这一哲学。"[4] 萨维瑞（W. Savery）说道："实用主义或工具主义在很大程度上在欧洲以及被罗素本人所误解。"[5]

罗素的贵族伦理主义对中国传统生活方式是有利的。罗素出身于"一个资产阶级新贵族家庭"。从小在祖父约翰·罗素伯爵的家中长大，他本人就继承了爵位。与杜威"实用大众主义"相比，罗素欣赏中国传统生活中的某种田园牧歌式的情调。在他的中国观以及整个政治社会思想中也有着某些矛盾或两难判定。与杜威以及五四运动早

---

[1] 克劳普顿、欧（R. W. Clopton and T. Ou）：《杜威在中国的讲演》（*John Dewey Lectures in China*, 1919 - 1920），英文版，第11—13页。
[2] 中国人对宗教的态度是非常"实用"的。在历史上，大多数人是为了某种现实的利益而参与一些宗教活动；此外，对待道德也是非常实用。
[3] 刘放桐：《现代西方哲学》，第260—307页。
[4] 谢尔普：《罗素的哲学》，英文版，第451页。
[5] 同上书，第483页。

期的大多数中国新知识分子提倡西方思想体系，反对中国传统伦理和哲学相反，罗素却强调，西方人应该从中国人那里学会"生活目的的一个正义观念"。他相信，中国人不得从西方文化中学会有关政府的道德或伦理格言。对他而言，东西方之间的联系对双方都可能是富有成果的。中国可能从西方学会注重实际效率所不可缺少的部分，而西方则可能从中国学会使他们坚持生存的某种智慧。在中国时，罗素发现，不同于西方好战与侵略性的态度，普通中国人尤其乡下人有一种平静、祥和、人情以及宽容的态度。而且，大多数中国的伦理和政治哲学沿着这些路线阐述了理想的生活。他感到，中国的道家哲学，如老子与庄子是最有价值的。罗素倡导在发展工业时，不必丢失中国人被动与和平的特征以及他们在一个农业社会中所发展出的伦理，但这就提出一个问题，即由于难度过大而无法实现。道家哲学"拒绝知识"和"回归顺从自然"是否同现代科学使徒不断地寻找知识并征服自然相一致，这也是一个未解决的问题。① 罗素《闲散颂》一书可以被视为一种贵族人生观。罗素的想法与在五四时期招致广泛批评的张之洞"中学为体，西学为用"的提法有相似之处，杜威也对此加以了否定。杜威反对在日本所采取的那种西方文明的物质与技术性质的观念，因为它导致了由于保留传统日本军国主义而带来的残忍。对此，杜威说道："对这个论证，罗素可能一定已经这样回答：如果日本能学会科学技术而同时又保留自己的思想体系，为什么中国不能达到同样的结果，而与日本的实践相反，却不能保留自己和平与宽容伦理呢？"② 对于这个观点，罗素声称："我希望在反对外国剥削者以及被错认为文明的那些野蛮与残暴制度的斗争中，不会有更重要的价值遭受毁灭。"③

---

① 参见罗素《哲学问题》（*The Problems of Philosophy*, Prometheus Books, 1988），英文版，第195—209页。
② 周策纵：《五四运动》，英文版，第237—238页。
③ 同上。

（二）杜威的"综合主义"与罗素的"分析主义"

罗素自认继承了英国的传统，而杜威则属德国传统，尤其是黑格尔传统。虽然杜威的工具主义最大特征与最重要的教条与分析观相一致，但杜威采用了与斯玛兹（General Smuts）在《整体论与进化论》一书中所称的"整体论"相联系的形式。整体论是一种认为在自然中决定因素为有机整体的理论，这种整体不能还原为它的部分之和，也就是说，整体不能被分析为其部分的总和或归结为分离元素，例如完形心理学。因此，罗素提议首先考察杜威逻辑的"整体"方面及其工具学说。他说："杜威博士本人坦承自己借用了黑格尔的思想。他还补充说：'我不能忽略，也尽量不否认一个精明的批判者对某种虚构的发现所偶然谈论的东西，这种东西因熟知黑格尔而在我的思想中留下了一个永恒的储存。'我在别的场合曾指出，这个学说与另一个前黑格尔主义者马克思相似；正如马克思在论费尔巴哈的文章提到，而后来又包含辩证唯物主义的理论（恩格斯从未理解的）中的那些意思：'人的思维是否具有客观的真理性，这不是一个理论的问题，而是一个实践的问题。人应该在实践中证明自己思维的真理性，即自己思维的现实性和力量，亦即自己思维的此岸性。哲学家们只是用不同方式解释世界，问题在于改变世界。'"[①]

当时，杜威的综合主义满足了中国的思维方式。在早期研究中，黑格尔主义的确影响了杜威。[②] 杜威在密执安大学的指导教授莫瑞斯（G. S. Morris）就是一位著名的黑格尔哲学学者，他的哲学观点最接近德国客观理想主义。在《从绝对主义到实验主义》的短文中，杜威说明了黑格尔哲学对自己的感染力以及原因。在青春后期，从黑格尔的唯心主义，他获得了情与理智的融合，但在幼年的宗教经验中却没有找到。在杜威早年对辩证法的信心让位给怀疑论之后，对有关更

---

① 梅耶尔：《杜威与罗素的交往》，英文版，第36—39页。
② 参见谢尔普编《杜威的哲学》，英文版，第16—21页。

技术的哲学问题,他的那种黑格尔式对连续性与冲突作用的强调坚持了经验主义的基础。在芝加哥的一次有关黑格尔逻辑的研讨会上,杜威试图用"重新调整"(readjustment)与"重建"(reconstruction)来解释黑格尔的范畴。谢尔普认为凯尔德(Edward Caird)从黑格尔辩证法思辨中机智地解放出来,这对杜威有极大的影响。[①] 杜威本人说过:"然而,黑格尔对主观与客观、物质与精神、神灵与人类的综合并非单纯是一个理智的公式;它作为一种巨大的释放和解放而运作。黑格尔对人类文化、机构和艺术的治疗,涉及了严格地分开墙壁的同样消解,而对我有一种特别的吸引力。"[②] 他还说道:"在19世纪90年代早期,实际上所有英语中的重要哲学都受到新康德主义与黑格尔唯心主义的影响。实用主义与所有实在论的派别都是后来成长起来的。"[③] 杜威从早期的黑格尔唯心主义转到后来的实用工具主义,而我们仍能发现一些与黑格尔主义相连的"胎记"。(1)他将哲学视为某种理智工具的观点本身就是一种传统的重建,这就是主要来自黑格尔的历史观;(2)他对冲突的理解来自黑格尔,尽管它并非仅仅是在经济,而且也在心理和文化感觉上;(3)他有关连续性的理论与黑格尔相似,这种连续性被看作弥漫与包容一切;(4)他的实的概念包括黑格尔的连续性,而他对主观与客观的描述是受到黑格尔的影响被包含在一个经验整体中;(5)他将个体看作唯一的一个历史特征,也是受到黑格尔的影响;(6)他的社会心理学认为黑格尔的观点,即个人不能与历史、文化或环境分开根本上是正确的。[④] 杜威对中国影响的一个重要原因就是他思想中的"整体"性质,这与中国思想的性质有异曲同工之妙。例如,陈独秀对儒家全面抨击的一个因素,就是将儒家传统视为一种基本整体论,并由它引导了所有后来儒家的发展。另外,他了解到,黑格尔哲学的确深远地影响了现代中

---

① 参见谢尔普《杜威的哲学》,英文版,第22页。
② 同上书,第138页。
③ 同上书,第521页。
④ 同上书,第88—89、107、181、266、498页。

国文化，因为它不仅与传统思维方式，而且也与共产主义需要相投机。这种亲和力有两个基本的原因：一是中国思维方式真正地强调辩证，如易经将变化、对立统一以及事物相互作用看作对自然与社会发展最主要的动力；二是马克思主义将德国古典哲学，尤其是黑格尔的辩证法，当作自己最重要的来源之一。

  在当时，罗素的分析主义却不能满足中国思维方式。在第二章中已叙述过，实际上，甚至罗素在早期也受到过黑格尔的影响。不过，与杜威不同，罗素与黑格尔彻底决裂，并为哲学发展创造了一个革命性的分析方法。他批评了杜威的逻辑：（1）知觉与经验知识的关系在杜威的书里并不清楚，而且他拒绝将"感觉材料（data）"看作知识的出发点；（2）杜威的"探究"无法用逻辑的概念与知识的理论加以取代；（3）杜威对探究的强调是与真理或知识相对立的；（4）对杜威来说，知识不是生活目的的任何部分，它仅仅是满足其他东西的手段。[1] 罗素说道："我和杜威博士曾于月食期间在长沙；随着无法追忆的风俗，盲人们敲打铜锣来消耗天狗，它企图吞下月亮是月食的起因。在数千年里，敲锣这一实践从未失败过，每一次月食都在充分的喧闹后而告结束。这个例证表明，我们的概括不仅使用同一方法，而且也可用差别方法。"[2] 不过，中国知识分子没有接受罗素的哲学贡献，其中原因之一就是它过于技术和琐细，而不适于中国传统的思维方式。

（三）杜威的"现实主义"与罗素的"浪漫主义"

  杜威与罗素都是哲学家、自由思想家以及教育家，但他们有非常不同的教育理念。杜威在实用与现实基础上结合了教育理论与实践。正如他的总体社会理想一样，罗素将自己的教育观建立在乌托邦式与浪漫理想主义之上。当时，杜威的教育现实主义的确影响了中国的现代教育。杜威在中国的真正成功是在他的教育思想方面。几乎所有他

---

[1] 参见梅耶尔《杜威与罗素的交往》，英文版，第35—45页。
[2] 同上书，第43页。

思想的再对话

在哥伦比亚大学的中国门徒在中国教育界都有着主导地位。通过那些杜威化的教育家，杜威的影响放射从大学到农村学校和幼儿园的整个国家。杜威的理论，如自我经验中心的原则（the own experience-centered principle），教、学、做相结合的原则（the teaching-learning-doing combination principle），学校即社会原则（the school as a society principle），以及教育为生存原则（education for living principle）等主张都被他的学生延伸和发展，例如陶行知就是其中最有影响的中国教育家之一。对新型中国知识分子，杜威的主要原则是，教育是社会变化与发展的工具。杜威声称："在今日中国年轻知识分子最常说的一句话就是，教育是重建中国的唯一手段。"[1] 相应地，在新教育制度下成长的学生可能被考虑作为未来不同政治的一支力量。

20世纪20年代，随着杜威访华，似乎整个美国教育系统转移到了中国，美国的目的、方法以及材料成为主导。杜威化实验性学校和培训计划在这个国家盛行。甚至中国教育的目的根据杜威的进步主义而重新得到界定，如以做为学，因材施教，以及由学生管理学校等。1922年，全国教育会议通过的声明如下：（1）使自身适应一个新型与改变的社会；（2）促进民主精神；（3）发展个性；（4）着重考虑普通公民的经济状况；（5）根据生活需要调整教育；（6）促进普及教育的推广；（7）使自身足够灵活地应付地方变异。[2] 1919年底，显然，1911年革命失败了，因为政治变革脱离了智力与道德准备；那次政治革命是正式和外在的；在名义上的政府革命得到实现之前，一场智力革命是必需的。很清楚，中国的重建应该通过"扩展民主教育，提高生活水平，改进工业以及消除贫穷等"。[3] 杜威总结道："中国若没有一个建立在观念改变上社会转型是不可能改变的。政治

---

[1] T. Berry, "Dewey's Influence in China", in John Blewett, *John Dewey: His Thought and Influence*, Greenwood Press, 1973, p. 215.

[2] E. R. Hughes, *The Invasion of China by the Western World*, MacMillan, 1938, p. 185.

[3] 杜威：《学生反叛的后果》（The Sequel of the Student Revolt），《新共和》（*The New Republic*），XXI，273，1920年3月，英文版，第380—381页。

第十三章 东西方思想的直接对话：罗素和杜威思想在华传播与影响

革命是失败的，因为它是外在的、正式的，触及社会行动的机制，但不影响真正控制社会的生活观念。"① 他断言中国人应认同西方科学方法。有趣的是，胡适的杜威化在哲学和社会变革上并不成功，唯在教育上有成效。不过，很难准确地估计杜威对中国的影响，其一，需要更多时间客观地评估一位杰出思想家的工作及影响。其二，从杜威访华后，中国曾遭受了连续的动乱，并经历了巨大变动，在这样一个激烈变化的情形下，很难评估一个思想家的影响。其三，杜威作为哲学家与教育家的名声遭受某些贬低。其四，就像在美国一样，在中国，杜威的教导经常被误解和误用。其五，在中国大陆档案里有关文件一度不对学者开放。② 杜威对中国的教育影响可以总结为：（1）中国教育目标根据杜威的主张曾进行了重新考虑；（2）全国学校系统根据美国模式曾进行了改革；（3）以儿童为中心的教育在教学大纲中占了优势；（4）与杜威相符合的教学新方法教得到创立；（5）实验性学校得到了扩展；（6）学生政府（杜威做过一定数量的报告）被广泛扩大为学校训练方式；（7）文学改革得到鼓励，而且小学课本采用了白话文。③ 公正地说，尽管中国大陆也一度严厉批判了杜威的教育理论，但仍应用了他的某些普遍适用的原则。

在当时，罗素的教育浪漫主义与中国理想主义的教育有着异曲同工之处。在 1920 年 10 月 14 日上海七团体欢迎宴会上，罗素在即席演讲中谈到，中国改造社会的第一步是教育。他强调，百年以来的欧洲思想多有违反良知、倾向破坏、奖励贪婪掠夺的流弊。中国人不可移植此不纯正的欧洲思想，以蹈欧洲覆辙。以往欧洲尽力奖励生产、开发实业、追求物质文明，至今已破绽毕露。中国不必效法欧洲的错误经验。欲改造中国社会，各种改造方法中以教育为第一义。④

1920 年 11 月 9 日，在抵达北京后，罗素在讲学会欢迎会的答词

---

① 杜威：《新文化在中国》，《亚洲》1921 年第 7 期。
② 参见克劳普顿、欧《杜威在中国的讲演》，英文版，第 10 页。
③ 同上书，第 22—25 页。
④ 参见《沪七团体欢迎罗素记》，《晨报》1920 年 10 月 16 日。

中，表示目前暂不主张社会主义，中国的当务之急，是开发财源和发展平民教育。宜先增高人民知识，再实行社会主义。否则，如俄国那样大多数人民知识尚未发达，一旦实行社会主义、共产主义，也难免于失败。① 对杜威来说，教育的理想的目标必须被定义为在一种现代民主制中的社会有效性，并采用与罗素完全不同的方式。罗素赞同任何学校都是一种社会制度的说法，但他同样主张，由于没有方式改进它，以致它体现了自由的新奇想法。罗素指出公立学校具有"现代世界的邪恶特性：民族主义、竞争与成功的赞美、机制崇拜、偏爱同一以及蔑视个性等"。他也指出教会学校的目标在于"通过早期和频繁重复的催眠作用，造就对权威的服从以及对臆说的信仰，只敬仰高贵的个人而非下层群体的精神"。② 这些恶质为破坏教室中教学有效性提供了一个机会。因此，人们不能允许由家庭、学校以及社区对儿童施加压力来制造轻信、迷信以及残暴的成人。那些社会压力也许来源于宗教、对爱国主义诉求，以及儿童训练传统习俗。这意味着教育必须与既定信仰为真的做法相脱离。儿童的自由必须受到保护并形成建立在第一手经验上的那些道德问题的独立评断。③

与杜威相比，罗素强调：（1）建立一所小型的"贵族"式私立学校，它包括一个乡野庄园作为校园、一组谦和教职员、一些仆人以及其父母赞同此项计划的一小组学生；在那里，他的教育理念可以得到贯彻。（2）学校不应教育学生满足竞争或物质和功利的需要。（3）学校不应仅是手段或工具，而是目的。（4）学校应多教"想法"而不是"做法"。（5）学校应设法减少"社会"的功能和压力。罗素的教育哲学并未对中国有多大的影响。在一定的意义上，他的"学校"与中国传统私立学校有些相似。它甚至仿造了孔子的教育模式。然而，罗素与孔子的学校有三大区别：（1）前者主张自由思想，而

---

① 参见《讲学社欢迎罗素之盛会》，《晨报》1920年11月10日。
② 罗素：《工业文明的前景》（*The Prospect of Industrial Civilization*，The Century Co.，1923），英文版，第243页。
③ R. S. Brumbaugh，*Dewey, Russell, Whitehead: Philosophers as Educators*，Carbondale: University of Southern Illinois Press, 1985, pp. xvii – xxi.

后者则反对；（2）前者忽视严格纪律与惩戒，而后者则极力强调；（3）前者倡导开放的性教育，而后者则严禁。对中国新教育家而言，最重要的任务是以科学、技术、工业化以及民主来维护和重建中国。他们企图扩大和发展"大众教育"，而不是贵族教育。对他们中的大多数，迫切任务是为自己的祖国消灭贫穷、软弱和落后。因而，对当时的国民党与共产党两大政党来说，民族主义与爱国主义比个人主义和自由主义更为重要。

（四）杜威的"保守主义"与罗素的"激进主义"

有意思的是，有些中国知识分子认为，杜威是保守的，而罗素则是激进的。1920年10月6日，罗素收到了来自中国共产主义协会秘书的一封信："我们非常兴奋，有您这位世界最杰出的社会哲学家来到中国，以便救治中国学生思想上的慢性疾病。自1919年以来，学生的圈子似乎是未来中国最巨大的希望；因为他们已准备欢迎中国社会的一个革命时代。就在那一年，杜威博士极为成功地影响了中国的知识阶层。然而我斗胆代表大多数中国学生对您说几句话：尽管杜威博士在这里是成功的，但我们大多数学生并不满意他保守的主张。由于我们大多数想要获得无政府主义、工团主义（Syndicalism）、社会主义等知识，一言以蔽之，我们渴望得到有关社会革命哲学的知识。我们是克鲁泡特金先生的追随者，而我们的目标是在中国建立一个无政府主义的社会。我们希望您，先生，从根本上给我们建立在无政府主义上的彻底的社会哲学。而且，我们想要您纠正美国哲学家杜威博士的理论。我们希望您在中国有与英国不同的绝对自由。因而我们希望您比杜威博士有更巨大的成功……"[1]

什么是杜威的"保守主义"对当时中国改革的影响？根据杜威主张，民主只有通过一个缓慢的过程才能达到，而且社会目标是相对的。他对科学方法特别感兴趣，并将它描述为根据时间和空间迫切性而解决具体问题的具体方法。正如迈克尔和泰勒所说的，与杜威一般

---

[1] 罗素：《罗素自传》第2卷，英文版，第136页。

社会哲学明显的不确定性相比,"共产主义理论提供给中国知识分子一种体系,即科学的并建立在对人生唯物的与反形而上学的解释上的体系。此外,共产主义理论为精英提供了行动纲领、确定目标以及一个历史所决定的角色"。[1] 相比较而言,杜威的社会理论比罗素的要保守;他没有注意那些"主义",也没有主张任何激进的革命。对于杜威,俄国布尔什维克主义并不适合中国,而这个国家唯一可采取的是民主制度。只要民众在整体上没有彻底地被灌输民主态度,而不参与民主生活的过程,甚至一个民主制度、内阁机构以及议会组织都是虚幻的。必须一步步逐渐发展民主,应从每个村庄和每个城市街区开始。[2] 实际上,杜威的民主在中国从未获得成功。孙逸仙及国民党人并不相信这类民主政府能在中国得到实现。而陈独秀及共产党人也彻底地批判了这个理论架构。

什么是罗素的"激进主义"与中国革命主义的关系?罗素的哲学可被划分为两种类型:一是"理论哲学";一是"实际哲学"。前者显得冷静、理性而无任何个人情感;后者显得温暖而具有宗教狂热般的情感。的确,对许多中国知识分子而言,罗素是一位非常热情和革命的社会改革者。在北京大学的讲演中,他将自己说成一个共产主义者,并声称在共产主义实现之后,将会有真正的幸福与享乐。他指出,自己相信马克思主义倡导的许多社会主张。后来,中国知识分子中的不同派别都请求罗素加入他们的"阵线",或用他们自己的需要和想象来解释他的理论。温和的改革者希望罗素是一个温和改革者;无政府主义者希望他是无政府主义者;共产主义者希望他是共产主义者。1896 年,罗素开始成为一个社会主义者,这以后,在第一次世界大战期间,他成为一个付诸行动的社会主义者。俄国革命的胜利使他更认真地拥护社会主义。对他来说,最初为进步资本主义的东西变

---

[1] F. H. Michael and G. E. Taylor, *The Far East in the Modern World*, Holt, Reinhart and Winston, Inc., 1965, p. 232.

[2] B. I. Schwartz, *Chinese Communism and the Rise of Mao*, Harvard University Press, 1989, pp. 19–20.

第十三章 东西方思想的直接对话：罗素和杜威思想在华传播与影响

得越来越反动，最终会成为社会灾难，如战争。当时的罗素非常激进，以致呼吁英国工人阶级毫不延缓地建立苏维埃政权。但在他访问俄国发现许多问题之后，开始对布尔什维克、共产主义和社会主义作了新的考察。一方面，他继续支持苏俄；另一方面，他开始批评它。结果，在当时中国所谓有关社会主义大辩论中，他受到左右两个方面的攻击。①

20世纪20年代以后，对激进的知识分子来说，"马克思列宁化"逐渐取代了"杜威化"与"罗素化"。冯友兰指出，杜威和罗素在中国所演讲的内容主要是他们自己的哲学。他说道："这给了他们的听众这样的印象，所有的传统哲学体系都受到替代与摈弃。因只有西方哲学史的有限知识，大多数听众并没有明白他们理论的意义。除非他们同时理解得到赞同或反驳的早期传统，否则人们无法理解一种哲学。于是，这两位哲学家，虽为很多人所接受，但仅有少数能够理解。然而，他们的访华，还是为当时大多数学生开拓了新智力的天际。对此，他们的逗留具有卓越的文化与教育价值。"② 但他们的思想不可能替代马克思主义和列宁主义在中国20年代的传播。在杜威与罗素访华之前，俄国发生了历史转折，并产生了一个新的社会形式。这如毛泽东所说的，十月革命的一声炮响给我们送来了马克思列宁主义。对现代化的中国知识分子来说，作为资产阶级自由民主的美国与作为无产阶级专政的俄国都是非常有吸引力，而且对将来也都同样有可能的。

在五四运动期间，胡适、陈独秀以及鲁迅是三位杰出人物。但在这场运动以后，他们为中国的未来发展选择了不同的方向。在20世纪20年代的中国有一种非常有趣的社会现象，在美国和英国受到训练的知识分子几乎都支持个人主义、自由主义以及民主主义；相反，在中国、日本或法国受到教育的知识分子，却有很多拥护马克思列宁主义、苏维埃主义以及共产主义。李大钊与毛泽东是中国土生土长的

---

① 参见冯崇义《罗素与中国》，三联书店1994年版，第166—202页。
② 冯友兰：《中国哲学简史》，北京大学出版社1985年版，第329页。

知识分子；陈独秀在日本待过数年；周恩来、朱德、邓小平则在法国勤工俭学。拜瑞说："在那些受到西方训练的学生们并不觉得共产主义有什么吸引力。而那些更激进的人们则是在中国本土受到教育，而且只能说中文。只有少数例外的是那些在法国接受教育，并从法国大革命吸取无政府主义的人们。"① 在开始阶段，那些激进的共产主义支持者或多或少受到杜威与罗素的影响。在新文化运动以及五四运动期间，两位最重要的共产主义领导人陈独秀与李大钊也受到杜威实用主义或实验主义的影响。例如，从《新青年》杂志宣言中，可以看到杜威的实用主义得到大多数中国知识分子领导人物的青睐。杜威有关"社会哲学和政治哲学"的演讲极大影响了陈独秀。当时，追随杜威的陈独秀相信，民主必须有草根似的社会基础，必须在地方基层开始，然后从那里通过连续的更广阔的应用达到政治权威更高的领域。贝林顿指出："罗素与杜威在中国在关键的1919—1921年期间，一起带领了从孙逸仙博士的共和原则到五四运动转向的努力。这两人的著述已经在20世纪10年代的中国得到翻译与广泛传播。从他们在北京和上海的讲课中出现共产主义运动的核心领导。"② 不过，这个评论并非正确。实际上，那些重要共产主义领导者，例如陈独秀、李大钊以及毛泽东等人，对他们的理论彻底失望。在很短的时间之后，陈独秀与李大钊成为真正激进的马克思列宁主义者，并开始推出他们自己全面的哲学以及社会与政治体系来批判杜威与罗素。旅美华裔学者周策纵指出："在五四运动后的两年中，中国人在有关政治经济制度以及文明观念上的冲突，真正受到杜威与罗素的影响，最初产生了一种个体之间互相赞同的混合局面。然而，后来逐渐在政治经济主张的分道扬镳导致了运动的分裂；这在现实政治的影响下得到加速。"③ 罗素的理想被一些中国知识分子、传统主义者以及保守分子从各自的

---

① T. Berry, "Dewey's Influence in China", in John Blewett, *John Dewey: His Thought and Influence*, Greenwood Press, 1973, p. 207.

② M. Billington, "The British Role in Creating Maoism", *Executive Intelligence Review*, 1995, pp. 22-16.

③ 周策纵:《五四运动》，英文版，第239页。

第十三章 东西方思想的直接对话：罗素和杜威思想在华传播与影响

利益出发加以解释甚至歪曲的时候，那些激进左翼分子对这个西方思想家失望了，并于1920年和1921年发动了对所谓基尔特社会主义者和无政府主义者的一次严厉攻击。为了这个目的，陈独秀给罗素写了一封信，询问他有关资本主义评论的真正含义。[①]

很多中国知识分子对杜威与罗素的访华有着深刻的印象，例如，在1921年7月11日的《晨报》上，曾热衷报道并翻译杜威和罗素的孙伏园感慨地写道：杜威今天离开了，他实际上留下了多少东西？他在中国停留了两年，对中国社会产生广泛的影响，因而他没有真正离开。大病痊愈只有几个月，罗素也是如此。感谢他们没有嫌弃我们这样一个落后民族；人们希望再见到他们的时候中国就会变样了。然而，对激进的马克思列宁主义者而言，任何一种西方哲学以及社会和政治的理论，包括杜威与罗素，都是偏见、陈腐，甚至反革命的。在激进的知识分子中"马克思列宁化"逐渐取代了"杜威化"与"罗素化"。据说原为密友兼五四同路人的胡适与陈独秀在政治上分手时，前者对后者说："你相信你的马克思，我相信我的杜威，各不相强，何必都走一条路。"

杜威以儿童为中心、以经验的重组为教学本质、以活动和练习为基本教学组织方式等主张，首开现代教学论的先河，但在中国还算昙花一现。就在中华人民共和国成立之后，为了思想需要，中国共产党开展全国性重大运动批判杜威的实用主义及其中国追随者，例如胡适。在那些最具批判性的文章上，主要针对杜威哲学和方法消极影响的坦率认识，其中也有一些是有关罗素消极影响的评论。1956年6月7日，陆定一给毛泽东写了一封信，其中有这样一段："在大学哲学系、经济学系的高年级，我们的意见，应当设黑格尔哲学、杜威哲学、罗素哲学、凯恩斯经济学等课程，以增长知识，知己知彼。要学点唯心主义，才能在反唯心主义的斗争中反出些名堂来，而不是越反唯心主义越僵化，越学越教条主义。这个主意，如中央同意，那么，现在开始准备，秋季开始就可以做了。"第二天，毛泽东即批语：

---

① 参见陈独秀《致罗素的信》，《新青年》1920年12月1日，第8页。

思想的再对话
NEW COMPARATIVISM

"退陆定一同志。此件很好，可以发表。"①

20世纪80年代以来，中国大陆开始了巨大社会变革与转型。商业化以及大众消费文化的哲学反应——杜威化的实用主义越来越流行。改革开放后，人们开始逐渐重新认识杜威及其教育理论的历史价值。同时，也有一些中国知识分子试图以罗素化来实现更加理想主义的西方价值。最近30年来，对于西方哲学家，恐怕罗素及其著作在中国大陆即使不是介绍和翻译最多的，也是排列前几位。杜威哲学的研究大致经历了两个阶段，主要以1987年刘放桐发表的《重新评价实用主义》一文和1988年在成都召开的"实用主义哲学讨论会"作为划界。第一阶段，是"左"的模式的影响逐步清除的阶段。刘放桐的体会道出了这个研究阶段的一些普遍性，他说："我自己近几年来在谈论实用主义时虽然已感到这种模式不实事求是，也企图有所突破，但终因种种顾虑而未敢迈出大步。"第二阶段，是全面评价阶段。学术界不仅采取实事求是的研究态度，而且拓展了杜威哲学的研究广度。② 在教育方面，赵祥麟在《上海师范大学学报》（社会科学版）1980年第2期上推出了《重新评价杜威的实用主义教育思想》一文，将杜威思想的研究推向一个新的里程碑。在此之后，涌现了大量的论文，并出版不少的译著和专著。应特别指出，2002年7月，作为全国教育科学"九五"规划教育部重点课题的研究成果，华东师范大学改革和发展研究所单中惠教授的《现代教育的探索——杜威与实用主义教育思想》一书，由人民教育出版社隆重推出。在有关杜威的专著中，它被公认为研究杜威教育思想最为系统和最为完整的一部。该书46万余字，分别讨论了"杜威的大学时代和教授生涯""杜威实用主义教育思想的形成""传统教育与杜威""进步教育与杜威""杜威实用主义教育思想体系""杜威实用主义教育思想与世界教育"6个专题，所涉及的内容几乎包括了杜威教育思想的每一方面：实用主义哲学、机能主义心理学、教育目的论、课程论、方

---

① 《建国以来毛泽东文稿》第6册，中央文献出版社1992年版。
② 参见顾红亮《近20年来杜威哲学研究综述》，《哲学动态》1997年第10期。

第十三章 东西方思想的直接对话：罗素和杜威思想在华传播与影响

法论、道德教育、职业教育、儿童观、教师观、实验学校、杜威与传统教育和进步教育的关系、杜威教育思想对各国的影响，等等。"对杜威教育思想进行如此广泛的探索，并将探索的成果以专著的形式系统地表述出来，该书应是国内的第一本。"[1]

二 在东西方思想对话的历史语境中重温罗素

与几乎同期访华的杜威一样，罗素对中国的影响和冲击是空前的，尽管不一定是绝后的，但至今还没有哪一位访华过的西方哲学家或著名学者能达到这种热烈程度。这种"空前"至少表现在：（1）除了杜威，在罗素之前，历史上从未有过任何重要西方哲学家或著名学者（传教士除外）来过中国[2]；（2）综合来说，当时罗素的博学智慧与文理皆通的学术造诣、思想的敏锐与丰富的阅历、人格的力量与强烈的社会责任感，堪称举世无双；（3）当时的中国正处在辛亥革命和五四运动后社会转型与重建的关键时期，也是动乱暂停百废待兴而相对和平发展的短暂阶段，思想文化界和知识分子的理性、求知、包容、活跃，科学态度以及追求真理和批判探索精神是未曾有的；（4）罗素在中国居住和工作的10个多月中，做过大量的讲演，也进行了相当广泛的社会接触，特撰写了《中国问题》这一专著，并在后来的各种著作和场合经常提及中国，以至形成了独到的中国观与难以忘怀的中国情结。大哲罗素与中华文化难以割舍的关系，正是形成于中华民族亘古未有的社会转型期，即新文化运动与五四运动刚刚发生的时期。重温历史，那场由罗素引发的东西方思想对话，曾闹得轰轰烈烈，对今天的中华崛起仍有着现实的意义。正如一位西方学

---

[1] 洪明：《让对杜威教育思想的研究进一步走向深入》，《教育研究》2004年9月。
[2] 在中国历史上，西方传教士曾不断来华传教，如利玛窦于1583年进入中国，此后一直在华居住。他与中国最早的"大学"——白鹿洞书院的学人们开创了直接思想对话，后来与徐光启翻译了欧几里得的《几何原本》等。利玛窦等无疑对西方思想在中国的传播有着重大影响，但他毕竟是因来华以后的活动而历史留名，而不像罗素在来华之前就已经名扬世界，并在中国最根本的社会转型期进行了颇具规模和影响巨大的东西方对话。

思想的再对话
NEW COMPARATIVISM

者所说的:"罗素于20世纪访问中国,并在那里停留了近一年时间,他所经历的一切都显示了东西方之间的碰撞。"① 可以毫不夸张地说:罗素的访华是现代东西方思想直接对话的一次伟大尝试。若要充分了解这场史无前例的对话,最好将其置于当时社会历史文化的特定语境中来展开我们的比较与审思。

(一) 罗素的访华语境:东西方跨文化直接对话的沟通基础

实际上,罗素也早对语境学说提出了理论准备。罗素从来对语言相当重视,曾说过:"我相信,语言的影响一直是深刻的,而又几乎不被人们认识到的。"但他对语言意义的理解分两个阶段。在早期,罗素将语言的哲学研究看成"哲学语法的构建",也是形而上学(指玄学)的一个准备阶段,即作为实现形而上学目标的实在特性的途径。他说道:"语言的属性能够帮助我们了解世界的结构。"②

顺便插科打诨一下,罗素与创立语境学说的马林诺夫斯基有着学术以及某些私人来往。1930年11月间,这两位大师之间有两封关于棕色帽子的来往信件使人感到妙趣横生,并让人自然而然联想和琢磨当时可能的情景与文化"语境"。

马林诺夫斯基的来信如下:

亲爱的罗素:

在我访问贵校之际,我将唯一像样的棕色帽子留在了您的套房。我很好奇自那时以来,它是否有遮盖英格兰唯一大脑的特权,我谦虚地认为这个大脑比我的大脑更好;或者它是否已经用在一些青少年进行物理、技术、艺术或史前象征主义的实验中;或者它是否已从套房消失了。如果没有这些情况,或者没有这些假设发生,您能把它装在一个棕色纸包或其他一些包藏的方式运

---

① Suzanne P. Ogden, "The Sage in the Inkpot: Bertrand Russell and China's Social Reconstruction in the 1920s", *Modern Asian Studies*, Vol. 16, No. 4, 1982, p. 529.

② 罗素:《对真理与意义的探究》,英文版,第341页。

第十三章 东西方思想的直接对话：罗素和杜威思想在华传播与影响

到伦敦，并在明信片上告知在何处我可以取回吗？我很抱歉我的粗心，这是高智力的特征，但也向您暴露了这一切偶然发生的不便事件。

您真诚的马林诺夫斯基

罗素的回信如下：

亲爱的马林诺夫斯基：

我的秘书已经在酒店大堂发现一个漂亮的棕色帽子，我猜想就是您的。的确，看到它让我想起了您。周一（17号）我正要赶往经济学院去给学生会作一演讲，除非我的记忆不好，而我的智慧同你的一样好，我会把你的帽子托给经济学院的门房，让他按你的要求转送给你。

您真诚的贝特兰·罗素[1]

有趣的是，若不清楚当时的情景语境，也许读者不易理解这两封信所包含的全部意思，如马林诺夫斯基所说的"英格兰唯一大脑"，"这个大脑比我的大脑更好"，"这是高智力的特征"，以及罗素所说的"而我的智慧同你的一样好"等。不过，我猜想，这两位大师在别的场合一定对语境问题进行过切磋。有一点可以确认，罗素曾受到马林诺夫斯基的一定影响。例如，罗素曾声称，在母系社会，女性"同男人一样具有放荡的自由"，而这个主张正是来自马林诺夫斯基的著述。[2] 有美国学者指出：弗洛伊德（Sigmund Freud）和荣格（Carl Jung）的精神分析学，马林诺夫斯基和博厄斯（Franz Boas）参与观察者的人类学，罗素、弗雷格（Gottlob Frege）和维特根斯坦（Ludwig Wittgenstein）的语

---

[1] Bertrand Russell, *Autobiography*, Routledge, p. 414.

[2] Rosalind Carey and John Ongley, *Historical Dictionary of Bertrand Russell's Philosophy*, Scarecrow Press, 2009, p. 111.

言哲学，泰勒（Frederick Winslow Taylor）和福特（Henry Ford）的劳动管理技术，凯因斯（John Maynard Keynes）的经济学等，所有这些思想家可以说已吸收了现代主义的精神，并以重要方式影响了同时代的艺术等领域。①

实际上，罗素也早对语境学说提出了理论准备。罗素从来对语言相当重视，曾说过："我相信，语言的影响一直是深刻的，而又几乎不被人们认识到的。"但他对语言意义的理解分两个阶段。在早期，罗素将语言的哲学研究看成"哲学语法的构建"，也是形而上学（指玄学）的一个准备阶段，即作为实现形而上学目标的实在特性的途径。他说道："语言的属性能够帮助我们了解世界的结构。"② 后来，罗素把语言放在与逻辑、认识论、本体论以及方法论的相互联系中加以考察。对他而言，我们必须关注逻辑形式，因为一个句子的语法结构会产生误导，而掩盖了其固有的逻辑结构。为了解释逻辑结构，我们可以运用一定的方法。于是，罗素的"这些主张就涉及了语境化"。③ 罗素明确声称自己的"中立一元论"（Neutral monism）既反对唯心一元论，也反对唯物一元论，而通常人们所称作精神的东西与物理的东西的不同，"就在于安排与语境"。④ 在《论指称》一文中，罗素认为摹状词（descriptive phrases）应当被视为量词集合与命题函项（propositional functions）。对他来说，它们作为符号只有在恰当的语境中才有意义，而在隔绝状态中则毫无意义。⑤ 近来，也有中国学者指出，指称问题长期以来一直是语言哲学研究的热点之一，但以往的研究大多是对罗素摹状语理论的引进与解释，较少把语境和人的因

---

① Susan Hegeman, "US Modernism", in David Seed (ed.), *A Companion to Twentieth-Century United States Fiction*, Wiley-Blackwell, 2010, pp. 11 – 12.

② 罗素：《对真理与意义的探究》，英文版，第341页。

③ Carolyn Swanson, *Reburial of Nonexistents: Reconsidering the Meinong-Russell Debate*, Value Inquiry Book Series, Vol. 231, Rodopi, 2011, p. 120.

④ Bertrand Russell, *Collected Papers*, Vol. 7: *Theory of Knowledge: The 1913 Manuscript*, London, Boston, Sydney: George Allen and Unwin, 1984, p. 15.

⑤ Bertrand Russell, "On Denoting" (1905), *Logic and Knowledge*, ed. by Robert Marsh, 1956.

第十三章 东西方思想的直接对话：罗素和杜威思想在华传播与影响

素考虑在内，因而难以令人信服地解释许多在实际语言运用中出现的指称现象。因此应在语境视域中考察和反思罗素的摹状语理论，旨在提出新的研究思路。[①] 还有的学者专门讨论了罗素有关语境的论述。[②]

罗素看到了有关语言的几种关系：(1) 语言与经验事实的关系；(2) 语言与形而上学的关系；(3) 语言与心理内省的关系；(4) 语言与其他语言的关系。罗素认为，语言有表达（expression）和交往（communication）两种目的，但它们并非相互割裂的，甚至有时两者密不可分。语言有两种相互联系的长处：其一，它是社会的，其二，它对"思想"提供了公共的表达方式，否则，这些思想就永远是隐私的。若无语言或某种先于并类似语言的东西，人们对环境的知识就会局限于感官所显示的东西，加上那些先天生理构造带来的推理方式。然而，由于语言的帮助，人们可以明白他人所说的话，还可以说出在感觉上已非当下而仅存于记忆中的事物。若无语言，人们仅能传达具有共同感觉的那一部分生活，而且也仅能传达给那些由环境因素决定而有这些共同感觉的人。罗素将语言的用途分为共有经验与个人经验两类。这种区分部分依赖生理学，部分依赖声波和光量子的持续存在，并使说与写两种语言形式成为可能。语言不仅要依赖物理学，而且必须依赖因果联系才可能有物理学的知识。由于人们能够对可感客体的共同感觉只是大致相似，因而从社会角度看，用于表达这些客体的语言就可能不够准确。但罗素错误地主张即便没有语言也可能有思想，甚至还可能有真假的信念。不过，他还是强调，凡是比较复杂的思想都需要语词。对罗素来说，语言还有另外两种很重要的用处，它可以让人们应用符号处理与外界的相互作用，这些符号必须具有：(1) 时间上一定程度的永久性，(2) 空间内相当程度的离散性（discreteness）。这两种优势在写作上比言谈更加显著，但在言谈中并非

[①] 参见高小丽《罗素摹状语理论的考察与反思——以语境为维度》，《外语学刊》2009年第6期。

[②] 参见陈道德《二十世纪意义理论的发展与语言逻辑的兴起》，中国社会科学出版社2007年版。

完全缺乏这两种优势。语言是一个有用甚至是必不可少的工具，但也是一个危险的工具，因为它是从提示客体具有一种确定性、离散性以及准永久性而发端，然而物理学则似乎表明客体并非具有这些特性。因而，哲学家就必须利用语言去担当清除语言所提示的错误信念的艰难使命。有些哲学家为了避免这个使命中的各种问题、不确定性以及复杂性，他们宁愿将语言视为一个自立的领域，并企图舍弃语言的意图就是与事实发生关系，以利于我们对付环境。罗素曾对一个词"正确使用"的意思，做过以下的界定："当一个普通听众受到一个词本来意图的影响，这个词就算正确使用。但这仅是有关'正确'的心理学定义，而非文字上的定义。文字的定义就是将一个普通听众代之以一个生活在很久以前并受过高深教育的人；这个定义的目的就是让这个词说得正确或写得正确变得困难。一个词与其意义的关系，就是支配我们使用这个词以及听到它而行动的因果律性质。"[1] 有不少西方学者仍然应用罗素的语言说来说明语境问题。如在研究用语境来理解有关虚构人物或民间传说的名字时，就应用了罗素 1905 年发现的"摹状论"（the theory of description）。[2] 再如在研究非存在物的语境问题时，也应用罗素的思想。[3] 当然，还有一些学者应用语境学说来讨论罗素的思想。[4]

（二）罗素的访华语境：思想对话——特定社会历史文化的全方位还原

罗素访华时的语境可看作在当年进行东西方对话中所涉及的文化

---

[1] 罗素：《心的分析》，英文版，第 198 页。

[2] "The Need for Contexualization", *Avant-Garde Critical Studies*, Vol. 26, 2011, p. 101.

[3] Arolyn Swanson, "Reburial of Nonexistents: Reconsidering the Meinong-Russell Debate", *Grazer Philosophische Studien*, Vol. 85, Issue 1, 2012, p. 342.

[4] Michael K. Potter, *Bertrand Russell's Ethics*, MPG Books, 2006; Keith Green, *Bertrand Russell, Language and Linguistic Theory*, Continuum International Publishing Group, No. 29, 2007.

第十三章 东西方思想的直接对话：罗素和杜威思想在华传播与影响

背景、历史传承、时空环境、经济条件、政治生态、心理诉求以及情绪景象等。本来这种语境有两种功能：一方面，它能将罗素与中国思想界和知识界交流所用观念、价值观和概念系统的原本多义性转为单义性；另一方面，它又能从这些观念、价值观和概念系统中衍生出更多的歧义。进行对话的语言符号，即罗素主要所用的英文与中国思想界主要所用的中文本身包含两种实际含义，即赋予义和解释义，由此产生的语境意义甚至可超越语言符号本初的意义从而主导东西方的交往与沟通。除此之外，中国与当时国际的语境也影响着交往主体，即罗素与中国思想界，也就是使用者对语言符号的选择与演绎。罗素与中国思想界精英所主导的东西方对话，其现有量化资料语境是构成思想与情绪表达和交流的主客观环境或因素。客观性因素有当时中国的时间、空间、场景、对象、人事、社会关系、论题焦点等所有可能的外在条件；主观性因素有罗素与中国思想界和知识界各种人物，如孙中山、梁启超、张申府、张东荪、梁漱溟等的思想、理念、性格、职业、修养、家教、处境、心情等所有可能的主体内在条件。相比而言，东西方对话的社会语境比情景语境更为广义。罗素访华时的情景语境即构成东西方交流的直接环境，包括参与事件的属性与类型，参与时空的形式，如大小、远近、长短等，参与人员的关系、身份、地位、目的、心态等。[①] 罗素与中国思想界所处的文化语境其实更有着无穷的变量，它涉及当时对话活动的所有领域：社会、历史、政治、经济、法律、宗教、教育、哲学、文学、科技、价值观、社会思潮以及思维与行为方式，等等。不同的社会有不同的文化传承和生活习惯，如各种文明、各个国家、各个地域、各个宗教等互不相同。罗素与中国思想界各自所代表的特定社会文化必定产生特定的文化语境。当时东西方对话所用的每种书面文体或口语方式都有其专门的社会交

---

① 情景语境通常由三个变量组成：其一，语场（话语范围），即对话双方之间话语或文辞表达与交流的内容随主题而改变；其二，语旨（话语基调），即对话双方之间表达者与接受者的关系，如地位的远近、接触的多寡、感情的亲疏等，会影响语言的选择；其三，语式（话语方式），即对话双方之间所采用的口语和书面语，是语言的载体形式，随着时空的距离或长短而改变。

思想的再对话
NEW COMPARATIVISM

往功能，在特定的社会文化背景下，发展出约定俗成的图式结构、格式和套语。这些图式结构、格式和套语会因不同的文化背景而改变。因此，即使在相同的情景语境下，由于文化不同，表达出来的文字与话语也不同，可见文化语境同情景语境一样，对语言交流的发展有着决定性的影响。① 我们现在重读当时知识界对罗素各种讲演的文本记录，可以感受到那个历史背景下的社会文化的烙印。

罗素与中国思想界进行东西方对话的语境是一个传递文本意思，即参与双方传递思想理念的过程。狭义而通俗地说，语境就是指口头说话交流中的前言后语，或书面写作表达中的上下文联系。从语言的角度说，语境化是指在互动或沟通的情况下使用语言和话语的信号；从哲学的角度说，语境化是指行动或表达可以在上下文中理解。例如，了解罗素及其特定的著作，不仅需要他所阐明的哲学论证，而且也需要了解罗素研究的特定语境及其特定的时代背景。人们常常在寻找普遍适用的理论与概念构架而忽略了当地的具体文化因素，即被称为语境的现实。在东西方对话中，语境化是指双方各自应用语言与话语来作为与互动或沟通场合相关的信号。伯恩斯坦主张在教学环境中重构科学知识时使用语境化或再语境化，例如在教科书中所做的。② 古姆培兹以及其他学者在互动社会语言学中研究微妙的"语境线索"（contextualization cues），比如语调（intonation）③，并允许语言使用者从语境意义上来推断话语的充分含义④。其实罗素在访华的讲演中，正是在中国特定的语境化与再语境化中，尽量用当时中国思想界与知识界在对话互动与双向交流中所能够接受和理解的方式，重构哲学基本问题、科学知识架构以及社会人文理论。

---

① 参见岑绍基《语言功能与中文教学（系统功能语言学在中文科教学上的应用）》，香港大学出版社2003年版。

② B. Bernstein, *Class, Codes and Control*, Vol. IV: *The Structuring of Pedagogic Discourse*, London: Routledge, 1990.

③ J. J. Gumperz, *Discourse Strategies*, Cambridge: Cambridge University Press, 1982.

④ S. Eerdmans, C. Prevignano, and P. Thibault, *Language and Interaction. Discussions with J. J. Gumperz*, Amsterdam: Benjamins, 2002.

(三)罗素的访华语境:跨文化思想对话的"最大公约数"与"不可翻译性"

自由化的个人自主行动,实际上有着传统的来源,如文化习俗、宗教或集体的历史意义和道德权威的原因。正如罗素多多少少所提及的,民主的演变、人权的产生、科学的发展以及随之而来的技术化(technologization),使人的生活世界和资本主义经济带来极度扩张。这些可以追溯到两种观念:一是特定文化社会的个人,一是所谓"普遍的"人类理性。因此,现代性从一个特定文化社区或集体共享的意义上来预构历史进程。由于这个原因,现代性可以扩大跨文化,并有可能发展成为一个全球性的世界文化。然而,它并不能为人们提供那些带有附加内容的,依赖于特定文化生存形式的意义和价值。这就是多元文化主义以及各种形式的文化相对主义。对西方中心主义和普遍主义加以接受的一个先决条件是有无完全超然的文化可以被研究、理解以及判定。文化相对主义通常包括更多的要求,也就是必须了解特定文化为先决条件。不同文化之间既有通约性,也有不可通约性;从语言沟通的角度说,恐怕还存在着不可翻译性(intranslatability)。[①] 换句话说,不同文化之间有着最大公约数,即人类文明的共同性和相似性,但人类文明也有着不同性和差异性。然而,我们可以发现,跨文化的理解和翻译有着很大程度的制约。例如,罗素讲演时由赵元任担任口译,某次罗素讲了个笑话,只可意会不可言传,无法翻译,赵元任无奈便机敏地打个圆场对听众说,罗素刚才说了个笑话,

---

① 在《科学革命的结构》一书中,科学哲学家库恩首次从数学中借用不可通约这一概念来描述前后相继科学理论之间的关系,从而说明科学革命的重要特征是新旧范式之间的不可通约性。他指出,在革命后,科学家的知觉和视觉都发生改变,其面对的是一个迥然相异的世界,并与自己先前所居住的世界不可通约(参见 Thomas Kuhn, *The Structure of Scientific Revolutions*, Chicago: University of Chicago Press, 1962, pp. 147 – 150)。20世纪60年代末,为了澄清他人对不可通约性的误解,库恩逐渐从术语分类学(taxonomy)和语言哲学的角度来探讨不可通约性,认为它与不可翻译性(intranslatability)是等同的(参见 Joseph Margolis, *The Unraveling of Scientism: American Philosophy at the End of the 20th Century*, Cornell University Press, 2003, p. 159)。

大家就笑笑吧。杨端六曾经这样解释为何罗素并不很热心讲演，原因有二："一，听众只有此数，效难普被；二，翻译及记录常错，遗误于人，所以彼以为演讲不如著书。"① 有学者指出："罗素对有关布尔什维克主义的三次讲演经常出现自相矛盾。这可能是由于不完善的翻译以及罗素本身思想的不一致性。"② 各种语言之间，的确存在"译不准"或"不可翻译性"。例如中国语言中"中国人"和"华人"的意义与用法是有很大区别的，但若译成英文"Chinese"一词，对西方人来说，就很难发现它们之间的区别。重温罗素，我们可以看到，他在与中华思想界和知识界的对话中，存在着语言与文化的双重障碍，但他一生竭力寻求人类之间的"最大公约数"，并不断试图冲破这种制约。

　　语言及其对译过程与效应的因素，在研究东西方社会文化上的差异是不容忽视的。不同语言的沟通在文化的交流上是先决条件之一。语言是有效国际合作的一大障碍，因为它不单纯是一个介质的概念，而是作为概念系统的传送方式，反映思维过程，价值观和意识活动，并表达一个主题。反观当年罗素与中国思想界对话的整个过程，不难看到双方因某些沟通障碍而产生诸多严重的误解与隔阂。在1920年10月湖南省教育会组织的中外名人学术讲演会上，罗素应邀于26—27日作了《布尔什维克与世界政治》的讲演，在讲演过程中出现一些误译误记的问题，引起湖南听者和阅者的争论，可见讲演的影响程度。《大公报》从10月31日起连续刊登由北京大学李济民以及杨文冕记录的罗素讲演词，这是介绍罗素讲演最有影响最直接的记录，但与实际内容有明显出入。③ 无论是讲演者还是记录者，都是想让听者和读者真切了解和研究布尔什维克主义。罗素在介绍俄国人对于布尔什维克的态度时，谈到布尔什维克与共产主义的关系。他说："俄人

---

① 杨端六：《和罗素先生的谈话》，（长沙）《大公报》1920年11月4日。

② Jessica Ching-Sze Wang, *John Dewey in China: To Teach and to Learn*, State University of New York Press, 2007, p. 28.

③ 参见李健美、江丽萍《还原罗素长沙讲演对布尔什维克的真意论述》，《江西社会科学》2011年第6期。

第十三章 东西方思想的直接对话：罗素和杜威思想在华传播与影响

并不十分清楚，但他们有一共产主义的新希望，共产主义就是布尔扎维克，不过名字不同罢了。"但翻译却说成共产主义和布尔什维克是两件东西。记录则以为这样翻译"错误的程度到了百分以上了"，因此"警告读者和听者，不要信了他的"。翻译与记录在共产主义与布尔什维克是否同一主义的表述上存在矛盾，不知道是翻译误解罗素的意思还是记录没有直记翻译的内容。不少听者打电话或写信给《大公报》，要求报馆速即更正；许多人直说是记录员记错了。当日旁听讲演的记者张平子在《大公报》著文澄清这两种议论的由来，认为"译的记的都想是对于这两种东西研究得好好的"；罗素所讲的那句话明明是谓"布尔扎维克是俄国的共产主义"，翻译者传述说"布尔扎维克和共产主义是两件东西"。笔述者又把翻译员的话掉转来，谓"共产主义即是布尔扎维克"。① 为此，记录稿以"附记"形式列出罗素的底稿如下："1. Bolshevism is simply a Russian form of Communism. 2. The Bolshevists would teach all school children Communism。第一句的意义：布尔扎维克就是俄国式的共产主义。第二句：布党必以共产主义教学校儿童。照第一句看来，布尔扎维克就是共产主义，是极显明的了；照第二句看来，布尔扎维克如果和共产主义是两种不同的主义，那末，布党怎么把共产主义教学同列？岂不是自相矛盾么？所以我说布尔扎维克就是共产主义，这句话是不错的。"② 从上述报道看来，出现了误译。据当时报道，翻译时有意不将罗素讲演内容译出的，也不乏其例。据李济民、杨文冕的记录，当罗素讲"如果你想懂得布尔扎维的［克］是什么东西，你必须把他当作宗教看待。不要把他做政治看待；譬如回教徒之尊重回教一样，然后才能明了他的内容"。翻译员竟将其末尾两句抹杀了，听讲者没有听出来。对此，时任记录的凤蔚也说：湘人最欢迎罗素讲演，"但是湘当局深恐湘人传染过激主义……颇有遏止意思，于是任翻译的赵元任杨端六

---

① 平子：《答颜长毓君》，（长沙）《大公报》1920年11月24日。
② 长沙《大公报》1920年10月31日第9版。

曾约农诸君，译罗素讲义，其中真意未能完全照译"。①

　　语境化反映了东西方对话中特定事物或情感、意识、概念、观点和思想的语言和话语，若不考虑其应用的范围，就不可能完全理解。忽视了此时、此地、此景、此情、此人的语境，发言者和听众就一定造成误导或曲解。当年，作为演讲者的罗素与中国听众通过两种语言的对译作为媒介来进行沟通。由于不同的人生经验和历史，因此每位与会的听众都有一个独特的语言理解。人们依靠不同的线索，理解在一个特定背景下，某一特定语境中发言者所用词句的正确含义。例如，罗素在讲演中，或者翻译者根据自己的理解，使用一个变化音，如在句末升调，就可表示对某一问题的肯定或否定，对听众的尊重或轻蔑，以及对自我信念的坚定或动摇。用词的选择也可以作为一个线索，尤其是主导代词，可以表达对听众尊重或傲慢的态度。在特定的语境中，甚至非语言行为，如身体语言或特定的动作或行为也能发挥重大作用。如果没有这些语境的线索，很难进行有效的沟通。对于理解罗素著作的书面文字，语境也发挥了作用。读者必须试图了解当时罗素访华时社会、政治或历史背景下的真实含义，而并非字面意思。这意味着不仅注意文字本身，还要重视作者罗素的态度、思想和社会背景。当谈到历史研究、文化研究、哲学研究以及宗教研究等的时候，语境化的概念尤其重要，否则反对者或持少数意见者就不可能存活至今。当解译罗素某一著述文本时，读者也会产生偏见。我们必须审察整个画面来理解罗素的语言、演讲或著述，而不仅仅是文字本身。这意味着应当试图抛开自己的偏见，而同时考虑到罗素的独特思维过程及其信念与个人历史背景；也需要使用所有可用的线索，解释罗素演讲与著述背后的真实含义，并试图从虚构或个人偏见中分离出事实。鉴于每个人的经验和观点不断在变化，在特定的时间点，当读到或听到由罗素作为同一演讲者或著述者所说或所写的东西时，文字可能有不同的含义。根据蒙特罗斯的观点，历史是对过去的一个文本

---

① 凤蔚：《长沙特约通信》，（上海）《民国日报》1920年11月14日。

第十三章 东西方思想的直接对话：罗素和杜威思想在华传播与影响

重构，因此它并不具有物质性的权威。[1] 拉卡普拉攻击语境历史主义，宣称"语境本身是一个多种类型的文本……它不能变成还原的阅读文本"。[2] 拉卡普拉的论证提出了历史著作中"多元互动的语境"[3]，对于所有的意图和目的，这种语境适用于话语的史学元虚构（metafictions）。在其书中，他写道："文本之间及其与语境复杂方式之间的相互作用，以及对解译的特定问题精确地表现在一个文本如何在假定的语境中产生。"[4] 这是一个语境的修正概念，在这里，文本与语境之间的关系是一个解译问题。语境对历史实践来说是核心内容，这是因为，它是"历史理解与实践的主要问题"。[5] 如此可看出，仅语境本身并不能提供对罗素访华一个完整的历史理解，因为语境（历史背景）本身是通过作为文本本身的历史文件而得以创造。

文本所传递的信息，可能因各种语境方面的问题而遭到误读和误解。例如罗素写于1922年的《中国问题》一书，曾因其中提到"中国轿夫的幸福"而遭到鲁迅的嘲讽，许多此前未读全书的读者，或许也因此对罗素抱有某种偏见。有中国学者提出了较中肯的看法，鲁迅的误读，很可能与1924年的中译本是个"节本"有关，因为涉及时事的内容因"避忌"而被删除。这样一来，罗素精深的分析在最迫切需要听到的时间和最应该被读到的地方，成了一份未被送达的厚礼。学林出版社近年出版的一个全译本，弥补了这一缺憾。虽然时间早已过去了70多年，这一份时事报告略显时过境迁，但重新听一听一位20世纪杰出的智者对中国的关切和建议，想必是有益的。或许

---

[1] Louis A. Montrose, "Professing the Renaissance: The Poetics and Politics of Culture", in Veeser, 1989, pp. 15 – 36.

[2] Dominick LaCapra, *Rethinking Intellectual History*, Ithaca, N.Y.: Cornell University Press, 1983, p. 95.

[3] Ibid., p. 91.

[4] Dominick. LaCapra, *History and Criticism*, Ithaca, N.Y.: Cornell University Press, 1985, p. 128.

[5] John Zammito, "Historicism, Metahistory, and Historical Practice: 'The Historicization of the Historical Subject'", *Online*, 22.04, 1997, p. 791.

不少中国读者会深深感动于罗素对中国的情有独钟。[1]

(四) 罗素的访华语境:跨文化思想对话"自我反思"的挑战

在多元文化社会中的语境化是自我反思的需要,是对现在和未来的挑战。在全球,对社会文化的研究应采用丰富多样的方法。对跨文化与跨文明的研究可能是一个思维方式与行为方式语境化的理解方式。在这里强调语境化,主要指的是"文化异质性"和"文化相对性",或一种"文化多发音",这更具挑战性,它不仅是反思和应用,而且是更广泛和深入的阐释和对译。中国本身的传统文化,外来的西方文化以及其他一切非西方文化形成了一种强大的合力,影响着罗素访华时的中国社会。在罗素与中国知识界以及各种精英的来往中,建立了建设性的对话与沟通。像在所有多元文化的社会一样,中国需要一个"自我反思的语境化"(self-reflective contextualisation)。[2] 在多元文化背景下,对东西方文化的研究不是绝对提升某一种文化唯一性、特权性或优势性的位置,而是在自我反思语境化中,注重本国文化的超越性、多元性以及欠缺性。在这里,我们特别强调"争议性"(controversiality)这一概念。长久以来,西方的各种观念都建立在欧洲中心论的基础上,英文所讲的"东方"在一定意义上是贬义词,含有"非中心"的边缘意味。因此在西方,有良知的人士尽量避免使用这个词。重温罗素的访华演讲以及后来有关中华文化的各种著述,可以看出这位大哲曾努力避开这种偏见。多年前,一些学者,尤其是神学学者喜欢用"适应性""本土化"以及"本根化"等词,但近来越来越多的人愿意采用"语境化"一词。[3] 在对罗素的研究中,我们应该将语境的社会科学化与语境的本土化这两种方式结合

---

[1] 参见张远山《罗素的中国情结》,《三湘都市报》2006 年 2 月 7 日。

[2] W. L. van der Merwe, "African Philosophy and the Contextualization of Philosophy in a Multicultural Society", in G. Katsiaficas and T. Kiros (eds.), *The Promise of Multiculturalism*, London: Routledge, 1998.

[3] Charles H. Kraft, *Culture, Worldview and Contextualization*, William Carey Library, 2003, p. 389.

第十三章 东西方思想的直接对话：罗素和杜威思想在华传播与影响

起来。

归纳性的文化描述是有用的工具，因为它可在特定语境中寻求捷径，并发现足够的共同文化特征来使语境化发生作用。对于文化研究者，语境化总是涉及各个领域的关系和分类的功能，从而弥补了社会文化。在语境化的结构中，真理或谬误、正确或错误等都不是绝对的。值得注意的是，某些信仰和习俗在特定的文化发展中发挥了重要作用。正如人类学家巴尼所指出的，"文化作为有机的整体，包含着相互依存的部分"。[①] 回顾罗素的访华及其后来对中华文化与中国问题的各种著述，当然可发现他的众多观点瑕瑜互见，褒贬不一，很难定论。

以哲学为例，在西方人看来，"哲学"与古希腊如苏格拉底、柏拉图和亚里士多德等的思想影响以及欧洲文化传统有着不可分割的联系，并在启蒙运动后，受到笛卡尔、培根、洛克、休谟、康德等的思想影响而得到加强。尤其自18世纪"新科学"的发展，更是产生了一个包罗万象的牛顿自然观，以及对人性、正义、道德、法律、经济、宗教、国家等领域精确而又理性的社会观。西方应当运用自己的眼光与哲学的合理性，伴随着世界的其他部分，如亚洲、非洲、拉丁美洲以及伊斯兰世界等的崛起与发展，从西方现代化假想的优势和普遍性中清醒过来。因此，从一开始就在对"非西方哲学"是否是哲学的辩论中，不可避免地难以摆脱欧洲中心主义。更为极端的是，对于英美主流分析哲学界来说，甚至欧洲大陆任何带有思辨性的哲学都不应算作哲学。因此，至少在最初阶段，当中国人试图建立对中国哲学的自我认同（identification）时，西方哲学的欧洲中心主义，甚至英美中心主义的特殊主义是以普遍主义的伪装形式曝光的。虽然罗素本人很难全然免除西方的偏见，但他多少还是愿意尽可能地理解中国的文化与哲学思想。

在近代史上，中国哲学反映西方哲学语境的三个发展阶段需要

[①] G. Linwood Barney, "The Challenge of Anthropology to Current Missiology", International Bulletin of Missionary Resarch, Vol.5, No.4, 1981, p.173.

提及。第一阶段，17—18世纪的西风东渐中，在当时的反思语境化下，西方的世界观、认识论、方法论、伦理学、概念系统以及社会政治观念，由严复等人，经过对欧洲文字以及对日文的翻译，开始在中国传播。这一阶段可以认为是罗素与中华文化进行对话的先期铺垫。第二阶段，辛亥革命、五四新文化运动，以及整个民国初期与中期，在当时特定的反思语境化下，中国知识分子，包括留欧、留美、留日学者，如胡适、冯友兰、梁漱溟、金岳霖、季羡林等，广泛深入地借用西方哲学概念和系统来重构、阐释、界定、包装中国传统的哲学思想，当然同时也保留和嵌入固有的文化内涵与文化代码。这一阶段正是罗素与杜威两人开了先河，身体力行地同中华文化做了直接的对话。第三阶段，20世纪80年代以来，由于中国的改革开放，对西方哲学思想的包容甚至推广，以至在更广泛而深入的反思语境中，中国哲学本身也得到相当发展。正如马索洛所指出的，它的重要性就在于"质疑人类学与哲学中那些概念主题与范畴未加批判的所谓中立性，并由此质疑西方科学的理性与方法论的客观性与普遍性"。[①] 这一阶段可说是罗素思想以及整个西方思想与中华文化进行相对全方位对话的时期。不少由欧美训练或受到西方熏陶的中国哲学家做出了很多的工作。有的用罗素等所开创的英美分析哲学的方法，有的则用欧洲大陆现象学、存在主义、阐释学、结构主义、后现代主义、后结构主义等方法，进行哲学的整合或解构。如我们可以分析在罗素等现代哲学与科学的话语中，被西方文化所边缘了的"其他"文化，从而讨论话语的力量和知识的形成。应用这些方法，有可能解构某些民族哲学（ethnophilosophy），并由此重新获得一个真实的中国传统以及中国哲学话语的可能性。

在当前，根本没有任何一种哲学可以归结为某种单一的认同，规范的方法，或有一组共享的前提。在一定意义上，中国哲学与任何其

---

① Dismas Aloys Masolo, *African Philosophy in Search of Identity*, Indiana University Press, 1994, pp. 124–146.

第十三章 东西方思想的直接对话：罗素和杜威思想在华传播与影响

他哲学一样，也许只在罗素所器重的维特根斯坦的思想，如"家族相似性"（family resemblances）[1]的意义上与母体文化相关。维特根斯坦思想源自摩尔的《伦理学原理》和罗素与怀特海合写的《数学原理》。维特根斯坦强调，能说的只是哲学的一部分，至于不能说的，则可在这一世界观中显示出来。这就是其前期哲学著作《逻辑哲学论》的主旨，此书明显存在自相矛盾的地方。维特根斯坦认为只有科学命题才有意义，但他的书中却包含着大量非科学的论断、神秘主义和唯我主义。一方面，他划定了可说和不可说的界限，另一方面，他又说了大量不可说的东西。只有了解了维特根斯坦的思想发展，才能解释这种自相矛盾的哲学观点。不过在罗素与中华文化的对话中似乎就存在着某种"可说"与"不可说"之间的矛盾。维特根斯坦哲学研究的主要目标为语言，企图揭示人们在交往中，表达自己时所发生的东西。他强调语言即哲学的本质，是人类思维的表达，也是所有文明的基石；因而哲学的本质只能存在于语言中，从而消解了传统形而上学的唯一本质，为哲学寻得新的途径。他的《逻辑哲学论》和《哲学研究》各自代表前后时期的不同体系：前期基于解构，以语言学问题替换哲学问题，哲学就是说清问题；后期以建构重替解构，用哲学回归哲学，用"游戏"考察游戏，在日常生活中处理哲学的本质。维特根斯坦在《哲学研究》序言中称自己前期犯了严重的错误，但也说应在对比中，以前期作为背景来理解后期哲学。维特根斯坦思想的前后转变，除了他本人的思维特质外，也与罗素、摩尔等人直接或间接的影响分不开的。[2] 在对《逻辑哲学论》的导读中，

---

[1] Ludwig Wittgenstein, *Philosophical Investigations*, Blackwell Publishing, 1953/2001.

[2] 维特根斯坦的学生兼密友冯·赖特认为，作为《逻辑哲学论》与《哲学研究》作者的维特根斯坦，对于分析哲学的发展具有决定性的重要性，但将维特根斯坦本人称为分析哲学家是否正确，这几乎是另一个问题。对考察典型的"分析"来说，《哲学研究》的思想有些反其道而行；而《逻辑哲学论》在某种程度上可视为分析哲学思潮的顶尖，而这种思潮是由罗素所掀起，后由维也纳学派成员所推波助澜而形成的。后期维特根斯坦的观点则与摩尔有某些相似（G. H. von Wright, "Analytical Philosophy: A Historico-Critical Survey", *Tree of Knowledge and Other Essays*, New York: E. J. Brill, 1993）。

罗素建议，尽管在任何一种语言中都有一些语言所无法表达的东西，但总有可能构造一种高一层的语言将那些东西说出。在这种新的语言中，仍有一些东西无法说出，但能在下一种语言中说出，如此等等以至无穷。这种建议在那时是新颖的，而目前已成为逻辑上一种公认的东西。至此，罗素坚信，这样一来便清除了维特根斯坦的神秘主义。从一定意义上讲，罗素在与中华文化的对话中似乎或多或少贯穿了这种想法。对整个历史文化争论的话语涉及对哲学的认同，因此，在本身具有异构性传统的思考和谈话中所提到的哲学，也许仅被视为通用名称的一种示例。中国哲学可以寻求一个独特的认同，但只能在某种特定的语境下才能实现。

（五）罗素的访华语境：跨文化思想对话的桥梁设计者与构筑者

罗素并非超人的圣贤，但可称为智者与仁者，对他这类大思想家来说，不同的文化具有同等价值，每一种特定文化的完整性应得到尊重和维护，而且只有这样，才能使一个多元文化的社会避免由于政治和地理而分离。这就促使哲学家、教育家和一般的知识分子从事文化间的对话，并在理论上探索跨文化哲学的可能性；罗素一生都在进行这种努力。通过这种对话和话语，相互了解各种文化之间共同性与差异性。在这个过程中，每一种文化都可以发现自身的缺陷与不足，每一种文化中的成员都可以导致和强化自身的主体性与自主性。像罗素一类的多元文化主义的哲学家、教育家和一般知识分子就可能成为横向跨文化的沟通者与翻译员。正如鲍曼所说的，这些人们都是社会各种复杂关系（the relational multiplexities society）的翻译者，而他们所用的方式是由意义社区（community of meaning）的习惯与信念所决定的。[1] 加瑞特认为现代哲学史至少在四个方面创造了"机遇"："一是从哲学的哲学，即大规模革命意识形态中获得了相对的自由，如黑格尔的唯心主义、马克思的历史唯物主义以及逻辑实证主义等，都企图系统地对以往哲学著作的

---

[1] Zygmunt Bauman, *Legislators and Interpreters*, Oxford: Polity, 1987, p. 4.

第十三章 东西方思想的直接对话：罗素和杜威思想在华传播与影响

解译与评价（无论肯定或否定）进行误导。二是产生了更多更好的研究工具，它们加强了著名哲学家们的理解，并激励了哲学家为值得认识的东西进行更好的探索。三是对其他领域、作者和学科进行了更广泛的拓展，因而为研究和语境化提供了新工作与新资源。四是在近代哲学史过去的 50 年中所进行的重要工作，为将来的事业提供了语境和动力，并为研究与论证的质量建立了高档次的标准。"不过，他同时也指出了某些"危机"：哲学史家分裂成两大思想阵营，"其中一个是以哲学应用为代价，狭隘地强调语境化与历史探索的作用；另一个则以语境化为代价，狭隘地注重哲学评价与应用的作用。这样一来，所造成的后果是对双方都不利。……更重要的是，近代哲学的语境化与应用化并非去引介解译与评价，因而遭遇麻烦"。① 罗素等思想大师就是参与了创造上述的"机遇"，但也在上述的"危机"中感到困惑。纵观历史，正如 16 世纪利玛窦与中国最早的"大学"——白鹿洞书院的学人们开创了直接思想对话一样，大哲罗素与杜威可誉为现代东西方思想对话之间桥梁的卓越设计者与构筑者。总之，今天重温罗素，试图还原当时社会与历史的语境，并在迄今为止的历史延续中，了解这位西方大哲与中国思想界的对话所带来的影响，一定大有裨益。

客观、全面、公正、理性地对待所有的西方大哲及其思想，可视为一个开放社会的学术界所必有的治学态度与专业精神。80 多年前访华的罗素与杜威早已作古，但这两位思想大师在今天的中国继续受到了应得的尊敬与高度评价，也不虚他们当年还算风风光光的神州之行。

---

① Don Garrett, "Philosophy and History in Philosophy", in *The Future for Philosophy*, ed. Brian Leiter, Oxford University Press, 2004, pp. 63 – 64.

第十四章

新思潮的引领者：
哈贝马斯思想在华传播与影响

读了"东西方思想家评传系列"丛书之一的《哈贝马斯：当代新思潮的引领者》（九州出版社 2015 年版），著者为研究哈贝马斯（Jürgen Habermas，1929—）的专家陈勋武教授。[①] 陈勋武多年来一直从事对哈贝马斯哲学的教研工作，并与这位当代的思想大师有着友谊与个人之间的学术来往和讨论。可以说，自从出道以来，陈勋武与大哲哈贝马斯一直有着忘年的"神交"。也可以说这部力作就是两位师生之间的"哲学对谈录"。《哈贝马斯：当代新思潮的引领者》包括引言，第一章"重建现代性与普遍理性理念的思想家"，第二章"引导民主，正义与宪政思潮的大师"，第三章"世界主义，全球正义与包容政治理念的旗手"，以及结束语"后形上学式思维粹语"，条分缕析，才思敏捷，构成了强有力的论述链条。它集中地介绍与讨论了哈贝马斯自 20 世纪 80 年代以来的主要著作与理性理念、现代性理念、民主理念、法治理念、全球正义理念、世界主义理念、人权理念、反人类罪理念、宽容理念与文化多元主义理念等。早在 2008 年，笔者就拜读过陈勋武教授的哲学专著《哈贝马斯评传》，此书由他的母校中山大学出版。这本新著《哈贝马斯：当代新思潮的引领者》堪称那本旧著的姐妹篇。正如著者在"引言"中所指出的，《哈贝马斯评传》主要介绍哈贝马斯 2005 年之前的生活与思想。但该书对哈

[①] "东西方思想家评传系列"丛书由丁子江主编，并由九州出版社出版。

第十四章　新思潮的引领者：哈贝马斯思想在华传播与影响

贝马斯 2005 年以后的生活、思想与成就基本上没有涉及。《哈贝马斯：当代新思潮的引领者》弥补了这一空白。另外，《哈贝马斯评传》重在对哈贝马斯的生活历程与思想历程的介绍，而不对哈贝马斯思想进行深入研究与探讨，更不用说突出哈贝马斯对我们时代精神所做的贡献。《哈贝马斯：当代新思潮的引领者》补充了这些不足，不仅哈贝马斯思想深入研究，而且突出哈贝马斯对我们时代精神所作的贡献，尤其是他对我们时代精神中的核心理念的贡献。"当然，在内容上，《哈贝马斯：当代新思潮的引领者》与《哈贝马斯评传》多处交叉。毕竟，哈贝马斯主要是在 20 世纪 80 年代与 20 世纪 90 年代建立起理性理念、现代性理念、民主理念、全球正义理念、世界主义理念、人权理念等。不同的是，《哈贝马斯评传》并没有展开讨论这些理念，而《哈贝马斯：当代新思潮的引领者》对这些理念逐一展开了讨论。"

一　哈贝马斯及其主要思想[①]

很多年来，哈贝马斯以及其他欧洲当代哲学在英美，尤其是美国哲学界很受歧视。例如《剑桥哲学词典》（*The Cambridge Dictionary of Philosophy*）1998 年版就没有哈贝马斯的条目，直到后来再版时才

---

①　作为本丛书的主编，我对哈贝马斯原本也相当感兴趣，也多少在多年教研中涉及这位一代大哲。在美国普渡大学读博士时，就选过哈贝马斯哲学研讨课，授课教授是著有《存在与自由》（*Existence and Freedom*）、《经验与在》（*Experience and Being*）、《理性的来源》（*Resources of Rationality*）、《后现代之后的自我与存在之外的上帝》（*The Self after Postmodernity and God as Otherwise than Being*）等大作的著名哲学家施拉格（Calvin Schrag, George Ade Distinguished Professor of Philosophy），他也是我博士论文的导师之一。在施拉格教授指导下，我们五六名研究生用了整整一个学期专门研读了当时出版不久的哈贝马斯《交往行为理论》一书。记得当时选课的人虽不多但讨论却非常热烈。据施拉格教授事后评价，我本人与另一位台湾同学蒋年丰比其他美国研究生更能理会这位当代德国大哲的真谛。为了更好地了解批判理论等社会哲学学派，我于 1987—1988 年还在哈贝马斯唯一在美国担任荣誉教授的西北大学哲学系研修了一年（哈贝马斯经常在这里作长期访问，他就是在这里得到 2004 年京都奖的通知）；2005 年 3 月，在美国加州大学圣迭戈分校一次研讨会上聆听了哈贝马斯题为"在特定环境中宗教的公共作用"（The Public Role of Religion in Secular Context）的精彩（转下页）

得以添加。在哈佛大学、耶鲁大学与其他一些名牌大学，20世纪的欧洲大陆哲学与哈贝马斯哲学都是作为欧洲学习的课程，而不是作为哲学课程来教。哈佛大学的柏特曼的名言"在哈佛哲学系，谁想写以海德格尔哲学或其他20世纪的欧洲大陆哲学为主题的博士论文，那是白日做梦，更不用说拿到博士学位"很说明问题。"北美现象学和存在主义哲学学会"（SPEP）发起人之一的施拉格教授也说："20世纪中叶以来，美国哲学被两大主要类型统治着，一类是现象学和存在主义，另一类是分析哲学和语言哲学。20世纪90年代以来，新马克思主义哲学也受到人们重视，但始终不及前二者。"这话或许过于自信和乐观，但美国现象学、存在主义以及批判理论派运动的发展是不能否认的。全美约有4000所正规大学或学院，其中大约有300个哲学系有研究项目，在这里面绝大多数是由分析哲学和科学哲学作为统治哲学，只有西北大学、普渡大学、宾西法利亚州立大学等二三十个作为多元派重镇的哲学系重视欧洲哲学或其他哲学。对于分析哲学家来说，就连欧洲哲学，包括现象学与存在主义，都不算真正意义上的哲学，至于东方哲学就更不用说了。因此在北美，形成了以分析派为主流的一方与以多元派包括欧洲哲学等杂牌军为旁支的一方之间的争斗。

在读过陈勋武教授的姐妹篇《哈贝马斯评传》和《哈贝马斯：当代新思潮的引领者》后，对哈贝马斯这位哲学大师及其思想有了新的认知和感悟。两本相得益彰的力作多维地揭示了德国哲学家哈贝马斯生平及思想理念的主要脉络。他的哲学著作广涉而又专业，哲学思想博大而又精深，哲学体系庞杂而又巧妙。哈贝马斯以反潮流的勇

（接上页）讲演；此外，因慕名哈贝马斯作为其领袖人物之一的法兰克福学派，我还于2006年夏顺访过法兰克福大学，但可惜无缘见到这位大哲。本人与陈勋武教授合作，于2011年起，主编出版了国际英文学术杂志《东西方思想杂志》（*Journal of East-West Thought*），创刊号的主题为"国际正义、世界主义与普遍主义"。由于与陈教授的联系，哈贝马斯将他的论文《国际法的宪法化与全球社会宪法的合法化问题》（Konstitutionalisierung des Völkerrechts und die Legitimationsprobleme einer verfassten Weltgesellschaft）交由我们的杂志发表，得到很大的反响。

气，对理性与真理的信仰与执着以及对话百家的精彩，独步当今哲坛，领尽学术风骚。目前为止，哈贝马斯已撰写了二十多部论著以及数百篇各类文章。其论著全被译成英文。其中，《公共领域的转型》（1962）、《理论与实践》（1963）、《知识与人类兴趣》（1968）、《交往行为理论》（1981）以及《对现代性的哲学辩论》（1985）被公认为哲学精典，而《交往行为理论》是真正划时代的巨著。1994年退休后的哈贝马斯，笔耕不辍，出版了《事实与规范》（1992）与《对他者的包容》（1996）等哲学经典。进入21世纪，他继续出版《分裂的西方》《宗教与自然主义之间》与《欧洲：平淡的工程》等影响深远的哲学著作。哈贝马斯被美国《时代》杂志列为20世纪100名世界名人之一，并被当今许多哲学家尊为20世纪末期最伟大的哲学家。由于他平生的学术成就以及对社会的贡献，1987年，哈贝马斯成为施维茨（Albert Schweitzer）之后第一个获得丹麦桑宁奖（Sonning Prize）的德国人，并获得2001年的德国出版社和平奖（the Peace Prize of the German Book Retailers' Society），2003年西班牙王子的阿斯图里亚丝奖（Spain's Prince of Astarias），2004年第20届京都奖（Kyoto Prize）以及2005年洪堡国际纪念奖（Holberg International Memorial Prize）等。

  哈贝马斯20世纪50年代以对海德格尔哲学的批判成名于德国哲学界。此后长达半世纪的时间里，他致力于重建人类理性信念，发展一个开放包容，具有普遍道德基础的社会哲学理论，为一个合理、人性化与民主的社会提供理论基础。在其庞大的哲学与社会批判理论中，哈贝马斯广集康德、谢林、黑格尔、马克思、狄尔泰、胡塞尔、海德格尔、伽达默、霍克海默、阿道尔诺、马尔库塞等各种德国哲学的精华，博采韦伯、杜尔克姆、米德社会学的各种理论，维特根斯坦、奥斯丁、舍耳语言哲学，皮尔斯、杜威实用主义以及帕森社会学系统理论之真知灼见。他创造性地提出了交往理性与合理性概念，为捍卫现代化理念、自由与正义信念提供新的理论基础；合理化（rationalization）、人性化（humanization）、民主化（democratization）、合法化（legitimation）成为其社会现代化理论的基础概念。

思想的再对话
NEW COMPARATIVISM

在《哈贝马斯：当代新思潮的引领者》中，陈勋武教授以更大的力度"探讨我们时代哲学的一座丰碑——约根·哈贝马斯。这是一座闪耀着我们时代思想光芒的丰碑。这是一座可以与中国的老子、孔子、庄子、孟子、朱子等同辉的丰碑。这是一座可以与西方的苏格拉底、柏拉图、亚里士多德、阿奎那、笛卡尔、洛克、康德、黑格尔、马克思、恩格斯、海德格尔等媲美的丰碑。这座丰碑有许多头衔。其中包括：剑桥大学、哈佛大学等三十多所世界最著名学府名校的荣誉哲学博士与荣誉法学博士头衔，除诺贝尔奖之外的所有欧洲最高级别的各种人文科学成就奖，亚洲最高级别的人文科学成就奖以及世界其他地区的各种人文科学成就奖，德国哲学家与后阿多诺·海德格尔时代德国哲学的主要代表，欧洲哲学家与欧洲哲学的主要代表，第二代批判理论哲学的旗手，世界著名哲学家，等等"。从书中，我们可以看出哈贝马斯既对欧洲现代启蒙运动加以批判，又重建现代启蒙运动的理想。他将现代性视作"仍未竣工的工程"，并创造性提出交往理性（communicative rationality）、公共领域（public sphere）、"协商民主"（deliberative democracy）、"普遍实用性"（universal pragmatics）、"讲述伦理学"（discourse ethics）等理论。他一生都与后现代主义（post-modernism）思潮作斗争，尽管美国"9·11"事件后他与德里达有过短暂的政治合作。陈勋武教授着重分辨了后现代思维与后形而上学思维的区别。这对本书著者很有启发。他指出，后形而上学式思维不是后现代思维。后现代思维反对各领域社会生活与认识的规范性，而后形而上学式思维强调各领域社会生活与认识的规范性。后现代思维反对各领域社会生活与认识标准的普遍性，后形而上学式思维强调各领域社会生活与认识标准的普遍性。后现代思维反对各领域社会生活与认识存在着一个合法性问题，后形而上学式思维强调各领域社会生活与认识存在着一个合法性问题。但是，形而上学式思维也不是欧洲启蒙运动式的现代性思维。"后形上学式思维是民主性思维，而欧洲启蒙运动式的现代性思维是专制性思维。后形上学式思维是开放、容他性的思维，而欧洲启蒙运动式的现代性思维是封闭、排他性的思维。后形上学式思维强调思维的规范性，而欧洲启蒙

第十四章 新思潮的引领者：哈贝马斯思想在华传播与影响

运动式的现代性思维强调思维的同体性、同一性。"在这个议题上，可以说，陈勋武教授引导了一个更深入的争论焦点。也正是在这一点上，也许可以多加商榷。

对后现代主义可作广义和狭义两种理解：从广义上说，现代不少大思想家、大哲学家都具有某种"后现代主义"的色彩。一切对资本主义进行批判的哲人，像杜尔克姆、韦伯等，皆是如此。从狭义上说，是指以拉康、德里达、福柯和利奥塔等为代表的"后结构主义""阐释学""消解主义"等思潮。后现代主义在政治层面上，主要批判"马克思主义对资本主义经典批判"；在文化层面上，则批判抽象的表现主义和存在主义。大多数后现代主义者反对采用确定性与不确定性、指示者与被指示者、潜性与显性（弗洛伊德）以及现象与本质（马克思）等模式。在哲学特征上，后现代主义主要表现为否定自启蒙时期以来作为蒙昧主义和盲从主义对立物的、以个人自律为标志的理性主义，并以一种非理性主义取而代之。

有学者认为，哈贝马斯是一个坚定的现代主义者，其批判对象是后现代主义。他与福柯、德里达、利奥塔等之间的现代性与后现代性，现代主义与后现代主义之哲学争辩是现代欧洲大陆哲学显要的一章，而他与德里达、利奥塔之间的个人恩怨更是为这一场哲学战争增添了精彩。哈贝马斯宣称现代社会的科学、伦理和艺术变成自律的领域，换句话说，认识工具、伦理实践关系表达的理性结构操纵在专家手中。

后现代主义的开先河者利奥塔以否定态度揭示了所谓现代主义的思维特征。据他称，现代主义是一种以元论述或元叙述使之合理的思想体系，它借助诸如精神辩证法、意义阐释学、理性解放、劳动阶级的解放或财富的创造等"雄辩"得以发展，而以伟大历史和科学的描述来表达真理正义的社会则可称为"现代社会"。在《后现代的条件：有关知识的报告》（*The Postmodern Condition: A Report on Knowledge*）一书中，利奥塔后将"后现代"界定为"对元叙述的不信任"（incredulity towards metanarratives），而且问道："在元叙述成为历史之后，合法性在哪里？"他认为，哈贝马斯正在提出某种比弗洛伊德主义者和马克思主义者的元叙述更宏大的叙述,一个更加一般和抽象的"解放的叙述"。而在《神话与启蒙的纠缠》(The Entwinement of Myth and Enlightenment: Rereading *Dialectic of Enlightenment*)一文中,哈贝马斯认为,这种"对元叙述的不信任"所引发的问题,就是只有当我们"对解释所有合理准则(reasonable standard)的败坏至少保留一种准则"时,揭露(unmasking)才有意义。

与哈贝马斯看法相左的罗蒂是著名美国后实用主义哲学家,其名作《哲学与自然之镜》对哲学界颇有影响。作为美国后现代主义的主要代表之一,罗蒂批判了从笛卡尔到黑格尔的一系列哲学家。在《哈贝马斯与利奥塔论后现代》(Habermas and Lyotard On Postmodernity)一文中,罗蒂站在更彻底的后现代立场上,在支持利奥塔的同时,批判了哈贝马斯。罗蒂指出,凡是被哈贝马斯当作"理论探索"的东西,都被崇尚怀疑的利奥塔看成"元叙述"。而任何对这种理论探索的摈弃,都被哈贝马斯视为多少是非理性主义的,因为它排斥了始终被用于为启蒙运动以来形形色色的改革(它们勾勒了西方民主政体的历史)提供正当性的理念;这种理念至今仍作为批判自由世界和共产主义世界的社会经济习惯。对哈贝马斯而言,抛弃一个即便并非先验但至少作为宇宙论的立场,就等于背离称为自由主义政治学核心的社会希望。对罗蒂来说,哲学不可能在探索中界定永恒的认识论架构。哲学家的唯一作用在于:斥责那种为避免具有"有关具有观点"的观点时,而具有一种观点的看法。伟大哲学家的政治观不必比自己的哲学观更严肃认真。任何观念与现实的关系、道德状况以及哲学写作,纯粹为暂时性、偶然性的。于是,一种新的研究方式不再是对文学生产的评估,也不再是理智历史、道德哲学、认识论和社会预言,而是一种新样式的重新组合。罗蒂把尼采、詹姆斯、海德格尔、维特根斯坦和杜威称作"形而上学的破坏者",因为他们摧毁了奠定知识根本训练的哲学基石。使福柯与实用主义者相融合的原因,在于他们都主张:(1)并不存在本身不处于创造实践过程中而创造的那种标准;(2)并不存在本身非诉诸上述标准的那种理性准则;(3)并不存在本身不服从人们自己传统的那种严格论证。罗蒂本人

第十四章 新思潮的引领者：哈贝马斯思想在华传播与影响

继承实用主义的衣钵，拒绝把真理看成以哲学兴趣进行理论探讨的东西，而是将其看作不过是全部真实陈述所具有的物的名称而已。

后现代主义试图从三个来源寻求有效的思想武器：一是"以古代否定现代""托古改制"，表现为某种"怀旧"的心态，即从古希腊和传统思想来源上找出可改头换面的原始素材，并对其加工后用以批判现代主义；二是"以东方否定西方""东为西用"，表现为某种"猎奇"的心态，即从东方文化传统思想来源上找出某些相对有价值的东西，进行加工，之后同样用以批判现代主义；三是"以明天否定今天""诉求未来"，表现为某种"空想"的心态，即以某种超越现代社会思想条件的可能的具有理想价值的假想，来批判现代主义（但在某种意义上它又反对传统空想主义的思维与论述方式）。哈贝马斯与东方哲学界有着"神交"，1997年11月，为了纪念京都大学建校100周年，他应邀在该校作了一系列讲演；2005年3月5日，他专程到美国加州大学圣迭格分校参加了"京都研讨会"。21世纪以来，哈贝马斯也开始关注中国与中国思想，并与中国学者有初步的合作。这位巨匠不仅在社会哲学方面，而且对科学哲学家也进行了对话，他在分析了图尔敏（Stephen Toulmin，1922—）的论证方法后列出下面几条：（1）演绎逻辑和归纳逻辑是否适于一切或大多数合理论证的模式；（2）有关论证评估的标准、规范或建议一旦确定，就立即变成合法的，这种合法性不是通过纯粹修辞或细节，也不是通过演绎范畴的有效性、明确性以及归纳的力量获得的；（3）除了规范的演绎和归纳逻辑外，还要求具有一种完整的论证理论；（4）有人认为，针对认识论、伦理学和语义学这些哲学分支的推论，应从理论上澄清论点和非规范性的逻辑批判；（5）对所有论证类型的兴趣是和描述不同类型之间的区别以及忽略其区别的兴趣交结在一起的。

哈贝马斯认为：这些理由表明了图尔敏在《论证的用法》一书中阐述的立场，这一立场也成为图尔敏科学史研究著作《人类理解论》的出发点。一方面，图尔敏批判绝对主义观念（absolutitische auffassung），认为它们把理论知识、道德—实践认识以及审美判断还原成了演绎论据或经验自明性。一旦逻辑推论意义上的论据具有强制性质，它们就无法揭示出任何带有本质特征的新内容。如果论据具有了实质性的内容，它们则会立足于依靠诸多描述系统和不同理论体系，并能够阐释自明性和需求，但如此一来，它们还是没有提供出坚实的基础。另一方面，图尔敏同样也批判相对主义观念（relativistische auffassung），认为它们无法解释清楚更好的论据所具有的那种丝毫没有强制性质的强制，也认识不到有效性要求的普遍主义内涵，诸如命题的真实性以及规范的正确性等。哈贝马斯进一步指出：图尔敏认为，没有一种立场具有反思性；也就是说，没有一种立场能在自身范围内阐明其合理性。绝对主义者不可能用其他的第一原则来证明自己的第一原则，来捍卫第一原则教义的经典地位。与此同时，相对主义者处于一种（自相矛盾的）特殊论证立场之中，他们认为，他们的教义凌驾于其他一些领域的相对判断之上。

总的来说，后期哈贝马斯的思想体系有下列转型：（1）对主体的分析从先验性转为实践性；（2）对理性的分析从工具性转为交往性；（3）对理论作用的分析从"批判性"转为"建构性"；（4）对国家职能的分析从"压迫性""霸权性"转为"民主性""调解性""福利性"；（5）对社会结构的分析从"生产关系性""单一经济决定性"转为"主体互性""多元文化再生产性"；（6）对阶级关系的分析从"斗争性""对抗性""异化性""分裂性"转为"差异性""妥协性""公共性""参与性"。

二　哈贝马斯思想对中国的影响

哈贝马斯曾于2001年4月访问中国，并以"全球化压力下的民族与国家"（Nation-States under the Pressure of Globalization）为主题，作了一系列演讲，引起中国学术界的巨大反响。就像陈教授在其旧著《哈贝马斯评传》与《哈贝马斯：当代新思潮的引领者》所引用的一段报道所描述的：在中国社会科学院，由于听众太多，许多人甚至在狭长的空地上席地而坐，据说是社科院有史以来最热闹的一次学术活动；在清华大学，莘莘学子不顾劳累，东奔西走，为的只是能

第十四章　新思潮的引领者：哈贝马斯思想在华传播与影响

在易地后的报告厅里争取到一席之地，哪怕是站席也行；在北大，在中国人民大学，场面都可以用人山人海来形容。在复旦大学，相辉堂几乎爆棚，面对滚滚人流，校方无奈之下，只有求助武警维持秩序，把报告厅变成进不得出不得的"围城"。哈贝马斯及其思想在中国受到欢迎的盛况并非偶然，这有着以下重要原因。

第一点是满足了正在进行关键性社会转型的理论的紧迫需要。从内容上讲，哈贝马斯在中国的七大演讲的课题，诸如人权理念的文化间体性，亚洲价值与现代性的关系，哲学的实践性，民主的正当模式，全球化及其挑战，世界主义，欧洲问题等都是转型中的中国社会紧迫需要探讨的理论课题。在这一特定历史条件下，与这些课题上的首席权威世界大师哈贝马斯的对话具有重大意义。在其社会政治经济学中，哈贝马斯主张"去阶级化""去经济基础化""去意识形态化"；区分"早期资本主义"与"晚期资本主义"，并将"阶级冲突论"软化为"文化冲突论"；鼓吹"民主协商政治"以及"主体间的对话与共识"；推广"协商伦理学""协商政治"（deliberative politik）以及"大众民主主义"。哈贝马斯强调，古典马克思主义所分析的那种经济基础与上层建筑的关系已经过时，而晚期资本主义已凭借国家等上层建筑缓和了现代阶级冲突，在经济繁荣和发展中，阶级社会的同一性逐渐解体，阶级意识逐渐淡泊；阶级妥协几乎让所有成员变成参与者和当事人，"成为一个人"；从此阶级冲突转为一种文化冲突，即以生活差异和政治观点差异的形式存在；更确切地说，新冲突形成于文化再生产、社会统一以及社会化领域中。哈贝马斯主张，在道德、法律以及政治三大领域都必须实行协商原则，这就要以交往理性为基础全面重建民主社会的公共领域（public sphere），使其不再是"经济领域"，而是一种民主参与，协商对话，从而获得共识的"言语领域"（discursive field）。由于改革开放，无论官方还是民间都有一个"共识"或"最大公约数"，就是应该淡化甚至完全消解昔日那种强烈的阶级和阶级斗争意识，即便因两极或多极分化而产生的贫富不均或对政治体制的歧见，也当作哈贝马斯所标榜的"生活差异和政治观点差异"。从社会管理者看，哈贝马斯的主张有利于"和谐社会"的建立，可以在中国特色的社会主义公共领域和言语领域内，通过规范化了的理性交往，使社会各阶层得到良性互动的理解与协调；从民间老百姓看，人们仍希冀哈贝马斯所界定的国家等上层建筑出面对冲突进行协调和均衡；从各领域精英看，哈贝马斯的"协商政治""民主参与"等理念无疑有着迷人的吸引力。

第二点是与中国人习惯的思维方式、思想特征以及治学方法有关。如《哈贝马斯：当代新思潮的引领者》所指出，哈贝马斯的思维方式是后本体论思维方式，中国人习惯的思维方式、思想特征是本体论思维方式。另外，哈贝马斯强调理论探索的开放性、多元性、包容性、全方位性，这很符合中国人的口味。

第三点是各种媒体的推波助澜，当然也包括一定炒作之嫌。由于动乱、战乱以及制度和意识形态等原因，自从1920—1921年罗素与杜威以及德国哲学家杜里舒访华后的六七十年，几乎没有任何世界著名的大哲学家或大思想家来过中国，也许于1955年访华的萨特例外，但当时他的主要身份是剧作家而非哲学家。改革开放以后，20世纪八九十年代，哲学学术界也邀请了一些较为著名的哲学家，主要是科学或分析哲学家，如受洪潜先生邀请于1981年访华的亨普尔（G. G. Hempel）和1982年访华的麦金内斯（B. F. F. McGuinness）等。1999年9月，法国哲学家利科（Paul Ricoeur，1913—2005，曾于1955年作为法国记者代表团成员来过中国）访华；2001年4月哈贝马斯访华；2001年9月法国哲学家德里达（Jacques Derrida，1930—2004）访华；2004年7月美国哲学家罗蒂访华。以本书著者见，其中哈贝马斯的访华似乎最受广泛的瞩目。不过陈勋武教授同时也正确评述：在哈贝马斯到达北京之前，北京一些媒体就大造舆论，把他的此次访华与20世纪罗素、杜威、萨特的中国之行相提并论，并认为他的中国之行将大大地推动中国的学术活动，这显然有些夸大其词。首先，从时间上，哈贝马斯的中国之行与20世纪罗素、杜威的中国之行就不能相提并论。2001年4月15日到达，4月29日离开，哈贝马斯此次仅在中国逗留了两个星期。其次，罗素、杜威的中国之行发生在20世纪早期中国新文化运动的大背景下，他们所宣扬

第十四章 新思潮的引领者：哈贝马斯思想在华传播与影响

的民主和科学的思想是当时新文化运动的主题，因此，罗素、杜威的中国之行不仅仅是学术之行，而且是在一个特别时期的特别事件，而哈贝马斯的中国之行确实仅仅是一次学术活动。再次，罗素、杜威的中国之行发生在他们与中国的哲学同行已有某些学术合作的基础上，因此，他们的中国之行是深化他们与中国的哲学同行的学术合作的一个有机组成部分，而哈贝马斯的访华更大程度上是一次友好访问。

最后，本书著者以给人留下很深印象的《哈贝马斯：当代新思潮的引领者》的一段话作为结束语："现在，虽然已进入了古稀之年，哈贝马斯依然保持着学术上高昂的激情，对时代充分的关怀以及对真理，理性与民主不断的追求。他的哲学生命仍是一团不断燃烧的烈火，他的哲学思维仍是一曲继续发展的交响曲，他仍在为民主、正义、宪政、人权不断斗争着。故事仍在继续。"读陈教授这部与当代哲学大师的"对谈录"，就等于参与了思想与智慧的撞击与融合，从而扩展我们的眼界与胸怀！

第四篇

东西方思想的对话：天下主义与世界主义

第十五章

西学东渐与中华传统天下主义[*]

世界主义审视国家、团体或个人之间的关系，以及它们如何在全球化的社会中达到道德、文化、经济和政治统一。通过国际化，我们能够核实并证明全球正义和普遍正义之间的关系，最终导致普世主义（universalism）的概念。现实世界中似乎存在着一定的普遍正义以及普世的价值观。不过若要实现普世的理想，我们首先面临文化语言的翻译性问题。全球正义（global justice）、世界主义和普世主义可视作三位一体的理念，它们之间相互关联、相互转化。本章将通过东西方纵向与横向的比较，着重考察中国古典世界主义的演变模式。

一 西方世界主义的历史回顾：从苏格拉底到哈贝马斯

世界主义（cosmopolitanism）一词源自希腊文 cosmos（world）和 polis（city, popl, citiznry）的组合。从某种意义上说，苏格拉底的思想建立在普遍主义和世界主义的基础上。他自认为宇宙的一员，其哲学考察一直延伸到所有人类，而不仅仅是某些人。根据柏拉图的转述，智者希皮亚斯说："我把你们所有人当成亲属、知交、市民同

---

[*] 本章主要部分曾以 "Transformative Modes of Chinese Cosmopolitanism: A Historical Comparison" 为题发表于英文刊物 *Journal of East-West Thought*, Vol. 2, No. 4, December 2012, pp. 89 – 112.

胞。这是按照自然本性，而非按照惯例。人在本性上是类似的，而惯例则是欺压人民的暴君强迫所做的许多违背自然的事情。"① 斯多葛学派主张所有的人都是一个普遍价值的体现，应该在博爱中生活，并以兄弟的方式互相帮助。例如，第欧根尼称："我不是雅典人或科林斯人，而是一个世界公民。"② 爱比克泰德从神学观点认为："每个人都是自己联邦的公民，但他也是一个神与人所组成的伟大城市的成员。"③ 斯多葛的世界主义影响了基督教，甚至影响了现代政治思想，庞格曾提议："我们的历史状况有助于斯多葛学派世界主义的复兴，这是对国家忠诚和边界一个或多或少激进的超越。"④ 早期基督教维护世界主义的理想，圣保罗声称："在希腊人与犹太人，受割礼的与未受割礼的以及野蛮人，西徐亚人，奴隶或自由人之间没有差别。"⑤ 自苏格拉底以来，西方许多伟大的思想家一直或多或少地受到这种道德和社会理想的影响。可以说，这些普遍权利和相互共识的看法一直成为思想的主题，它们说明了从古典主义到现代主义的重要过渡。"正如人们广泛认可的那样，斯多葛派与托马斯主义的世界主义对一些关键的启蒙思想家，如格劳秀斯（1583—1645）、约翰·洛克（1632—1704）、伏尔泰（1694—1809）、托马斯·杰斐逊（1743—1826）等，是极大的灵感来源。"⑥

（一）康德对世界主义理论的革命

康德以一种革命性的方式来证明世界主义。对于他来说，世界主义可以被界定为"人类所有原创能力可以得到发展的模型"。他支持

---

① *Protagoras*, 337c7 – d3.
② Epictetus, *Discourses*, i. 9. 1.
③ Ibid., ii. 5. 26.
④ Thomas L. Pangle, "Socratic Cosmopolitanism: Cicero's Critique and Transformation of the Stoic Ideal", in *Canadian Journal of Political Science / Revue canadienne de science politique*, Volume 31, Issue 2, 1998, pp. 235 – 262.
⑤ 《歌罗西书》3：11（Col. 3：11）。
⑥ Garrett Wallace Brown, David Held, *The Cosmopolitanism Reader*, Polity Press, 2011.

第十五章 西学东渐与中华传统天下主义

"国际化的法律",即个人有权利为"地球公民",而并非作为特定国家的公民。康德在《世界主义意向下的普遍历史观念》一文中,曾构思一个包含世界上所有民族在内的多民族国家,也就是全球所有民族统一成一个全人类的国家(civitas gentium)。对他来说,人类各民族之间的共同性能使世界任何角落的邪恶,如对权利的侵犯,都无所遁形。因而世界公民权利的观念有可能成为现实。人们可将自身看作世界公民,即超越感性世界的公民。他认为:漫无目的的野蛮性使人类能力的发展产生倒退,最终通过邪恶让人类堕落,从而迫使人类进入一个可以开发这些能力的公民秩序;同样也能引向建立国家的野蛮自由。通过滥用联邦的武力和权力来相互争斗,通过战争所带来的破坏,甚至自己随时准备发动战争,来阻碍人性化的全面发展。然而,由于因此而产生的罪恶,人们被迫寻求法律的均衡和联合的力量。因此,人们被迫建立一个世界性的条件,以确保每个国家的外部安全。人们企图建立一个国际政府,这在世界历史上没有先例。"尽管当前这样的政府只是一个粗略的纲领,但所有的成员都有一种觉察,即每个人都希望维护整体。这就终于使人们产生希望:经过多次改造性的革命,一个以自然为终极目标的普遍世界性条件,将促使人类的所有原创能力得到发展。"[①] 康德在《永久的和平》(Perpetual Peace: A Philosophical Sketch, 1795)一文中推出议制政府与世界联邦的设想。他强调,国家的法律应建立在自由国家所组成的联邦基础上。世界公民的法律取决于普遍友善的条件。对他而言,只有世界国家才能保障永久的和平。康德对世界权利的考察被广泛认为是现代世界主义的哲学渊源。根据其义务论的方法(deontological methodology),理性的观念,即所有人类和平的国际社会是一个世界性权利的原则。这个原则表现了一种义务,即对所有国家为促进旅游和贸易,以联合为目的

[①] I. Kant, "Idea for a Universal History from a Cosmopolitan Point of View" (1784), trans. Lewis White Beck, from Immanuel Kant *On History*, The Bobbs-Merrill Co., 1963.

来调节它们之间的关系。① 对霍夫来说，康德系统地阐述了世界主义，"不仅在政治上，而且在哲学的意义上"。霍夫论证，康德接受一个更"温和"的普遍性原则。这个原则可以运用于异构环境以及不同的文化和传统。② 从理论的角度来看，康德设定了整体普遍性某些最相关的方面，即理性的理解超越自我的利益，并试图建立一个普遍的秩序。

（二）哈贝马斯对世界主义理论的革命

作为世界上最有影响力的哲学家之一的哈贝马斯，试图重建康德的世界主义。对他来说，社会的发展理论、世界性的权利和正义提供了新的挑战。哈贝马斯将普世主义、世界主义和全球正义结合起来作为他的整个理论框架。伯格丹迪和德拉瓦勒指出：哈贝马斯提出了一个创新的理论基础，为立宪的和普遍性的全球秩序提供了精心设计的理由，即为什么应实行一个普遍性的纲领。"他的立宪纲领并不会构成国际法的建立，因为它非常不同于其他对国际法的许多贡献；相反，它却提出了一个意义深远的变革议程，并可作为一个调控的想法，而鼓舞学者、政治家和律师的变革工作。这些都取决于在我们时代的国际层面上被认定是可行的。"③

沃克考察了哈贝马斯关于世界主义和国际法宪法化的近期著述。对他来说，哈贝马斯以前有关国际法宪法化的思想，要么趋向世界政府的乌托邦主义，要么将宪法的标签附加到跨国监管的实质性发展，即特别是通过人权制度和国家协议而发展的联合国的体制结构，来作为中间的解决方案。这将涉及在全球层面制度与职能的一个适度范

---

① I. Kant, *Metaphysics of Morals*, in *Kant's Political Writings*, Cambridge: University Press, 1970, p. 172.

② Otfried Höffe, *Kant's Cosmopolitan Theory of Law and Peace*, trans. Alexandra Newton, Cambridge University Press, 2006, pp. 64 – 65.

③ Armin von Bogdandy and Sergio Dellavalle, "Universalism Renewed: Habermas' Theory of International Order in Light of Competing Paradigms", *German Law Journal*, Vol. 10 No. 1, 2009, p. 29.

第十五章　西学东渐与中华传统天下主义

围，特别是围绕和平和人权，并建立在比国家协议更广泛和更受欢迎的基础上。哈贝马斯建议潜在和紧迫的意义，就在于其对其他宪法愿景有较少的反对，而对以美国片面主导的国际制度的前景却有更多的批判。在沃克看来，要尽量将哈贝马斯置于"一个为国际秩序而制定的新世界主义纲领的发展"的争论中，已经招致了重大的歧义。在他学术工作的基础上，哈贝马斯可能是他那一代最有影响力的社会理论家。几乎所有跨国社会学、国际政治理论、国际关系和国际法律理论中重要的思想潮流都援引哈贝马斯的观点，无论是肯定还是批判；这种情况同样也长期表现在与那些学科领域相联系的国内或社会状况。"哈贝马斯是我们这个时代一位杰出的全球性公共知识分子。他卓越的知识声誉给了他一个平台，由此他可以谈论各种政治和道德所关切的各种问题……为了保障自己的理念与真知灼见，而尽可能多地听取并作出区别。"①

根据哈贝马斯的观点，（1）一个国际化的秩序应该是道德的、公民的、司法的、正当的、政治的、多元的、民主的、协商的、制度的、国际的、跨国的以及后国家的；（2）国际公法的出现是一个公正的全球政治秩序的核心；（3）一个全球政治秩序是建立在人权基础上的民主形式的延续②；（4）如果一个政治社区是建立在民主宪法普遍原则的基础上，"它仍然形成一个集体的认同，在某种意义上说，由于自身历史的启示和特定生存形式的语境，它自身解释和实现这些原则"③；（5）若无一个共同的道德基础，那些超越国家的机构必须寻求"在一种国际协商制度组织形式中要求不高的合法性基

---

① Neil Walker, *Making a World of Difference? Habermas, Cosmopolitanism and the Constitutionalization of International Law*, EUI Working Paper, printed in Italy, European University Institute, 2005, p.1.

② Jürgen Habermas, "Kant's Idea of Perpetual Peace, with the Benefit of Two Hundred Years' Hindsight", in *Perpetual Peace: Essays on Kant's Cosmopolitan Ideal*, ed. James Bohman and Matthias Lutz-Bachmann, Cambridge: MIT Press, 1997, p.7.

③ Jürgen Habermas, *The Postnational Constellation*, trans. and ed. M. Pensky, Cambridge, MA: MIT Press, 2001, p.117.

础",这在国际公民社会中对各种公众和组织将是可理解的审议过程[①];(6)在全球层面上,只有在采取没有政府的治理功能时,监管的政治机构才可能是有效的,即便具有法律效应的人权也必须在国际体系中得到宪法化。[②]

(三) 西方世界主义的现代解读

历史学大师汤因比曾如此构思,决不能使地方国家始终成为永久的战争策源地,或统御民众的政治机器。国家应视为仅供应自来水、煤气和电气的公共事业集团。如此一来,在战场上阵亡一类的事情就不会发生。而人们只愿将自己最大的忠诚献给全人类,而非献给原本所属的地方国家及其体制。"国家的神圣地位要否定,而应恢复纯粹大自然的唯一神圣地位。"

一般说来,普世主义、世界主义与全球正义相互关联。例如,强制法(jus cogens)的概念可与一个普遍社会沟通的假设相联系。这就囊括在国际关系中的全部参与者,包括一种世界主义方式所理解的国家与个人,因为它集中了全球合法公众行动的核心要求。一个全球性政治共同体的想法在国际关系理论中得到阐述。格劳秀斯(Hugo Grotius)将国际法普世主义的稳固基础置于人性中的本体性假设,并将这个假设视为由人类社交性(sociability)而产生的自然和普世的假设。正如亚里士多德所说的,人类自然会倾向于建立社会,并将这一趋势在全球范围延伸。国际法可被视为人类普遍社交性一般规则的普通法。这种西方普世主义的阐释将国家法建立在每个人的自然理性上,而不考虑其文化或宗教背景。当然,普遍的社交性不如其与单一政体边界内的对应体那么强烈。然而,它是强大到足以承担一般很少或"很薄"的规范,这种规范能够在那些超越自己国家的种族或个

---

① Jürgen Habermas, *The Postnational Constellation*, trans. and ed. M. Pensky, Cambridge, MA: MIT Press, 2001, p. 109.

② Jürgen Habermas, *The Divided West*, trans. C. Cronin, Cambridge: Polity, 2006, pp. 130 – 131.

人之间，保障有序和基本上和平的相互作用。将自然趋向社会性的人类视为一个普遍秩序的基础，可以形成日益增长并独立于基督教传统的普世主义。"以构造国际法的普遍性观点来观察其重要意义，这种对秩序的理解揭示了至少还有一个遗憾的缺陷。对存在一个全球社区的假设，即包含所有个人和国家共同的基本价值观，作为思维的一部分看来是不实际的。"①

美国学者安德森出："在这样一个时代，它是如此普遍地为进步和国际化的知识分子（尤其在欧洲）去坚持近乎病理特征的民族主义；其根源来自其他人的恐惧和仇恨，以及与种族主义的密切关系；它总是有效地提醒自己，国家激发狂热，并且往往产生自我牺牲的深切之爱。"② 据格瑞斯之见，西方有由宏大叙事而造成的三大误解：第一，错误地对待自由的抽象理念与混乱，提倡一种虚假的二分法以及不道德的历史；第二，错误地坚持普世主义，即自由和民主是普遍有效的；第三，猎取"虚幻的新奇"，即自由从启蒙运动和美国和法国革命发端。③ 赫尔德则认为，三个关键的术语已经界定了自己智力所关注的东西："民主，全球化和世界主义。这些都指的是一组想法以及社会构造的过程，并且它们继续构造我们的生活。"④

从上述概念和理论构架中，我们可发现，西方世界主义应用六大转型模式：一是从自然到人造（the natural-artificial），如诡辩者希庇亚斯（Hippias）等；二是从神学到世俗（the theological-secular），如爱比克泰德（Epictetus）和托马斯主义者（the Thomist）等；三是从目的论到义务论（the teleological-deontological），如康德等；四是从民族主义到反民族主义（the nationalist-antinationalist），如第欧根尼

---

① Armin von Bogdandy and Sergio Dellavalle, "Universalism Renewed: Habermas' Theory of International Order in Light of Competing Paradigms", *German Law Journal*, Vol. 10, No. 1, 2009, pp. 12 – 13.

② Bendict Anderson, *Imagined Communities*, London: Verso, 1998, p. 141.

③ David Gress, *From Plato to NATO: The Idea of the West and Its Opponents*, The Free Press, 1998, pp. 1 – 2.

④ David Held, *Cosmopolitanism: Ideals and Realities*, Polity Press, 2010, p. Ⅸ.

(Diogenes) 等；五是从制度性（或宪政主义）到个体性 [the institutional (or constitutionalist) -individual]，如哈贝马斯等；六是从哲学到政治（the philosophical-political），如康德和哈贝马斯等。

二 中华传统世界主义的历史演变轨迹

西方有学者精辟地揭示，中国历史上的大哲，如墨子、孔子、孟子和商鞅等都在力图从理论上考察国家之间关系的本质。[①] 中国传统道德强调道德宽恕与社会平均主义，如"四海之内皆兄弟"，即"天下大同"的理想。在一定的意义上，世界主义可被视为中国文化的特征。在19世纪和20世纪西方的极端压力下，中国其实也没有办法采取民族主义的道路，以摆脱一个可怕的困境。然而，"中国的自然倾向一直向往世界主义。一个世界性的模型表现为没有单独的国家和社会，而仅仅是区分不同的角色和职能。其审美的对称或美感在于主动的社会思潮，即文化的和谐"。[②]

（一）传统世界主义的概念界定

在中国人的思想中，天下一直是一个重要的概念，它涉及了形而上学（玄学），道德判定以及政治实践。然而，这个用语很暧昧，有争议，值得商榷。据统计，《论语》中有23次提到天下；《道德经》中有56次；而在现存的《墨子》（53篇）中，则提到天下达507次之多。当今，随着中国成为一个经济和政治的大国，学者们开始争论中国传统中有关世界秩序的看法。中国传统的天下观体现了儒家道德和政治思想。当人们试图用当代多样化的话语与文本系统，来重构中国原有的天下主义体系时，这将对于整个国际社会有着重要的现实

---

① James E. Doughertyand Jr., Robert L. Pfaltzgraff, *Contending Theories of International Relations: A Comprehensive Survey*, Longman, 2001, p. 8.

② Er. Bao, *China's Neo-Traditional Rights of the Child*, The Blue Mountains Legal Research Centre, 2006, p. 144.

意义。

有学者指出:"儒家天下观念包括世界—空间观念、道德—价值观念、王道—政治观念、天人—哲学观念等四部分内容。坚持非边界、非暴力、和而不同、克己复礼、絜矩之道、环形扩展等六大原则,启示我们立足'天下乃天下人之天下',通过'以天下观天下'的世界尺度,重建世界秩序和人类文明。"①

对中华传统的世界主义可作七大界定:即疆域、皇统、玄学、德治、知论、史观、韬略。

1. "疆域"意义的界定

自古以来,中华文明就有"华夏、夷狄、禽兽"(王船山《礼记章句·序》)三大板块。据史载,齐国阴阳家邹衍"以为儒者所谓中国者,于天下乃八十一分居其一耳。中国名曰赤县神州。赤县神州内自有九州,禹之序九州是也,不得为州数。中国外如赤县神州者九,乃所谓九州也。于是有裨海环之,人民禽兽莫能相通者,如一区中者,乃为一州。如此者九,乃有大瀛海环其外,天地之际焉"(《史记·孟子荀卿列传》)。古代中国的"国家"概念是中心明确、边界模糊的一个"文化概念",它的认同标准是文化价值的认同,疆界的划分倒是无关紧要的。只要是在文化上服从、认同中华文化的,都可以划进来作为"华夏之藩属",此外就是"异邦异俗"。"凡我族类,其心必同;非我族类,其心必异",族类并不是在血缘上划分的,而是文化意义上的划分。这个"疆界"就是地理中心观念下的文化范围。"中国居中、四夷宾服"的天下观,深刻影响了古代中国的历史和文化。②

有学者这样评述:中国古代历来只有天下的观念,而没有世界的意识。所谓天下观是指视中国为天下,为海内,为六合,而视天下以外是四夷,四海之外是诸夷,六合之外则圣人存而不论。换句话说,

---

① 王达三:《儒家的"天下观念"与"文化决定论"》,中华论文网,2010年3月3日。
② 参见朴至《佛教与古代中国的"天下观"》,佛学百科,2011年7月14日。

当时中国看不到有一个世界,不知道中国只是这个世界中的一分子而已。在中原王朝兴盛强大的时候,在世界地理知识不发达,世界各民族之间接触不频繁的时候,这一天下观足以满足于中国人的需要。尽管汉代的时候,中国人已经远航到印度东南海岸与斯里兰卡,唐代更远至波斯湾,上溯巴格达,到明代郑和航海则达到了东非海岸,但以中国为天下的观念并没有因此而发生根本的改变,直到晚明,世界意识才在一部分知识分子中出现,这些人才猛然明白中国不过是世界万国之一,天下原来是万国林立,而不是中国一国独尊。"这种世界意识的产生只缘于他们看到了耶稣会士利玛窦所绘制的世界地图。……然而遗憾的是,利玛窦的世界地图只是中国人从天下观转为世界观的第一步。在踏出这一步以后不久,就停步不前了。"①

2. "皇统"意义的界定

"中央帝国,天下一统,万夷臣服"是中华传统中最大的浪漫虚构。《诗经·小雅·谷风之什·北山》曰:"普天之下,莫非王土;率土之滨,莫非王臣。"《白虎通义》云:"王者,往也,天下所归往。""王者受命,必立天下之美号……必改号者,所以明天命已著,欲显扬己于天下也。"《尚书》云:"天子作民父母,以为天下王,何以知帝,亦称天子,也以法天下也。"《易》云:"伏羲氏之王天下也,爵有五等,以法五行,也或三等者法三光,也或法三光,或法五行,何质家者,据天故法三光文家者,据地故法五行。"

3. "玄学"意义的界定

从玄学意义上精辟谈及"天下"的是老子。他提到:"寂兮寥兮独立不改,周行而不殆,可以为天下母。"(《道德经》第二十五章)"知其雄,守其雌,为天下溪。为天下溪,常德不离,复归于婴儿。知其白,守其黑,为天下式。为天下式,常德不忒,复归于无极。知其荣,守其辱,为天下谷。为天下谷,常德乃足,复归于朴。朴散则为器,圣人用之,则为官长,故大制不割。"(《道德经》第二十八

---

① 周振鹤:《从天下观到世界观的第一步——读〈利玛窦世界地图研究〉》,《中国测绘》2005 年第 4 期。

第十五章 西学东渐与中华传统天下主义

章)"将欲取天下而为之,吾见其不得已。天下神器,不可为也,不可执也。"(《道德经》第二十九章)"以道佐人主者,不以兵强天下,其事好还。"(《道德经》第三十章)"夫乐杀人者,则不可得志于天下矣。"(《道德经》第三十一章)"譬道之在天下,犹川谷之于江海。"(《道德经》第三十二章)"执大象,天下往。"(《道德经》第三十五章)"天下之至柔,驰骋天下之至坚。无有入无间,吾是以知无为之有益。不言之教,无为之益,天下希及之。"(《道德经》第四十三章)"清静为天下正。"(《道德经》第四十五章)"天下有道,却走马以粪,天下无道,戎马生于郊。"(《道德经》第四十六章)"不出户,知天下;不窥牖,见天道。"(《道德经》第四十七章)"无为而无不为,取天下常以无事;及其有事,不足以取天下。"(《道德经》第四十八章)"圣人在天下,歙歙焉为天下浑其心,百姓皆注其耳目,圣人皆孩之。"(《道德经》第四十九章)"天下有始,以为天下母。"(《道德经》第五十二章)

4."德治"意义的界定

这恐怕是中国传统思想家最注重的一种对"天下"的界定。孔子与孟子的人生目的是要"修身,养性,齐家,治国,平天下"。甚至"半部《论语》治天下"成为脍炙人口的警句。孔子曰:"天下有道,则礼乐征伐自天子出;天下无道,则礼乐征伐自诸侯出。自诸侯出,盖十世希不失矣;自大夫出,五世希不失矣;陪臣执国命,三世希不失矣。天下有道,则政不在大夫。天下有道,则庶人不议。"(《论语·季氏》)"仪封人请见。曰:君子之至于斯也,吾未尝不得见也。从者见之。出曰:二三子,何患于丧乎?天下之无道也久矣,天将以夫子为木铎。"(《论语·八佾》)《孔子家语·在厄第二十》有这样的记述:子贡曰:"夫子之道至大,故天下莫能容夫子,夫子盍少贬焉?"颜回曰:"夫子之道至大,天下莫能容;虽然夫子推而行之,世不我用,有国者之丑也,夫子何病焉?不容然后见君子。"此外,还有不少其他提及"天下"的名句,如子曰:"巍巍乎,舜禹之有天下也,而不与焉";"笃信好学,守死善道,危邦不入,乱邦不居。天下有道则见,无道则隐。邦有道,贫且贱焉,耻也;邦无道,富且贵焉,耻也";"天下有道,则庶人不议";"管仲相桓公,霸诸侯,一匡天下,民到于今受其赐。微管仲,吾其被发左衽矣"(《论语·宪问》)等。

《大学》宣称:"所谓平天下在治其国者,上老老而民兴孝;上长长而民兴弟;上恤孤而民不倍。是以君子有絜矩之道也。所恶于上毋以使下;所恶于下毋以事上;所恶于前毋以先后;所恶于后毋以从前;所恶于右毋以交于左;所恶于左毋以交于右。此之谓絜矩之道。"《中庸》首章说:"喜怒哀乐之未发,谓之中,发而皆中节,谓之和;中也者,天下之大本也;和也者,天下之达道也。致中和,天地位焉,万物育焉。"子曰:"克己复礼为仁。一日克己复礼,天下归仁焉。"(《论语·颜渊》)

孟子也经常提及"天下",如"天下之本在国,国之本在家,家之本在身"(《孟子·离娄上》)。"桀、纣之失天下也,失其民也。失其民者,失其心也。得天下有道:得其民,斯得天下矣。得其民有道:得其心,斯得民矣。得其心有道:所欲与之聚之,所恶勿施,尔也。民之归仁也,犹水之就下,兽之走圹也。故为渊驱鱼者,獭也;为丛驱爵者;为汤武驱民者,桀与纣也。今天下之君有好仁者,则诸侯皆为之驱矣那。虽欲无王,不可得已。今之欲王者,犹七年之病求三年之艾也。苟为不畜,终身不得。苟不志于仁,终身忧辱,以陷于死亡。"(同上)孟子曰:"君子有三乐,而王天下不与存焉。父母俱存,兄弟无故,一乐也。仰不愧于天,俯不怍于人,二乐也。得天下英才而教育之,三乐也。君子有三乐,而王天下不与存焉。"孟子在评价伊尹时说道:"思天下之民匹夫匹妇有不被尧舜之泽者,若己推而内之沟中——其自任天下之重也。"(《孟子·万章下》)梁惠王问孟子:"天下恶乎定?"孟子回答说:"定于一。"王又问:"孰能一之?"孟子回答说:"不嗜杀人者能一之。"(《孟子·梁惠王上》)孟子还主张:"行一不义,杀一不辜,而得天下,不为也。"(《孟子·公孙丑上》)

西汉戴圣在《礼记·礼运篇》声言:"以天下为一家,以中国为一人。""大道之行也,与三代之英,丘未之逮也,而有志焉。大道之行也,天下为公,选贤与能,讲信修睦。故人不独亲其亲,不独子其子,使老有所终,壮有所用,幼有所长,矜、寡、孤、独、废疾者皆有所养,男有分,女有归。货恶其弃于地也,不必藏于己;力恶其不出于身也,不必为己。是故谋闭而不兴,盗窃乱贼而不作,故外户而不闭,是谓大同。"《淮南子·氾论训》则宣称:"言而不信,期而必当,天下之高行也……"

可以说《墨子》关于"天下"所说为最多,相对而言,更接近世界主义,如:"昔之圣王禹、汤、文、武,兼爱天下之百姓,率以尊天事鬼,其利人多,故天福之,使立为天子,天下诸侯皆宾事之";"故唯昔三代圣王尧、舜、禹、汤、文、武之所以王天下、正诸侯者,此亦其法已";"今大者治天下,其次治大国,而无法所度,此不若百工辩也";"天下之为君者众,而仁者寡,若皆法其君,此法不仁也";"故节于身,诲于民,是以天下之民可得而治,财用可得而足";"武王之治天下也,不若成汤。成汤之治天下也,不若尧舜"等。

《道德经》中多次从"德治"角度提及天下,如:"故贵以身为天下,若可寄天下。爱以身为天下,若可托天下。夫唯不争,故天下莫能与之争。"(《道德经》第十三章)"修之于身,其德乃真;修之于家,其德乃余;修之于乡,其德乃长;修之于邦,其德乃丰;修之于天下,其德乃普。故以身观身,以家观家,以乡观乡,以邦观邦,以天下观天下。"(《道德经》第五十四章)"以正治国,以奇用兵,以无事取天下。吾何以知其然哉?以此:天下多忌讳,而民弥贫;人多利器,国家滋昏;人多伎巧,奇物滋起;法令滋彰,盗贼多有。"(《道德经》第五十七章)"治大国,若烹小鲜,以道莅天下,其鬼不神。"(《道德经》第六十章)"大邦者下流,天下之牝,天下之交也。"(《道德经》第六十一章)"古之所以贵此道者何?不曰:求以得,有罪以免邪?故为天下贵。"(《道德经》第六十二章)"天下难事,必作于易;天下大事,必作于细。"(《道德经》第六十三章)"是以天下乐推而不厌。以其不争,故天下莫能与之争。"(《道德经》第六十六章)"天下皆谓我'道'大,似不肖。夫唯大,故似不肖。

若肖，久矣其细也夫！我有三宝，持而保之：一曰慈，二曰俭，三曰不敢为天下先。慈故能勇；俭故能广；不敢为天下先，故能成器长。"(《道德经》第六十七章)"孰能有余以奉天下，唯有道者。"(《道德经》第七十七章)"天下莫柔弱于水，而攻坚强者莫之能胜，以其无以易之。弱之胜强，柔之胜刚，天下莫不知，莫能行。是以圣人云：'受国之垢，是谓社稷主；受国不祥，是为天下王。'正言若反。"(《道德经》第七十八章)

《庄子·天下篇》以天下为题，褒贬诸子百家的思想："天下之治方术者多矣，皆以其有为不可加矣！……古之人其备乎！配神明，醇天地，育万物，和天下……其数散于天下而设于中国者，百家之学时或称而道之。……其数散于天下而设于中国者，百家之学时或称而道之……天下大乱，贤圣不明，道德不一。天下多得一察焉以自好……是故内圣外王之道，暗而不明，郁而不发，天下之人各为其所欲焉以自为方……后世之学者，不幸不见天地之纯，古人之大体。道术将为天下裂……恐其不可以为圣人之道，反天下之心。天下不堪。墨子虽独能任，奈天下何！离于天下，其去王也远矣！墨子称道曰：'昔禹之湮洪水，决江河而通四夷九州也。名山三百，支川三千，小者无数。禹亲自操橐耜而九杂天下之川……禹大圣也，而形劳天下也如此。腓无胈，胫无毛，沐甚雨，栉疾风，置万国。禹大圣也，而形劳天下也如此……虽然，墨子真天下之好也，将求之不得也，虽枯槁不舍也，才士也夫！……请欲置之以为主。见侮不辱，救民之斗，禁攻寝兵，救世之战。以此周行天下，上说下教。虽天下不取，强聒而不舍者也…先生恐不得饱，弟子虽饥，不忘天下，日夜不休。'曰：'我必得活哉！'图傲乎救世之士哉！曰：'君子不为苛察，不以身假物。'以为无益于天下者，明之不如已也……奚髁无任，而笑天下之尚贤也；纵脱无行，而非天下之大圣……老聃曰：'知其雄，守其雌，为天下溪；知其白，守其辱，为天下谷。'人皆取先，己独取后。曰：'受天下之垢'……惠施以此为大，观于天下而晓辩者，天下之辩者相与乐之……卵有毛。鸡有三足。郢有天下……惠施日以其知与之辩，特与天下之辩者为怪，此其柢也。"不过庄子还是与老子一脉相承,也主张:"无为也,则用天下而有余;有为也,则为天下用而不足。"

对古代骚人墨客来说,"天下"是津津乐道的话题,如:"安得广厦千万间,大庇天下寒士俱欢颜"(杜甫《茅屋为秋风所破歌》);"天子之尊,非天帝大神也,皆人也"(唐甄《潜书·抑尊》);"天下者,天下之天下,非一人之私有也"(朱熹《四书集注·孟子万章注》);"臣闻以德服人,天下欣戴,以力服人,天下怨望"(范仲淹《奏上时务书》);"先天下之忧而忧,后天下之乐而乐"(范仲淹《岳阳楼记》);"人君必以其道服天下,而不以名位临天下。夫莫尊于君之名,莫重于君之位,然而不得其道以行之,则生杀予夺之命皆无以服天下之心"(范仲淹《水心别集》卷一《君德一》)等。朱熹对范仲淹评价道:"且如一个范文正公,自做秀才时便以天下为己任,无一事不理会过。一旦仁宗大用之,便做出许多事业。"(《朱子语类》卷一二九)北宋赵普曾说过:"臣平生所知,诚不出此。昔以其半辅太祖定天下,今欲以其半辅陛下致太平。"《宋史·赵普传》如此评价赵普:"普性深沉有岸谷,虽多忌克,而能以天下为己任。"明代顾炎武的《日知录·正始》有一句名言:"天下兴亡,匹夫有责。"他还强调:"有亡国,有亡天下。亡国与亡天下奚辨?曰:易姓改号,谓之亡国。仁义充塞,而至于率兽食人,人将相食,谓之亡天下。……是故知保天下,然后知保其国。保国者,其君其臣肉食者谋之。保天下者,匹夫之贱,与有责焉耳矣。"清代黄宗羲在《原臣》中倡议:"天下之大,非一人之所能治,而分治之以群工;故我之出而仕也,为天下,非为君也;为万民,非为一姓也。"

有意思的是,就连对联俗语常言中,也往往充满着"天下"的理念,如:"风声、雨声、读书声,声声入耳;家事、国事、天下事,事事关心"(明朝东林党领袖顾宪成所撰《名联谈趣》);"得民心者得天下,失民心者失天下";"秀才不出门,便知天下事";"大刀长矛打天下,金钱美女坐江山";"天下无难事,只怕有心人";

"天下之大，无奇不有"；"有理走遍天下，无理寸步难行"；"天下黄河富宁夏"，等等。

5. "知论"意义的界定

老子提及："吾言甚易知，甚易行。天下莫能知，莫能行。"（《道德经》第七十章）梁启超认为："群之道，群形质为下，群心智为上。群形质者，蝗蚁蜂蚁之群，非人道之群也，群之不已，必蠹天下，而卒为群心智之人所制。……学校振之于上，学会成之于下，欧洲之人，以心智雄于天下，自百年以来也。"（《论学会》）他在1899年的一篇日记中写道："余乡人也，九岁后始游他乡，十七岁后始游他省，了无大志。懵懵然不知有天下事。曾几何时，为十九世纪世界大风潮之势力所颠簸、所冲击、所驱遣，使我不得不为国人焉，不得不为世界人焉。"（《汗漫录》）对此，学者李欧梵认为，梁启超是一位历史上的先知，他早在19世纪末就猜到了20世纪的大趋势，甚至也为21世纪的华人提出一个有真知灼见的观点。如果照他所说，19世纪的世界大风潮使他不得不从"乡人"变成"国人"和"世界"，我们也可以说：20世纪末的世界人风潮也更使我们从"国人"变作"世界人"。"在中国，整个20世纪其实是一部以'国人'为认同主轴的民族主义的历史，这个现代历史的遗产，在世纪转移之际已经受到各种不同势力的挑战。然而'世界人'这个观念，尚未定型，目前也争论不休。"[①] 梁启超在《成败》一文中，强调："凡任天下大事者，不可不先破成败之见。然欲破此见，大非易事。必知天下之事，无所谓成，无所谓败，参透此理而笃信之，则庶几矣。何言乎无所谓成？天下进化之理，无有穷也，进一级更有一级，透一层更有一层，今之所谓文明大业者，自他日观之，或笑为野蛮，不值一钱矣。……天下之理，不外因果。不造因则断不能结果，既造因则无有不结果，而其结果之迟速远近，则因其内力与外境而生种种差别。……丈夫以身任天下事，为天下耳，非为身也，但有益于天下，成之何必自我？必求自我成之，则是为身也，非为天下也。……为

---

① 李欧梵：《从梁启超到世界主义》，《亚洲周刊》2001年6月1日。

哉?"又曰:"今日事机之会,朝去夕来,使有志之士,随变喜怒于其间,何能有为?"又曰:"当今天下之事,有眼者皆见而知之,吾党为任甚重,立志宜大,不可区区而自足。……老子曰:'不为天下先。'盖为天下先者,未有不败者也。然天下人人皆畏败而惮先,天下遂以腐坏不可收拾。吉田松阴之流,先天下以自取败者也。天下之事,往往有数百年梦想不及者,忽焉一人倡之,数人和之,不数年而遍于天下焉。……苟无此倡之之一人,则或沈埋隐伏,更历数十年、数百年而不出现,石沈大海,云散太虚而已。然后叹老氏之学之毒天下,未有艾也。"

6."史观"意义的界定

梁启超在其《先秦政治思想史》一书中评述道:"我国先哲之言政治,皆以天下为对象,此国家之所同也……天下云者,即人类全体之谓,当时所谓全体者,未必为全体,固无待言,但其鹄的,常向于其所及知之人类全体以行,而不以一部分自划,此即世界主义之真精神也。"梁启超还认为:"儒家政治对象在'天下'。然其于天下不言治而言平,又曰'天下国家可均'。平也,均也,皆正之结果也。何以正之? 道在絜矩。矩者以我为标准,絜者以我量彼。故絜矩者,即所谓能近取譬也,即同类意识之表现也。第一,所谓絜矩者,纯以平等对待的关系而始成立,故政治绝无片面的权利义务;第二,所谓絜矩者,须人人共此絜矩,各絜此矩,故政治乃天下人之政治,非一人之政治。"① 在梁启超看来,自春秋战国以来,凡百家言中,即有世界主义。世界主义为"超国家主义""反国家主义""平天下主义"。他指出,近世西方国家主义以仇嫉外人为奖励"爱国冲动"之手段。五四新文化运动使中国人大大见识了一下世界主义。我们须知"世界大同",因而不能将"国际联盟"看得"无足轻重",而且要促进其发展。国际联盟使"国际互助"深入人心,使人知道国家意志绝非绝对无限,还须"受外部节制"。因此,应建立"世界主义国家"。"国是要爱的,但不能把顽固褊狭的旧思想当成爱国。""我们的爱

---

① 梁启超:《先秦政治思想史》,东方出版社1996年版,第84—85页。

国,一面不能知有国家,不知有个人,一面不能知有国家,不知有世界。"

7. "韬略"意义的界定

《六韬》鼓吹:"大智不智、大谋不谋、大勇不勇、大利不利。利天下者,天下启之;害天下者,天下闭之。天下者非一人之天下、乃天下之天下也。取天下者,若逐野兽、而天下皆有分肉之心若同舟而济,济则皆同其利,败则皆同其害。然则皆有启之,无有闭之也。"

(二)中华传统世界主义的转型样式

一般来说,普世主义和世界主义是中国传统思想家两个最高的道德理想。

对于传统中国文化来说,人的精神、社会理想、道德价值、审美标准以及合理规范都应该是普遍的,而适用所有的人。在一定意义上,儒家、道家、墨家以及佛家等,都通过某种自然力量或存在来探查宇宙的起源、原因、性质、关系、功能以及相互作用,如"天""天命""道"以及"空"等。几乎所有中国伟大的思想家都主张某种指导或支配社会行为和人类事务的普遍道德规则,如儒家的仁、道教的慈、墨家的兼爱,以及佛家的慈悲等。在这些思想家中,最常见的道德目的是应用普世价值,将所有,或尽可能多的个人,从普通人转变一个理想的人或贤人,即完美体现了普遍道德品质的人。我们可以发现,在东方和西方世界主义之间有着区别。通过评析,可以看出中国的思想家对世界主义应用八种转型样式(the transformative modes)。从哲学角度说,样式或模式可界定为"思想复杂组合"一种特殊的形式,类型,模型,方法,框架或范式。这种转型样式、模式或范式可视作多变、交换,互动以及异化的。这种样式、模式或范式"与那些在整个历史中被推向社会边缘的个人相呼应,这些人在寻找一种方法,以便自己的声音进入研究领域。配合那些为促进社会正义和人权的学者,这些人为了引导研究者和评估者而不断转换自己的信念"。① 从历史上看,中国传统的世界主义(天下主义)理论样式已随着社会条件和社会进步而不断地得到转型。我们或许可粗列以下八类样式。

1. "家—国"样式

希洛克勒斯(Hierocles)② 提出了认同圈的模式(a circle model of identity):首先为自我,继而直系家庭,大家庭,地方团体,公民同胞,以至人类。③ 作为最终的社会单位,家庭可以看作中国传统天下主义最基本的组成部分。"这些空间上分散的家庭构成了一个在不断扩大跨国领域中的要点和联系,并由此出现了中国的新认同,即中国的世界主义。"④ 在梁启超看来:"数人群而成家,千百人群而成族,亿万人群而成国,兆京陔秭壤人群而成天下。"⑤

孔子意图平衡道德特殊性与道德普遍性之间的关系。对他而言,仁爱应越多越广泛越好。在一个家庭中所有的个人关系,他将自己有关仁爱的思想从个人扩展至家庭,以及国家的所有社会关系,然后扩展到所有国家之间的关系。孔子的正义理论主要包括公平、公正、诚信、平等、合法、适度、正直等。仁爱是人性的最高道德原则之一,它是个人、家庭、国家和国家间关系的终极理想。基于仁爱的世界主义是孔子的最终社会目的之一。孔子最重要的思想之一就是"君子敬而无失,与人恭而有礼,四海之内,皆兄弟也"(《论语·颜渊》)。"古人欲明明德于天下者,先治其国;欲治其国者,先齐其家;欲齐其家者,先修其身;欲修其身者,先正其心;欲正其心者,先诚其意;欲诚其意者,先致其知。致知在格物。格物而后知至,知至而后

---

① Donna M. Mertens, *Transformative Research and Evaluation*, Guilford Press, 2008, p. 3.
② 活动于公元430年前后的古希腊新柏拉图主义者兼斯多葛派哲学家。
③ Martha C. Nussbaum, "Kant and Stoic Cosmopolitanism", *The Journal of Political Philosophy*, Vol. 5, No. 1, 1997, pp. 1 – 25.
④ Kwok B. Chan, *Chinese Identities*, *Ethnicity and Cosmopolitanism*, Routledge, 2005, p. 116.
⑤ 梁启超:《论学会》,陈书良选编《梁启超文集》,北京燕山出版社1997年版。

意诚，意诚而后心正，心正而后身修，身修而后家齐，家齐而后国治，国治而后天下平。"（《礼记·大学》）

对老子而言，"天下万物生于有，有生于无"（《道德经》第四十章）。"以身观身，以家观家，以乡观乡，以邦观邦，以天下观天下。"（《道德经》第五十章）老子的道德是基于普遍主义。他的道是包揽整个人类社会，自然存在，超人存在以及超自然存在。柔弱胜刚强，一个国家可以示弱来战胜另一个大国。尽管《老子》80章构想了一种理想社会："小国寡民，使有什伯之器而不用；使民重死而不远徙。虽有舟舆无所乘之，虽有甲兵无所陈之，使民复结绳而用之。甘其食，美其服，安其居，乐其俗。邻国相望，鸡犬之声相闻，民至老死不相往来。"然而，这位大哲的心胸在于通过"无为而治"和"治大国如烹小鲜"来达到天下大治。他强调："是以圣人处无为之事，行不言之教；万物作而弗始，生而弗有，为而弗恃，功成而弗居。夫唯弗居，是以不去。""是以圣人之治，虚其心，实其腹，弱其志，强其骨。常使民无知无欲，使夫智者不敢为也。为无为，则无不治。""道常无为而无不为，侯王若能守之，万物将自化。""无为则无不为，取天下常以无为，及其有事，不足以取天下。""以正治国，以奇用兵，以无事取天下……天下多忌讳，而民弥贫；人多利器，国家滋昏；人多技巧，奇物滋起；法令滋章，盗贼多有。故圣人云：'我无为，而民自化；我好静，而民自正；我无事，而民自富；我无欲，而民自朴。'"其中，最画龙点睛的妙笔就是"取天下常以无为"和"以无事取天下"。

孟子对墨子的"士志于道"相当推崇，高度评价道："墨子兼爱，摩顶放踵利天下，为之。"（《孟子·尽心上》）庄子赞扬墨子"好学而博"，并是个以天下为己任的圣人："墨子真天下之好也，将求之不得也，虽枯槁不舍也，才士也夫！"（《庄子·天下》）。《汉书·艺文志·诸子略》中说："墨家者流，盖出于清庙之守。茅屋采椽，是以贵俭；养三老五更，是以兼爱；选士大射，是以上贤；宗祀严父，是以右鬼；顺四时而行，是以非命；以孝视天下，是以上同；此其所长也。及蔽者为之，见俭之利，因以非礼，推兼爱之意，而不知别亲疏。"墨子的兼爱,打破了"偏爱""专爱""特殊爱",或者说打破了"家爱",甚至"国爱",而实际上"兼爱天下"。这种兼爱是在互助互爱基础上无差异和无歧视的社会平等,它提倡一个快乐的秩序和社会的和谐,因而有利于全体社会成员。为了克服冲突、危机和其他麻烦,应通过互惠互利的交流来实行兼爱。人们总是回归于彼此的爱慕和利益,或仇恨和麻烦。兼爱是有利的,并易于实行。如果统治者鼓励和推广兼爱,并阻止那些与之相对的处罚和罚款,人们就会不断地信奉它。兼爱是圣王之道,使统治者和政治家确保和平,也是无数人们的必需品。从长远来看,兼爱树立了人类生活的和谐秩序。墨子的"理想国"是"尚同",是"天下大同"。墨子曰:"'予子天下而杀子之身,子为之乎?'必不为。何故?则天下不若身之贵也。争一言以相杀,是贵义于其身也。故曰:万事莫贵于义也。"(《墨子·贵义》)

墨家组织纪律严明,其首领称为"矩子",并由其奉行墨子之法;墨子为首任,后继者有孟胜、田襄子、腹(黄亨)等。《吕氏春秋·去私篇》记:"墨者巨子腹,居秦,其子杀人。惠王曰:'先生年长矣,非有他子也,寡人已令吏勿诛矣。'腹对曰:'墨者之法,杀人者死,伤人者刑,王虽为赐,腹不可不行墨者之法。'遂杀其子。"对腹来说,此乃"天下之大义"。这在一定意义上反映了家—国的天下样式。

一定意义上讲,宋明理学对"家—国"的天下观很为关注。朱熹给四书作注时曾强调:"天下者,天下之天下,非一人之私有也。""天下事无不可为,但在人自强如何耳。"(《朱子文集·答许顺之》)他说道:"《大学》设教,必使学者即凡天下之物,莫不因其已知之理而益穷之,以求至乎其极。至于用力之久,而一旦豁然贯通焉,则众物之表里精粗无不到,而吾心之全体大用无不明矣。此谓格物,此为知之至也"。(《大学章句·补传》)朱熹曾在奏札中强调:"人主所以制天下之事者,本乎一心。而心之所主,又有天理人欲之异,二者一分而公私邪正之涂判矣。盖天理者,此心之本然,循之则其心公而且正;人欲者,此心之疾疢,循之则其心私而且邪。"他如此评价范仲淹:"且如一个范文正公,自做秀才时便以天下为己任,无一事不理会过。一旦仁宗大用之,便做出许多事业。"(《朱子语类》卷一二九)美籍华裔学者余英时认为:"宋代的'士'不但以文化主体自居,而且也发展了高度的政治主体的意识;'以天下为己任'便是其最显著的标识。"①"以范仲淹为宋代士大夫的典范,并非出于朱熹一人的私见,而是北宋以来士阶层的共识。"余英时接着指出:士大夫与君主"共治天下"的主张是宋代士大夫"政治主体意识的显现",这一主张"出现在熙宁变法时期"。② 有学者指出余英时此说并不确切,应该说"共治天下"的主张也是出自范仲淹,因为他在天圣三年(1025)写的《奏上时务书》中就已提出,"先王建官,共理天下,必以贤俊授任,不以爵禄为恩,故百僚师师,各扬其职,上不轻授,下无冒进,此设官之大端也"。这里的"共理天下"显然就是"共治天下"。③ 根据朱熹的看法,一个人必须辨别善与恶、对与错、正义与利益,然后将自己从一个普通的人转变为一个圣人。他指出:"只有圣人有很大的政治智慧,而实现非常和谐世界。"对他来说,只有圣人才具有"天降大任"的属性。

周敦颐主张:"治天下有本,身之谓也;治天下有则,家之谓也。本必端,端本诚心而已矣,则必善,善则和亲而已矣。家难而天下易,家亲而天下疏也。家人离,必起于妇人。故睽次家人,以二女同居而志不同行也。尧所以厘降二女于妫汭,舜可禅乎?吾兹试矣。是治天下观于而已矣。不善之动,妄也;妄复则无妄矣;无妄则诚妄。故无妄次复,而曰生王以茂对时育万物,深哉!"(《通书·家人睽复无妄》第三十二)

王阳明认为:"天下之物本无可格者,其格物之功,只在身心上做。"(《阳明全书》卷三《传习录下》)"若鄙心所谓'致知格物'

---

① 余英时:《朱熹的历史世界》总序,三联书店2004年版,第3页。
② 同上书,第210、230页。
③ 李存山:《宋学与〈宋论〉——兼评余英时著〈朱熹的历史世界〉》,庞朴主编《儒林》第1辑。

者，致吾心之良知于事事物物也。吾心之良知，即所谓天理也。致吾心良知之天理于事事物物，则事事物物皆得其理矣。致吾心之良知者，致知也；事事物物皆得其理者，格物也；是合心与理而为一也。"(《阳明全书》卷二《传习录中·答顾东桥书》)王阳明指出："心即理也。天下又有心外之事、心外之理乎？"(《阳明全书》卷一《传习录上》)"天下之事虽千变万化，而皆不出于此心之一理，然后知殊途而同归、百虑而一致。"(《阳明全书》卷七《博约说》)"人孰无是良知乎？独有不能致之耳。……良知也者，是所谓天下之大本也；致是良知而行，则所谓天下之达道也。"(《阳明全书》卷八《书朱守乾卷》)"仆诚赖天之灵，偶有见于良知之学，以为必由此而后天下可得而治。"(《阳明全书》卷二《传习录中·答聂文蔚》)"天下之物本无可格者，其格物之功只在身心上做。"(《传习录下》)王阳明提倡从自然的"万物一体"到社会的"天下一家"，他声称："明明德者，立其天地万物一体之体也；亲民者，达其天地万物一体之用也。故明明德必在于亲民，而亲民乃所以明其明德也。"(《阳明全书》卷二十六《大学问》)他深入地阐述道："亲吾之父以及人之父，以及天下之父，而后吾之仁实与吾之父、人之父，与天下人之父而为一体矣。实与之为一体，而后孝之明德始明矣，亲吾之兄以及人之兄，以及天下人之兄，而后吾之仁实与吾之兄、人之兄，与天人之兄而为一体矣。实与之为一体，而后弟之明德始明矣。"推而广之，"君臣也、夫妇也、朋友也，以至于山川、鬼神、鸟兽、草木也，莫不实有以亲之，以达吾一体之仁，然后吾之明德始无不明，而真能以天地万物为一体矣"。因此，"天下之人熙熙皞皞，皆相亲如一家之亲。其才质之下者，则安其农工商贾之分，各勤其业，以相生相养，而无有乎希高慕外之心；其才能之异，若皋夔稷契者，则出而各效其能。"(《传习录中·答顾东桥书》)王阳明主张一种形而上的普遍性，并试图统一人类、自然的存在以及超自然或超人类的存在。"他把世界视为一个人的家庭和国家。至于那些能造成客体之间分裂以及自己与他人之间区别的人乃是小人。而君子则将天、地和万物看成一体，并非因他有意为之，而是对其头脑中的人性是很自然的。"①

中国式的天下主义产生某种形式和风格的道德主义，保持中国人社交生活的独特方式，不仅体现了因地域性而起源于"家庭"宗法社会的阶段，并且也象征着中国人在真正正视更广泛的"地理世界"之前通用了至少两千年的认同理念。在当前全球化时代，我们应着眼于人类之间真诚的相互沟通以及共同利益。中国古代大一统文化的普遍性主张不断地反对或采用"对世界秩序种种不同的看法，它往往涵盖了普世主义的一些说法：但这些仅是其防御性的战略考量"。② 我们可发现，中国传统文化中一个非常显著的困境是"消极的个人主义与积极的普世主义"。在中国传统中，并不存在个人权利的观念。个人并非自愿参与社会，政府的合法性并不取决于全体人民的同意。个人不是平等的，社会更不是平等的，而是分为等级的。③ 西方个人权利的概念与非西方的集体概念，不仅表明了前者是西方文化所特有的，同时也说明"个人特权高于公众利益，这在伦理上是低劣的"。④ 对钱穆而言，"在当时中国人的眼里，中国即是整个世界，即是整个的天下。中国人便等于这世界中整个的人类。当时所谓'王天下'，实即等于现代人理想中的创建世界政府。凡属世界人类文化照耀的地方，都统属于唯一政府之下，受同一的统治。'民族'与'国家'，其意义即无异于与'人类'与'世界'"。⑤

中国哲学仍然重视个人的巨大作用，"但这是一种与西方非常不

---

① Wing-tsit Chan, *A Source Book in Chinese Philosophy*, Princeton: Princeton University, 1963, p. 659.

② Prasenjit Duara, "De-Constructing the Chinese Nation", *The Australian Journal of Chinese Affairs*, No. 30, July, 1993, p. 3.

③ L. Henkin, "The Human Rights Idea in Contemporary China: A Comparative Perspective", *Human Rights in Contemporary China*, ed. R. R. Edwards, L. Henkin, A. J. Nathan, New York: Columbia University Press, 1986, pp. 26–27.

④ Julia. Tao, "The Chinese Moral Ethos and the Concept of Individual Rights", *Journal of Applied Philosophy*, Vol. 7, 1990.

⑤ 钱穆：《中国文化史导论》（修订本），商务印书馆1994年版，第37页。

同的政治个人主义"。① 儒家"将个人视为本根，而社区仅为枝叶——即个人作为基础"。② "儒家个人主义"是指个人必须发展自己的创造潜力，以至可以履行"在社会关系中的特定的角色"。③ 传统的中国社会思想始终存在着普遍性与特殊性之间的两难。普遍主义与特殊主义之间的关系，可以看作一般社会规则、道德准则在具体情况下的实际应用。普遍主义可以看作进行正确引导的价值观，在任何情况下对每一个个人都普遍适用，而特殊主义只强调在某种具体环境与关系中的个别实施。"中国是一个极为特殊的文化。在这种文化中，人们在某种特定情况下根据关系与环境来决定什么是正确的。对中国来说，法律契约对某种协议仅是一个起点。随着情况的变化，协议的条款也应变化。在中国人看来，由情况和所涉及的特定个人来确定关系。"④

在冯友兰看来："天下"乃"普天之下"，也就是"普天之下，莫非王土。率土之滨，莫非王臣"（《诗经·小雅·北山》）的那种描述。

> 《孟子》记载梁惠王问孟子："天下恶乎定？"孟子回答说："定于一。"王又问："孰能一之？"孟子回答说："不嗜杀人者能一之。"（《梁惠王》上）"一"就是"统一"。这段对话清楚地表现了时代的愿望。……"天下"的字面意义是"普天之下"。有些人将"天下"译为 empire（帝国），因为他们认为，古代中国人称之为"天下"者，只限于中国封建诸国的范围。这完全

---

① A. J. Nathan, "Sources of Chinese Rights Thinking", *Human Rights in Contemporary China*, Columbia University Press, 1986, p. 138.

② Yu-Wei Hsieh, "The Status of the Individual in Chinese Ethics", in C. A. Moore (ed.), *The Status of the Individual in East and West*, Honolulu: University of Hawaii Press, 1968, p. 280.

③ Derk Bodde, *China's Cultural Tradition: What and Whither?*, New York: Holt, Rinehart and Winston, 1966, p. 66.

④ Fons Trompenaars, http://www.via-web.de/universalism-versus-particularism/.

属实。但是我们不可以把一个名词的内涵,与某个时代的人们所了解的这个名词的外延,混淆起来。就外延说,它限于当时的人所掌握的对事实的知识;就内涵说,它是个定义的问题。举例来说,古代汉语的"人"字,当时所指的实际是限于中国血统的人,可是并不能因此就在把它译成现代汉语时译作"中国人"。古代中国人说"人"意思确实是想说人类,不过当时对人类的了解只限于在中国的人。同样的道理,古代中国人说"天下",意思是想说"世界"。不过当时对世界的了解还没有超出中国的范围。①

当代中国哲学家汤一介,从中国历史和儒家经典中找到了"和而不同"的和谐关系,"通过整合,孔子并不意味着乙完全否认甲,或反之亦然;相反,他在二者之间的相互作用以及互惠互利的变化中为甲和乙找到一个交合点"。②

2. "虚—实"样式

据斯诺瓦尔特的观点,世界主义者断言,对所有人类有关义务存在的伦理考量,都建立在一个预设的共同人性和道德普遍责任基础之上。道义的考量需要在国家和民众之间相互关系中,遵照共同人性中内在价值和尊严的伦理原则。此外,一个世界主义的伦理是在特定的本体论假设下,所发生的必要性道德主体的内在转化。这种对世界主义的理解,在甘地的非暴力哲学中得到体现。"反过来,这种内在转化,造成了对与世界主义伦理相一致教育的迫切需要。对世界主义而言,这种教育应当重新建立在寻求真与善和受教者自我内在转化之间关系上。"③ 中国哲学和宗教充满着包容性、互动性、宽恕性和转换型,因而不断地努力促进一个和谐、统一、互动、沟通和天人合一

---

① 冯友兰:《中国哲学简史》第十六章。
② Kwok B. Chan, *Chinese Identities*, *Ethnicity and Cosmopolitanism*, Routledge, 2005.
③ Dale Snauwaert, "The Ethics and Ontology of Cosmopolitanism: Education for a Shared Humanity", *Current Issues in Comparative Education*, Volume 12, Issue 1, 2009.

（或自然）的对应关系，其中包括在一个完美世界中的普遍诉求，从而超越种族、文化、民族、宗教以及其他所有社会领域。所有的人有可能通过圣人或智者的道德训导、实践和教化，而转化为"理想社会"的成员。就像苏格拉底，几乎中国最重要的传统思想家都提倡世界主义，并梦想所有的人，所有种族以及所有人类群体都应该成为一个统一世界社区的成员。在这种具有普遍和谐的社会里，人们具有共同的道德价值观和理想。一般来说，中国传统思想家先是强调玄学或抽象的"概念化"，然后又将之转型为实用和适用的"教化"。正如孔子所说："大道之行也，天下为公"（《礼记·礼运篇》），也正如庄子所说："以天地为准则，养育万物，调和天下恩泽百姓。"（《庄子·天下篇》）因此，从先秦的地域经验观到儒家"仁义"与"礼仪"观，从帝王统治的"家天下"到全体百姓"公天下"的转变，一直是古代志士仁人的共同理想。"在这个意义上，中国民众所接受的更多是一种道德的价值体系，而并非一个地域或领土的认同。他们所欣赏的是'公天下'的普遍道德原则，而非'家天下'所关注的地域之观。"① 孟子曾引用《书经》上的一段话："书曰：天降下民，作之君，作之师，惟曰其助上帝宠之。"（《孟子·梁惠王下》）

使"天下观"从虚到实，也就是从玄学到实指最典型的思想家乃近代的康有为，他强调："太一者，太极也，即元也，无形以起，有形以分，造起天地，天地之始。《易》所谓乾元统天者也。天地、阴阳、四时、鬼神，皆元之分转变化，万物资始也。"（《孟子微·中庸注·礼运注》）他特别指出："元者，气也。""万物之生皆本于元气，人于元气中，但动物之一种耳。"②

"夫性者，受天命之自然，至顺者也。不独人有之，禽兽有之，草木亦有之。附子性热，大黄性凉是也。若名之曰人，性必不远。故孔子曰'性相近也'。……夫相近，即平等之谓。故有性无学，人人

---

① Shan Chun, "On Chinese Cosmopolitanism (Tian Xia)", *Culture Mandala: The Bulletin of the Centre for East-West Cultural and Economic Studies*, Vol. 8, 2009, p. 25.
② 康有为：《大同书》，北京古籍出版社1956年版，第287页。

相等，同是食味别声被色，无所谓小人，无所谓大人也。有性无学，则人与禽兽相等，同是视听运动，无人禽之别。"（《长兴学记》）显然，康有为受到董仲舒很深的影响，因为后者曾宣称："《春秋》何贵乎元而言之？元者始也，言本正也，道王道也。王者人之始也，王正则元气和顺，风雨时，景星见。"（《春秋繁露·王道》）董仲舒还提到："唯圣人能属万物于一而系之元也。……元犹原也，其义以随天地终始也……故元者为万物之本，而人之元在焉。安在乎？乃在乎天地之前。"（《春秋繁露·重政》）康有为也受到程朱理学的一定熏陶，如朱熹曾声言："天地之间，有理有气。理也者，形而上之道也，生物之本也。气也者，形而下之器也，生物之具也。"（《朱子文集·答黄道夫》）程颐也提及："理则天下只是一个理，故推至四海而准，须是质诸天地考诸三王不易之理。"（《河南程氏遗书》卷2）康有为进一步主张："道行之而成。凡可行者谓之道，不可行者谓之非道，故天下之言道者甚多，不必辨其道与非道，但问其可行与不可行。……无他谬巧，无他高奇，而切于人事，不可须臾离，故曰'道不远人'，远人不可道也。故孔子之道，人格也，公理也，不可去者也。"（《论语注》卷15）对康有为而言，"元"为宇宙万物的本原和始基，包括天、地、人、物以及人之精神、意识、思想等在内的一切。从这个本体元中，可以演绎出人类事务中的"元"，即"仁""义""礼""智""信"以及所有政治、伦理的规范等。在他看来，社会进化根本的驱动力就是由"元"而转化的道德信条。康有为最高社会理念是他的乌托邦主义——"大同世界"。其实在整个中国历史上，"大同"一直是传统中国社会的美好理想。康有为从不同的来源吸收了各种新旧思想的养分，用来阐述他自己"天下主义"的理念。

孔子试图找到现实主义与乌托邦之间的平衡。古代法家被认为是"现实主义者"。韩非子也不例外，但他有其"理想国"和"乌托邦"，即一个完美的"法制"社会。尽管孔子的道德主义和世界主义高尚而美好，而韩非的法家思想也许更为现实和可行。康有为试图将儒家普遍主义与现代西方思想相结合。"在康有为的乌托邦理想中，我们可在现实国际关系中富有侵略性的博弈中,发现一种真正的选择。"① 有学者总结出以下儒家命题:在人、自然与宇宙之间存在着普遍的关系;这种关系可视为认识世界、构建人类知识,以及翻译和交往的本体论基础;现实性本身可通过同情的理解与其他人沟通,而这种理解的内容可通过语言表达。②

3. "内—外"样式

中国传统道德讲究"内外兼修",即孟子所说的:"穷则独善其身,达则兼善天下。"(《孟子·尽心上》)当前的世界主义者试图从甘地和西方古代哲学本体论的角度来重构世界主义的理论。"如果我们要能够应对全人类的内在价值和尊严,就必须首先进行内部自我改造。"③ 儒家强调从内在的"自我"或"心灵"转化到整个外在的"世界"或"宇宙"。对孔子来说,所谓修养不仅涉及自我教化,而且还要模仿他人的优良品质。"有子曰:其为人也孝弟而好犯上者,鲜矣。不好犯上而好作乱者,未之有也。君子务本,本立而道生。孝悌也者,其为人之本与?""大哉,尧之为君也!巍巍乎!唯天为大,唯尧则之。荡荡乎!民无能名焉。巍巍乎,其有成功也!焕乎,其有文章!"《礼记·大学》有云:"尧舜率天下以仁,而民从之;桀纣率天下以暴,而民从之。""颜渊问仁。子曰:'克己复礼为仁。一日克己复礼,天下归仁焉。为仁由己,而由人乎哉?'""子曰:'仁远乎哉?我欲仁,斯仁至矣。'"(《论语》)

老子提倡从一开始就做好准备内在道行。从某种意义上说,《道德经》可看作修身养性的指导。他说道:"上善若水。水善利万物而不争,处众人之所恶,故几于道。居,善地;心,善渊;与,善仁;

---

① B. Wang, "Kang Youwei's Vision of International Ethics in Interstate Conflict", Tianxia Workshop, Stanford University, http://www.stanford.edu/dept/asianlang/cgi-bin/about/abstracts.php.

② Vincent Shen, *Confucianism, Taoism and Constructive Realism*, WUV-Universitatsverlag, 1994, Ch. Ⅷ.

③ Dale Snauwaert, "The Ethics and Ontology of Cosmopolitanism: Education for a Shared Humanity", *Current Issues in Comparative Education*, Volume 12, Issue 1, 2009.

言，善信；政，善治；事，善能；动，善时。夫唯不争，故无尤。"（《道德经》第八章）"故道大，天大，地大，人亦大。域中有四大，而人居其一焉。人法地，地法天，天法道，道法自然。"（《道德经》第十三章）

王阳明的"良知"论来自孟子的想法。孟子曰："人之所不学而能者，其良能也；所不虑而知者，其良知也。孩提之童，无不知爱其亲者，及其长也，无不知敬其兄也。亲亲，仁也；敬长，义也；无他，达之天下也。"（《孟子·尽心上》）有学者指出："孟子和王阳明两人所论的良知，层次不同，以良知为本体，始于阳明。"① 不像孟子，王阳明将良知推向宇宙万事万物，"良知是造化的精灵，这些精灵，生天生地，成鬼成帝，皆从此出，真是与物无对"。② "人的良知，就是草木瓦石的良知，若草木瓦石无人的良知，不可以为草木瓦石矣。岂唯草木瓦石为然，天地无人的良知，亦不可为天地矣，盖天地万物与人原是一体，其发窍之最精处，是人心一点灵明。"③ 牟宗三曾回忆道："三十年前，当吾在北大时，一日熊先生与冯友兰氏谈，冯氏谓王阳明所讲的良知是一个假设，熊先生听之，即大为惊讶说：'良知是呈现，你怎么说是假设！'吾当时在旁静听，知冯氏之语底根据是康德。而闻熊先生言，则大为震动，耳目一新。"④ 为此，他还指出："这不只说明道德之可能，同时说明一切存在都以良知为基础。道德是说应当，故一决定，便有行为出现，良知一决定，便要实践，由不存在而至存在；由此扩大，宇宙万物亦如此。故良知不只是道德底基础，亦为现实存在之基础。"⑤《传习录》记载了一段有趣的对答："先生游南镇，一友指岩中花树问曰：'天下无心外之物，如此花树在深山中自开自落，于我心亦何相关？'先生曰：'你未看

---

① 朱高正：《康德四论》，台湾学生书局有限公司2001年版。
② 王阳明：《传习录》，江苏古籍出版社2001年版，第278页。
③ 同上书，第288页。
④ 牟宗三：《心体与性体》上册，上海古籍出版社1999年版，第153页。
⑤ 《牟宗三先生全集》第27卷，台湾联经出版事业股份有限公司2003年版，第214页。

此花时，此花与汝心同归于寂。你来看此花时，则此花颜色一时明白起来，便知此花不在你心外。'"对王阳明而言，道德行为与修身养性的努力有关，其外部和内部没有区别。美德可造成一个自我指导的能力，用以应对各种情况下的各种行为。具有良知的人可以适用复杂的社会关系和社会情况。先天的道德意识与后天的道德行为之间的关系就是由于良知的引导作用。前者构成真实的自我，而后者则是前者对外的显示与作用。尽管天理似乎是外在的，而与生俱来的伦理意识是道德主体的自我要求和自我满足的过程，一种完美的行为在于自我与天下的本体性统一。

4."寡—均"样式

孔子注重分配的正义，曾指出："丘也闻：有国有家者，不患寡而患不均，不患贫而患不安。"（《论语·季氏》）孟子继承和发展了这种均平思想，并进一步指出："经界不正，井地不均，谷禄不平。是故暴君污吏，必慢其经界。经界既正，分田制禄，可坐而定也。""民之为道也，有恒产者有恒心，无恒产者无恒心。苟无恒心，放辟邪侈，无不为已。"（《孟子·滕文公》）孙中山平生的题词，可能以"天下为公"为最多。据统计，至少有32件，其中有赠冯玉祥的，有赠张学良的。1924年，孙中山在《三民主义》中声称："真正的三民主义，就是孔子所希望之大同世界"，即《礼记·礼运》中所描绘的："大道之行也，天下为公。"在这个社会里，"老有所终，壮有所用，幼有所长，鳏寡孤独废疾者皆有所养"，"货恶其弃于地也，不必藏于己；力恶其不出于身也，不必为己"。他进一步揭示："我们三民主义的意思，就是民有、民治、民享。这个民有、民治、民享的意思，就是国家是人民所共有，政治是人民所共管，利益是人民所共享。照这样的说法，人民对于国家不只是共产，一切事权都是要共的"；"真正以人民为主"；"四万万人都有主权来管理国家的大事"；而平均地权，"这于国计民生，皆有大益。少数富人把持垄断的弊窦自然永绝，这是最简便易行之法"。孙中山清醒地分析道："中国数千年来都是君主专制政体，这种政体不是平等自由的国民所堪受的"；"历代皇帝专制的目的，第一要保住他们的皇位，永远家天下";"皇帝和国家没有分别,我是皇帝,所以我就是国家"。他还说:"君主总揽大权,把国家和人民做他一个人的私产,供他一个人快乐,人民受苦他总不理会。人民到了不能忍受的时候,便一天觉悟一天,知道君主专制是无道,人民应该要反抗,反抗就是革命……便发生了民权革命。民权革命是谁同谁争呢? 就是人民同皇帝争。"

5. "隐—显"样式

根据本德尔的看法,形而上学的追随者的人生可对其自我认同提供一个窗口,"我们可以了解他们在构成某种神秘世界主义中的作用"。① 对基督教来说,世界主义的理想一直建立在神秘主义的基础之上。相对而言,东方理性主义更为直观、神秘和实用。对孔子而言,正义是建立完善社会秩序的基础。他指明"学而不思则罔,思而不学则殆"(《论语·为政》)。大多数传统中国哲学家的注意力都集中在"心"的作用上。儒家学者都从正面强调直观的心态或心理的直觉,正如孟子所倡导的,"耳目之官不思,而蔽于物。物交物,则引之而已矣。心之官则思,思则得之,不思则不得也。此天之所与我者。先立乎其大者,则其小者弗能夺也。此为大人而已矣"(《孟子·告子》)。道德的实践涉及直觉,它不同于理智,因为后者是教育的结果。直觉可能会引导我们走向绝对知识和真理,但真理是我们自我存在的实现,并给予外界事物某种存在。道德意识是我们存在的实现,而理智却是外在事物的实现。它们都是我们存在的力量,并将精神力量内在或主观与外在或客观的应用相结合起来。

宋明理学,作为宋明时期唯心主义的运动,真正强调"心灵的特性"。它可分为由程颢创立的心学,其中最领先的思想家是王阳明,以及理学,其中最领先的思想家是朱熹。他们都主张,世界是由精神的理与物理的气所构成。理性原则指引和控制物质的力量,而后者则揭示前者,理性原则最终的根源是来自天的终极实在。理学派主张寻求任何物理过程中的理就是发现在所有物理和精神过程中所固有

---

① Courtney Bender, *The New Metaphysicals*: *Spirituality and the American Religious Imagination*, Chicago: University of Chicago Press, 2010, p. 153.

的理。心学派则鼓吹心本身就可以完全整合与反映宇宙的理。由于从整体上说，心与普遍的心或终极的理是等同的，我们的任务应该是研究心的性质。

陆象山、王阳明等人的学说与笛卡尔的"我思故我在"有些类似。陆象山的学派可称为心学。他认为，存在着一个普遍的秩序。遵守这个秩序的人应被奖赏，反之则受天谴。圣贤的帝王认识到存在于所有自然现象中的秩序，并得到启示。人的心灵与普遍的秩序等同，并反映了自然的方式。朱熹强调精神或心灵是由客观的实在和普遍秩序组成。在陆象山看来，精神依赖于感官知觉。他说道，"宇宙即吾心，吾心即宇宙"，并声称"心即理"，还主张天理、人理和物理只存在于头脑。对他来说，心是唯一存在。一般来说，心学派将实际的心看成理，因此本质上是善的。心利用分类的手段将理引向世界。因此，一个人的现象世界能视为心灵的作用。后来，朱熹、陆象山弟子之间发生了激烈的辩论，但前者已失去了其优势，从而为明代王阳明所替代。

对于孟子来说，所谓的良心本来是一种先验道德观念的形式，这是一种体恤百姓的手段，并用此来斥恶，礼让，明辨是非。王阳明从本体论和认识论的意义上发展了这个想法，对他而言，人的良心是"天理"。他将一个先验的道德良心还原为"天理"，既代表了世界的本质，也成为人心中的原初道德。此外，他认为，良心是判断善恶和对错的唯一标准。因此，作为先验的实体，"良心"存在于人的心中。人们根据自己内在的良心产生正确的道德行为，而不需要任何外部来源。对他来说，对先天道德意识的情绪意义就在于同时包含理性、情感和意志。天志为"天理"和"天则"所引导，而最终由"天命"所决定。像许多其他的哲学家一样，王阳明强调了"认识"和"认知能力"的功能，"认识主体"与"被认识的客体"的关系，以及"理性"与"经验"之间的相互作用。

6. "治—乱"样式

老子曰："天下有道，却走马以粪。天下无道，戎马生于郊。"（《道德经》第四十六章）孔子曰："天下有道，则礼乐征伐自天子出；天下无道，则礼乐征伐自诸侯出。……天下有道，则政不在大夫。天下有道，则庶人不议。"（《论语·季氏》）杨朱曰："古之人，损一毫利天下，不与也；悉天下奉一身，不取也。人人不损一毫，人人不利天下，天下治矣。"（《列子·杨朱》）孟子曰："夫天未欲平治天下也，如欲平治天下，当今之世，舍我其谁也？"（《孟子·公孙丑下》）"天下之生久矣，一治一乱。"（《孟子·滕文公下》）梁启超对此评判道：此为专制之国言之耳。若夫立宪之国，则一治而不能复乱。他认为："吾揆之于古，一姓受命，创法立制，数叶以后，其子孙之所奉行，必有以异于其祖父矣。而彼君民上下，犹晌焉以为吾今日之法吾祖，前者以之治天下而治，蔺然守之，因循不察，渐移渐变，百事废弛，卒至疲敝，不可收拾。代兴者审其敝而变之，斯为新王矣。苟其子孙达于此义，自审其敝而自变之，斯号中兴矣。汉唐中兴，斯固然矣。"① 他还说道："秦后至今，垂二千年，时局匪有大殊，故治法亦可不改。国初因沿明制，稍加损益，税敛极薄，征役几绝；取士以科举，虽不讲经世，而足以扬太平；选将由行伍，虽未尝学问，然足以威萑苻；任官论资格，虽不得异材，而足以止奔竞；天潢外戚，不与政事，故无权奸僭恣之虞；督抚监司，互相牵制，故无藩镇跋扈之患。使能闭关画界，永绝外敌，终古为独立之国，则墨守斯法，世世仍之，稍加整顿，未尝不足以治天下，而无如其忽与泰西诸国相遇也。泰西诸国并立，大小以数十计，狡焉思启，互相猜忌，稍不自振，则灭亡随之矣。……天下之为说者，动曰一劳永逸。此误人家国之言也。今夫人一日三食，苟有持说者曰：一食永饱，虽愚者犹知其不能也，以饱之后历数时而必饥，饥而必更求食也。今夫立法以治天下，则亦若是矣。法行十年，或数十年，或百年而必敝，敝而必更求变，天之道也。故一食而求永饱者必死，一劳而求永逸者必亡。今之为不变之说者，实则非真有见于新法之为民害也，夸毗成风，惮于兴作，但求免过，不求有功。"② 梁启超主张：治天下者有

---

① 梁启超：《变法通议自序》，陈书良选编《梁启超文集》。
② 梁启超：《论不变法之害》，陈书良选编《梁启超文集》。

三世：一曰多君为政之世，二曰一君为政之世，三曰民为政之世。……虽蓬荜之士，可以与闻天下事，如是则贤才众多，而天下事有所赖，此讥世卿之效也……呜呼，五洲万国，直一大酋长之世界焉耳！《春秋》曰："未不亦乐乎，尧舜之知君子也。"《易》曰："见群龙无首吉。"其殆为千百年以后之天下言之哉？① 他还指出："先王之为天下也公，故务治事；后世之为天下也私，故各防弊。……公莫大焉，如此则天下平矣……使以一人能任天下人所当为之事，则即以一人独享天下人所当得之利……天下有事，上之天子。"②

7. "静—动"样式

据《礼记·杂记下》记载：在看祭礼时，孔子问弟子子贡道："赐（子贡的名字）也乐乎？"子贡答："一国之人皆若狂，赐未知其乐也。"孔子曰："张而不弛，文武不能；弛而不张，文武弗为也；一张一弛，文武之道也。"这里的文武指善于治国的周文王、周武王意思是：在拉弓时只有时而紧张，时而放松，劳逸结合，宽严相济，这才方显周文王、周武王治国之法。这里实际上讲的是一种"静与动""稳与变"的节奏关系。梁启超说："夫奴性也，愚昧也，为我也，好伪也，怯懦也，无动也，皆天下最可耻之事也。"他指出："今天下之变亟矣。"③ "要而论之，法者天下之公器也，变者天下之公理也。大地既通，万国蒸蒸，日趋于上，大势相迫，非可阏制，变亦变，不变亦变。变而变者，变之权操诸己，可以保国，可以保种，可以保教；不变而变者，变之权让诸人，束缚之，驰骤之。"④ "新新不已。此动力之根原也。……《易》抑阴而扶阳，则柔阴与刚动异也。痛乎，有老氏者出，言静而戒动，言柔而戒刚，乡曲之士，给馆粥，察难豚，而长养子孙，以之自足而苟视息焉，固亦术之工者矣。乌知乎天子术焉，士大夫术焉，诸侯王术焉，卒使数千年来成乎似忠

---

① 梁启超：《论君政民政相嬗之理》，陈书良选编《梁启超文集》。
② 梁启超：《论中国积弱由于防弊》，陈书良选编《梁启超文集》。
③ 梁启超：《论学会》，陈书良选编《梁启超文集》。
④ 梁启超：《论不变法之害》，陈书良选编《梁启超文集》。

信、似廉洁，一无刺无非之乡愿天下。言学术则曰宁静，言治术则曰安静。""乃今天下营营于科目，孳孳于权利……若夫中国则不然，压力之重，既不如从前之欧美日本，而柔静无为之毒，已深中人心，于是压力动力，浸淫至于两无，以成今日不君权、不民权之天下。"①当时有人提出："西人以动力横绝五洲也。通商传教，觅地布种，其粗迹也。其政学之精进不已，骎骎乎突过乎升平。无可惧也，无可骇也，乃天之日新地球之运，而生吾中国之动力也。"梁启超回应道："斯固然矣，然以吾所见吾中国者，微论其精，其粗者不可得也。何也? 科举不变，士欲动，而至庸极陋之时文继之；铁路不修，商欲动，而淹滞迂回之舟车继之；机器不兴，工欲动，而笨拙粗疏之刀锯继之；电化不讲，农欲动，而勤苦胼胝之耒耜继之。生一人即予一继，继一人即防一弊。"② 梁启超认为以愚忠之天下，"是何异立无数木偶而使之治天下也。今之所谓老后、老臣、老将、老吏者，其修身、齐家、治国、平天下之手段，皆具于是矣"。③

8. "知—行"样式

对梁启超而言，"从古已然，况今日中国之官之士之民，智识未开，瞢然不知有天下之事，其见改革而惊讶，固所当然也。……忧国之士，汗且喘走天下……"④ "有天下之责者，尚可以知所从也。"⑤ "积小高大，扩而充之，天下无不成学之人矣。"⑥ "而况此辈中西兼习，其教之也当厚植其根柢，养蓄其大器，非五年以后，不欲其出而与闻天下事也。"⑦ 在梁启超看来，天下最可厌、可憎、可鄙之人，莫过于旁观者。"天下事不能有客而无主……天下固有不识字、不治生之人而不浑沌者，亦有号称能识字、能治生之人而实大浑沌者。大

---

① 梁启超：《说动》，陈书良选编《梁启超文集》。
② 同上。
③ 梁启超：《少年中国说》，陈书良选编《梁启超文集》。
④ 梁启超：《政变原因答客难》，陈书良选编《梁启超文集》。
⑤ 梁启超：《论不变法之害》，陈书良选编《梁启超文集》。
⑥ 梁启超：《论学会》，陈书良选编《梁启超文集》。
⑦ 梁启超：《论湖南应办之事》，陈书良选编《梁启超文集》。

抵京外大小数十万之官吏，应乡、会、岁、科试数百万之士子，满天下之商人，皆于其中十有九属于此派者。一国聪明才智之士，皆走集于其旗下，而方在萌芽卵孵之少年子弟，转率仿效之，如麻疯、肺病者传其种于子孙，故遗毒遍于天下，此为旁观派中之最有魔力者。……以天下为无可为之事；暴弃派者，以我为无可为之人也。"①
"天下事固有于理论上不可不行，而事实上万不可行者，亦有在他时他地可得极良之结果，而在此时此地反招不良之结果者。"②

（三）传统天下主义所受的外部冲击和影响

两千多年来，中国传统的天下主义曾至少受到六次来自外部不同程度的冲击和影响，如张骞出使西域、佛教东传华夏、百夷会聚长安、郑和七下西洋、利玛窦世界图、西方列强侵华等。其中以佛教东传华夏为例：

> "古代中国人的'中国'常常是一个文明的空间观念，而不是有明确国界的地理概念"，即使张骞通西域，班超父子开拓西域交通，甘英到达波斯湾，中国与外界的交往增多，第一次大大地拓展了中国人对世界的实际认识，但古代中国关于"天下"、"中国"、"四夷"的观念仍然固执的没有改变。这种固执的原因在于，整个传统时代，除了佛教以外，中国从来没有受到真正的文明挑战，而其他外来文明不断被中国消解与融合，中国人始终相信自己是世界中心，认为华夏文明是至高无上的，周边的民族是野蛮不开化的，除了维持朝贡体系外，不必刻意关注他们。……印度佛教的传入，是第一次有可能真正冲击中国人"天下观"的契机。系统介绍佛教世界观及其地理观念的经典是《楼碳经》，其他如《华严经》、《法苑珠林》等经典中也有关于佛教世界观的文字。在空间地理观念上，佛教有两点与中国人不

---

① 梁启超：《呵旁观者文》，陈书良选编《梁启超文集》。
② 梁启超：《过渡时代论》，陈书良选编《梁启超文集》。

同：一是佛教的世界体系包括更广，中国只是其中部分；二是佛教认为天下中心不是中国，而是印度。……佛教的传入让古代中国的"天下观"出现裂痕，使得部分中国佛教徒重新思考中国与世界的关系，这是打破封闭的"天下观"的一次机会（另一次是张骞出使西域），但古代中国的天下观被打破还要等到明代万历年间利玛窦绘制出新的世界地图，而直到19世纪在西方武力的逼迫下才彻底的分崩裂析。这种观念的变化过程是漫长的，是"细雨润无声"的渗透，同时也伴随着中国人心情的悲凉。①

再以利玛窦世界图为例，据南京博物院院长龚良考证，从1582年来华到1610年在北京去世，利玛窦在中国共绘制了6种世界地图，现在国内保存的利玛窦世界地图只有2幅，其中就包括南京博物院收藏的摹绘彩色《坤舆万国全图》。在利玛窦来华前，中国人认为自己处于大地的中央，文化昌明，中国之外皆是蛮荒之地，其他国家不过是四夷；而欧洲人则认为中国不是真实存在的国家，不过是马可·波罗笔下的神话传说。利玛窦在中西方架起了一座互相认识的桥梁，而这份400年前的《坤舆万国全图》，就是那个时代中国和欧洲相互了解的一件标志性文物。

万历三十年（1602），传教士利玛窦在官员李之藻的帮助下，制成并刻版印刷黑白世界地图《坤舆万国全图》。这张地图对后来中国地图影响深远：它一改世界地图将欧洲置于中心的传统，而将中国放在地图中央，开创了中国绘制世界地图的模式；大量地名的汉译如欧罗巴、亚细亚、大西洋、地中海、罗马、古巴和加拿大等沿用至今；一些名词如地球、经线、纬线、南北极和赤道以及五大气候带等，成为中国地理学的基础概念。更重要的是，《坤舆万国全图》《两仪玄览图》等一批世界地图，第一次将世界展现在国人面前，人们才猛然发现，原来中国不过是世界诸国之一，并不是世界的中心，更不是一国独尊，中国传统的"天下观"到了面对"世界观"的时

---

① 朴至：《佛教与古代中国的"天下观"》，佛学百科，2011年7月14日。

刻。……利玛窦的《坤舆万国全图》历次刻印了12次之多，然而当世界展现在眼前时，士大夫阶层中的一些人选择了闭目塞听，甚至是排斥和嘲笑。直到第一次鸦片战争，满朝文武竟然不知道与自己开战的英吉利究竟在世界的哪一个角落，林则徐甚至认为，英国人膝盖不能弯曲，用竹竿将其扑倒便无法自行站起。1500年前后地理大发现，世界开始连成一体，中国却选择了闭关锁国。在南京博物馆藏摹绘本《坤舆万国全图》问世之际，从印度到斯里兰卡，从菲律宾到印度尼西亚，中国的大门外活跃着欧洲人的身影，但即使葡萄牙人占据澳门、荷兰人占据了台湾，仍然不能惊醒天朝上国的迷梦。在《坤舆万国全图》诞生的时代，世界的天平正在悄悄地发生倾斜。16世纪前，中国的发明创造水平远超欧洲，但是随后却发生了180度大逆转。这正是著名的"李约瑟难题"：为什么科技革命和工业革命没有在原本发达的中国率先发生，而是发生在17世纪的欧洲？答案五花八门，包括文化基因、科举制度、保守主义、学术传统等，却没有令多数人信服的答案。400年后的今天，当我们再次审视《坤舆万国全图》时不禁感慨万千，因为当年与世界失之交臂，中华文明不得不经历枪炮与热血的淬炼，才得以浴火重生。即使今天，在这幅堪称艺术精品的地图上，那鼓起的风帆仍能让人感受到一个新时代扑面而来的气息。400年后的今天，我们是否应该把它看作带着密码的文化启蒙呢？[①]

（四）中国近现代有关世界主义的论争

近代中国思想家中，对"世界主义"陈述较深的当属康有为和他的《大同书》。梁启超曾在所著《清代学术概论》中，总结出《大同书》的精髓，并赞誉此书"理想与今世所谓世界主义、社会主义者多合符契，而陈义之高且过之"。荀子曰："以天下之合为君，则天下未尝合于桀、纣也。然则以汤、武为弑，则天下未尝有说也，直堕之耳。故天子唯其人。天下者，至重也，非至强莫之能任；至大

[①] 参见王宏伟《当"天下观"碰上"世界观"》，《新华日报》2011年3月21日。

也,非至辨莫之能分;至众也,非至明莫之能和。此三至者,非圣人莫之能尽。故非圣人莫之能王。圣人,备道全美者也,是县天下之权称也。"(《正论》)康有为曾对此论,在《孔子改制考》中作了以下阐释:"天下往归谓之王,天下不往归,民皆散而去之,谓之匹夫。"康有为采用了西汉时期公羊学派"三世"说,并中西合璧,掺和了近代西方进化论的某些观点。他声称:天道,后起者胜于先起也;人道,后人逸于前人也。现自君主专制的"据乱世"演变成君主立宪的"升平世",而后再进化到民主的"太平世"。对康有为而言,当时的中国社会为"据乱世",而欧美国家大体上为"升平世",后者比前者要先进,故应当取而代之;显然,未来的理想世界应为"太平世"。康有为将《礼记·礼运》中的"小康""大同",佛家慈悲说,西方的民主、自由、平等、博爱等思想拼凑在一起,构思了"大同"社会的愿景。在这个大同世界里,私有制已全然废除,"凡农工商之业,必归之公"。农业上,土地私有制和土地买卖、兼并都遭取缔,"举天下之田皆为公有,人无得私有而买卖之"。工业上,"大同世之工业,使天下之工必尽归公,凡百工大小之制造厂,铁道、轮船皆归公焉,不许有独人之私业也"。商业上,"不得有私产之商,举全地之商业,皆归公政府商部统之"。除此之外的行业,如林业、渔业、牧业、矿业、金融,都转为公营;凡公共福利事业,如育婴院、养老院和文教图书机构、学校等,均实行公产、公营。在大同社会中,经济活动的各个领域都由计划决定。整个生产与分配体制发达而有序,使每个人的生产和消费都可得最大满足,社会财富可得最有效的应用。"无重复之余货,无腐败之珍天物。"在这个"大同"社会里,国家、家族、阶级(等级)、君主、贵族全部消失,而人人享受美好的生活。①

在近现代思想家中,梁启超也许是谈及中国式世界主义,即"天下"观最多的一位。本书著者粗数了一下,在《梁启超文集》(陈书良选编)中竟有300多处。他分别从地域观、历史观、知识

---

① 参见康有为《大同书》。

观、伦理观、法律观等多重角度提到过这一概念。有意义的是，梁启超常将世界与天下联系在一起。例如早在1899发表的《戊戌六君子传》中，梁启超记录道，康有为认为"西后之专横，旧党之顽固，皇上非不知之，然皇上犹且舍位亡身以救天下，我悉受知遇，义固不可引身而退也"。光绪皇帝对此回答说："欲发明公理以救全世界之众生者，他日之事业正多，责任正重，今尚非死所也。"① 梁启超还强调："今日世界之事，无有大于中国之强弱兴亡者，天下万国大政治家所来往于胸中之第一大问题，即支那问题是也。故支那问题，即不啻世界问题；支那人言国家主义，即不啻言世界主义。"② 1901年，梁启超指出，对西方强权派而言，"天下无天授之权利，唯有强者之权利而已，故众生有天然之不平等，自主之权当以血汗而获得之……世界之大部分，被掌握下无智无能之民族……故势不可不使此劣等民族，受优等民族之指挥监督，务令适宜之政治，普遍于全世界，然后可以随地投资本，以图事业之发达，以增天下之公益"。③ 同年，他针对《清议报》而评论说，这份报纸的时代，"实为中国与世界最有关系之时代，读者若能研究此时代之历史，而有所心得，有所感奋，则其于天下事，思过半矣"。④ 第二年，他议论道："又始寻得太平洋航海线，而新世界始开。今日之有亚美利加合众国，灿然为世界文明第一，而骎骎握全地球之霸权者，歌白尼之为之也。不宁唯是，天文学之既兴也，从前宗教家种种凭空构造之谬论，不复足以欺天下，而种种格致实学从此而生。虽谓天文学为宗教改革之强援，为诸种格致学之鼻祖，非过言也。哥白尼之关系于世界何如也！"⑤ 同年，他又尖锐地提到："中国以开化最古闻于天下……由于自满自情，墨守旧习，至今阅三千余年……我中国民族，无活泼之气象，无勇敢之精

---

① 梁启超：《戊戌六君子传》，陈书良选编《梁启超文集》。
② 梁启超：《答客难》，陈书良选编《梁启超文集》。
③ 梁启超：《国家思想变迁异同论》，陈书良选编《梁启超文集》。
④ 梁启超：《〈清议报〉一百册祝辞并论报馆之责任及本馆之经历》（节录），陈书良选编《梁启超文集》。
⑤ 梁启超：《论学术之势力左右世界》，陈书良选编《梁启超文集》。

神，无沈雄强毅之魄力，其原因虽非一端，而早婚亦实尸其咎矣。一人如是，则为废人；积人成国，则废为国。……中国之弱于天下，皆此之由！中国人以善传种闻于天下。综世界之民数，而吾国居三之一焉，盖亦足以自豪矣。虽然，顾可恃乎？"①"今以革命译 Revo，遂使天下士君子拘墟于字面，以为谈及此义，则必与现在王朝一人一姓为敌，因避之若将浼己。而彼凭权借势者，亦将曰是不利于我也，相与窒遏之、摧锄之，使一国不能顺应于世界大势以自存。若是者皆名不正言不顺之为害也。故吾今欲与海内识者纵论革义。"②"世界之无英雄，实世界进步之征验也。……古之天下，所以一治一乱如循环者……不倚赖英雄之境界，然后为真文明，然后以之立国而国可立，以之平天下而天下可平。"③ 10 年后，即 1922 年，梁启超在引用孟子"天下之生久矣，一治一乱"后，感叹道："我向来最不喜欢听这句话（记得二十年前在《新民丛报》里头有几篇文章很驳他），因为和我所信的进化主义不相容。但近来我也不敢十分坚持了。我们平心一看，几千年中国历史，是不是一治一乱的在那里循环？何止中国，全世界只怕也是如此。"④

世界主义在中国曾遭遇以孙中山为首的批判，这是以孙中山与罗素的一次隔空"对话"而完成的一次"论战"。世界主义大约于 20 世纪在中国的传播，但是正值第一次世界大战前后与中国北洋军阀统治时期。德国国家主义与北洋军阀的腐败无能使国人试图另觅出路。世界主义当然就成了中国思想文化界的一个重要选向。据学者桑兵考证，其时梁启超、蔡元培、陈独秀、戴季陶、胡适等著名学者均曾赞赏过世界主义，他们中有人甚或长期坚持世界主义。有些外国学者如罗素也在中国课堂上"宣扬世界主义"。"在这些学界泰斗风向标的作用下，那些倾慕西方文明的青年学生对世界主义更是顶礼膜拜，狂

---

① 梁启超：《新民议》，陈书良选编《梁启超文集》。
② 梁启超：《释革》，陈书良选编《梁启超文集》。
③ 梁启超：《文明与英雄之比例》，陈书良选编《梁启超文集》。
④ 梁启超：《研究文化史的几个重要问题》，陈书良选编《梁启超文集》。

热鼓吹。当时的中国文化界,世界主义和无政府主义遥相呼应,民族主义逐渐被边缘化,并终于淡出了许多知识分子的视野。"[1]

就连孙中山本人也认为,世界主义在欧洲是近世才发表出来的,我们要保守这种精神,扩充这种精神。世界主义之输入中国,乃欧风美雨浸润之结果。然而,必须指出,世界主义乃马克思主义题中应有之义。以西方文化为背景的马克思主义、社会主义及共产主义势必同世界主义联系在一起。[2] 后来,他又指出,英、俄(布尔什维克)及五四新文化运动反对民族主义,提倡世界主义。"世界主义"在中国古已有之,即两千年前的"天下主义"。康熙是"世界主义者"。"近日中国的新青年,主张新文化,反对民族主义,就是被这种(世界主义)道理所迷惑。"然而,如果民族主义不巩固,世界主义也就不能发达。世界主义隐含在民族主义之中。[3]

不过,孙中山一面大力提倡"天下为公",自己首先身体力行,以国民公仆为己任,他一生中曾多次题书"天下为公"四字;另一方面又对世界主义进行了批判。新文化运动及五四运动以后,孙中山察觉自己鼓吹的民族主义受到了强大的挑战,但他并未明确指出究竟谁是论敌。据有学者推测:具体所指外部渊源主要是英国的罗素、俄国的无政府主义者克鲁泡特金和德国的社会主义者马克思;而内部则几乎涵盖国家主义以外新文化阵营各个派系的代表,甚至包括一度倾向社会主义的国民党人如戴季陶等。世界主义自清末取代以天下观为主导的大同思想进入中国,由于"西方"在中国人的观念世界中地位日益上升,以及欧战宣告国家主义破产,世界主义在以西为尊的新青年中渐成流行趋势。经过与外力压迫下不断高涨的爱国情绪相融合,形成"世界的国家主义"或"世界主义的国家"观念,与孙中山改造后的民族主义虽有分歧,亦存在沟通的基础。随着民族危亡的

---

[1] 屈建军:《孙中山心目中的"世界主义"》,辛亥革命网,2013 年 3 月 22 日。
[2] 参见孙中山《三民主义》,1924 年,《孙中山选集》(下),人民出版社 1950 年版,第 622 页。
[3] 同上书,第 632 页。

日趋严重，越来越多的新文化派重新回到民族国家的立场。世界主义与民族主义的取舍，始终是困扰后发展国家的两难选择。① 有研究者从反对帝国主义的角度解释演讲的内容，指出反对世界主义是孙中山在后期活动中为了宣传民族主义而进行的思想批判之一。②

1921 年 6 月 21 日至 30 日，孙中山在广东省第五次教育大会发表演说，提到："有谓欧洲各国今日已盛倡世界主义，而排斥国家主义，若我犹说民族主义，岂不逆世界潮流而自示固闭？不知世界主义，我中国实不适用。因中国积弱，主权丧失已久，宜先求富强，使世界各强国皆不敢轻视中国，贱待汉族，方配提倡此主义，否则汉族神明裔胄之资格，必随世界主义埋没以去……故兄弟敢说中国欲倡世界主义，必先恢复主权与列强平等；欲求与列强平等，又不可不先整顿内治。所以众伙计今日要行积极民族主义，更要如日本之大隈、井上之两位苦志学生，方能有用，方能为中国主人，方能去提倡世界主义。"③

1924 年 2 月，孙中山在三民主义演讲的民族主义第三讲时，再度详细阐述了对世界主义的全面反批评，他说道："英俄两国现在生出了一个新思想，这个思想是有知识的学者提倡出来的，这是什么思想呢？是反对民族主义的思想。这种思想说民族主义是狭隘的，不是宽大的；简直的说，就是世界主义。现在的英国和以前的俄国、德国，与及中国现在提倡新文化的新青年，都赞成这种主义，反对民族主义。我常听见许多新青年说，国民党的三民主义不合现在世界的新潮流，现在世界上最新最好的主义是世界主义。究竟世界主义是好是不好呢？如果这个主义是好的，为甚么中国一经亡国，民族主义就要消灭呢？世界主义，就是中国二千多年以前所讲的天下主义……大凡一种思想，不能说是好不好，只看他是合我们用不合我们用。如果合

---

① 参见桑兵《世界主义与民族主义——孙中山对新文化派的回应》，《近代史研究》2003 年第 2 期。

② 参见张磊《论孙中山的民族主义》，《孙中山：愈挫愈奋的伟大先行者》，广东人民出版社 1996 年版，第 102 页。

③ 《孙中山全集》第 5 卷，中华书局 1985 年版，第 558—559 页。

我们用便是好，不合我们用便是不好；合乎全世界的用途便是好，不合乎全世界的用途便是不好。世界上的国家，拿帝国主义把人征服了，要想保全他的特殊地位，做全世界的主人翁，便是提倡世界主义，要全世界都服从……如果民族主义不能存在，到了世界主义发达之后，我们就不能生存，就要被人淘汰。"①

在此演讲的第四讲中，孙中山进一步作了批判："强盛的国家和有力量的民族已经雄占全球，无论什么国家和什么民族的利益，都被他们垄断。他们想永远维持这种垄断的地位，再不准弱小民族复兴，所以天天鼓吹世界主义，谓民族主义的范围太狭隘。其实他们主张的世界主义，就是变相的帝国主义与变相的侵略主义……我们今日要把中国失去了的民族主义恢复起来，用此四万万人的力量为世界上的人打不平，这才算是我们四万万人的天职。列强因为恐怕我们有了这种思想，所以便生出一种似是而非的道理，主张世界主义来煽惑我们。说世界的文明要进步，人类的眼光要远大，民族主义过于狭隘，太不适宜，所以应该提倡世界主义。近日中国的新青年，主张新文化，反对民族主义，就是被这种道理所诱惑。但是这种道理，不是受屈民族所应该讲的。我们受屈民族，必先要把我们民族自由平等的地位恢复起来之后，才配得来讲世界主义。"②

1931 年，雷海宗先生在武汉大学讲授世界通史时曾将 19 世纪至 20 世纪 30 年代以前的世界主义，分为三类，即大同主义（cosmopolitanism）、国际主义（internationalism）与和平主义（pacifism）。第一类有英国小说家、文明批评家威尔斯（Herbert George Wells），美国社会学家、经济学家魏伯伦（Thorstein Veblen），英国政治、经济评论家、诺贝尔和平奖获得者安吉尔（Norman Angell），德国科学社会主义创始人卡尔·马克思（Karl Marx）等；第二类有担任过美国总统并获得诺贝尔和平奖的威尔逊（Woodrow Wilson）等；第三类有俄国作家列夫·托尔斯泰（Leo Tolstoi）、法国作家罗曼·罗兰（Ro-

---

① 《孙中山全集》第 9 卷，中华书局 1986 年版，第 216—217 页。
② 同上书，第 223—226 页。

man Rolland）和英国哲学家罗素（Bertrand Russell）等。①

为此，有学者进一步推测，孙中山批评的对象主要为突出英国与俄国，尤其是英国，首当其冲的是1920年10月至1921年7月来华讲学的罗素，因其一贯信奉和平主义和人道主义，反对民族主义与民族战争，尤其是针对第一次世界大战暴露出来的威胁人类生存发展的严重问题作出反省，对民族、国家、宗教等进行深入探讨和深刻批判。在"社会结构学"的系列演讲中，有"实业制度国家主义互相影响"一节，其中罗素揭示了"民族主义的崛起拦腰斩断了工业大生产自然地国际化的去路。而且，根源于'非理性的本能'的爱国心和民族主义在现代世界与工业大生产奇异地结合在一起，一方面，民族主义激发着工业大生产以国家为单位进行残酷的竞争，另一方面，工业大生产中激烈竞争又使民族主义这种'合群/敌对本能'发展到了前所未有的程度……世人如果没有及时醒悟过来，共同建立新的世界秩序，人类在不远的将来就会在民族战争中自我毁灭"。② 罗素一般性地反对民族主义的鲜明态度，使得后来学者在概括其来华的全部演讲内容时，甚至将"宣扬帝国主义的世界主义"列在首位。③

罗素的演讲词刊登于1921年4月5—6日的上海《民国日报》上，同年分别由北京大学新知书社和《晨报》社出版单行本。1923年，罗素离华后，在《社会结构学》系列演讲上，加写了"向国际主义的转变""发达国家的社会主义""不发达国家的社会主义"等8章，合为《工业文明的展望》一书在伦敦出版，在此书中，罗素进一步揭露"民族主义的本质是人们将本民族与他民族对立起来的一种敌对情绪"，他既反对压迫民族的民族主义即帝国主义，也反对被压迫民族的民族主义即民族自决，认为民族自决原则下的爱国主义与帝国主义原则下的爱国主义界限相当模糊，一旦依靠爱国主义激情获

---

① 参见雷海宗撰，王敦书整理《西洋文化史纲要》，上海古籍出版社2001年版，第294—295页。
② 冯崇义：《罗素与中国》，第74—77、138—139页。
③ 参见彭明《五四运动史》（修订本），人民出版社1998年版，第565页。

得民族自决，这种激情很容易转化为对外侵略和谋求霸权的动因。同时，世界各民族很难达到或保持长期的均衡，诉诸民族自决原则只会使各民族之间无休止地战斗下去。民族主义或爱国主义归根结底是有害的，医治民族主义的唯一药方就是消灭民族主义，使人类的精力和情感不再服务于民族对立。理想的办法是人类自觉地组成一个具有最高权威的"世界政府"，按照工业大生产本身的需要，合理地解决原料和能源的分配问题、移民问题、民族之间的领土问题，为此需要大力提倡国际主义。[1]

罗素来华及其演讲，在青年学生中引起很大反响，1924年北京大学以学生为主要对象所做的民意调查"中国之外谁是最伟大的人"显示，罗素仅在列宁和威尔逊之后，排列第3位，比先其来华演讲、名列第11位的杜威（J. Dewey）高得多。[2] 其反对民族主义、鼓吹世界主义的主张，在崇尚西方文明并开始向往社会主义的青年学生当中引起不少共鸣。孙中山几度针对世界主义反对民族主义论调的公开演讲，与罗素来华演讲及其相关著作的出版在时间顺序上如此吻合，恐怕反映了一定的因果联系。[3]

尽管罗素信奉和平主义与世界主义，反对包括民族自决在内的一切形式的民族主义，他为中国设计的发展道路却是统一、独立、实行国家社会主义，以及在吸收西方文明优秀成分的基础上发展道德文化，这与孙中山的主张大致吻合。后来罗素在商团事件中旗帜鲜明地支持孙中山。[4] 像杜威一样，罗素还是希望孙中山的温和社会主义运动能够在中国获得成功。[5]

---

[1] 参见桑兵《世界主义与民族主义——孙中山对新文化派的回应》，《近代史研究》2003年第2期。

[2] 参见《北京大学日刊》1924年3月4—7日。

[3] 参见桑兵《世界主义与民族主义——孙中山对新文化派的回应》，《近代史研究》2003年第2期。

[4] 参见冯崇义《罗素与中国》，第29页。

[5] Ray Monk, *Bertrand Russell: The Spirit of Solitude, 1872—1921*, Volume 1, The Free Press, 1996, p. 592.

思想的再对话
NEW COMPARATIVISM

20世纪90年代就有一些学者认为，中国应扬弃被压迫的，或解放的民族主义思想，以传统中华文化的天下主义外交哲学取而代之。有的指出，"在这个加速全球化的时代，在中国复兴而取得与世界各国平等地位后，中国的文化应该还是回复到文化主义与天下主义——在今天说也就是全球主义"。[①] 还有的主张，中国"需要一个文化上的转变，即再一次从民族主义走向天下主义，或者说复兴天下主义"。[②]

到了21世纪初，"新天下主义者"应运而生，如赵汀阳和阎学通等中国学者有关"天下"的论述，近年来在海内外很是热门。2005年，中国学者赵汀阳出版了《天下体系——世界制度哲学导论》一书。此书分析了周朝的天下概念和制度，以此提出了"重思中国"，甚至重思世界的想法，并试图规划出一个作为未来世界政治制度的"天下体系"。著者主张"恢复中国的思想能力，让中国重新开始思想，重新建立自己的思想框架和基本观念，重新创造自己的世界观、价值观和方法论，重新思考自身和世界，就是去思考中国的前途、未来理念以及在世界中的地位和作用"。[③] "天下"是一种哲学思想、世界观，是理解世界上一切人、事、文化的基础；中国文化特有的"天下观"是关于世界制度最深厚的理论准备。[④] 天下是个制度世界。世界必须成为一个政治存在，否则不存在一个完整的政治体系；世界的治理需要一个世界制度；如果一个政治体系由多个层次所组成，那么世界制度必须是这个系统中的最高政治权利制度；不同层次上的政治制度必须在本质上相同，也就是说，政治治理原则必须在各个政治层次上具有普适性和传递性；政治制度必须具有伦理合法性，符合全体人民的公意。眼下西方关于世界统一性的想象基于国际主义原则，基于"之间关系"观念而发展出来的世界性方案无非是联合

[①] 李慎之：《全球化与中国文化》，《太平洋学报》1994年第2期。

[②] 盛洪：《中国可能的贡献：在国际关系中实践道德理想》，《战略与管理》1996年第1期。

[③] 赵汀阳：《天下体系——世界制度哲学导论》，江苏教育出版社2005年版，第7页。

[④] 同上书，第13页。

国或其他的各种国际组织,都没有也不可能超越民族/国家框架,因此,很难通过联合国等方案来真正达到世界的完整性。对天下而言,所有地方都是内部,所有地方之间的关系都以远近亲疏来界定,这样一种关系界定模式既保证了世界的先验完整性,同时又保证了历史性的多样性。"天下观"的核心概念是"以天下观天下"和"四海一家",就是把世界(天下)看作人类的公共政治空间和共同资源,以世界为尺度去思考属于世界的政治问题;只有把世界理解为一个不可分的先验单位,才有可能看到并定义属于世界的长久利益、价值和责任。如果不在哲学上先验地承诺和谐完整的存在和世界,那么就不会有和谐的思想,就更加不会有和谐的行动。因此,需要进行政治理念和政治制度的创新、发展,建立一种新型的、在治理能力上等价于世界帝国的世界制度。中国的天下模式能够充分实现自上而下的政治治理传递,因而可以作为结束当今世界混乱局面的一种方法论。天下的选择必须是天下所有人的人性选择,而不可以是某种意识形态、宗教和文化或者某个国家和民族的选择,不可以由国家、民族和特定的文化来代替世界。天下是天下人的天下,天下人最需要天下大治,得民心者得天下。天下模式只承认政治一致性和人性普遍性,而不再更多地承认别的原则,尤其是不赞同人和意识形态(特别是宗教)的普适性,反对把任何特殊价值观强加于人,从而肯定了各种文化的自由存在和自然存亡。在个人、民族、国家、宗教、异端等计算单位所构成的概念体系中不可能理解和解决世界性的问题。① 他认为"天下不仅是地理概念,而且同时意味着世界社会、世界制度以及关于世界制度的文化理念,因此它是个全方位的完整的世界概念"。② 依据此书的意愿,这个"天下体系"最终能够解决康德和平理论所无法解决的冲突问题,比如亨廷顿的文明冲突问题。据评论,该书的意义超越了哲学领域并广泛涉及政治学、国际政治和国际关系等相关领域。在

---

① 参见赵汀阳《天下体系——世界制度哲学导论》,江苏教育出版社2005年版,第4、5、14、15页。

② 同上书,第38页。

思想的再对话 NEW COMPARATIVISM

国内外产生了广泛而持续的影响,被认为是近年来最具创意的政治哲学。包括中国、英国、美国、法国、德国、意大利、韩国、印度等许多国家在内的多位知名学者,对赵汀阳的天下体系理论进行了深入的讨论。《经济学家》《世界经济与政治》《狄奥根尼》等许多海内外重量级杂志纷纷刊发评论。赵汀阳指出:"尽管事实上的古代中国帝国的确与天下/帝国理想有相当的距离,以至于在许多方面只不过是个寻常模式的帝国,但古代中国帝国毕竟在文化追求上一直试图按照天下/帝国的文化标准去行事。"[1] 在进行一系列论述后,著者宣称:"创造一个世界首先就需要一个合法的世界观,特别是一个包含着世界制度构思的政治世界观……天下观是唯一纯正的世界政治观。"[2] "尽管事实上的古代中国帝国的确与天下/帝国理想有相当的距离,以至于在许多方面只不过是个寻常模式的帝国,但古代中国帝国毕竟在文化追求上一直试图按照天下/帝国的文化标准去行事。"[3] "天下不仅是地理概念,而且同时意味着世界社会、世界制度以及关于世界制度的文化理念,因此它是个全方位的完整的世界概念。"[4] 既然天下具有先验的完整性,那么,所有地方都是它的内部,天下一家,于是产生了"无外"的原则。[5] "天下观是唯一纯正的世界政治观。"[6] 以天下观为核心概念形成的世界政治哲学框架,其基本政治概念和初始政治原则是"世界制度优先于国家制度",即在理论上和逻辑上,"世界制度具有优先性和先验性","内在的一致性和无限的传递性"。[7] "天下也是个乌托邦,不管什么样的乌托邦都不同程度地有它不现实的方面。讨论乌托邦的意义并不在于能够实现乌托邦,而在于

---

[1] 参见赵汀阳《天下体系——世界制度哲学导论》,江苏教育出版社 2005 年版,第 77 页。
[2] 同上书,第 126 页。
[3] 同上书,第 77 页。
[4] 同上书,第 38 页。
[5] 同上书,第 51—53 页。
[6] 同上书,第 126 页。
[7] 同上书,第 132—150 页。

有可能获得一种比较明确的概念,从而使世界制度获得理论根据,或者说,我们至少能够因此知道离理想有多远。"①"天下体系非常可能通过某种转换而成为适合于未来的世界制度。"②"在天下一家的理想影响下,在中国的意识里不存在'异端意识'……古代中国与其他民族或宗教共同体冲突……在本质上只是地方利益的功利冲突,而不是在精神上和知识上否定他者的绝对冲突。"③"天下/帝国的理想追求不是征服性的军事帝国,而是文化帝国。"④ 也有学者尖锐地指出:"在许多挖掘中国的古典哲学和治国之道的努力的背后是我们想建立一个以中华(中国)哲学为基础的王道'霸权体系'(或者'天下')的梦想。"⑤

有学者对赵汀阳的观点,提出了以下七大问题:一是中西思想文化是道分二途,对立、冲突,还是同多异少,能够互补、融合?二是"重思中国"如何重思,中国思想文化的优劣何在?三是什么是中国的天下观念和世界制度,其性质和价值何在?四是如何建立世界制度,仅仅依据中国的天下思想能否建立世界制度?五是什么是人权思想,人权思想能否发展成为普适的价值和世界制度的思想基础之一?六是如何看待联合国和欧共体以及其他的世界组织和区域组织,它们究竟是走向世界制度的一步,还是与之背道而驰?七是如何运用历史文献,能否只使用对自己有利的东西,而将对自己不利的东西作牵强附会甚至是歪曲的处理?他批评道:中西文化并非道分二途,而可能是同多异少,殊途同归。因此,第一个问题是,中西文化究竟是对立和冲突的,还是各有所长各有所短,因而是需要而且能够互补和融合的,各自长在何处,短在何地,如何互补,怎样融合?就此而言,

---

① 赵汀阳:《天下体系——世界制度哲学导论》,江苏教育出版社 2005 年版,第 39—40 页。
② 同上书,第 160 页。
③ 同上书,第 77 页。
④ 同上书,第 78 页。
⑤ 唐世平、綦大鹏:《中国外交讨论中的"中国中心主义"与"美国中心主义"》,《世界经济与政治》2008 年第 12 期。

《天下体系》所持的立场是对立论和冲突论，而不是互补观和融合观，其分析和逻辑是有矛盾的。①

阎学通、徐进在《王霸天下思想及启迪》一书中阐析了中国古代各种治理天下的思想，相当系统探讨了先秦时期主要大思想家以及重要文化典籍。阎学通等人将中国先秦国家间政治思想的研究分三个阶段：第一个阶段，可以说是先秦国际政治思想研究的初级阶段，就是通过选读先秦文献来提炼相关的国际关系理论感想。他们选取了《管子》《老子》《墨子》《荀子》《韩非子》《尚书》《左传》《国语》《四书》《战国策》《吕氏春秋》《武经七书》《大戴礼记》等先秦典籍进行选译并撰写了国际关系思想导读，提炼了国际关系理论的相关警句。第二个阶段是中级阶段，即通过精读先秦文献来提炼相关的国际关系思想并将之与西方国际关系理论进行比较。《王霸天下》就是这一阶段的标志性成果。该书研究了管子的霸业思想、老子的小国寡民思想、孔子的仁德取天下思想、墨子的集体理性和非攻思想、墨子的仁政治天下思想、荀子的等级秩序思想、韩非子的实力至上思想、《左传》中的国家间干涉思想、《礼记》中的和谐世界思想、《战国策》中的霸权思想、《吕氏春秋》中的战争杂学思想等。第三个阶段是高级阶段，也是理论创新阶段，即通过梳理先秦国家间政治思想中不同于西方理论的基本假设，并对之进行验证，从而发展出新的国际关系理论。② 其中阎学通等谈了孟子的仁政治天下思想。在他们看来，孟子认为国际冲突的根源来自国内社会关系的扭曲，在孟子看来，国内社会关系主要体现为人际关系或人伦关系。社会关系的扭曲表现为人际之礼的丧失。孟子认为，不同类型的国家，其国力的构成要素也是不同的。孟子将国家大致分为王权国和霸权国两类。王权国只需要软实力即可，不需要硬实力，即不需要军事力量和经济力量。霸权国既需要硬实力也需要软实力，但以硬实力为主。在孟子的语境

---

① 参见张曙光《天下理论和世界制度——就〈天下体系〉问学于赵汀阳先生》。
② 参见王日华《先秦国家间政治思想的研究纲领与理论建构——兼评阎学通等著《王霸天下思想及启迪》，《当代亚太》2010 年第 2 期。

中，软实力即为"仁"或"德"，硬实力即为"力"。孟子认为，只有行王政的国家才能获得世界霸权，行霸政的国家不可能获得世界领导权，但有可能在短时期内控制世界。阎学通等认为，通过中国古代国际政治思想与当代国际关系理论的比较，可以"为我们发展现代国际关系理论提供营养和催化剂"。[①]

有学者高度评价说，中国哲学中，潜藏着一股"世界主义"思潮，既有打破"国家中心论"的较低层次的世界主义，打破"区域中心论"的较高层次的世界主义，也有打破"人类中心论"的最高层次的世界主义。世界主义的各种形态，齐备于中国哲学家的头脑中，这在世界哲学史上是不多见的，值得认真发掘。从原有的哲学格局看，西方哲学的视野主体上还是"地球中心论"与"人类中心论"的，基本上还是以解决人与人的关系问题为主。但中国哲学的"世界主义"视野提供给人类一种伟大的智慧：要解决人类的问题，就不能以人类为中心，就必须置身人类之外；要解决人与人的关系问题，就不能以人与人的关系为中心，就必须置身人与人的关系之外；要解决地球的问题，就必须突破"地球中心论"，必须置身地球之外。换言之，不突破"地球中心论"，不突破"人类中心论"，恐怕还是不可能从根本上解决人类所面临的问题；不解决人与物的关系问题，不解决物与物的关系问题，恐怕也不可能从根本上解决人与人的关系问题。中国哲学中的"世界主义"视野，是打破各种"中心论"的一把利剑；它使中国哲学不可能产生西方式的"痛苦中心论""生命中心论"，更不可能产生西方式的"人类中心论"。[②]

美国学者贝尔对赵汀阳和阎学通等中国学者有关"天下"的论述颇为质疑，他认为，天下的政治含义仍不清楚。他如此问道："什么样的政治实践和机构能够从天下的理想中推导出来？这些做法和机

[①] 阎学通、徐进：《王霸天下思想及启迪》，世界知识出版社2009年版，第86页。
[②] 参见张耀南《论中国哲学的"世界主义"视野及其价值》，《北京大学学报》（哲学社会科学版）2005年第3期。

构如何不同于全球争议自由的维护者和全球共产主义的马克思主义卫道士?"① 还有华人学者的假设是,天下有其自己的历史轨迹,而不能通过政治想象力而得到采用。应对适应历史的普遍性,如天下的危险和可能性,以及在何种程度上可以传授历史的普遍性实质和方法进行一个新的普遍性的理解。然而,"在新的全球化条件下,创造了比过去一个世纪的普遍性和世界主义更多的空间和条件。事实上,世界主义,如果没有普遍性,也几乎是可持续发展的必要条件"。② "中国总是自然地倾向世界主义。一种世界主义的模式并不会将国家与社会分割开来,而仅仅是区分不同的作用与职能。她的审美的对称性或美感就是其行动的宗旨,即文化的和谐性。"③ 中国历史上发生过各种反侵略的战争。人们通常认为爱国主义或民族主义与世界主义是相互排斥的,而康德却为二者加以辩护。"然而这种想法是错误的。人们所希望受益的不同群体实际上可能会大于他们的国家。这取决于人们所选择的群体和所生活的国家。也许康德的说法可能(错误地)说服在中国的某人,但对挪威人却没有效果。总之,康德在《道德的形而上学》一书中的观点,对判定民族爱国主义的义务是不充分的。"④

在中国人的思想中,天下涉及了形而上学的想象、道德的认同与政治的应用。然而,这个术语有很多的歧义,有很大的争议性,故值得商榷。孔子与孟子的人生目的是要"正心、修身、齐家、治国、平天下"和"独善其身,兼善天下";"传统中国的世界主义聚焦于一个叫'天下'的用语,其字面意思是'苍天以下所有的土地和国家';因此,中国的世界主义(天下)从'五帝'和'三

---

① Daniel A. Bell, *China's New Confucianism*, Princeton University Press, 2008.
② *Tianxia Workshop*, Stanford University, http://www.stanford.edu/dept/asianlang/cgi-bin/about/abstracts.php.
③ Er. Bao, *China's Neo-Traditional Rights of the Child*, The Blue Mountains Legal Research Centre, 2006, p. 144.
④ Pauline Kleingeld, "Kant's Cosmopolitan Patriotism", *Kant-Studien*, 94 (3), 2003, pp. 312 – 313.

第十五章 西学东渐与中华传统天下主义

代'时期地理空间的意义转型为秦汉时期基于'仁'的普世伦理；这就见证了中国人在形成中的关键变化。中国式世界主义的重要性为维护一个统一的中国以及整合中国人发生了重大作用。世界主义（天下）的概念在中国人的历史经验和智力发展中非常重要；从理论上说，它在多样性中引导了中国的统一。它还成为促使一个中国人个人修养的精神动力。中国的世界主义证明，任何文化传统都能够在任何时期积极地应付新的挑战，并提供和充分挖掘出各种资源。"①

随着中国成为一种越来越强大的经济和政治力量，思想家和著作家对中国传统世界秩序的理论意义进行了激烈的辩论。天下的概念体现了植根于儒家道德和政治思想的世界看法。这一看法决定了建立在道德、仪礼以及高度世俗文化的美学构架上的一个普遍权威。由于话语系统的改变，在现代中国，"天下这一概念重新兴起，这是因为表达了与国际社会接轨的道德和文化的方式。这些意向成为国际社会的一部分，并融入世界历史，但与沉浸在民族国家的冲突，地缘政治的角逐，以及建立在占有性个人主义和帝国主义扩张的西方精神完全背道而驰。这些资本主义的现代元素，助长了令人眩晕的文化差异和地域不平衡的分裂"。② 在美国学者列文森看来，儒家文人将文化差异当作世界的方式。尽管作了文明和野蛮之间的区别，但他们知道，"野蛮人永远与我们同在"。儒家的普世主义（universalism）不能被解释为软实力或霸权性。这是"一个标准或一个角度，而并不是一个出发点"。中国人离家外出旅行，并在其他国家定居，但"决没有一个人像基督教传教士那样自命为儒家信徒而发表任何一个词"。③

---

① Shan Chun, "On Chinese Cosmopolitanism (Tian Xia)", *Culture Mandala: The Bulletin of the Centre for East-West Cultural and Economic Studies*, Vol. 8, 2009.

② "What is Tianxia?", *Tianxia Workshop*, Stanford University, http://www.stanford.edu/dept/asianlang/cgi-bin/about/abstracts.php.

③ Joseph Levenson, *Revolution and Cosmopolitanism*, Berkley and London: University of California Press, 1971, 24.

"中国的商业文化及其儒家的基础可视为模块化或规范化的世界主义。"① 作为道德义务、哲学传统或文化政治,试图强调当今世界的条件"是不奇怪的,人们已经提出了各种观点和答案,但当代对世界主义和世界政治的讨论需要很多翻译工作,这是为了将中国的历史与当代的语境联系起来"。②

中国传统思想家试图通过传统的玄学、伦理学、美学以及中国式的"乌托邦"空想主义来结合普世主义与世界主义。他们从地域转换到伦理政治角度来审思世界主义。中国传统世界主义的概念化表现为五个方面:第一,它是通过一定本体论和宇宙论的想象力所产生的超自然与超人类的观念;第二,它是通过地理环境所产生的自然存在的观念;第三,它是通过集权统治所产生的掌控整个社会和所有土地的观念;第四,它是通过自我实现,自我完善,自我净化和自我改造所产生的道德,伦理价值和空想的观念;第五,它是通过对比中国少数民族文化"低劣性"所产生的文化与文明"优越性"的概念。3000多年前的《诗经·大雅·文王》就提到:"文王在上,于昭于天。周虽旧邦,其命维新。"今天的意思是说:周文王奉守天命,昭示天下;周朝虽为旧的邦国,然而其使命就在于革新。这里的"旧邦"可视为以中华核心地理空间而延展的整个天下,而"维新"即表明了在这个"天下"中国文化传承和不断变革的重要性。

---

① Pheng Cheah, "Chinese Cosmopolitanism in Two Senses and Postcolonial National Memory", *Cosmopolitan Geographies: New Locations in Literature and Culture,*, ed. Vinay Dharwardker Routledge, 2000, p. 134.

② Shuang Shen, *Cosmopolitan Publics: Anglophone Print Culture in Semi-Colonial Shanghai*, Rutgers University Press, 2009, p. 16.

主要参考文献

一 英文文献

Adler, N. J. "A Typology of Management Studies Involving Culture", *Journal of International Business Studies*, 14, 2, 1983: 29–47.

Ager, A. and Loughry, M. "Psychology and Humanitarian Assistance", *The Journal of Humanitarian Assistance*, URL (consulted 13 October 2006), 2004.

Ajiferuke, Musbau and Boddewyn, J. "Culture and Other Explanatory Variables in Comparative Management Studies", *Academy of Management Journal*, 13, 1970: 153–163.

Ali, Ayaan Hirsi. "Scramble to Make Sense of a New World Order after the Collapse of the Soviet Union", *Foreign Affairs*, November-December issue, 2010.

Allardt, Erik. "Challenges for Comparative Social Research", *Acta Sociologica*, 33, July 1990: 183–193.

Anderson, Bendict. *Imagined Communities*, London: Verso, 1998.

Angle, Stephen "Minimal Definition and Methodology of Comparative Philosophy", *Comparative Philosophy*, Volume 1, No.1, 2010: 106–110.

Apter, Emily. *The Translation Zone: A New Comparative Literature*, Princeton University Press, 2011.

Arbnor, I. and Bjerke, B. *Methodology for Creating Business Knowledge*,

2nd edition, Thousand Oaks, London and New Delhi: Sage Publications, 1997.

Asprem, Egil. "Towards a New Comparativism in the Study of Esotericism", *Correspondences*, 2, 1, 2014.

Au, K. "Intra-Cultural Variation: Evidence and Implications for International Business", *Journal of International Business*, 30, 4, 1999: 799–813.

Bao, Er. *China's Neo-Traditional Rights of the Child*, The Blue Mountains Legal Research Centre, 2006.

Barney, G. Linwood. "The Challenge of Anthropology to Current Missiology", *International Bulletin of Missionary Resarch*, Vol. 5, No. 4, 1981.

Baskerville, R. "Computer and Information Security Handbook", *Computers & Security*, Morgan Kaufmann Publications, 35, 2009.

Bauman, Zygmunt. *Legislators and Interpreters*, Oxford: Polity, 1987.

Beaney, Michael. (ed.) *The Oxford Handbook of the History of Analytic Philosophy*, Oxford University Press, 2013.

Bell, Daniel A. *China's New Confucianism*, Princeton University Press, 2008.

Bender, Courtney. *The New Metaphysicals: Spirituality and the American Religious Imagination*, Chicago: University of Chicago Press, 2010.

Bernstein, B. *Class, Codes and Control*, Vol. Ⅳ, *The Structuring of Pedagogic Discourse*, London: Routledge, 1990.

Berry, J. W. "Imposed Etics, Emics and Derived Emics: Their Conceptual and Operational Status in Cross-cultural Psychology", in T. N. Headland, 1990.

Berry, T. "Dewey's Influence in China", in John Blewett, *John Dewey: His Thought and Influence*, Greenwood Press, 1973.

Beynon-Davies, P. *Business Information Systems*, Basingstoke, UK: Palgrave, 2009.

Bhagat, R. S., and McQuaid, S. J. "The Role of Subjective Culture in Organizations: A Review and Directions for Future Research", *Journal of Applied Psychology*, 67, 5, 1982: 653–686.

Bierschenk, Thomas and Sardan, Jean-Pierre Olivier de. (eds.) *States at Work: Dynamics of African Bureaucracies*, Brill Academic Publication, 2014.

Billington, M. "The British Role in Creating Maoism", *Executive Intelligence Review*, 1995.

Bishop, Ryan. "Postmodernism", in David Levinson and Melvin Ember (eds.), *Encyclopedia of Cultural Anthropology*, New York: Henry Holt and Company, 1996.

Blewett, John. *John Dewey: His Thought and Influence*, Greenwood Press, 1973.

Bodde, Derk. *China's Cultural Tradition: What and Whither?*, New York: Holt, Rinehart and Winston, 1966.

Bogdandy, Armin von, and Dellavalle, Sergio. "Universalism Renewed: Habermas' Theory of International Order in Light of Competing Paradigms", *German Law Journal*, Vol. 10, No. 1, 2009.

Brown, Garrett Wallace and Held, David. *The Cosmopolitanism Reader*, Polity Press, 2011.

Brown, Robert F. (trans.) "Editorial Introduction", *Hegel: Lectures on the History of Philosophy 1825–1826: Volume I: Introduction and Oriental Philosophy*, 2009, pp. 1–42.

Brumbaugh, R. S. *Dewey, Russell, Whitehead: Philosophers as Educators*, Carbondale: University of Southern Illinois Press, 1985.

Carey, Rosalind and Ongley, John. *Historical Dictionary of Bertrand Russell's Philosophy*, Scarecrow Press, 2009.

Cavusgil, S. T. and Das, A. "Methodological Issues in Empirical Cross-cultural Research: A Survey of the Management Literature and a Framework", *Management International Review*, 37, 1, 1997: 71–96.

Chan, Kwok B. *Chinese Identities, Ethnicity and Cosmopolitanism*, Routledge, 2005.

Chan, Sin-Wai and Pollard, David E. *An Encyclopaedia of Translation: Chinese-English, English-Chinese*, Hong Kong: Chinese University Press, 2001.

Chan, Wing-tsit. *A Source Book in Chinese Philosophy*, Princeton: Princeton University, 1963.

Chan, Wing-tsit. "Hu Shih and Chinese Philosophy", *Philosophy East and West*, Vol. 6, No. 1, Apr. 1956: 3 – 12.

Cheah, Pheng. "Chinese Cosmopolitanism in Two Senses and Postcolonial National Memory", in Vinay Dharwardker (ed.), *Cosmopolitan Geographies: New Locations in Literature and Culture*, Routledge, 2000.

Cheng, Chung-ying. "Kant and Chinese Philosophy", *Jouranal of Chinese Philosophy*, 33, 1, 2006.

Ching, Julia. "Chinese Ethics and Kant", *Philosophy East and West*, 28, 1976: 161 – 172.

Chinn, Ewing. "The Relativist Challenge to Comparative Philosophy", *International Philosophical Quarterly*, Volume 47, Issue 4, December 2007: 451 – 466.

Choi, G. Yoon. (ed.) *Individualism and Collectivism: Theory, Method and Applications*, Sage.

Chow, Tse-tung. *The May Fourth Movement*, Harvard University Press, 1980.

Chun, Shan. "On Chinese Cosmopolitanism" (Tian Xia), *Culture Mandala: The Bulletin of the Centre for East-West Cultural and Economic Studies*, Vol. 8, 2009.

Clasen, Jochen. "Defining Comparative Social Policy", *A Handbook of Comparative Social Policy*, Edward Elgar Publishing, 2004.

Cline, Erin. *Confucius, Rawls, and the Sense of Justice*, Fordham University Press, 2013.

Clopton, R. W. and Ou, T. *John Dewey Lectures in China, 1919–1920*, Sage, 1999.

Croce, Benedetto. *History, Its Theory and Practice*, translated by Douglas Ainslie, New York: Russell & Russell, 1960.

Culler, Jonathan. *On Deconstruction: Theory and Criticism after Structuralism*, Ithaca, N. Y.: Cornell University Press, 1989.

Deacon, Bob. *Social Policy and Socialism*, Pluto Press, 1983.

Dempsey, Corinne G. *Bringing the Sacred Down to Earth: Adventures in Comparative Religion*, Oxford University Press, 2011.

Derrida, Jacques. *Specters of Marx: The State of the Debt, the Work of Mourning & the New International*, Routledge, 2006.

Deutsch, Karl. "Prologue: Achievements and Challenges in 2000 Years of Comparative Research", in *Comparative Policy Research. Comparative Policy Research*, 1987.

Dewey, John. *Letters from China and Japan*, New York: E. P. Dutton, 1920.

Dewey, John. "New Culture in China", *Asian*, Vol. 7, 1921.

Dewey, John. "The Sequel of the Student Revolt", *The New Republic*, XXI, March 3, 1920.

Diez-Hochleitner, Ricardo and Ikeda, Daisaku. *A Dialogue between East and West—Looking to a Human Revolution*, I. B. Tauris, 2008.

Ding, Zijiang. "A Comparison of Dewey's and Russell's Influences on China", *Dao: A Journal of Comparative Philosophy*, VI. 2, 2007.

Ding, Zijiang. "Transformative Modes of Chinese Cosmopolitanism: A Historical Comparison", *Journal of East-West Thought*, Vol. 2, No. 4, December 2012: 89–112.

Doughertyand Jr, James E. and Pfaltzgraff, Robert L. *Contending Theories of International Relations: A Comprehensive Survey*, Longman, 2001.

Douglas, S. P. and Craig, S. *International Marketing Research*, Englewood Cliffs, NJ: Prentice-Hall Inc, 1983.

Duara, Prasenjit. "De-Constructing the Chinese Nation", *The Australian Journal of Chinese Affairs*, No. 30, Jul. 1993.

Dykhuizen, G. *The Life and Mind of John Dewey*, Southern Illinois University Press, 1973.

Eerdmans, S., Prevignano, C. and Thibault, P. *Language and Interaction. Discussions with J. J. Gumperz*, Amsterdam: Benjamins, 2002.

Esser, Frank and Pfetsch, Barbara. (eds.) *Comparing Political Communication: Theories, Cases, and Challenges*, Cambridge University Press, 2004.

Ferguson, Niall. "Team 'Chimerica'", *The Washington Post*, 2008 - 11 - 17.

Filstead, W. "Qualitative Methods: A Needed Perspective in Evaluation Research", in T. Cook and C. Reichardt, *Qualitative and Quantitative Methods in Evaluation Research*, Beverly Hills, CA: Sage, 1979.

Firth, J. R. (ed.) *Man and Culture: An Evaluation of the Work of Bronislaw Malinowski*, Routledge, 2002.

Firth, J. R. "Personality and Language in Society", *The Sociological Review*, Volume 42, Issue 1, January 1950: 37 - 52.

Franklin, M. I. *Understanding Research: Coping with the Quantitative-Qualitative Divide*, London and New York: Routledge, 2012.

Fukuyam, Francis. "Samuel Huntington, 1927 - 2008", *American Interests*, December 29, 2008.

Fukuyama, Francis and Weiwei, Zhang. "The China Model: A Dialogue between Francis Fukuyama and Zhang Weiwei", *New Perspectives Quarterly*, Volume 28, Fall 2011.

Fukuyama, Francis. *Our Posthuman Future*, Farrar, Straus and Girous, 2002.

Fukuyama, Francis. "China's 'Bad Emperor' Problem", *The Financial Times*, May 10, 2012.

Fukuyama, Francis. "Dealing with China", Explore Research, Hoover

Institution, October 14, 2014, http://www.hoover.org/research-teams/working-group-foreign-policy.

Fukuyama, Francis. "History Is Still Going Our Way", *The Wall Street Journal*, October 5, 2001.

Fukuyama, Francis. "Samuel Huntington, 1927 – 2008", *American Interests*, December 29, 2008.

Fukuyama, Francis. "The End of History?", *The National Interest*, 16, Summer 1989: 13 – 18.

Fukuyama, Francis. "The Patterns of History", *Jouranl of Democracy*, Volume 23, Number 1, January 2012.

Fukuyama, Francis. "They Can Only Go So Far", *The Washington Post*, August 24, 2008.

Gadamer, H-G. "The Problem of Historical Consciousness", in P. Rabinow and W. M. Sullivan (eds.), *Interpretive Social Science: A Reader*, Berkeley: University of California Press, 1979.

Garrest, Don. "Philosophy and History in Modern Philosophy", *The Future for Philosophy*, ed. Brian Leiter, Oxford University Press, 2004.

Gaukroger, Steven. *Descartes: An Intellectual Biography*, Oxford University Press, 1997.

Genovese, Elizabeth Fox. "Literary Criticism and the Politics of the New Historicism", in Keith Jenkins (ed.), *The Postmodern History Reader*, London, N.Y.: Routledge, 1997.

Glock, Hans-Johann. *What is Analytic Philosophy?*, Cambridge University Press, 2008.

Goldstein, Evan R. "Well beyond the End of History", *The Chronicle of Education*, March 22, 2011.

Greenberg, C. "Modern and Postmodern", *Arts*, 54, 6, February 1980.

Greenblatt, Stephen. "Invisible Bullets", in Con Davis, Robert and Schleifer, Ronald. (eds.) *Contemporary Literary Criticism: Literary* and Cultural Studies, New York, London: Longman, 1994.

Gress, David. *From Plato to NATO: The Idea of the West and its Opponents*, The Free Press, 1998.

Gressgård, Randi. *Multicultural Dialogue: Dilemmas, Paradoxes, Conflicts*, Berghahn Books, 2012.

Grieder, J. B. *Hu Shih and the Chinese Renaissance: Liberalism in the Chinese Revolution, 1917 - 1937*, Cambridge: Harvard University Press, 1970.

Griffioen, Sander. "Hegel On Chinese Religion", *Hegel's Philosophy of the Historical Religions*, ed. Bart Labuschagne and Timo Slootweg.

Gumperz, J. J. *Discourse Strategies*, Cambridge: Cambridge University Press, 1982.

Habermas, Jürgen. *The Divided West*, trans. C. Cronin, Cambridge: Polity, 2006.

Habermas, Jürgen. *The Postnational Constellation*, trans. & ed. M. Pensky, Cambridge, MA: MIT Press, 2001.

Habermas, Jürgen. "Kant's Idea of Perpetual Peace, with the Benefit of Two Hundred Years' Hindsight", in *Perpetual Peace: Essays on Kant's Cosmopolitan Ideal*, ed. James Bohman and Matthias Lutz-Bachmann, Cambridge: MIT Press, 1997.

Hajjar, Remi. "Emergent Postmodern Military Culture", Armed Forces & Society, http://www.academia.edu/Documents/in/Cross _ culture_ studies, 2013.

Halliday, Michael. *Language as Social Semiotic: The Social Interpretation of Language and Meaning*, London: Edward Arnold, 1978.

Hammond, J. S., *Learning by the Case Method*, HBS Publishing Division, 1976.

Harvey, D. *The Condition of Postmodernity*, Wiley-Blackwell, 1991.

Hassan, Ihab Habib. "The Culture of Postmodernism", *Theory, Culture, and Society*, 2, 1985.

Hegeman, Susan, "US Modernism", in David Seed (ed.), *A Companion to Twentieth-Century United States Fiction*, Wiley-Blackwell, 2010.

Held, David. *Cosmopolitanism: Ideals and Realities*, Polity Press, 2010.

Henkin, L. "The Human Rights Idea in Contemporary China: A Comparative Perspective", *Human Rights in Contemporary China*, ed. R. R. Edwards, L. Henkin, A. J. Nathan, New York: Columbia University Press, 1986.

Herskovits, M. "Economics and Anthropology: A Rejoinder", *Journal of Political Economy*, 49, 2, 1941: 524-531.

Hesselgrave, David J. and Rommen, Edward. *Contextualization: Meanings, Methods, and Models*, William Carey Library, 2000.

Hobbes, T. *The English Works of Thomas Hobbes*, London: John Bohn, 1989.

Hofstede, G. *Culture and Organization: Software of the Mind*, McGraw-Hill, 1997.

Hofstede, G. *Cultures Consequences: International Differences in Work-related Values*, Beverly Hills, C. A.: Sage, 1980.

Hofstede, G. "Predicting Managers Career Success in an International Setting: Validity of Ratings by Training Staff versus Training Peers", *Management International Review*, 1, Special Issue, 1994: 63-70.

Hughes, E. R. *The Invasion of China by the Western World*, MacMillan, 1938.

Hui, Lumei. "Institute for Cultural Research & Education", *Journal for the Theory of Social Behavior*, 33, 2003: 67-94.

Hungtington, Samuel P. "The Clash of Civilizations", *Foreign Afairs*, Vol. 72, No. 3, Summer 1993.

Hutcheon, Linda. "Historiographic Metafiction: Parody and Intertextuality of History", in Con Davis, Robert and Schleifer, Ronald (eds.), *Contemporary Literary Criticism: Literary and Cultural Studies*, New York, London: Longman, 1994.

Huyssens, A. *After the Great Divide: Modernism, Mass Culture, Postmodernism*, Indiana University Press, 1987.

Höffe, Otfried. *Kant's Cosmopolitan Theory of Law and Peace*, trans. Alexandra Newton, Cambridge University Press, 2006.

Im, Manyul. "Minimal Definition and Methodology of Comparative Philosophy", Warp, Weft, and Way, *Chinese and Comparative Philosophy*, http://warpweftandway.com/2008/08/07/minimal-definition-and-methodology-of-comparative-philosophy/.

Irny, S. I. and Rose, A. A. "Designing a Strategic Information Systems Planning Methodology for Malaysian Institutes of Higher Learning (isp-ipta)", *Issues in Information System*, Vol. VI, No. 1, 2005.

Jain, R. "Fuzzism and Real World Problems", in *Fuzzy Sets Theory and Applications to Policy Analysis and Information Systems*, ed. P. Wang and S. Wang, New York: Plenum Press, 1980.

Jameson, Frederic. "Postmodernism or the Cultural Logic of Late Capitalism", *Media and Cultural Studies Key Works*, ed. Meenakshi Giri Durham and Douglas M. Kellner, UK: Blackwell Publishing, 2001.

Jandt F. E. and Tanno D. V. "Decoding Domination, Encoding Self-Determination: Intercultural Communication Research Processes", *Howard Journal of Communications*, Volume 12, Number 3, 1 July 2001: 119–135.

Janssens, M., Brett, J. and Smith, F. "Confirmatory Cross Cultural Research: Testing the Viability", *Academy of Management Journal*, 38, 2, 1993: 364–382.

Jan-Benedicte, E. and Steekamp, M. "The Role of National Culture in International Marketing Research", *International Marketing Review*, 18, 1, 2001.

Jencks, C. *What is Post-Modernism*, Academy Press, 1994.

Kaipayil, Joseph. *ACPI Encyclopedia of Philosophy*, Vol. 1, ed. J. Puthenpurackal, Bangalore: Asian Trading Corporation, 2010.

Kaipayil, Joseph. *The Epistemology of Comparative Philosophy: A Critique with Reference to P. T Raju's Views*, Center for Indian and Inter-religious Studies, 1995.

Kant, I. "Idea for a Universal History from a Cosmopolitan Point of View", trans. Lewis White Beck, from Immanuel Kant, *On History*, The Bobbs-Merrill Co., 1963.

Kant, I. *Metaphysics of Morals*, *Kant's Political Writings*, Cambridge: University Press, 1970.

Kerlinger, F. N. *Foundations of Behavioral Research*, 3rd edition, New York: Holt, Rinehart, Winston, 1986.

Kitayama, S., Duffy, S., Kawamura, T., Larsen, J. T. "A Cultural Look at New Look: Perceiving an Object and Its Context in Two Cultures", *Psychol Sci.*, 14, 2003: 201–206.

Klein, Julie Thompson. *Interdisciplinarity: History, Theory, and Practice*, Detroit: Wayne State University, 1990.

Kleingeld, Pauline. "Kant's Cosmopolitan Patriotism", *Kant-Studien*, 94 (3), 2003.

Kluckhohn, F. R. and Strodtbeck, F. L. *Variations in Value Orientations*, Evanston, Ill.: Row, Peterson, 1961.

Kohl, Christian Thomas. "Buddhism and Quantum Physics: A Contribution to the Dialogue between East and West", The 3rd World Conference on Buddhism and Science (WCBS), 2010.

Kottak, Conrad. *Mirror for Humanity*, New York: McGraw-Hill, 2006.

Kraft, Charles H. "Culture, Worldview and Contextualization", William Carey Library, 2003.

Kuhn, T. S. *The Structure of Scientific Revolutions*, Chicago: University of Chicago Presso, 1962.

Kuhn, T. S. *The Structure of Scientific Revolutions*, 2nd ed., Chicago: University of Chicago Press, 1970.

Kuznar, Lawrence A. *Reclaiming a Scientific Anthropology*, AltaMira

Press, 2008.

Kögler, Hans Herbert. *The Power of Dialogue: Critical Hermeneutics after Gadamer and Foucault*, The MIT Press, 1999.

LaCapra, Dominick. *History and Criticism*, Ithaca, N. Y.: Cornell University Press, 1985.

LaCapra, Dominick. *Rethinking Intellectual History*, Ithaca, N. Y.: Cornell University Press, 1983.

Lang, Serge. "Academia, Journalism, and Politics: A Case Study: The Huntington Case", *Chanllenges*, Springer-verlag, 1998.

Laurence, Patricia. *Lily Briscoe's Chinese Eyes: Bloomsbury, Modernism, and China*, Columbia, South Carolina: University of South Carolina Press, 2003.

Lehaney, B. A. and Vinten, G. "Methodology: An Analysis of Its Meaning and Use", *Work Study*, 43, 3, 1994: 5–8.

Leibniz, Gottfried Wilhelm. *Writings on China*, ed. Daniel J. Cook and Henry Rose-mont, Chicago and La Salle, Illinois: Open Court, 1994.

Leong, Frederick T. L. and Lyons, Brent. "Ethical Challenges for Cross-Cultural Research Conducted by Psychologists From the United States", *Ethics & Behavior*, Volume 20, Issue 3–4, 2010.

Levenson, Joseph. *Revolution and Cosmopolitanism*, Berkley and London: University of California Press, 1971.

Li, J., Karakowsky, L. and Lam, K. "East Meets East and East Meets West: The Case of Sino-Japanese and Sino-west Joint Ventures in China", *Journal of Management Studies*, 39, 6, 2002.

Li, Qiang. "The Social and Political Thought of Yen Fu", Ph. D. Diss., University of London, 1993.

Liamputtong, Pranee. (ed.) *Doing Cross-Cultural Research: Ethical and Methodological Perspectives*, Springer, 2008.

Liat, J. Kwee Swan. "Methods of Comparative Philosophy", *Philosophy East and West*, Vol. 1, No. 1, Apr. 1951: 10–15.

Libbrecht, U. "*Comparative Philosophy: A Methodological* Approach", in *Worldviews and Cultures: Philosophical Reflections*, ed. Nicole Note, R. Fornet-Betancourt, J. Estermann and Diederik Aerts, Springer, 2009.

Lijphart, Arend. "Comparative Politics and the Comparative Method", *American Political Science Review*, 65 (3), 1971: 682 – 693.

Lim, L. and Firkola, P. "Methodological Issues in Cross-Cultural Management Research Problems, Solutions, and Proposal", *Asia Pacific Journal of Management*, 17, 2000: 133 – 154.

Livingstone, S., "On the Challenges of Cross-national Comparative Media Research", *European Journal of Communication*, 18 (4), 2003: 477 – 500.

Lyotard, J. F. *The Postmodern Condition*, Manchester University Press, 1984.

Malhotra, N. K. et al. "Methodological Issues in Cross-cultural Marketing Research", *International Marketing Review*, 13, 5: 7 – 43.

Malinowski, Bronislaw. *Anthropology*, Supplementary volume 1, in *Encyclopaedia Britannica*, 13th ed., Chicago: Benton, 1926; *Social Anthropology*. Volume 20, in *Encyclopaedia Britannica*, 14th ed., Chicago: Benton, 1929; *Culture*, Volume 4, in *Encyclopaedia of the Social Sciences*, New York: MacMillan, 1931.

Margolis, Eric and Lawrence, Stephen. "Concept", *Stanford Encyclopedia of Philosophy*, Metaphysics Research Lab at Stanford University, retrieved 6 November 2012.

Margolis, Joseph. *The Unraveling of Scientism: American Philosophy at the End of the 20th Century*, Cornell University Press, 2003.

Maritain, J. *The Dream of Descartes*, trans. Mabelle L. Andison, New York: Philosophical Library, 1994.

Masolo, Dismas Aloys. *African Philosophy in Search of Identity*, Indiana University Press, 1994.

Maurice, M., Sellier, F. and Silvestre, J. – J. *The Social Foundations* of *Industrial Power: A Comparison of France and Germany*, Cambridge, MA: MIT Press, 1986.

Maxwell, J. A. *Qualitative Research Design: An Interactive Approach*, Thousand Oaks, CA: Sage, 1996.

Mazrui, Ali A. "Racial Conflict or Calsh of Civilization?", *"The Clash of Civilizations?": Asian Responses*, The University Press Limited, 1997.

McEvilley, Thomas. *The Shape of Ancient Thought: Comparative Studies in Greek and Indian Philosophies*, Allworth Press, 2013.

Mertens, Donna M. *Transformative Research and Evaluation*, Guilford Press, 2008.

Merwe, W. L. van der. "African Philosophy and the Contextualization of Philosophy in a Multicultural Society", in G. Katsiaficas & T. Kiros (eds.), *The Promise of Multiculturalism*, London: Routledge, 1998.

Meyer, S. (ed.) *Dewey and Russell: An Exchange*, Allied Books Ltd, 1985.

Michael, F. H. and Taylor, G. E. *The Far East in the Modern World*, Holt: Reinhart and Winston, Inc, 1965.

Mill, John Stuart, *On Liberty*, Penguin Classics, 2006.

Mill, John Stuart. "Two Methods of Comparison", selection from his *A System of Logic*, New York, Harper & Row, Publishers, 1888.

Millar, Ashley E. "Revisiting the Sinophilia/Sinophobia Dichotomy in the European Enlightenment through Adam Smith's 'Duties of Government", *Asian Journal of Social Science*, 38 (5), 2010.

Monk, Ray. *Bertrand Russell: The Spirit of Solitude, 1872 – 1921*, Volume 1, The Free Press, 1996.

Montrose, Louis A. "Professing the Renaissance: The Poetics and Politics of Culture", Veeser, 1989.

Moore, A. (ed.) *The Status of the Individual in East and West*, Honolulu: University of Hawaii Press, 1968.

Moorhead, Caroline. *Bertrand Russell: A Life*, Viking, 1993.

Morey, N. C. & Luthans, F. "An Emic Perspective and Ethnoscience Methods for Organizational Research", *Academy of Management Review*, 29, 1, 1984: 137 – 159.

Morosini, P. , Shane, S. and Singh, H. "National Cultural Distance and Cross-Border Acquisition Performance", *Journal of International-Business Studies*, 9, 1998: 27 – 36.

Morris, J. R. , Chen, J. L. , Filandrinos, S. T. , Dunn, R. C. , Fisk, R. , Geyer, P. K. , Wu, C. T. "An Analysis of Transvection at the Yellow Locus of Drosophila Melanogaster", *Genetics*, 151 (2), 1999.

Muata Ashby, "Comparative Mythology: Cultural and Social Studies and The Cultural Category- Factor Correlation Method", Sema Institute, 2013.

Mulkay, M. *Sociology of Science: A Sociological Pilgrimage*, Milton Keynes and Philadelphia: Open University Press, 1991.

Murdock, George P. and White, Douglas R. "Standard Cross-Cultural Sample", *Ethnology*, 8, 1969: 329 – 369.

Nachmias, D. and Nachmias, C. *Research Methods in the Social Sciences*, 3rd edition, New York: St. Martin's Press, 1987.

Nasif, E. G. , Al-Daeaj, H. , Ebrahimi, B. and Thibodeaux, M. S. "Methodological Problems in Cross-cultural Research: An Updated Review", *Management International Review*, 31, 1, 1991: 79 – 91.

Nathan, A. J. "Sources of Chinese Rights Thinking", *Human Rights in Contemporary China*, Columbia University Press, 1986.

Neuman, Lawrence. "Historical-Comparative Research", *Social Research Methods: Qualitative and Quantitative Approaches*, Allyn & Bacon, 2010.

Nisbet, J. , & Watt, J. , "Case Study", in K. Bell (ed.), *Conducting Snall-Scale Investigations in Educational Management*, London: Harper & Row, 1984.

Nisbett, Richard E. *The Geography of Thought: How Asians and Westerners Think Diferently and Why*, The Free Press, 2003.

Nisbett, R., Peng, K., Choi, I., & Norenzayan, A. "Culture and Systems of Thought: Holistic vs. Analytic Cognition", *Psychological Review*, 2001.

Nussbaum, Martha C. "Kant and Stoic Cosmopolitanism", *The Journal of Political Philosophy*, 5, 1, 1997: 1 –25.

Ogden, Suzanne P. "The Sage in the Inkpot: Bertrand Russell and China's Social Reconstruction in the 1920s", *Modern Asian Studies*, Vol. 16, No. 4, 1982.

Palmquist, Stephen. "How 'Chinese' Was Kant?", *The Philosipher* LXXXIV. 1, 1996: 3 –9.

Pangle, Thomas L. "Socratic Cosmopolitanism: Cicero's Critique and Transformation of the Stoic Ideal", *Canadian Journal of Political Science / Revue canadienne de science politique*, Volume 31, Issue 2, 1998: 235 –262.

Peterson, M. F. & Smith, P. B. "Does National Culture or Ambient Temperature Explain Cross-National Differences in Role Stress? No Sweat", *Academy of Management Journal*, 4, 1997: 930 –946.

Phillips, Estelle and Pugh, Derek Salman. *How to Get a PhD: A Handbook for Students and Their Supervisors*, Open University Press, 2000.

Potter, Michael K. *Bertrand Russell's Ethics*, MPG Books, 2006; also see Keith Green, *Bertrand Russell, Language and Linguistic Theory*, Continuum International Publishing Group, Nov. 29, 2007.

Raju, P. T. *Introduction to Comparative Philosophy*, Motilal Banarsidass Publication, 2007.

Raju, P. T. *Spirit Being and Self: Studies in Indian and Western Philosophy*, South Asia Books, 1986.

Reed, Isaac A. "Epistemology Contextualized: Social-Scientific Knowledge in a Postpositivist Era", *Sociological Theory*, 28 (1), 2010: 20–39.

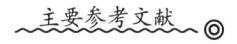

Rihoux, Benoît and Ragin, Charles C. *Configurational Comparative Methods: Qualitative Comparative Analysis (QCA) and Related Techniques* (Applied Social Research Methods), Sage Publications, 2008.

Ronen, S. and Shenkar, O. "Clustering Countries on Attitudinal Dimensions: A Review and Synthesis", *Academy of Management Review*, 10, 3, 1985: 435–454.

Rorty, R. *Philosophy and the Mirror of Nature*, Princeton University Press, 1981.

Rose, Richard & MacKenzie, W. J. M. "Comparing Forms of Comparative Analysis", *Political Studies*, 39 (3), 1991: 446–462.

Rubenstein, Richard E. and Crocker, Jarle. "Challenging Huntington", *Foreign Policy*, No. 96, Autumn, 1994: 113–128.

Rudie, Ingrid. "Making Sense of Experience", in Kirsten Hastrup and Peter Hervik (eds.), *Social Experience and Anthropological Knowledge*, Psychology Press, 1994.

Russell, Bertrand. *Autobiography*, Routledge.

Russell, Bertrand. *Uncertain Paths to Freedom: Russia and China, 1919–22*, Routledge, 2000.

Russell, Bertrand. *An Inquiry into Meaning and Truth*, Unwin., 1940.

Russell, Bertrand. *Collected Papers*, Vol. 7: *Theory of Knowledge: The 1913 Manuscript*, London, Boston, Sydney: George Allen and Unwin, 1984.

Russell, Bertrand. *Human Knowledge: Its Scope and Limits*, Simon and Schuster, 1948.

Russell, Bertrand. *Philosophical Essays*, Simon and Schuster, 1966.

Russell, Bertrand. *Philosophy and Politics*, London, 1947.

Russell, Bertrand. *The Basic Writings of Bertrand Russell, 1903–1959*, ed. R. Egner and L. Denonn, Simon and Schuster, 1961.

Russell, Bertrand. *The Problems of Philosophy*, Prometheus Books, 1988.

Russell, Bertrand. *The Prospect of Industrial Civilization*, The Century Co., 1923.

Russell, Bertrand. "On Denoting", *Logic and Knowledge*, ed. Robert Marsh, 1956.

Samiee, S. and Jeong, I. "Cross-Cultural Research in Advertising: An Assessment of Methodologies", *Journal of the Academy of Marketing Science*, 22, 3, 1994: 205 - 217.

Sapsford, Roger and Jupp, Victor. (eds.) *Data Collection and Analysis*, Sage Publications, 2006.

Sarkar, Husain. "Imre Lakatos' Meta-Methodology: An Appraisal", *Philosophy of Social Science*, 10, 1980: 397 - 416.

Schaffer, B. and Riordan, C. M. "A Review of Cross-Cultural Methodologies for Organizational Research: A Best-Practices Approach", *Organizational Research Methods*, 6, 2, 2003: 169 - 215.

Schilpp, P. *The Philosophy of Bertrand Russell*, Northwestern University Press, 1944.

Schilpp, P. *The Philosophy of John Dewy*, Northwestern University Press, 1944.

Schwartz, B. I. *Chinese Communism and the Rise of Mao*, Harvard University Press, 1989.

Searle, J. "Contemporaraty Philsophy in the United State", in Bunnin and Tsui-James (eds.), *The Blackwell Companion to Philosphy*, Blackwell, 1996.

Sekaran, U. "Methodological and Theoretical Issues and Advancements in Cross-Cultural Research", *Journal of International Business Studies*, 14, 2, 1983: 61 - 73.

Shen, Shuang. *Cosmopolitan Publics: Anglophone Print Culture in Semi-Colonial Shanghai*, Rutgers University Press, 2009.

Shen, Vincent. *Confucianism, Taoism and Constructive Realism*, WUV-Universitatsverlag, 1994.

Silverman, David. (ed.) *Qualitative Research: Issues of Theory, Method and Practice*, third edition, London, Thousand Oaks, New Delhi, Singapore: Sage Publications, 2011.

Sin, L. Y. M. & Cheung, G. H. & Lee, R. "Methodology in Cross-cultural Consumer Research: A Review and Critical Assessment", *Journal of International Consumer Marketing*, 11, 4, 1999: 75 - 97.

Singleton, Royce A., Jr. and Straits, Bruce C. *Approaches to Social Research*, 3rd edition, New York: Oxford University Press, 1999.

Smid, Robert W. *Methodologies of Comparative Philosophy: The Pragmatist and Process Traditions*, Suny Press, 2009.

Smith, J. K. *The Nature of Social and Educational Inquiry: Empiricism versus Interpretation*, Norwood: Ablex, 1989.

Snauwaert, Dale. "The Ethics and Ontology of Cosmopolitanism: Education for a Shared Humanity", *Current Issues in Comparative Education*, Volume 12, Issue 1, 2009.

Soames, Scott. *The Analytic Tradition in Philosophy*, Volume 1: *The Founding Giants*, Princeton University Press, 2014.

Spavak, Gayatri C. "Rethinking *Comparativism*", *New Literary History*, Volume 40, Number 3, Summer 2009: 609 - 626.

Spence, J. D. *The Search for Modern China*, 2nd edition, W. W. Norton & Company, 1995.

Squires, Allison. "Methodological Challenges in Cross-language Qualitative Research: A Research Review", *International Journal of Nursing Studies*, Volume 46, Issue 2, February 2009.

Suri, Manik V. "Conceptualizing China Within the Kantian Peace", *Harvard International Law Journal*, Volume 54, Issue 1, Winter 2013.

Swanson, Arolyn. "Reburial of Nonexistents: Reconsidering the Meinong-

Russell Debate", *Grazer Philosophische Studien*, Vol. 85, Issue 1, 2012.

Swanson, Carolyn. *Reburial of Nonexistents: Reconsidering the Meinong-Russell Debate*, Value Inquiry Book Series, Vol. 231, 2011.

Swanson, G. "Frameworks for Comparative Research: Structural Anthropology and the Theory of Action", in K. Vallier (ed.), *Comparative Methods in Sociology*, University of California Press, 1971.

Schwartz, S. P. *A Brief History of Analytic Philosophy: From Russell to Rawls*, Blackwell, 2012.

Tannen, Deborah. "Cross-Cultural Communication", *Applied Linguistics*, 5 (3), 1984.

Tao, Julia. "The Chinese Moral Ethos and the Concept of Individual Rights, *Journal of Applied Philosophy*, Vol. 7, 1990.

Tayeb, M. "Conducting Research Across Cultures: Overcoming Drawbacks and Obstacles", *International Journal of Cross Cultural Management*, 1, 1, 2001: 91 – 108.

Tayeb, M. "Organization and National Culture: Methodology Considered", *Organization Studies*, Berlin, 15, 3, 1994: 429 – 447.

Thornton, William H. "*Prose Studies: History, Theory, Criticism*", Volume 20, Issue 2, 1997: 108 – 124.

Trompenaars, F. *Riding the Waves of Culture: Understanding Diversity in Business*, London: Economist Books, 1993.

Uskul, Ayse K., Kitayama, Shinobu, and Nisbett, Richard E. "Ecocultural Basis of Cognition", *Proceedings of the National Academy of Sciences*, USA, June 24, 2008.

Van de Vijver, Fons J R, Harsveld, M. "The Incomplete Equivalence of Paper and Pencil and Computerized Versions of the General Attitude Test Battery", *Journal of Applied Psychology*, 78, 6, 1994.

Vijver, Fons J. R. van de and Leung, Kwok. *Methods and Data Analysis for Cross-Cultural Research*, Sage Publication, 1997.

Vos, Rein. "Doing Good or Right? Kant's Critique on Confucius", *Cultivating Personhood: Kant and Asian Philosophy*, ed. Stephen R. Palmquist, De Gruyter, 2010.

Wachsman, Yoav. "Comparing Perspectives about the Global Economic Crisis: a Cross-cultural Study", *Journal of Economics and Economic Education Research*, Vol. 12, No. 2, May 2011.

Wade, Nicholas, "From 'End of History' Author, a Look at the Beginning and Middle", *New York Times*, March 8, 2011.

Waismann, F. *Philosophical Papers*, Reidel, 1977.

Walker, Neil. *Making a World of Difference? Habermas, Cosmopolitanism and the Constitutionalization of International Law*, EUI Working Paper, printed in Italy, European University Institute, 2005.

Wang, B. "Kang Youwei's Vision of International Ethics in Interstate Conflict", Tianxia Workshop, Stanford University, http://www.stanford.edu/dept/asianlang/cgi-bin/about/abstracts.php.

Wang, Jessica Ching-Sze. *John Dewey in China: To Teach and to Learn*, State University of New York Press, 2007.

Weber, Max. *The Protestant Work Ethic and the Spirit of Capitalism*, trans., Talcott Parsons, New York: Scribner, 1905.

Weimer, J. (ed.) *Research Techniques in Human Engineering*, Englewood Cliffs, NJ: Prentice Hall, 1995.

Weller, S., Romney, A. *Systematic Data Collection*, Thousand Oaks, California: Sage Publications, 1988.

Westbrook, R. B. *John Dewey and Democracy*, American, Cornell University Press, 1991.

Wilber, Ken. *A Theory of Everything: An Integral Vision for Business, Politics, Science, and Sprituality*, Shambhala Publications, 2000.

Williams, R. *The Postmodern Novel in Latin America: Politics of Culture and the Crisis of Truth*, Palgrave MacMillan, 1995.

Wittgenstein, Ludwig. *Philosophical Investigations*, Blackwell Publishing,

2001.

Wolfe, Alan. "The Forgotten Philosopher", *Chronicle of Higher Education*, May 9, 2008.

Wong, J. "The Geography of Thought: Asian and Western Minds at Work", *Serendip*, 05/14/2008.

Wong, Kwok Ku. "Hegel's Criticism of Laozi and Its Implications", *Philosophy East and West*, Volume 61, Number 1, January 2011.

Wright, G. H. von. "Analytical Philosophy: A Historico-Critical Survey", *Tree of Knowledge and Other Essays*, New York: E. J. Brill, 1993.

Yeganeh, Hamid, Su, Zhan and Chrysostome, Elie Virgile M. "A Critical Review of Epistemological and Methodological Issues in Cross-Cultural Research", *Journal of Comparative International Management*, Vol. 7, No. 2, 2004: 66 – 86.

Yeganeh, Hamid, Su, Zhan and Chrysostome, Elie Virgile M. "A Critical Review of Epistemological and Methodological Issues in Cross-Cultural Research", *Journal of Comparative International Management*, Vol. 7, No. 2, 2004.

Yilmaz, K. "Postmodernism and Its Challenge to the Discipline of History: Implications for History Education", *Educational Philosophy & Theory*, 42, 7, 2010: 779 – 795.

Zanna (ed.), *Advances in Experimental Social Psychology*, Orlando: Academic Press.

Zevi, Bruno. *Modern Language of Architecture*, University of Washington Press, 1978.

Zhang, Chunjie. "From Sinophilia to Sinophobia: China, History, and Recognition", *Colloquia Germanica*, 2, 2008.

Øyen, E. "Living with Imperfect Comparisons", in P. Kennett (ed.), *A Handbook of Comparative Social Policy*, Edward Elgar Publishing, 2004.

二 中文文献

埃德蒙·莱特斯：《哲学家统治者》，《中国哲学史研究》1989 年第 1 期。

艾尔·巴比：《社会研究方法》，邱泽奇译，华夏出版社 2009 年版。

巴赫金：《陀斯妥耶夫斯基诗学问题》，三联书店 1988 年版。

北平故宫博物院编：《康熙与罗马使节关系文书》，影印本，1932 年。

蔡元培：《蔡元培全集》第 5 卷，中华书局 1988 年版。

曹卫东：《走向一种对话理论——由"交往理性"看比较文学》，《社会科学探索》2011 年 6 月。

曹顺庆：《再说"失语症"》，《浙江大学学报》2006 年第 1 期。

岑绍基《语言功能与中文教学（系统功能语言学在中文科教学上的应用）》，香港大学出版社 2003 年版。

陈道德：《二十世纪意义理论的发展与语言逻辑的兴起》，中国社会科学出版社 2007 年版。

陈独秀：《致罗素的信》，《新青年》1920 年 12 月 1 日。

陈洁：《康德在中国》，《中华读书报》2010 年 4 月 28 日。

陈珏：《"新汉学"与东西方对话》，《中国文化报》2013 年 3 月 11 日。

成中英、冯俊主编：《康德与中国哲学智慧》，中国人民大学出版社 2009 年版。

崔志海：《梁启超与日本：学术回顾与展望》，《近代思想史研究集刊》第 1 集，社会科学文献出版社 2005 年版。

德里达：《书写与差异》，张宁译，三联书店 2001 年版。

刁名芳：《国际汉学的推手》，台北天下远见出版公司 2008 年版。

丁子江：《东西方研究的困境与机遇》，《东西方研究学刊》第 3 辑，（香港）国际科教文出版社 2014 年版。

丁子江：《思贯中西》，中国工人出版社 2003 年版。

丁子江：《罗素与分析哲学——现代西方主导思潮的再审思》，北京大学出版社2017年版。

丁子江：《罗素：所有哲学的哲学家》，九州出版社2012年版。

丁子江：《罗素与中华文化——东西方思想的一场直接对话》，北京大学出版社2015年版。

杜维明：《杜维明教授谈东西方价值观》，载台湾《联合早报》1995年9月4日。

杜小真：《德里达与现象学》，《人文与社会》2006年11月。

杜筑生：《儒学与中华人文精神——欧洲儒学研究之现况》，《国际儒学研究》第17辑，2011年。

凤蔚：《长沙特约通信》，（上海）《民国日报》1920年11月14日。

冯崇义：《罗素与中国》，三联书店1994年版。

冯友兰：《中国哲学简史》，北京大学出版社1985年版。

冯友兰：《冯友兰自述》，中国人民大学出版社2004年版。

冯友兰：《三松堂学术文集》，北京大学出版社1984年版。

费景汉：《中国与二十一世纪之未来》，《当代中国研究》1996年第2期。

托马斯·福斯：《欧洲人眼中的中国：从莱布尼兹到康德》，载成中英、冯俊主编《康德与中国哲学智慧》第1辑，中国人民大学出版社2009年版。

高路：《毛泽东与逻辑学》，载《毛泽东的读书生活》，三联书店1986年版。

高小丽：《罗素摹状语理论的考察与反思——以语境为维度》，《外语学刊》2009年第6期。

顾红亮：《近20年来杜威哲学研究综述》，《哲学动态》1997年第10期。

郭嵩焘：《伦敦与巴黎日记》，岳麓书社1984年版。

郭湛波：《近三十年中国思想史》，北平大北书局1935年版。

海德格尔：《存在与时间》，三联书店1987年版。

何毓德、麻海山：《严复译、叙、研发近世西学和黑格尔辩证法研介的历史功绩与疏漏》,《内蒙古师范大学学报》(哲学社会科学版)第40卷第5期,2011年9月。

何兆武、柳卸林主编:《中国印象——世界名人论中国文化》,广西师范大学出版社2001年版。

贺麟:《严复的翻译》,《论严复与严译名著》,商务印书馆1982年版。

贺麟:《康德黑格尔哲学东渐记:兼谈我对介绍康德黑格尔哲学的回顾》,《中国哲学》1980年第2辑。

黑格尔:《历史哲学》,上海书局1999年版。

黑格尔:《历史哲学》,王造时译,三联书店1956年版。

黑格尔:《哲学史讲演录》第1卷,商务印书馆1959年版。

黑格尔:《哲学史讲演录》第4卷,商务印书馆1981年版。

黑格尔:《哲学史讲演录》第1卷,贺麟、王太庆译,商务印书馆1983年版。

洪明:《让对杜威教育思想的研究进一步走向深入》,《教育研究》2004年9月。

洪谦:《逻辑经验主义概述》,《论逻辑经验主义》,商务印书馆1994年版。

胡塞尔:《纯粹现象学和现象学哲学的观念》,李幼蒸译,商务印书馆1992年版。

胡适:《中国的文艺复兴》,外语教学与研究出版社。

胡适:《胡适致孙伏庐和常乃德》,《文集》1922年6月16日。

《沪七团体欢迎罗素记》,《晨报》1920年10月16日。

黄克武:《自由的所以然——严复对约翰·弥尔自由思想的认识与批判》,上海书店出版社2000年版。

黄克武:《梁启超与康德》,《"中央"研究院近代史研究所集刊》第30期,1998年12月。

黄裕生:《康德为什么"不喜欢"中国》,《文景杂志》2010年5月。

黄玉顺:《"中西比较哲学"之我见》,《爱思想》2005年7月25日。

郭双林:《西潮激荡下的晚清地理学》,北京大学出版社2000年版。

季羡林:《敦煌学、吐鲁番学在中国文化史上的地位和作用》,《红旗》1986年第3期。

姜祥林:《儒学在国外的传播与影响》,齐鲁书社2004年版。

《讲学社欢迎罗素之盛会》,《晨报》1920年11月10日。

姜新艳:《穆勒:为了人类的幸福》,九州出版社2013年版。

伽桑狄:《对笛卡尔〈沉思〉的诘难》,《十六—十八世纪西欧各国哲学》,商务印书馆1975年版。

康有为:《大同书》,北京古籍出版社1956年版。

康有为:《康有为政论集》5册,中华书局1981年版。

雷海宗撰,王敦书整理:《西洋文化史纲要》,上海古籍出版社2001年版。

黎跃进:《当代文化研究对比较文学的挑战与彼此的互补》,《山东社会科学》2012年第1期。

李长林:《欧洲文艺复兴文化在中国的传播》,郑大华、邹小站主编《西方思想在近代中国》,社会科学文献出版社2005年版。

李存山:《宋学与〈宋论〉——兼评余英时著〈朱熹的历史世界〉》,庞朴主编《儒林》第1辑。

李健美、江丽萍:《还原罗素长沙讲演对布尔什维克的真意论述》,《江西社会科学》2011年第6期。

李明伟:《文明的融合:全球化视角下的东西方文明对话》,《新视野》2004年第4期。

李鹏程:《21世纪东西方跨文化对话的哲学问题》,《学习时报》2007年4月18日。

李秋零主编:《康德著作全集》第8卷,中国人民大学出版社2010年版。

李秋零主编:《康德著作全集》第9卷,中国人民大学出版社2010年版。

李慎之:《全球化与中国文化》,《太平洋学报》1994年第2期。

李欧梵：《从梁启超到世界主义》，《亚洲周刊》2001年6月1日。
李华兴等编：《梁启超选集》，上海人民出版社1984年版。
李泽厚：《批判哲学的批判——康德述评》，人民出版社1984年第2版。
刘放桐：《现代西方哲学》，人民出版社1981年版。
刘象愚：《比较文学"危机说"辨》，《北京大学学报》（哲学社会科学版）2008年第3期。
刘学堂：《东西方世界的第一次对话》，《光明日报》2012年7月30日。
罗素：《西方哲学史》（上、下册），商务印书馆1963年版。
梁启超：《先秦政治思想史》，东方出版社1996年版。
梁启超：《梁启超文集》，陈书良选编，北京燕山出版社1997年版。
梁启超：《论强权》，《自由书》，吉林出版集团2012年版。
梁启超：《近世第一大哲康德学说》，王书良等总主编《中国文化精华全集》，中国国际广播出版社1992年版。
梁启超：《饮冰室合集·文集之十三》，中华书局1989年版。
梁启超：《清代学术概论》，中国人民大学出版社2004年版。
梁漱溟：《东西方文化及其哲学》，商务印书馆1922年版。
马里翁：《应该重新看待的形而上学》，《文学杂志》第342期，1996年4月。
马琳：《海德格尔论东西方对话》，中国人民大学出版社2010年版。
马琳：《海德格尔东西方对话观探微》，《求是学刊》33卷第5期，2006年9月。
毛泽东：《建国以来毛泽东文稿》第6册，中央文献出版社1992年版。
苗润田：《中国有哲学吗——西方学者的"中国哲学"观》，《中国思想史研究通讯》第1辑。
牟宗三：《心体与性体》上册，上海古籍出版社1999年版。
牟宗三：《牟宗三先生全集》第27卷，台湾联经出版事业股份有限公司 2003 年版。

穆勒:《约翰·穆勒自传》,商务印书馆 1998 年版。

穆勒:《政治经济学原理》(上),亚瑟·T. 哈德利《特别导言》,商务印书馆 1991 年版。

彭明:《五四运动史》(修订本),人民出版社 1998 年版。

平子:《答颜长毓君》,(长沙)《大公报》1920 年 11 月 24 日。

钱穆:《中国文化史导论(修订本)》,商务印书馆 1994 年版。

汤恩比:《展望二十一世纪 汤恩比与池田大作对话录》,国际文化出版公司 1997 年版。

韦森:《社会秩序的经济分析导论》,上海三联书店 2001 年版。

王秉钦:《国际文化东西方大师的对话关于重建中国翻译理论话语之我见》,《中华读书报》2010 年 12 月 15 日。

王宏伟:《当"天下观"碰上"世界观"》,《新华日报》2011 年 3 月 21 日。

王国维:《述近世教育思想与哲学之关系》,姚淦铭等编《王国维文集》第 3 卷,中国文史出版社 1997 年版。

王栻主编:《严复集》,中华书局 1986 年版。

王阳明:《传习录》,江苏古籍出版社 2001 年版。

吴汉全:《论穆勒对李大钊早期思想的影响》,《湖北师范学院学报》(哲学社会科学版)1992 年第 4 期。

吾敬东、刘云卿、郭美华等编:《对话:东西方哲学》,上海三联书店 2010 年版。

桑兵:《世界主义与民族主义——孙中山对新文化派的回应》,《近代史研究》2003 年第 2 期。

桑兵:《梁启超的东学、西学与新学》,《历史研究》2002 年第 6 期。

盛洪:《中国可能的贡献:在国际关系中实践道德理想》,《战略与管理》1996 年第 1 期。

孙卫民:《笛卡尔:现代西方哲学之父》,九州出版社 2013 年版。

孙中山:《三民主义》(1924 年),《孙中山选集》(下),人民出版社

1950 年版。

孙中山：《孙中山全集》第 5 卷，中华书局 1985 年版。

孙中山：《孙中山全集》第 9 卷，中华书局 1986 年版。

汤恩比、池田大作：《展望二十一世纪——汤恩比与池田大作对话录》，荀春生、朱继征、陈国梁译，国际文化出版公司 1985 年版。

唐世平、綦大鹏：《中国外交讨论中的"中国中心主义"与"美国中心主义"》，《世界经济与政治》2008 年第 12 期。

图莉安（Antonella Tulli）：《意大利汉学研究的现况》（*The Current Situation of Sinological Research in Italy*），天主教辅仁大学华裔志汉学研究中心，2004 年。

夏端春编：《德国思想家论中国》，许雅萍译，江苏人民出版社 1995 年版。

熊十力：《佛家名相通释》，中国大百科全书出版社 1985 年版。

熊十力：《境由心生：熊十力精选集》，陕西师范大学出版社 2008 年版。

阎学通、徐进：《王霸天下思想及启迪》，世界知识出版社 2009 年版。

杨乃乔、钟厚涛：《比较诗学研究的困境及其策略性突围》，《中华读书报》2007 年 7 月 18 日第 19 版。

杨森富：《中国基督教史》，台湾"商务印书馆"1978 年版。

叶扬：《东风西渐的困惑与挑战》，《东西方研究学刊》第 1 辑，九州出版社 2012 年版。

严复：《述黑格儿惟心论》，《严复集》，中华书局 1986 年版。

严复：《天演论》，商务印书馆 1981 年版。

伊诺泽姆采夫：《从〈历史的终结〉到〈后人类的未来〉——评 F. 福山新著〈我们的后人类的未来〉》，文华摘译，《国外社会科学》2003 年第 6 期。

张磊：《论孙中山的民族主义》，《孙中山：愈挫愈奋的伟大先行者》，广东人民出版社 1996 年版。

张隆溪：《东西方研究：历史、方法及未来》，《东西方研究学刊》第1辑，九州出版社2012年版。

张仁德等：《新比较经济学研究》，人民出版社2002年版。

张仁德：《比较经济学的危机与创新》，《经济社会体制比较》2004年第3期。

张申府：《笛卡尔方法论》，《清华学报》第11卷第1号。

张旭：《从失语到对话——兼评张佩瑶等编译〈中国翻译话语英译选集〉》，《外语研究》2008年第1期。

张耀南：《论中国哲学的"世界主义"视野及其价值》，《北京大学学报》（哲学社会科学版）2005年第3期。

张远山：《罗素的中国情结》，《三湘都市报》2006年2月7日。

张仲民：《黑格尔哲学在清末中国的容受》，《学术月刊》2013年第5期。

张仲民：《黑格尔哲学在清末中国的译介》，《哲学研究》2012年第9期。

章太炎：《无神论》，《章太炎全集》第4卷，上海人民出版社1985年版。

赵敦华：《论作为"中国之敌"的康德》，《中国人民大学学报》2010年第6期。

赵汀阳：《天下体系——世界制度哲学导论》，江苏教育出版社2005年版。

《中国印象——世界名人论中国文化上册》，广西师范大学出版社2001年版。

周振鹤：《从天下观到世界观的第一步——读〈利玛窦世界地图研究〉》，《中国测绘》2005年第4期。

邹振环：《〈穆勒名学〉与清末西方逻辑学翻译热潮》，中国对外翻译出版公司1996年版。

朱高正：《康德四论》，台湾学生书局有限公司2001年版。

朱静：《洋教士看中国朝廷》，上海人民出版社1995年版。

朱谦之：《中国哲学对于欧洲的影响》，《走向世界》1989年第5期。

朱全景：《试论比较法的困境与创新——来自比较经济学的启示》，《比较法研究》2012年第2期。
朱执信：《朱执信集》，中华书局1979年版。

后　　记

21世纪以来，在北美华人学者中，一股新比较学派（新对话学派）的清流正在东西方思想的再对话中形成。当人们惊觉高科技数字化浪潮铺天盖地压来之时，很多事情都已改变。娱乐化、网络化、商业化似乎漫不经心地联手涂抹了我们头顶的星空。因为一些大哲的语言指向，而使人类有所敬畏的"头顶的星空"，退到繁复的重彩后面。在这个观念似乎新潮而又失向和错位的年代，许多像我们一样的人，基于某种固执的信念，继续在天空质朴的原色中跋涉。来自苍穹的光波，本初而强劲！在色彩学中，质朴的蓝色与红、黄两色同为三原色，天然而成，无法分解成其他颜色；而在人文社会科学中，这种原色可以分解为良知、理性与人文精神。这正是人类文明和文化纯净而透彻的结晶。正是这一结晶，赋予社会发展以灵魂、动力、脊梁和血脉，而它们的肉身显现或人格载体就是一代代的东西方大思想家。以此观察历史、现状和未来，便有了一种理智、公正、犀利的洞穿。这种洞穿，是我们在无止境的跋涉间隙，真诚奉献给读者的礼物，微薄而又厚重。它将反观那些连贯古今思想上的一步步累积过程及其不断爆发的聚变，正是这些累积与聚变引起了人类社会巨大的发展与进步。

为了实现这种洞穿，在人们普遍重视物质利益追求，而在精神生活上沉湎于空虚和无聊的社会文化状态下，我特别强调思想的再对话问题。在某种意义上，人类文明的核心价值和基本观念正

后　记

是通过一系列思想的对话与再对话传递下来的。德国哲学家叔本华就曾告诫我们,应该去阅读大哲学家们的原著,通过与它们的对话来提升自己,并使自己始终站在思想的制高点上而不坠落下来。其实,一个人的高度并不是通过他的身高、权势之高、地位之高、声名之高、财富之高,而是通过他的思想的高度而表现出来的。通过不懈的学习,提升自己思想的高度,这也切合原始儒家强调的"为己之学"的宗旨,而这本书正力图为人们了解人类思想的对话提供了一个窗口。重新燃起人们对思想的渴望和追求,而不是把罗丹的"思想者"的雕像往研究所或哲学系门口一放就完事,本身就体现了孔子所说的"知其不可而为之"的可贵精神。

以往对思想对话的研究还是处于零星的、不完整的状态下的缺憾。确实,在对东西方对话做了多年的介绍以后,人们更希望看到一幅清晰度很高的全息图像,以便获得更全面和深入的了解。

本书试图从新比较主义的角度对东西方研究的理论、方法和趋势进行更深入全面的探索,点燃起一朵思想对话的火花;这朵火花,可能赋予读者一种良好的熏陶,同时又构成一种发人深省的启示。在对话中发现思想火花的意义远远超出学术范畴。人类存在的所有特点,都可以从思想对话中领悟;人类全部的思想精华,都对读者无限敞开;东西方思想对话指向的精神高度,能使我们从日常生活经验中跃起、上升,点燃信念之灯,照亮深邃的生命。然而,在我们整个民族的文化习惯中,追求思想火花还不算普遍。这种持久的忽视,更使我们埋头写作时感到来自内心深处的催促。但愿这种催促能够企及更多的人,能够在阅读的荒原上点亮星星之火。如果可能,每个人都关注一点思想的对话,星星之火,也就有了燎原之势。

基于上述考虑,本书为理论与实践,观点与材料的结合;强调"上达天意,下接地气",雅俗共赏,深入浅出;寓学术性于可读性,做到"深者见深，浅者见浅"，"内行看门道，外行看热闹"的双轨功能，尽可能面向多元和广大的读者群。除服务对人文、社科感兴趣的一般读者外，亦将争取成为文史哲和社科专业以及其他相关专业的重要参考书。

本书一个重要宗旨是揭示新比较（对话）学派的学术特征与研究成果。所谓新比较主义是依据比较学研究的四大类型而加以粗略划分的。

传统比较主义（Traditional or old comparativism）：关注普遍性和相同性，但忽略差异性；

后现代比较主义（Postmodern comparativism）：仅关注特殊性和相同性，忽略差异性；

受控比较主义（Controlled comparativism）：仅关注特殊性和地区性下的相同性与差异性；

新比较主义（New comparativism）：关注普遍性下的相同性与差异性。

上述前两种仅关注相同性是肤浅和片面的，第三种仅关注特殊性也很局限，因此相对来说应强调第四种类型，即在普遍性下寻求相同性与差异性。

21世纪以来，东西方思想对话正面临一个新的历史拐点。在跨文化、跨领域、跨学科、跨方法的整合与解构中，西方人的"东方学"与东方人的"西方学"也随之在撞击与融合下，经历了危机与挑战。西方中心主义与东方中心主义都不可能完全成为独自垄断世界的"一元文明"。这是由于全球剧烈的社会转型与变革所致。因此，东西方研究者必须拓宽新的视域，开创多维度、多层面、多坐标的研究方法与模式。他们应当试图荟萃和共享多元性、建设性、开拓性、批判性、前瞻性的各种思想理念，并为在经济、政治、科技、文学、生态、宗教、军事、文化等各个领域的学术研究，作跨学科、跨文化、跨方法和全球化的理论考察与思想探讨；并致力于将结合东方思想和西方思想以及其他非西方的思想，共同重建一个整合性、包容性和互动性的国际化思想观。希望这一学术观点受到越来越多读者的广泛认同。

丁子江

2014 年 11 月完稿，2017 年 1 月修订稿